JN171414

欲望と誤解の舞踏

フランスが熱狂した日本のアヴァンギャルド

シルヴィアーヌ・パジェス
パトリック・ドゥヴォス　監訳
北原まり子・宮川麻理子　訳

慶應義塾大学出版会

日本語版によせて

私と舞踏との出会いが決定的なものになったのは、何よりも実践を通してであった。財津暁平と渡辺真希が開いたワークショップを二〇〇〇年代初頭にパリで受け、このダンスに深く興味をもったのである。非常に明確な知覚の訓練、感覚への注意を研ぎすます激しいトレーニング、舞踏状態に至ろうとする執拗な探究を、私はそこで徐々に発見していった。そうした舞踏状態に入るとき、身振りは意図することから逃れ、身振りがひとりでに実現されるかのようにみえる。私はそこに、コンテンポラリーダンスでも追究されたもの、つまり一種の「放棄（ラシエ＝プリーズ）」に至ろうとする厳格な作業を見出していた。振付家シルヴァン・プリュヌネックと舞踊研究者ジュリー・ペランはそれを、「コントロールと手放すこと（デセジスマン）に同時にとらえられた演技の駆け引き」、「手放しながらコントロールするという逆説」と呼んでいる。*

とりわけスタジオで起こったこの舞踏との出会いが、その後の長きにわたる理論研究の出発点となったが、その源泉には実践のなかで私が感じたものと舞踏について書かれたものとの間のギャップがあった。二つの間に隔たりを感じた私は、この踊りの歴史や美学に深くわけいってみたい、この踊りについて書かれたフランスの言説とそれが含む誤解を分析してみたい、という気持ちになったのである。どうしてフランスの観客は舞踏の身体を、原子爆弾による被爆者の表象としてみてきたのだろうか。どうして舞踏はほとんどつねに死の側面と結びつけられてきたのだろうか。私がスタジオで強く感じたのはむしろ、非常に強度のある生者の実践であった。そして最後の疑問は、どうして舞踏はフランスで実践されているコンテンポラリーダンスとは根本的に異なるものとして描き出されてきたのだろうか、ということである。というのも私はその二つに、かなり似かよったプロセスや関心事をみとめていたからである。

そのため本研究は歴史的観点より組み立てられ、第一にフランスへの舞踏到来に焦点を合わせた。私はこの研究

を博士論文で深め、パリ第八大学舞踊学科（danse.univ-paris8.fr）で授業を持ち始めてからも続けた。そうしてついにそれらの成果を総括した本書が、二〇一五年に国立舞踊センター（CND）からフランス語で出版されたのである。

したがってこの本は、日仏間でなされた数多くの交流について報告するだけでなく、その交流に自ら関わるものである。ここで私は、舞踏とフランスの観客――批評家であれ、プログラム担当者であれ、ダンサーもしくは振付家であれ――との出会いをたどることで、一九七八年以降にこのダンスがフランスを魅了した現象を歴史的に分析した。この歴史的契機は、世界中に舞踏が輸出されるうえで決定的な役割を果たした。それはまた、当時いきおいをもって発展しつつあったフランスのコンテンポラリーダンス分野の構造化にとっても決定的な契機であった。したがってこの研究は、次の二重の視点を持つ。すなわち、フランスの舞踊史に名を刻んだダンサーたち――とりわけカルロッタ池田、室伏鴻、大野一雄、岩名雅記など――だけでなく、舞踏にインスピレーションを受けたコンテンポラリーダンサーたちにも向けられている。本書が、批評言説、舞踊作品、そしてフランスの振付家たちを突き動かした日本への欲望の分析を通していざなうのは、往来と移住の歴史としての舞踊史であり、そこでは身振りの歴史と地理学が交わり合っているのだ。

フランスでなされたこの研究が日本で翻訳出版されるという出来事は、この二国間でなされる思考や身振りのこうした往来に一つの新たな段階を刻むものである。この出版は、日本の舞台芸術の専門家であり翻訳家であるパトリック・ドゥヴォス氏の関与なくては実現されることはなかっただろう。彼自身、日本と欧州をつなぐ渡し守としての大変重要な役割を果たされている方だ。この出版はまた、私が教えているパリ第八大学に舞踊研究のため留学していた二人の若い研究者、北原まり子氏と宮川麻理子氏の関与と労作の成果でもある。彼女たちが最初にこの翻訳プロジェクトを提案してくれたのである。このお三方の多大な働きのおかげでこの研究が日本で読まれることになり、日仏の往来がさらに深められることに心から感謝している。

この研究の出版にご貢献頂いた諸氏、とりわけ慶應義塾大学出版会の村上文氏、慶應義塾大学アート・センターの森下隆氏、またパリの国立舞踊センターにも感謝申し上げたい。

この翻訳にさらに新たな舞踏研究が続くだろう。舞踏にはまだ多くの研究すべき、深めるべき側面が残っている

のだから。

シルヴィアーヌ・パジェス
二〇一七年三月

* Julie Perrin et Sylvain Prunenec, « Le geste dansé et la déprise », Recherches en danse [En ligne], 2 | 2014, mis en ligne le 01 février 2013. URL : http://danse.revues.org/457

凡例

・本書は、Sylviane Pagès, *Le butô en France : Malentendus et fascination*, Centre national de la danse, 2015 の翻訳である。
・巻末にまとめて掲載した注のなかで、本書に新たに加えた訳注には、注番号の下に〔訳注〕と付した。
・本文中の〔 〕は、訳者による補足説明を表す。
・書名とダンス作品名は『 』、論文タイトルは「 」でそれぞれ示した。
・作品名に関しては、邦題が明確なものはそれのみを表記し（例『ラ・アルヘンチーナ頌』）、邦題が特定できず今回のために訳したものは原題も（ ）に入れて併記した（例『へその歌（*Le chant de numbril*）』）。なお、ここで「邦題が明確なもの」というのは、出版物、上演にかかわる公式文書、アーティストの公式ホームページ、また本人への直接の問い合わせによって、邦題もしくは邦訳が確認できた作品名のことを指す。
・日本的な名前でも、漢字表記を突きとめられなかったアーティストに関しては、そのままカタカナ表記とした。なお、イシデタクヤ氏に限ってはカタカナ表記が正式である。
・グループ名は〈 〉でくくった（例〈白虎社〉）。
・フランス語の固有名詞は、人口に膾炙しているものはその慣例表記に従ったが（例フーコー）、その他は出来るかぎりフランス語の発音に近い表記を採用した。
・フランス語の danse の邦訳として主なものに「舞踊」があるが、「舞踏」との見た目の混同を避けるため、舞踏を中心に扱う本書では極力使用を控えた。ただし、「舞踊史」等の慣用的な語句や必要な場合には使用している。
・Hiroshima は、象徴性を重視して用いられている場合はカタカナ表記とした（ただし、地名としての意味合いが強い場合は、漢字表記のままとした）。

目次

第一部　「新発見」から聖別／公認まで

第二部　さまざまな誤解がもたらした舞踏の再創造

欲望と誤解の舞踏——フランスが熱狂した日本のアヴァンギャルド

序論　身振りのグローバル化のなかに舞踏をよむ

舞踏とは「東洋と西洋をつなぐ橋」[1]である——一九五〇年代末に日本で登場したこの舞踊芸術の一形式に対し、こうした常套句が西洋の言説では広がっている。前衛芸術の興隆した都市・東京において、土方巽[2]は西洋文化の拒絶と借用を繰り返しながら、その複雑な関わり合いのなかで今日「舞踏」として知られるものをつくりあげた。実際、規範を転覆させる危機に立つ肉体を探究したこの振付家は、バタイユ、サド、ジュネ、あるいはアルトーといったヨーロッパの作家たちから着想を得た。また彼の創作ノート（スクラップブック）は、デフォルメされた身体への想像を育んだベーコン、ダリ、ゴヤ、クリムト、シーレあるいはリヒターの絵画のコピーによって埋められている。ところが一九六〇年代の終わりになると、土方の探究はしばしば、というよりもほとんど排他的に、東北地方の農民の身振りに代表される日本文化をもとにして行われた。ダンスそのものに対する姿勢だけをみても、土方は両義的であるといえる。モダンダンスを学び、ジャズダンスの流れを汲みながら、彼はこれらの西洋の舞踊形式を拒絶し、また日本の伝統的な舞台芸術をも拒んだのである。

創始者の庇護のもとで、そして舞踏を名のるダンサーの増加にともなって、舞踏はその登場以来止むことなく進化を続けてきた。ところが「舞踏」という呼称はまったく自明なものではなく、明確にその範囲を定め、確固とした対象を限定することはできないのだ。実際この呼称は、即興や振付作品など、そのなかにさまざまな創作過程が混在し、舞踊作品に対する多様な考えが隣りあう、幅広く複雑な範囲をカヴァーしている。その多様性は、二〇〇二年にフランス国立科学研究所（CNRS = Centre national de la recherche scientifique）から出版された論文集『舞

踏（*Butô(s)*）』[3]のタイトルにつけられた複数形を表す「s」によっても強調されている。

一九七〇年代末以降、舞踏はさまざまに変化してきたが、美学的・経済的にみて最も根本的な進化は、北アメリカとヨーロッパの国々、たとえばフランス、ドイツ、オランダ、イタリアなど、日本国外へ舞踏が輸出されたことに起因している。舞踏家たちは、世界中の観客、プログラム担当者、批評家、ダンサーたちと、多様なつながりを築き上げるに至ったのである。彼らはこうした舞踏の世界的な広がりのなかで、経済的に存続するための方法を見出した。そして舞踏は、さまざまな舞踊実践の流通によってかなり古くから構築されていた、身振りや技法のグローバル化の一環をなすようになる。これまでのバレエやモダンダンスの歴史は、移住してきたダンサーや振付家[4]によって常に書きかえられてきた。彼らが受け入れ国へ与えた影響は強大で、マリウス・プティパ、エンリコ・チェケッティ、イザドラ・ダンカン、あるいはジョージ・バランシンといった偉大な名前を挙げることができる。二〇世紀の終わりに舞踏は、ダンサーと身振りのこうした移住の最も発展した形式の一つになった。[5]舞踏の国際的な特性については、すでに多くの人が強調している。たとえばリック・タクヴォリアンによれば、その影響は至る所に深くまで浸透しており[6]、ミーガン・V・ナイスリーは舞踏をもはや一つの国に限定されることのない、放浪や移住の実践として描き出している。[7]

舞踏は世界中に散らばるなかで、どのようにしてとりわけフランスに根付いたのだろうか。複数の著者が、アメリカ、ブラジル、あるいはオーストラリア[8]における舞踏の移転（シフト）と取り込み（アプロプリアシオン）についての研究に着手しているが、世界中に舞踏が広がる最初の重要な一つのステップを築き上げたフランスに特化した研究はいまだにみられない。[9]フランスはたしかに、真っ先に舞踏を受け入れた地ではなかった――たとえば石井満隆[10]、〈エイコ＆コマ〉[11]といったダンサーたちは、一九七〇年代からオランダやドイツへと旅立っていた。だが、日本国外で行われた最初の歴史的舞踏公演の地は一九七八年のフランスで、それを端緒にその後の大規模で持続的な現象が起こったのである。

なぜ大規模かといえば、それは第一に、この現象がパリだけに限定されなかったからだ。一九七八年、このフランスの首都が最初の公演の受け入れ地であったにしろ、重要な舞踏家を招聘したナンシーやアヴィニョンなど

の地方都市の役割も、等しく不可欠なものであった。一九八〇年以降、舞踏は非常に多くの都市でプログラムに組み込まれた。ボルドー、リヨン、ブール・カン・ブレス、ストラスブール、カン、そして一九九〇年代以降はアングレーム、ポワティエ、レンヌ、ラ・ロシェル、オルレアン、アヌシー、ルーアン、モンペリエ、ミュルーズ、グルノーブルなどにも広がっていく。次第に、岩名雅記[12]がノルマンディーへ、そしてカルロッタ池田[13]がアキテーヌへと、フランスへの移住が始まり、他の多くの舞踏家もそれに続いた。今日では、事実上ほぼすべての地域にカンパニーあるいは舞踏家が移住したことで、フランスの至る所に舞踏は散らばっている。

また大規模な現象といえるのは、数年の間、とりわけ一九七八年から一九八五年の間に、たくさんの舞踏家たちがフランスに招聘されたからである[14]。舞踏受容の運命が決まり、また多くの側面が凝縮されたこの短い期間が、本書で焦点を合わせる対象である。

ただしフランスへの舞踏の到来は、この短期間での急激な成功に限られるわけではなく、際立って持続的な現象をつくりだしてもいるのだ。最初の発見から三五年以上が経過し、舞踏はたしかにフランスのダンス界に根付き、そこで三〇年以上にわたる多数の招聘活動、交流、移住、そして取り込みを通じて、長い邂逅の歴史を描きだしている。

邂逅、そして創造／ねつ造の歴史をひもとく

この邂逅は、一九七〇年代末からフランスに現れたさまざまな欲望が結合した結果として分析できる。何よりもまず、運動と緊張に満ちた欲望という動的な言葉によって、舞踏の受容を受動的な現象としてではなく、現に機能しているプロセスやダイナミズムとして捉えることが可能になる。文学や美術史、社会学、あるいは情報理論などの多様な学問分野にまたがる近年の文化受容[15]に対するアプローチは、この現象の能動的で創造的な側面を把握し、新たな光を当てている。これはまた、文化移転[16]という概念や、ロジェ・シャルチエなどの歴史家の取り組みが強調している点でもある。シャルチエによれば「受容とはつねに取り込みであり、受け取ったものを変容

させ、新たにつくりかえ、超過することなのである。臆見（オピニオン）は決して単なる雑多な意見のたまり場でも、変わりやすいものでもない。そして思考あるいは文化モデルの循環とは、常にダイナミックで創造的なプロセスなのである。反対に、テクストはそれ自体として一義的な確固とした意味をもっているのではなく、ある社会へのテクストの移入が、流動的で、複数の、ときに矛盾する解釈を生み出すのである[17]」。

フランスで舞踏がいかに受容され欲望の対象となったのかという点は、こうした文化移転のアプローチと、ダンスの諸形式のトランスナショナルな歴史の枠組みによってしか分析できない。「アメリカ前衛芸術とフランスでの『過度な提示[18]』というテクストのなかでジョルジュ・バヌは、フランスでの成功によりアメリカの前衛芸術は、愛好され、過度に露出を増やし、そしてつくりあげられ、創造／ねつ造（inventer）されたという大胆な仮説を提案している。では一九七〇年代末のフランスという文脈で、どのように舞踏は人々を魅了するものとなり、その過程でつくり直されたのだろうか。

このような観点から本書は、すべての美学的な分枝を捉えるというおよそ不可能な舞踏全体の歴史に挑み、舞踏それ自体に正面から取り組むという道は選ばず、フランスでの舞踏の移転（シフト）とその痕跡を辿るという独自のまわり道で、舞踏を把握することに重点をおく。ただし舞踏そのものを定義しようとすることは無益であるにしても、この名称はフランスでの受容という文脈で意味をもつ。というのも舞踏という名称はこの文脈のなかで機能するカテゴリーとなり、その名称を定めていくそうしたプロセスこそ分析するのに興味深いものだからだ。よって、フランスでも慣用表現となった「舞踏」という名称は、このラベルのもとに生み出されたすべてのもの、つまり舞踏を標榜する日本人および非日本人アーティストによるあらゆる活動に関心を寄せる本書の、全体にわたって用いられる。

どのように舞踏は書かれ、解釈され、再創造されたのだろうか[19]。作品と切り離すことのできない舞踏に対する支配的な言説は、劇場が発行した資料や出版物などを含めた諸言説を通じて、どのように形成されたのだろうか。舞踏を対象とした専門研究がごくわずかしかなかった長い間[20]、ジャーナリズムが、本書で主な参照項とした批評の言説をつくりだすほぼ唯一の代表機関であった。批評のテクストに関心を寄せることで、期待の地平、歴史

的・文化的な枠組み、そして深部で働くダイナミズムといった、観客の作品認識をかたちづくる諸要素を明らかにできると考える。よって本書で使用する受容という概念は、舞踏作品の「真の」意味を追究することではなく、むしろ批評の言説がどのような段階を経て舞踏を再創造したかを検討することを含意している。

つまり、作品を限定された範囲に固定された揺るぎない事実として捉えるのではなく、ウンベルト・エーコ[21]の言葉を借りれば、批評の言説や観客の視線のなかで新たに創造される、開かれた作品として考えるということである。このアプローチはとりわけ、舞踊作品という概念自体がいまだに問題となっており、フレデリック・プイヨードが「脱作品化／無為（désœuvrement）」[22]と名付けた緊張状態におかれているダンスの領域にふさわしいように思われる。イザベル・ジノによれば、舞踊作品はとりわけ「地理的」な問題を含んでおり――どこから作品が始まりどこで終わるのか――、読み取るべき唯一の意味にしたがって理解されるものではない[23]。あるケース・スタディ――トリシャ・ブラウンによる『アキュムレーション（*Accumulations*）』――に関心を寄せながら、イザベル・ジノとクリスティーヌ・ロケ[24]は、批評の言説が作品制作だけではなくその見方の形成にどれほど関与しているかを示し、作品、身振り、言説、そして文脈を相互関係のなかで丁寧に分析することが必要であると説いている。批評による舞踏受容についていえば、際立って多くの言説が、知覚に強く訴えかける豊かな諸表象をつくりあげた。ここから、これらの表象それ自体が同時代のダンサーの想像力と実践に影響を与えたという仮説が成り立つ。そこで、作品だけではなく作品に向けられた言説も含めた舞踏という現象が、フランスにおけるダンスの実践や舞踊作品のなかで、また同様にコンテンポラリーダンスの歴史のなかで、何をずらし、動揺させ、引き起こしたかを研究しなければならない。すなわち、舞踏がコンテンポラリーダンスに対してどのように「働きかけたのか」を明らかにするのが本書の目的である。

誤解をめぐる物語／歴史

どのような文化移転においても、再創造という現象は、生産的な思い違いと誤読の過程を経る。ピエール・ブ

ルデューはすでに、思想とテクストの国際的な伝播に関する研究のなかで、あるテクストが生み出された場の外へ移動した際に、どれほどの誤解が生じるかを指摘している。[25] 舞台芸術の分野では、民族舞台学（エスノセノロジー）のアプローチが、ある別の文化のなかで受容される際にパフォーミング・アーツの作品がこうむる、自民族中心主義的な偏見にとりわけ注意を払っている。[26] 日本からフランスへの舞踏の伝播にも、こうした誤解と常套句がつきまとう。

「真の」舞踏というもの、さらには舞踏の本質や「正しい」理解の仕方があると主張することから距離をとれば、歴史に対する無知や、言説の用いる簡略表現、そして作品を解釈するメカニズム――これらすべては再創造でもあり作品の延長にもあたる――を指摘することが可能になる。そして批評の言説を生み出す背景――舞踏への即答を批評家が迫られたこと、批評のもつ経済的側面、そして彼らの日本語に対する無知――から目をそらさずに、これらの誤解と常套句を生み出した文化的背景を分析していく。[27] ここでステレオタイプの意味で用いられる常套句という概念は、臆見や集団的信仰、さらには間違いや誤解に近いような否定的な意味合いをもっている。西洋の伝統のなかでは大いに軽視されてきたこれらの概念はしかしながら、より積極的な方法で検討することができる。つまりこれらの概念をドクサ[28]に加担するものとして、哲学者アンヌ・コクランが『常套句の芸術――ドクサの正しい使い方（*L'Art du lieu commun : du bon usage de la doxa*）』のなかで分析したように、芸術作品なるものを決定する共通の信仰と臆見の集まりとして、そしてまた芸術作品を理解し解釈する方法として、積極的な仕方で考察の対象とするのである。作品と観客の間にある「関係性の外皮[29]」とアンヌ・コクランが名付けたものを分析し、「批評家、美術史家、広告主、コメンテーターなど、名声をもたらす意見やうわさを理解し」、結局は「作品のドクサ的な面、つまりその伝播の速度や持続性、伝染力といった、私たちが影響あるいはオーラと呼ぶものを分析しなければならない」。要するに、「芸術作品の受容に属するすべてのものには、ドクサの印が押されているのである」[30]。ところで、ドクサは生産的で効果を生み出すものでもある。ドクサは、再びアンヌ・コクランの言葉を借りれば、「疲れを知らない働き者で、想像力がある」。したがってドクサと誤解は、ダンスの領域に対するその効果とそれらが引き起こしたさまざまなダンスの欲望を通して、その生産的かつ再創造的な側面を分析する価値がある。魅惑、誤解、そして欲望は、その複雑さのなかに受容という現象を作り出すべく、混ざり合っている。

舞踊史の中心をずらす

「受容を批判的に分析すると多くのことがみえてくる。作品についてはもちろん、そこで考察されている特定の時代についても」[31]。ロラン・ユエスカはバレエ・リュスの登場したベル・エポックに関する自身の研究をこのように紹介している。ユエスカは観客の反応に注意を向けたことで、「つねに彼らの時代の刻印となっている」集団的な興奮現象――「熱狂、感嘆、驚き、怒り」――の分析を可能とした。フランスでの舞踏の受容を研究することは、ダンスの美学史上の非常に特殊な契機、つまり多くの国際的な交流によって育まれたコンテンポラリーダンスが著しく発展した時期に集中することである。この一九七〇年代の終わりから一九八〇年代の始まりという時期は、制度という面ではすでに研究がなされているが[32]、美学的アプローチはきわめてまれである[33]。ごく最近、パリ第八大学舞踊学科[34]につくられた歴史的・美学的観点からの新たな考察の現場で、この時期が研究対象となった。舞踏を媒介にしてこの時期に取り組むことにより、周縁、余白、境界から歴史を捉え直し、この舞踊史の中心をずらすことも可能になる。そうだとすれば舞踏の受容研究から、フランスのコンテンポラリーダンスについて、その制度、支配的な美学、他者または歴史との関わりについて、何がわかるのだろうか。

「ダンス」という対象の特殊性を考慮にいれ、身振りを分析対象とする舞踊研究に身を置くことで、この文化の移転を「身振りの地（じ）」すなわち「その上に図＝形象として目に見える動きが浮かび上がる背景」[35]〔浮かび上がる形を図（figure）、その背景を地（fond）と呼ぶ心理学の用語をもとにしている〕の移転と捉えてアプローチすることができる。ユベール・ゴダールは、姿勢の維持、つまり身振りに先行し、姿勢の一環をなす知覚活動によって形成されるこの「背景」を、「前－運動（pré-mouvement）」と名付けた。図（形象）と地（背景）のこの区別によって、解剖学的、知覚的、象徴的、そして身体全体と各部位の協調的側面といったあらゆる方面から身振りを理解することが可能となる。形象だけ、身振りの型だけでは、「その実行過程、ましてダンサーと観客によるその感知を理解するのにはほとんど役に立たない」。身振りの地に注目することは、行為の潜在状態としてのダンサーの姿勢

がどのように組織され維持されるのか、またどのようにダンサーが重力や空間との関係を調整するのか、あるいはどのように自分の感覚を活用するのか、こうした事象の分析を試みることである。しかしながらダンスを歴史化する際には、一見したところ分析対象としてはっきりとしていないこの身振りの地よりも、身振りの輪郭や形象へ目が向けられてきた。

したがって日本からフランスへの舞踏の移転を通してこれから語ろうとするのは、フランスのコンテンポラリーダンサーたちに伝達された、身振りをつくりあげていく過程、姿勢の編成の仕方、そしてダンスと身体性[36]についての考え方である。これほどの興味を引き起こし、コンテンポラリーダンスの深部へ「働きかける」ことになった舞踏の作品は、フランスでどのような問題を提起したのだろうか。

「日本ブーム」

舞踊史上のこの契機は、舞踏という一つの領域を超え、より広い範囲でフランスが日本に熱中した時代の一環をなしている。政治学者ジャン＝マリー・ブイスーが強調しているように、「一九七〇年の『表徴の帝国（*L'Empire des signes*）』[37]の出版は、西洋が抱いた幻想の日本への回帰へ大きな影響を与えた」[38]。文学、芸術、そして精神的な側面に加え「経済の奇跡」に対し、ロラン・バルトによるこの有名な著作をはじめとする多くの出版物[39]が、このような日本への新たな関心を表明した。この西洋人の好奇心は、一九六〇、七〇年代にフランスで上映された小津安二郎、溝口健二、それから大島渚、今村昌平の映画の熱狂的な発見につながったが、なかには日本での封切りから何年も経たものもあった[40]。日本文学が翻訳されフランスで広まり出したのも、一九六〇年代以降のことである[41]。三島由紀夫や川端康成はとりわけ、ノスタルジーをともなうテクストによって日本の伝統的な社会を描き、人々を魅了した。日本への熱狂は、メディアに普及したチベット仏教と日本の精神性をあらわす諸形式への憧れ、この両者の区別なく示された禅への興味にも現れている。オイゲン・ヘリゲルによって一九五五年にフランスで出版された著書『弓と禅』[42]は、一九七〇年に再版され記録的な大成功をおさめ、一九九〇年代に至っても版を重

ねたほどだ。しかしこの関心の高さにもかかわらず、無理解は残されたままである。たとえば仏教は、西洋ではつねに理想化されたかたちで現れ、批評対象としてはあまり適していなかった。またその元の意味からかなり隔たって理解された「禅」という言葉の普及は、西洋の個人主義思想に取り込まれていった例といえよう。[43]

日本の精神性、三島と川端の文学、映画といった西洋の関心を引く呼び物や大家によって、舞踏に対する見方を誘導しそれを方向付ける「日本文化」という共通の背景がつくられた。しかしながらこの魅力的な日本文化は、いまだにほとんど正しく評価されていない。実際、日本へ旅立った多くの作家やフランスの知識人たちは、日本語を話さず、日本研究が本当に発展したのは一九七〇～八〇年代以降のことである。[44]日本は、ベルナール・フランクの表現を借りれば「熱狂を引き起こす国」[45]であったが、逆説的に、この魅惑には長い間ある種の無理解がともなっていた。

日本の舞台芸術の発見も、ジャン＝マリー・プラディエが次のように指摘したごとく、部分的で不確かな理解の仕方を逃れられなかった。すなわち、「多様なるものの美学は、何よりもまず幻想や抽象化のかたちをとって私たちの前に現れた。中国趣味、トルコ趣味、バヤデール、モンゴル人、そして他の異国的なものは初めに、俳優がそれらに変装してみせることでヨーロッパの劇場を席巻し、その後、つねに誤解はつきまとったが、一九世紀末に実際にヨーロッパに到来し目の前に現れたことで人々を驚かせた。中国、インド、日本の舞台芸術の実践は、われわれにまず、宣教師と学識者によってテクストのかたちでもたらされ、テーマ上・形式上のおおざっぱな類似といった間違った根拠に基づいて結びつけられた（……）」[46]。万国博覧会[47]、とりわけ一九〇〇年の貞奴（さだやっこ）[48]の登場以来、日本の舞台芸術は、異国趣味の期待とフランス人観客に迎合しようとする欲望との間に絡めとられてきた[49]。研究者ジャン＝ジャック・チュダンによれば、歌舞伎は実際に一九三〇年代からフランスへ入ってきたものの、つねにフランスの文脈への適応が行われた。二〇世紀の半ば以降、パリのいくつかの劇場が能[50]や歌舞伎[51]の上演を行い、一九六八年には人形劇である文楽が上演された。一九七〇年代の初めにはついに、寺山修司や鈴木忠志の前衛演劇がヨーロッパに紹介された。このように見ていくと一九七八年の舞踏の発見は遅いようにも思われるが、しかしこの発見は、日本の芸術形式への絶え間ない好奇心のこうした流れのなかにすっぽりと含まれる

のである。

舞踊史と文化史の交差

したがって日仏間のこのダンスの移転のなかには、舞踊史、制度の歴史、文化史、フランスにおける日本の表象の歴史といったさまざまな歴史が混ざり合っている。これらの多様な歴史には、ここ最近の歴史、つまり一九七〇年代末から今日までのフランスの歴史、そしてフランスがどのように日本を表象しこの国に魅了されてきたかという、より長いスパンでの歴史、こうしたいくつもの時間軸が共存している。ところでこのように歴史を交差させることで、現代史（タン・プレザン）をより長い歴史の厚みのなかへ組み込みつつ、現代史にともなうある困難[52]を乗り越えることが可能になる。ロベール・フランクが強調したように、「現代史は、即時に捉えられる歴史ではなく、また時事の表面に浮かんだ泡にだけ関心をもつのでもない。反対に現代史は、歴史的な時間の厚みと奥深さのなかに含まれるのである[53]」。

いまだ完了していないこの現代史を扱う本研究は、一九七八年から今日までのさまざまな性質の資料に基づいている。現代史の場合はダンサーやプログラム担当者、観客からの証言を集めやすいため、インタビューなどの音声資料はもちろん含まれるが、とりわけ一九七八年以降に出された舞踏に関する多くの報道記事[54]からなる文字資料をもとにしている。実際に参照できたアーカイヴのコレクション[55]のうち、国立舞踊センター資料室に収められたジャン＝マリー・グローのものは、決定的に重要な役割を果たした。批評家であり写真家でもあるグローは、日本からやってきた多くのアーティストを実際に間近で追いかけ、時にはメディアの取材から漏れてしまった作品のパンフレットも収集し、多くの舞台写真を撮影した。当時の映像資料はほとんど存在しないことから、これらの視覚資料がフランスにおける舞踏の最初期の資料として非常に貴重であるのは言うまでもない――そしてこれらの写真が、本書の図版の大部分を占めている。舞踏作品に関しては、映画や入手できた映像を介してみたもののほか、この一五年間に実際の舞台で目にしたものも含まれている。そして最後に、主に財津暁平[56]、渡辺

真希[57]という二人のダンサーのもとで行った、私自身の舞踏の実践[58]をこれらの資料と交差させた。そもそもこの実践経験が本研究[59]の発端であり、自らの身体的体験と舞踏に関する文字資料との間に強く感じたギャップ、このギャップこそ本書が問題とし、明らかにしようと試みるものである。

注記

本書では日本語表記の慣行にしたがって、名字、名前の順に記載する（例 Hijikata, Tatsumi）。しかしながら本文中には多くの引用が含まれ、そのなかには多様な日本語名の順序や綴りが混在する。

振付作品のタイトルに関しては、それが日本語であろうとフランス語であろうと、フランスで使われる名前を優先した。

第一部　「新発見」から聖別／公認まで

第一章　瞬く間に成功した歴史

フランスにおける舞踏の歴史は、一九七〇年代末のその登場以来さまざまな矛盾の上につくりあげられていった。舞踏導入時の状況を再検討することで、この日本由来の芸術形式が、現地のプログラム担当者、批評家、観客とどのような出会いを紡いだのかを理解することができるだろう。舞踏が受容されたのは、ある特殊な制度的、美学的な文脈においてであり、それが規模の大きい熱烈な歓迎を促したのであった。しかし、不意に起きた熱狂が、フランスの舞踊界の情勢にこんなにも深く根を下ろす結果を導いたことを、どう説明できるだろう。

一九七八――決定的な年

一九七八年はフランスにおける舞踏の歴史のなかで、「決定的な年」[1]として記憶に刻まれている。批評文に繰り返し引用されるこの年号は、フランス舞台芸術シーンへのこの芸術形式導入の神話的ともいえる創始の瞬間として現れる。というのも一九七八年には、二つの出来事が大きな痕跡を残したからである。一つ目は、一月にシルヴィア・モンフォール座[2]で上演された室伏鴻[3]とカルロッタ池田の『最後の楽園』であり、二つ目はパリ秋季フェスティヴァル（Festival d'automne）での、土方巽の寵愛を受けた女性ダンサー芦川羊子[4]と田中泯[5]のパフォーマンスであった。

『最後の楽園』[6]パリ初演から数年後に、『レ・セゾン・ドゥ・ラ・ダンス（*Les Saisons de la danse*）』誌編集長アンド

レ＝フィリップ・エルサンは、次のように当時を振り返っている。「カルロッタ池田が新装のシルヴィア・モンフォール座での公演のために〈アドリアーネの會〉とともにパリへ来たとき、私たちはみな非常に強い興奮を得た。不気味な力強さ、超越的な醜さ、動きの豊かさに私たちは魅了され、不安を覚え、動揺したのであった」[7]。バレエの専門家マリー＝フランソワーズ・クリストゥもその公演を振り返りながら、同じくらいの強い不安を感じている。「七八年のパリで、『最後の楽園』の初演が与えた電撃的ショックは忘れられるものではない。それは、日本で二〇年ほど前から驚くべきダイナミズムをもって発展した舞踏、つまり『暗黒舞踏（ダンス・デ・テネーブル）』の、ヨーロッパにおける啓示であった（……）」[8]。美的衝撃（ショック）を誇張する言葉遣い、宗教的意味を含む語句……これらの批評言説が、このダンスの突然の出現を、忘れることのできない出来事としてつくりあげたのである。一九八〇年初頭以降発展するこうした回想的な言説は、舞踏の最初のパリ公演の出来事[9]そのものにも匹敵するようになる。

最初の上演作品群に刺激されて書かれた多くの記事は、「パリで上演されたもののうち、ここ何十年の間で最も驚くべき強烈な作品の一つがこれだ。（……）踊りの領域で長い間企てられていた最も偉大な冒険が、日本から私たちのもとに到来したと感じていた」[10]と記すジャン＝クロード・ディエニの驚きと熱狂が混ざり合った言葉に同じく、当時の強い反響を物語る。批評家ジャン＝マリー・グーローによって撮影された膨大な量の『最後の楽園』の写真は、グロテスクから悲劇へと移り変わるような身振りの質、その多彩かつ常軌を逸した舞台装置と衣裳を通じて、みる者に当時と同じ衝撃を与える。

パリ秋季フェスティヴァルの田中泯と芦川羊子の公演は、装飾美術館の主催する「間——日本の時空間（*Ma, espace-temps du Japon*）」展[11]の会場内という、劇場舞台とは異なる観客と非常に近い空間で行われたため、観客の受けた衝撃は一層強烈なものとなる。美術館スペースでのこの女性舞踏家の幽霊のような登場は、観客たちを不気味な魅力で引きつけた。コンテンポラリーダンスがテレビ放映されることは当時まだまれであったが、テレビ局TF1がニュースの一部をこの公演のルポルタージュに割き、その「一見非常に恐ろしく驚かせるような」[12]この踊りの性質に対してテレビ鑑賞者の注意を促すこととなる。舞踏家の強張り歪められた顔、ひきつった眼差し、痙攣する瞼を近接でとらえた画面は、コメンテーターいわく、「不可避の死の最も耐えがたいイメージの一つ」だ。

ピエール・ラルティグも『リュマニテ（*L'Humanité*）』紙上でこの芸術表現の荒々しさを指摘して、この舞踏家がさまざまに変貌してゆく様子を描きだそうと努めている。

芦川羊子が暗がりから現れた時、一羽のちっぽけな鳥のようだった。蹲った体を和紙でできた半釣鐘型のなかに隠し、彼女は小さなすり足で舞台の端まですべって行った。想像してみて下さい、黒髪の下に白化粧をし、苦しみに息を吸い込んでいるかのような唇、半分眼を閉じた顔が、あなたのすぐ近くにあると。（……）ぞっとするようなひきつった跳躍だけでなく、ゆっくりとした身振りのなかにも、信じられないほどの暴力性が宿っている。[13]

パリ秋季フェスティヴァルの同シーズンには、田中泯も批評家の間に、不安な色彩を帯びた同様の熱狂を引き起こしていた。その上演は、リズ・ブリュネルの「剃り上げられ黒に染められた裸のダンサーの皮膚は、まるで楽器の表皮のようにピンと張られ、振動をしたたらせる。伸ばした長い腕は、指先まで震えながら広げられている」というような感受性の高い描写や、次に引用するジャン＝マリー・グローの主観的で大胆な文章を生みだした。[14]

半暗闇のなかでの儀式、儀礼、雰囲気は重苦しくのしかかる。どこからか不意に現れ、田中泯は私たちのあいだ、すぐ近くで踊る。竹笛の調べにのせて震えるその裸体は、私たちを不安にさせる。彼の肉体が内的な欲動に従っているのを感じる。その血液も踊り、旋律に共鳴し始める。田中泯は自らの肉体の表層を離れ、呪いがちりばめられているような秘密の庭園へと入り込んでいくのである。彼はもはや私たちをみていない。その存在は今、私たちにとり憑いている。彼は超自然的な能力を手に入れたかのようだ。説明のつかない未知の不安が私たちを苛む、それは彼についていく不安、生の果てにある暗黒の世界を発見することへの不安である。[15]

NOUVEAU CARRÉ
silvia monfort

MESKAZAN et SEBI

LE DERNIER EDEN
porte de l'au-dela

— danse BUTO —
Carlotta IKEDA / Mizelle HANAOKA
Ko MUROBUSHI

1978 Janvier 27
PARIS

『最後の楽園』の公演パンフレット、シルヴィア・モンフォール座、1978年。

『最後の楽園』、シルヴィア・モンフォール座、1978年、写真ジャン＝マリー・グーロー。

これらの文字メディアの抜粋はすべて、舞踏の発見時に支配的だった強い衝撃の雰囲気を描き出し、批評家たちがとかく共有しようとする感覚的な体験に私たちを浸らせる。彼らは、踊り手との近さ、そのゆっくりとした動きや裸体が、どれほど微細で内的な動きを感知可能にしたかという点を強調する。すでにこれらのダンサーたちの働きの要(かなめ)が垣間みえてきた。すなわち、「存在(プレザンス)」の強度、顔を含めたわずかな細部に至る身体全体の投入、変貌の能力、そして最後に、ゆっくりとした動きやすり足から、エネルギーの放射、痙攣、突発的な動きへと移り変わる、ダイナミックな対照性である。また、魅了されるという点で全員が一致するという疑いのなさや、さらにこれらの語りの基調と形式の同質性という、舞踏受容の批評文に際立つ主な筆致というものも浮かび上がってくる。

メディアと知識人に受けたイベント

批評の熱狂ぶりは、とりわけその量によって現れる。一月二七日には『ル・モンド(*Le Monde*)』紙が『最後の楽園』をとり上げ、[16]『リベラシオン(*Libération*)』紙は二月三日にまるまる一面を割いている。[17]続いて専門誌が、資料を用いた詳しい記事[18]やダンサーたちへのインタビューで応える。また、大勢の記者たちがパリ秋季フェスティヴァルの際に押しよせたことも、新聞や専門誌に現れた舞踏家に関する一〇を超す記事から明らかである。[19]なかでもマルセル・ミシェル、ジャック・ドゥスラン、リュシル・ロセルといった批評家は、同年に多くの記事を発表してこの現象を熱心に追った。

舞踏という呼称で印づけられ認知されたこれら最初のイベントは、集客面でも成功した。たとえばシモーヌ・デュピュイは『最後の楽園』について、「パリではすごい速さで口コミが広がり、日本人が登場するシルヴィア・モンフォール座の小さな空間に文字通り私たちはひしめいている。彼らはまた戻ってくるだろうか」[20]と証言して、池田と室伏の〈アリアドーネの會〉が引き起こした期待について明らかにしている。パリ秋季フェスティヴァルの内部資料[21]が証明する「間——日本の時空間」展の成功が舞踏公演に影響を与えたことも、当初二回と告

知されていたにもかかわらず連続上演の最終日に芦川羊子が自身のソロを五回踊ったことから明らかだ。[22]

注目されたこの二つの公演の反響が大きかったことは、それぞれの受け入れ会場のメディアでの名声や知名度によって部分的に説明がつく。一つ目のシルヴィア・モンフォール座は、同名の女優・演出家が主宰するダンスに開かれた芝居小屋で、彼女が記者マルティーヌ・マティアスの仲介で〈アリアドーネの會〉を招聘した。一方、ミシェル・ギイがディレクターを務めるパリ秋季フェスティヴァルは、パリの芸術シーズンにおいて真のハイライトであった。また、上演回数が非常に多い点も、口コミが広まる時間を与え、評判につながった。『最後の楽園』は一月二七日から二月二五日まで、芦川羊子は一〇月一一日から二六日、そして田中泯は一〇月二七日から一一月一三日まで連続上演を行った。

しかしながら二つの会場は、宣伝戦略としてはそれぞれ非常に異なる方法を用いており、事件（イベント）をつくりあげようとするシルヴィア・モンフォール座はより攻めの姿勢で、パリ秋季フェスティヴァルはより複合的でみえにくいものであった。シルヴィア・モンフォール座の『最後の楽園』に関するプレス・レヴュー[23]をみると、『金土日（*VSD*）』誌や『エル（*Elle*）』誌といった大衆向けの一般誌、さらには舞踊界とは程遠い『医師日刊（*Le Quotidien du médecin*）』紙などを含む、驚くべき量の短文広告が掲載されていたことがわかる。公演ポスターは、観客の好奇心を刺激するようにつくられている。ほとんど宣伝文句ともいえる「西洋で最初の」という定型表現に、神秘で溢れた「光と闇、生と死、現実と超現実の結び目に舞踏……」というフレーズが組み合わされる。

一方、パリ秋季フェスティヴァルでの土方と田中の公演企画は、はるかに控えめに告知されている。舞踏は、建築家磯崎新がデザインした「間」に関する展示会のなかという、日本に特化した重要なイベントの一部であった。磯崎は、自身の友人の一人である土方をめぐる野心的なプロジェクトを展開したいと考えていた。[24] とはいえ、日本人ダンサーたちの招聘は長い間未確定のままであり、さまざまな争点に依存していた。つまり、展示スペースという空間的制約はソロで踊るのに有利に働き、経済的制約は公演企画を日本の外交財政援助に頼らざるをえないものにした。[25] したがって展示の余白に最後の方で加えられたこの公演は企画段階では長い間表には出されず、フェスティヴァルの告知の際にも舞踏家の登場の詳細な日時が示されないなど、積極的な売り込みはなされなか

L'exposition MA Espace-temps imaginée par Arata ISOZAKI est ouverte tous les jours de 12 H à 20 H ,Dimanche et jours fériés de 11H à 19H (relâche mardi)

INTERVENTIONS PREVUES DE TANAKA MIN, danseur soliste

25 OCTOBRE - 13 NOVEMBRE

13H et 17H	Film sur TANAKA Min (40mn)
15H et 18H	TANAKA Min, Hyper Danse sur des improvisations de NOGUCHI Minoru au synthétiseur

"L'improvisation m'est essentielle pour que je puisse m'exprimer par la danse. Par improvisation j'entends que je ne commence à danser qu'après avoir procédé à l'examen le plus minutieux de tous mes sens et des sens de tous ceux concernés... Nos corps sont toujours en gestation comme s'ils avaient horreur d'être fixés dans la perfection... Nos corps semblent être figés dans des formes conventionnelles mais en fait ils luttent pour dépasser ce conventionnel..."

Né à Tokyo en 1945, TANAKA Min a commencé à danser comme il le fait dès l'age de trois ans. Il étudie la danse moderne pendant 8 ans à partir de 1963, bien que n'étant plus capable, à cette époque, de retrouver cette incontrolable sensation des sens qu'il avait expérimentée pendant son enfance. Il commence sa carrière professionnelle à 25 ans avec des représentations de courte durée mais toujours centrées sur les résistances que provoquait en lui la "danse". TANAKA Min appelle sa danse "Bu-Tai" ou "Danse -Etat". Bien qu'il utilise le terme "Hyper-Danse" pour parler de sa danse, le terme Bu-Tai est également essentiel parceque pour lui danser est le produit simultané du passé et du présent. Bu ou Mai traduisent la vibration ou l'activité de l'âme qui se manifeste par le corps, c'est à dire par le mouvement et la forme du corps, Tai, évoque la situation ou l'état du corps ou de la matière.

MUSEE DES ARTS DECORATIFS, 107 rue de Rivoli, 75001 PARIS. Tel : 260.32.14.

パリ秋季フェスティヴァルに参加した田中泯の公演パンフレット、1978年。

田中泯、装飾美術館、パリ秋季フェスティヴァル、1978年、写真ジャン＝マリー・グーロー。

ったことがわかる。この不鮮明さはその作品名にも及び、多くの資料は作品名に言及せず、もしくはさまざまに異なるタイトルを用いている。この土方作品〔『闇の舞姫十二態――ルーブル宮のための十四晩』〕は、展覧会カタログでは「日本の舞姫たちの一二景」、プレス発表では「四季とルーブル宮のための一四晩」、そしてフェスティヴァルのパンフレットでは「闇の女性ダンサーの一二段（スタード）」となっている。[26] こうした正確な告知の不在がメディアの認知に影響を及ぼしたようにはみえないが、事実はまったく逆だった。『レ・セゾン・ドゥ・ラ・ダンス』誌のリュシル・ロセルのような当時のジャーナリストのなかには、その点を非難した者さえいたのである。

パリ秋季フェスティヴァルの最も重要なこのイベントは、広く情報提供されなかった。というのもそれは、広範囲に宣伝されたパリ国際舞踊フェスティヴァル（Festival international de danse de Paris）に参加していなかったからである。この公演は、装飾美術館で開催された「間――日本の時空間」展と結びついていた。そのなかで展覧会全体に活力と現在性をもたらすイベントがあり、それが日本人ダンサー田中泯の出演だった。[27]

企画や宣伝の論理が互いにこうも違うことから、これらの公演の大評判は、単にあれこれの配給方針が特別な効果を生んだということではなく、むしろそれまでまったく知られていなかった芸術形式が、世論の重要な中継役である人々と出会ったことにある。事実、すでに最初の上演時に、多くの文化界の大物たちがその登場に熱意をもって参列していた。最初の観客[28]のなかに、ミシェル・ギイ、アンリ・ミショーやアンドレ・ピエール・ドゥ・マンディアルグといった詩人や作家たち、一九八二年に世界文化会館（Maison des cultures du monde）を創立したシェリフ・カズナダール、当時写真家だったパトリック・バンサール[29]などがいた。もっぱら知識人、映画人、造形美術家、ジャーナリストからなる称賛者たちの一サークル――エリック・サンドラン[30]、モニク・エブレ[31]、ジル・ドゥルーズ、フェリックス・ガタリら――が田中泯の周りにつくられ、彼がフランスに来るたびに一堂に会するようになる。そもそも、一九八七年に田中泯がラ・ボルド病院で踊ることになったの[32]は、フェリックス・ガタリの招きによるものであった。ミシェル・フーコーやロジェ・カイヨワといった知識人も、一九七八年にこの

ダンサーのパフォーマンスを自宅に歓迎した。[33]「間——日本の時空間」展[34]へ多数の研究者が関与したことからわかる日本文化への好奇心と憧れを背景に、とりわけ知識人たちによる舞踏の歓迎が、その認知の急速な広がりに貢献したと思われる。

上演されたこれらの作品が、芸術や美、表象コードの定義にラディカルな方法で問題を投げかけるものであるにもかかわらず、その芸術的正当性は異論や反論を引き起こすことなく与えられている。実際、土方が考案し理論化した舞踏は、とりわけバタイユやジュネの著作から着想を得て、卑しいものへの執着や芸術を屑（くず）や犯罪とする考え方をもとに、新たな踊り方を生み出すものだ。微細な身振り、最も顧みられないような部分も含むあらゆる身体の部分から踊りを生み出すこと、動いているようにはみえないもの、ほとんど何もないようなものから踊りをつくること、ダンサーの技巧を再定義することは、土方が最も強く擁護した美的試みのいくつかにあたる。ここに、フランスでの舞踏受容における最初の矛盾が持ち上がる。つまり、これらの作品が日本では完全な正当性を与えられていないのに、フランスでは広い合意を得ているという矛盾である。舞踏家たちは日本では周縁に置かれたまま経済的困窮を強いられているが、一九七〇年代末以降の欧州およびアメリカ合衆国への輸出によって、その状況に改善をみる者たちも出てきた。

年譜はもっと複雑だ……

舞踏の導入が一九七八年であることは確かだ。とはいえ、この現象の焦点となる二つのイベント以外にも日本のカンパニーによるいくつもの上演が行われたが、それらはまだ効果の薄かった舞踏というラベルに報道のなかで結びつけられてはいなかった。一九七四年にはすでに、批評家リズ・ブリュネルがチュニジアのタバルカ・フェスティヴァルに参加していた〈エイコ&コマ〉の作品をみている。彼女が行った二人とのロング・インタヴュー[35]からは、このダンサーたちをいかなる歴史、いかなる芸術的探究のなかに含めばよいのかを理解するにあたっての、当時の困難がみてとれる。

一九七七年に古関すま子[36]がナンシー国際演劇祭（Festival mondial du théâtre de Nancy）で〈舞踏舎〉とともに登場

したことは、『ル・モンド』紙の批評家マルセル・ミシェルが取り上げている。「〈舞踏舎〉（……）ある日本のカンパニーが合気道の訓練法を用いて、ふつう本能的に抑圧されている無意識の力を解放する（……）。呼吸法により熱を帯びたダンサーたちの身体が、観客に迫るダイナミズムをもつ跳躍や移動のなかで自らを解放する」[37]。この記者は、舞踏の訓練にしばしば用いられる武道を引用して、極端で爆発的な身振りの質をもたらすエネルギーの独特な使用法について強調しているが、それはことごとく舞踏によくみられる要素である。彼女はこの記事を次のような歴史的説明で結んでいる。「〈舞踏舎〉は、バレエの極端な西洋化に対する反動として一九六〇年代に生れた否（ノン）－舞踊（ダンス）潮流の一派である」。

この批評文に書かれた多くの要素は舞踏に合致しているようにみえるが、舞踏という語はカンパニー名にさえ用いられているのに、美的なジャンルとしてははっきりと引用されてはいない。この公演はメディアの反響をほとんど引き起こすことなく、その年のフェスティヴァルのその他の主要イベントのなかに埋もれてしまった。翌一九七八年には〈舞踏舎〉の振付家三浦一壮（みうらいっそう）が、「どのように三浦がフランス人に受け入れられるか」[38]知りたがっていた塩谷敬（しおのやけい）[39]の提案により、業界関係者からなる観客を前にしてポッシュ劇場で踊っている。その際、批評家リュシル・ロセルがこの振付家についての記事に、「舞踏ダンサーの三浦」とはっきりタイトルをつけている。彼女は記事で、「ダンスにとって矛盾以外の何ものでもない、最大の沈黙における最小の動き」を指摘し、舞踏の美的試みの一部を的確にとらえている。だが、このダンサーが舞踏史の複数の資料に登場するという事実に反し[40]、この舞踊形式の発見を詳述するフランス語で書かれた同時代もしくは回顧的な文章は、この三浦の上演をフランスの年表の最初を飾るイベントとはみなさなかったのである。

分類困難なもう一つの例は、日本とオランダの「俳優としてのダンサーたち」[41]からなる〈シュウサク・ダンス・シアター〉で、一九七七年、一九七九年、一九八一年の彼らのフランス公演の際の報道では舞踏に属するもののリストに入れられなかった。その記録写真をみると、たくさんの小道具を用いるたしかに非常に演劇的な作品ではあるのだが、白く塗られた裸体、身体と顔の歪み、またグロテスクな側面といった舞踏特有の要素もとらえている。

こうしてみると、フランスの文脈ではその呼称が必ずしも明確ではないこの芸術形式の導入時期を、一九七八年一月のみに限ることは難しいように思える。日付を歴史に残したという意味では、一九七八年一月のシルヴィア・モンフォール座での〈アリアドーネの會〉の招聘が決定的な最初の公演であったことはわかるのだが、その大評判がおそらく、舞踏家たちによるそれ以前のさまざまな上演を陰へ追いやってしまった可能性もある。

興味深いことに、舞踏というカテゴリーの歴史や記憶に残されなかった上演がある一方で、そのカテゴリーに含まれてしまった舞踏を主張しないアーティストたちもいたのである。このダンサーが土方巽をそのインスピレーションの源としてとかく引き合いに出すのは、舞踏への所属表明というよりは自らの独学主義を主張するためである。長年にわたり、彼は自らの方式を「身体気象研究所」と名付け、自身の踊りを「ハイパーダンス」や、フランス語で「状態舞踊（danse d'état）」とも訳せる「舞態（ぶたい）」と呼んでいる。

〈舞踏舎〉、〈シュウサク・ダンス・シアター〉、田中泯などの例は、舞踏というカテゴリーが何をカヴァーしているのかを理解することの難しさを露呈させる。フランスにおける受容の過程では実際、はっきりとそれを主張するアーティストたちを舞踏史から遠ざけ、逆に、当時この芸術形式とはあいまいな関係を維持していた田中泯のようなアーティストをその歴史に含んでしまったのである。

長く続く熱狂

一九七八年のこれらの目玉イベントの後、一九八〇年にナンシー国際演劇祭が舞踏に焦点をあわせ、少なくとも四人のアーティストを招聘したことは、舞踏導入における二つ目の決定的な前進となった。それは、大野一雄[42]、および天児牛大（あまがつうしお）[43]率いる〈山海塾〉に対するその後長く続くことになる熱狂の端緒となり、また田中泯の再認識、比較的目立たなかったが笠井叡[44]の出演でもあった。このナンシーのプログラムは、それらのパリ公演が歴史的なものとなり[45]、続いてフランスの地方都市へも巡業したため、この舞踏家たちのメディア露出を増大させた[46]。

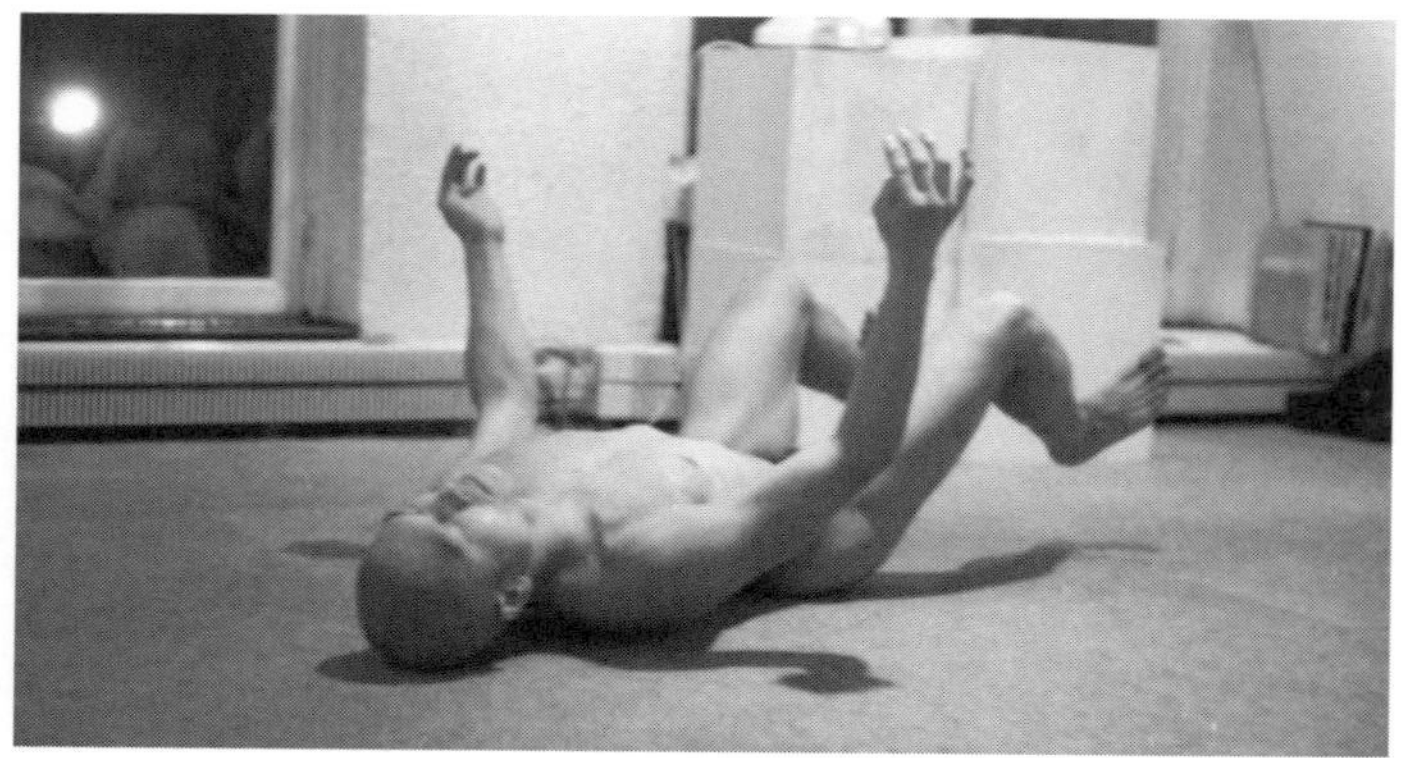

サイのパフォーマンス、アラン・ウダン・ギャラリー、1978 年、写真ジャン = マリー・グーロー。

佐々木満『最後の世紀』、カンパーニュ＝プルミエール劇場、1978年、写真ジャン＝マリー・グーロー。

こうしたカリスマ的な人物たちに限られることなく、非常に多くのカンパニーやアーティストというプリズムを通して、舞踏は発見された。今日名の知れた舞踏家の多くは、一九八〇年代初頭に一度はフランスに招聘されている。[47] 田中泯[48]や古関すま子[49]を含む何人かは、定期的に渡仏するアーティストの先駆けである。観客へ提供される美学の幅も、一九八二年にアヴィニョン演劇祭（Festival d'Avignon）でパロディ調のグロテスクな舞踏を上演した麿赤兒[50]の〈大駱駝艦〉によってさらに広がった。土方巽は一九八三年に世界文化会館で自作『日本の乳房』を上演することで二度目のフランス公演を行い、一方、岩名雅記はとりわけパフォーマンスという形態でフランス・デビューを成し遂げた。一九八五年にはシャトーヴァロン・フェスティヴァル（Festival de Châteauvallon）に〈白虎社〉[51]が参加し、バスティーユ劇場で上杉満代[52]が公演したことで舞踏に対する見識はさらに深められ、またパリのキロン・スペース（Espace Kiron）にて舞踏に特化したフェスティヴァルが開かれたことは象徴的な意味で重要であった。

こうして、舞踏の歴史に名を残すほとんどのアーティストが一九七八年から一九八五年の間に紹介され、さまざまな実践からなるある一つの広大なパノラマをその七年間に描いたのである。その全員がフランスと強い結びつきを育んでゆくわけではなく、石井満隆[53]や笠井叡はドイツ、〈エイコ&コマ〉[54]はアメリカというように他の国々へ迎えられた者もいる。また、サイ、[55] ウチヤマ・ヒロ、山田せつ子、神領國資、さらにはエジ・イクヨといった人々は、フランスにおける舞踏受容の忘れられた部分であり、彼らの名は上演カレンダーや公演会場発行のパンフレットにしか残っていない。さらに、批評家やジャーナリストたちにあまり馴染みがなく、保存やアーカイヴの方策をもたない小さな会場については、資料が喪失していることがあり、とりわけ私たちの調査から漏れてしまった者もいると思われる。

舞踏というカテゴリーの定義があいまいなままであるために、芸術受容のあらゆる過程に浸透し、公演会場のメディア的影響の大小によって左右されやすい、分類、選択、忘却という現象がより強められてしまう。一九七八年一一月二二日から一二月二日にかけてパリ一四区のカンパーニュ＝プルミエール劇場で公演したカンパニー〈三つ目（Mitsumé）〉が忘れられたことは、その顕著な例である。振付家佐々木満[56]の率いるこのカンパニーは、

パリ秋季フェスティヴァルの陰に隠れてしまったのだろうか、報道資料においていかなる痕跡も残していないようである。公演パンフレットはその作品『最後の世紀——倶利伽羅（*Le Dernier Siècle : Kurikara*）』を「舞踏ダンス」[57]にことさら結びつけていたが、それがイベントをつくりだすよう十分に機能しなかった。フランスでほとんど知られていない佐々木満は、一九八一年にはシュザンネ・リンケによってエッセンのフォルクヴァンク芸術大学に招かれ、その後ドイツに根をおろして、振付家、ダンサー、教育者として活動を展開することになる。

このように認知度の格差は明らかである。たとえば〈山海塾〉は一九八〇年にレ・アルのフォーラム（Forum des Halles）でのパフォーマンスのために初めてパリへ来た際に、メディアで大きく取りあげられた。この上演[58]の核となる演出——白粉をはたいた裸体の踊り手が足に綱をつけて吊るされゆっくりと地面へ降りてくる——が視覚的に強い印象を与えるものであるとはいえ、このカンパニーが特別な宣伝努力と多くのメディアの仲介の恩恵を受けたことは確かだ。その会場の垂れ幕に、「グロテスクに顔を歪めた舞踏ダンス集団〈山海塾〉[59]」とあるのもその一例である。しばらくの間彼らのトレードマークとなったこの表現は、同年のカン劇場での上演では「軋むように顔を歪めた舞踏ダンス集団〈山海塾〉が『金柑少年』を上演する……[60]」、『リベラシオン』紙に載った写真のキャプションには「締めつけるようなしかめ顔の舞踏ダンス集団〈山海塾〉」と、ほんの少し変化をつけたかたちで繰り返されている。

変化期にあった舞台芸術シーン

こうして舞踏は、集団作品、ソロ、パフォーマンスといったさまざまな形態で、名の知れたフェスティヴァル、パリの劇場、またフランスの地方都市への巡業[61]といったさまざまな場に招聘され、その芸術的試みの大きなふり幅を通してフランスの舞台に現れた。わずかの期間に招聘されたアーティストの数と多様性は、目を見張るものがある。この大規模な到来に、国際的な前衛芸術へと門戸を開き新たな観客を引きつけていた一九七〇年代フランスの舞台芸術の進展が寄与したことは、疑う余地がない。パリの舞台芸術シーンを国際的に開放した先駆である諸国民演劇祭（Théâtre des Nations）[62]の成果にすぐ続いた、パリ秋季フェスティヴァルとナンシー国際演劇祭は、

レ・アルのフォーラムでの〈山海塾〉のパフォーマンス、1980 年、写真ジャン＝マリー・グーロー。

レ・アルのフォーラムでの〈山海塾〉のパフォーマンス、1980年、写真ジャン＝マリー・グーロー。

まさにこの潮流を代表している。ナンシー国際演劇祭はフランスにおける北米[63]およびラテン・アメリカ[64]の前衛演劇の一部を紹介し、ミシェル・ギイは一九七二年にパリ秋季フェスティヴァルを創設して芸術的な交流と出会いを発展させることを願った。「西洋の外にある諸文化を立証する」[65]ために、彼はチベット、バリ、レバノン、シリア、南インドといった国々の芸術形式を招き、「自民族中心主義のあらゆる形式から離れ、西洋が世界の中心であるという思い込みを捨てる」べきと主張する。一九七六年の初来日の際に、ギイはあらゆる日本の豊かさを次のように強調している。

私は、大変強い三つの印象を受けて帰った。すなわち、非常に古い伝統が持続しているという発見、根本的に我々のものと異なる空間と時間の感覚、そして、しかるべく対峙したそれらの要素が西洋の意識にも届くことができていた、という強い直感である。(一九七八年の装飾美術館での建築家磯崎新の作品に具体化された)これらすべては、秋季フェスティヴァルによってパリで認知されるに至った。

これらのフェスティヴァルには、イエジー・グロトフスキ、エウジェニオ・バルバ、タデウシュ・カントールといった肉体や身振りを中心とする演劇も招聘されており、それもまた、舞台上で身体をラディカルに用いる新様式への土壌を育てた。実際、これらの演出家や、一九七〇年代の前衛演劇におけるアルトーの再読者たちが支持した暴力的な身体、裸体、醜悪の美学と舞踏との間には、美的な親近性がある。[66]舞踏が居場所をみつけたのも、身体のラディカルな試みへ開かれたそのような舞台の上であった。

とはいえフランスへの舞踏の紹介は、一九七〇年代末にはまだリスクの高い試みであった。当時彼らを自らのプログラムに招聘した者たちの不安は、いくつかの報道記事に現れている。

禁欲的であると同時に官能的で洗練されたこの様式に対して、フランスの観客が歓迎するかまったく確信がもてなかったため、その初演後にシルヴィア・モンフォールは、この公演が時宜にかなったものであるか否

か私たちに意見を求めた。この公演が成功したこともあり、私たちの熱意に励まされ、シルヴィア・モンフォールはその試みを続けることにしたのである（……）。[67]

このリスクの感覚は、フランスにおけるダンス創造の萌芽期的な認識、つまりクラシックバレエおよびその指導的機関であるパリ・オペラ座とネオクラシックバレエが君臨し、ダンス分野がいまだ構築途上であったことからおおよそ説明できる。顕著な例は、一九六〇年代より成功を得てバレエの民主化を開始したモーリス・ベジャールが、アヴィニョン演劇祭といった名のあるプログラムへ招聘されメディアの表紙を飾ることで、舞台の第一線を占めたことだ。

ダンス作品に真に特化した上演場所がなかったため、多分野に開かれた大規模なフェスティヴァルが海外から現代の振付家たちを招き、門戸開放の姿勢を示した。パリ国際舞踊フェスティヴァルは一九六四年にはすでにアルヴィン・エイリー、ポール・テイラーを、一九六六年にマース・カニンガム、一九六八年にアルヴィン・ニコライを招聘し、アメリカを目立たせるのに大きな役割を果たした。パリ国際舞踊フェスティヴァルと手を結んだパリ秋季フェスティヴァルは、このアメリカへの熱意を長年固持し、[68]アヴィニョン演劇祭もマース・カニンガムやカロリン・カールソン、アルヴィン・ニコライを招聘した。

国際的なアーティストやコンテンポラリーダンスへの門戸開放は当時、アメリカ人ダンサーのフランスへの移住[69]やフランス人ダンサーのニューヨークへの旅立ち[70]によって深められた、多くの仏米文化交流[71]として現れる。アメリカン・センター[72]とプロヴァンス地方のラ・サント＝ボム祭というどちらかというと周辺的な二つの場所がこれらの文化交流に貢献した。前者は、その歴史を研究するネルシア・ドゥラノエによって、「鍵をかけられ硬直化していたパリ」でアメリカのカウンター・カルチャーを登場させたと評価され、後者は現代音楽、とりわけジョン・ケージを通じて多くのポストモダン・ダンスの振付家を来仏させた。[73]

仏米の舞踊交流が多様化するなか、制度面で発展し始めたコンテンポラリーダンスもやはりアメリカに目を向けていた。一九七四年にパリ・オペラ座の振付家兼エトワールとして、またパリ・オペラ座の舞台研究グループ

（GRTOP = Groupe de recherches théâtrales de l'Opéra de Paris）の責任者としてカロリン・カールソン、一九七八年にアンジェ市に創立された国立現代舞踊センター（CNDC = Centre national de danse contemporaine）長にアルヴィン・ニコライ、その後継にカニンガムのダンサーであるヴィオラ・ファーバーが就くなど、たくさんの重要なポストがアメリカ人振付家に任されたのである。すなわち、コンテンポラリーダンスの創出が世に知られるようになったのは、それらの著名なアメリカ人たちを通してだったのである。一方フランスに拠点を置くモダン——もしくはコンテンポラリー[74]——の振付家たちは、社会的承認を与えるようなこれらの大規模なフェスティヴァルからは目をかけられなかった。

アメリカの抽象主義が広く支配的だったにもかかわらず、一九七〇年代の最後の数年は、他の美学や新しい国際的な流れにも場所が与えられたようである。たとえば、舞踏の到来と同時期の一九七七年に、ピナ・バウシュと彼女の〈〔ヴッパタール・〕タンツテアーター〉がナンシー国際演劇祭に招聘されている。そのような興奮した状況、外国からの新鮮な美的刺激に育まれた激しい活力に満ちた状況、また構造化されつつあるダンス分野という文脈にあって、舞踏は自らを導入し定着させる突破口を得たのである。

ダンス分野からの聖別／公認

しかしながら舞踊界による舞踏の公認とその吸収は、自明なものではなかった。土方巽は作家、造形美術家、デザイナー、もしくは踊り手との継続的な対話を通してこの芸術形式をつくりあげ、パフォーマンスから舞台上演に至る実験的なさまざまな形態を提示していた。さらに、フランスにおけるその紹介では、舞台だけでなくアート・ギャラリー、公共スペース、周知された場所からよりオルタナティヴな場所に至るまで[75]、多数の異なる発信経路をたどっている。また舞踏は、もちろん舞台関係が第一に重要とはいえ、造形美術やマイムの領域といった複数の芸術分野のなかに迎えられ、コンテンポラリーダンスのために新設された場にも招かれた。つまり舞踏はフランスの文化情勢のなかで、いくつもの登場方式をもっているのである。

とはいえ、情報発信や上演機会を保証し、継続して舞踏公演を主催するリスクを引き受けることになるのは、まさに台頭しつつあったダンス分野であった。舞踊芸術にとって決め手となったこの時期には、エクス舞踊フェスティヴァル（Danse à Aix、一九七七年）、アヴィニョン冬季フェスティヴァル（Hivernales d'Avignon、一九七九年）、モンペリエ舞踊フェスティヴァル（Montpellier Danse、一九八一年）、ヴァル＝ドゥ＝マルヌ舞踊ビエンナーレ（Biennale de danse du Val-de-Marne、一九八一年）というように、コンテンポラリーダンスに特化した発信機構が現れ始めていた。現在では重要な機構となっている[76]、当時誕生したばかりのこうした場[77]は、新しさ、新機軸、若い振付家の出現を重視した[78]。非常に早い時期に、舞踏家たちはこれらのプログラムに場所を得た。当時、非西洋のアーティストとしては前代未聞の公認を受けた舞踏家たちもいる。その承認が彼らの諸機関への公的任命へと直接つながるわけではないが、〈山海塾〉と〈アリアドーネの會〉へ向けられた観客および制度側からの支持は見逃すことはできない[79]。こうしてみると、舞踏現象は構築途上にあったコンテンポラリーダンスの構成要素の一つとみなされるべきである。つまり、コンテンポラリーダンスが一種の制度的な承認を得ることができたのは、主にはアメリカ人ダンサーと振付家、そしてより小規模ではあるが日本人アーティストも含む外国からのアーティストを大量に迎え入れたことによるものであった。

舞踊批評の支持

ジャーナリズムがバレエへ目を向けている時期にあって、舞踏がただちに批評家の好奇心を刺激したことは驚くべきことだ。『ル・フィガロ（*Le Figaro*）』紙のルネ・シルヴァン、『ル・パリジャン（*Le Parisien*）』紙のジルベルト・クルナン、『リュマニテ』紙のピエール・ラルティグ、『レ・セゾン・ドゥ・ラ・ダンス』誌の編集長アンドレ＝フィリップ・エルサン、また少し後にはマリー＝フランソワーズ・クリストゥといった名の知れたバレエの批評家たちが、この芸術の新形式へ心から関心を示したのである。専門誌は当時ある区切りを迎えていた。『レ・セゾン・ドゥ・ラ・ダンス』誌や『プール・ラ・ダンス――ダンスシューズと子鼠たち（*Pour la danse : chaussons et petits rats*）』誌[80]といった既存の雑誌がコンテンポラリーダンスの形式へ門戸を開き、他方で新たな雑誌も創刊され

た。一九七七年創刊の『アンプラント（*Empreintes*）』誌がコンテンポラリーダンスに特化した理論記事を載せ、[81]一九八〇年の『アヴァン＝セーヌ――バレエ（*L'Avant-scène ballet*）』誌第一号が「日本の新しいダンス」に関するマルセル・ミシェルの記事を、[82]『ダンセ（*Danser*）』誌は創刊翌年の一九八四年に「舞踏の影響」についての報告を載せている。[83]ダンスに関する言及や考察は、現代美術専門誌『アート・プレス（*Art press*）』などに新たな場を得るようになった。たとえばこの雑誌は、コンテンポラリーダンスにコラムを開設し、ロランス・ルップは一九七九年にそこで田中泯に言及している。

代表的なフランスの日刊紙も同様に、舞踏の認知に決定的な役割を果たす。一九七三年に創刊された『リベラシオン』紙はその数年後に、とりわけ劇評欄の責任者である作家ジャン＝ピエール・ティボダを介して舞踏登場の瞬間を追った。シャンタル・オブリが指摘するように、この新聞は、「あらゆる方向に開かれているオルタナティヴな会場や小劇場など多数の場所に散らばり混沌としているが、豊かな発想をもつ一つの芸術的誕生」[84]を報じている。マルセル・ミシェルが定期的に自らの記事で言及したおかげで、舞踏は当時文字メディアのなかで支配的な位置にあった『ル・モンド』紙上に一つの場所を得る。[85]そして、『ル・マタン・ドゥ・パリ（*Le Matin de Paris*）』紙と『レ・セゾン・ドゥ・ラ・ダンス』誌へ定期的に記事を掲載していたリズ・ブリュネルは、何人かの特定のアーティストを直接支持することにより、舞踏の知名度を高めることに尽力した。舞踏がフランスに登場したとき、ダンス批評の場を作りだすことはまさに関心の的にあった。多種多様なジャーナリストたちを魅了したこの舞踊形式は、ジャン＝マリー・グーローやマリー＝クリスティーヌ・ヴェルネ、また数年遅れてシャンタル・オブリやジャン＝マルク・アドルフといった、日本のアーティストたちを熱心に追った舞踊批評家の新世代を知らしめることになったのである。

文字メディア以外で、視聴覚メディアが舞踏を扱うことはまれである。とはいえフランスのマスメディアに占めるコンテンポラリーダンスの非常に脆弱な状況と比べれば、舞踏が時折テレビ[86]やラジオ[87]に現れたことは注目に値する。いずれにせよ、公演を定期的に追って、非常に肯定的な反応を示し、舞踏の知名度を高め、ただちに承認させることになった決定的な媒体は、何よりも文字メディアだったのだ。

多様な媒体に現れた批評言説がかなりの数にのぼる一方で、それらの見解が非常に同質的である点を指摘できる。実際、舞踏に関して現れた三〇年間の批評に目を通すと、閲覧したおよそ三〇〇のうち二〇ほどしか非好意的な文章をみつけられないことから、広く長くいきわたる、ある紛れもない好意的な意見の一致というものをみとめることができる。専門誌と一般誌、バレットマン〔熱烈なバレエの愛好家〕とコンテンポラリーダンスを支持する戦闘的（ミリタン）な批評家たち、さらには政治的色彩の相反する新聞評の間にさえ、内容や形式、価値判断における明らかな意見の分裂や対立といったものがみられない。ルネ・シルヴァンやジャン＝クロード・ディエニ[88]の辛辣な筆致に代表される否定的な文章がまれに世に出ることがあっても、反響や目立った論争を引き起こしてはいない。そうした否定的な声は、著名な批評家や説得力のある若い執筆者の手による称賛の絶頂のなかにあって孤立したままだ。コンテンポラリーダンスの実践者による文章はどうであったかというと、舞踏発見当時はまったく発表されなかったようである。逆に、彼らの考察や証言は、舞踏の発見を回想の方法で綴るというかたちで、事後的にいくつかのものが執筆されている[89]。

　こうして、舞踏の芸術的試みに対して異議を唱えるような、ダンサーや振付家によるいかなる態度表明[90]も、公的もしくは美学的な真の議論もされることはなく、舞踏の試みがダンス分野へ分類されることもなかった。ルネ・シルヴァンが唯一、舞踏の発見からずいぶん経った一九九四年に『ル・フィガロ』紙上で大野一雄に対し、彼にはあらゆる芸術的性質とプロフェッショナリズムが欠けており、フェスティヴァルの舞台に登場する正当性を有していないという過激な態度表明をした。この例外を除けば、舞踏家たちは、正当な権利をもった完全なアーティストとしてただちに受け入れられた。ただし彼らの「技術」に関しては、それが身振りの高度な技巧（ヴィルチュオジテ）を拒否して知覚の鋭さを重視し、放棄（ラシエ＝プリーズ）、危機にある身体、もしくは不器用さに重きを置くことで踊りのテクニック概念そのものに根本的な再検討を迫るものであるゆえに、まったく不十分なものと映る可能性もあった。この知覚のヴィルチュオジテというラディカルで新奇な発想は、結果的には人々を面食らわせることで疑問に付されることを免れ、その身体訓練の芸術的質も議論の余地のないものとして認められることとなった。

　一般的な文化受容研究においては論争が中心的位置を占め、芸術史や舞台芸術史が衝突や対立、内紛によって

紡がれていることを考えると、舞踏に対するこの全般的な合意は意外なものに思えるかもしれない。この合意は、ジャーナリストたちが自らの否定的な見解を発表するのを注意深く避けたことで、多くの芸術社会学者たち[91]によってなされた二〇世紀の論争的批判がほとんど姿を隠してしまったことから説明がつく。彼らは自分たちに馴染みのない芸術形式を批判することを、躊躇したのかもしれない。いずれにせよ、このメディアの合意の恩恵を受けて、舞踏は真の芸術的承認を得たのである。

批評的成功＝一般的成功か？

プログラム担当者、知識人、メディアを経由して舞踏がただちに公認された一方、観客の間にはどのような反響が起こっていたのだろうか。そこでもやはり批評家の言説は、多くのことを教示する。一九八五年にキロン・スペースにてフランス初の舞踏フェスティヴァルが大成功を収めた際、「このフェスティヴァルの上演のたびに多くの観客が押し寄せることは、いずれにせよ舞踏、すなわち暗黒舞踏（ダンス・デ・テネーブル）が、今日フランスにおいて大変熱い関心をひき寄せていることを示している[92]」とブリジット・エルナンデズは報告している。記者たちは、次のマルセル・ミシェルの言葉のように、観客の反応を記事にたびたび登場させて強調する。

> 最後にダンサーたちが、老師大野一雄のやり方で際限なくおじぎを繰り返し、クラジオラスの花束を受け取り終わると、ゆっくりと何人かでまとまりながら客席を後にした群衆は今みた作品の意味について話し合っていた。地下鉄に乗ってもまだ彼らは、それらの不思議な光景の残像を忘れないのであった[93]。

これらすべての証言は、最初の舞踏家たちに対する熱意と狼狽をともなう受容を裏付けるもので、いなかる拒否反応も言及されていない。

とはいえこの成功は、芸術家と知識人の世界に限られていた。実際、二〇世紀初頭のダンサー貞奴に対する、芸術界を越えて広がった大衆の熱狂[94]とは比べようもない。長い巡業の際にさまざまな大劇場に出演した〈山海

塾〉は、最も広い観客層の目に触れたカンパニーである。またこのカンパニーはその後、オペラの演出に参加したり、さらに別の分野、マドンナのツアーへの仕事をするなど、ダンスや演劇の範囲を越えて活動しているまれな例の一つである。大野一雄も、二〇〇六〜二〇〇七年にルーヴル美術館で開催された「異質な身体――ダンス、デッサン、映画（*Corps étrangers : danse, dessin, film*）」展出品のいくつかの映画に出演したり、[95] ニューヨーク・ロック界の音楽グループ〈アントニー・アンド・ザ・ジョンソンズ〉の歌手によって二〇〇九年に発売されたCDアルバム『ザ・クライング・ライト』のジャケットにオマージュとして写真が使われたりと、[96] 最近はダンス分野を越えて活躍していたようだ。

他の芸術分野へ参入するこれら最近の例や、[97] 身体に重きをおいた演劇、マイム、クラウンの分野における一定の存在感を除けば、舞踏の成功は主にダンスの領域において表されてきたと言える。変化の時期にあった制度的状況は、舞踏の受け入れにはむしろ有利に働き、とりわけ舞踊批評家や舞踊組織による支持を得ることができた。外国への門戸開放というダンス分野の区切りの時期に、新鮮な息を吹き入れることで、舞踏は一つの突破口を見出す術（すべ）を得たのである。しかし、どのようなダンスの欲求に舞踏は応えたのだろう。最もラディカルな美的シフトを舞踏がなしえたその場所で、舞踏は認知と公認を得たのではなかったか。

第二章　唖然とした批評家たち

舞踏によって導入された、踊りに対する新たな考え方と舞台での存在の仕方は、一九七〇年代に支配的であった美学――クラシック、ネオクラシック、もしくはニコライとカニンガムの美学に代表されるコンテンポラリー――との真の断絶となった。変化の時期にあったダンス分野が舞踏に一つの場を与えることができたのであれば、そのお返しに舞踏は、それをどのように変質させたのだろうか。中心的資料として用いる批評文はその内容と形式によって、批評行為それ自体に対して舞踏が与えた影響と、ダンス分野に対して舞踏が与えた影響を、あらゆる点で明らかにしている。

衝撃が新たな文体をつくりあげた

舞踏を前にした批評家たちは、衝撃のレトリックと呼吸不全の隠喩に頼って唖然とした自らの状態を表現し、言語に絶する領域で受けた自らの美的体験を片づけてしまいがちである。このような動揺や狼狽は当時多くの批評家に共有され、たとえばジャクリーヌ・ギユは、「明晰な解釈を示す者たちには気の毒だが、このように魅力的であると同時に不可解な舞台作品となると、それらの解釈は私にとって何の説明にもならない。（……）何度も言うが、それは美しいとともに近寄りがたいものである。（……）不可解なことは衝撃を与えうる。まったくこれが、そのケースなのだ」[1]と述べて、その理解不可能をありのまま認めている。このような言い回しは、発見

当初以降も長く続くことになる。一九九五年にベルナール・ラファリは、「毎度それは、同じような衝撃、諸概念の衝突であり、なんとかラベル付けしようと格闘する合理化志向の理性を狼狽させる」[2]と述べている。

正しく認識されていない日本という国の馴染みのない踊りを分析する厄介を前にして、批評家たちが無力で、自らを抑制しさえするのは、そのダンスの記号体系や争点をとらえることが新参者にとっては難しいためであろう。こうした問題は意識されることもあり、批評家たちのなかには自らの言説に前もって注意書きを付す者もいる。

初めから指摘されていたことだが、舞踏は(……)一つの「儀式」であり、深奥からの身振りを用いる流派である。この発言はある警告となりうる。儀式的で本能的なもの、伝統の強く残る遠国の文化に結びつくものほど、尊重を強いるからである。尊重は、作品から受ける印象に対する抑制剤となることもある。存在意義が常にそこにあり、それがまったく確立されてしまっている差異について、意見や評価、見解をあえて述べる者などいるだろうか。現代的側面——いずれにせよコンテンポラリーダンスの一潮流であれば他の流派と同じ尺度で判断することが可能である——は残り続ける。とはいえ深奥なものは無視できないものとして存在し続け、やはりそれらははっきりと、尊重のみを求めるのである。[3]

この記事は異質なものを前にしたときに起こる、自主検閲、描写への意欲、狼狽といった展開をよく反映している。[4]

こうした困難を前に言葉が追いつかなくなると、まるで写真の方がこの踊りをたやすく理解させてくれるかのように、挿画という方法に頼ってその不足を補おうとすることもある。実際、舞踏に関する記事にはふんだんに写真が挿入され、それは一つの文章に一、二枚の写真を付けられる専門的な刊行物だけでなく一般向けの日刊紙でも同様である。[5]写真集も多く出版されており、上演会場はそのシーズンの紹介冊子に舞踏家の写真を前面に載せていた。それらが踊り手の日常の姿をうつしたものであることはほとんどなく、むしろ衣裳つき——白塗り、

剃髪――で踊っている舞台写真である。こうした写真のふんだんな使用は、言葉を失った批評家たちの最初の反応の一つと言えるかもしれない。もう一つの頼みの綱が、誇張表現である。時には一つの文に「ハッとさせる、忘れることのできない、印象的な」[6]というように、大げさな表現が重ねられた。このような賛辞を連ねるなかで、視点は踊りに釘付けになり、ダンサーたちと一体化し、まるで、その魅力に仰天して、批評や分析に必要な距離を見失ってしまったかのようだ。

　衝撃を与え唖然とさせる舞踏の体験は、逆説的に膨大な量の言説を生み出している。執筆者たちは自らにつきつけられた困難をはっきりと認識しており、さまざまな文体の実験を行っている。たとえば、自身の美的体験の報告という方法を選んで、個人的な印象やダンサーの踊る身体について述べることに大部分を割く者も多い。そうして多くの記事が、文脈化の基本的な要素をともなうことなく、強く感じた美的衝動を蘇らせるかのような長く詳細な描写で始まることになる。

> 影と皺に刻まれた、白い顔。黒い瞳。青く塗られた瞼。虚空を仰ぐ目。生の以前もしくは以後の何ものかによって和らげられた苦痛、甘美を意味する微笑。広げられた両手、時を超越するかのようなゆっくりとしたごくわずかな身振り。とぎれとぎれの跳躍。大野一雄は踊る、彼のダンスは単なる体の動きではない。それは、一呼吸、心臓の鼓動の素描である。[7]

一般的な舞踊批評が多くの場合、踊りそのものの描写にとどまるのに対し、[8]この記事では肉体の描写が支配的になっている。その点こそがおそらく、舞踏批評の特殊性の一つであり、また関心の的なのであろう。よく知られている〈山海塾〉の例を除けば、巨大な装置類を用いた演出はまれで、簡素なものが多く、視点や描写を身体へと収斂させる。たとえば、田中泯、大野一雄、古関すま子、岩名雅記のようなダンサーのソロは、よけいなものを取り払って肉体とその変容をさらすことに基礎を置く。しかし、これらの踊りの試みのそうした性質がまさに災いし、批評家たちはフィギュールやパを名付けることの不可能に直面してしまうのだ。そこで彼らは、観察

眼を磨いて、動きを説明する別の方法を編み出し、一つの震える身体を最も細部に至るまで把握し、文字化せざるをえないのである。

裸体のアーティストが登場する。胎児の姿勢で床を這う。身を丸め、身を伸ばす、粘土のように組み立てられていく、両目は常に閉じられ、真の知覚のそれである内なる眼差しによってのみ導かれる。田中は、活きて震える一種の彫像である。彼はアーティストでありながら、その作品でもあり、主体でありながら客体でもあるのだ。[9]

これらの描写に含まれる多くの隠喩に富んだ言葉遣いは、ダンスの言説によくみられる特徴の一つであるとフィリップ・ギスガンも指摘している。その言葉遣いは、「文芸的な伝統によるものであるというより、まるで振り付けられた動きは理解するよりも捉えることが難しいかのように、踊りそのものを捉えることの困難によるもの」[10]なのだ。

白い顔。その仮面の下で固まる肉体。前の開いた白い子供服を着た女性ダンサーが、壁にピンで留められた蝶のように、視線を浴びて立ちすくんでいる。[11]

裸体、髪のない裸の頭部、表情もなく、影もなく、意味の兆しをもたらしてくれるようないかなる装置も欠いているが、粘土質の肌の色、その表面や厚みによってこの男性ダンサーは、塑像、馬、ミイラ、無生のオブジェもしくは純粋な獣性といったものに似るのである。[12]

これらのアーティストたち——右記のカルロッタ池田と田中泯の二例——は、しばしば想像による長い描写からなる独特な文体を呼び寄せるようで、そうした文体はこれらの芸術的試みが詩的言語と緊密な関係にあること

を反映している。

実際に詩は、舞踏の創作過程だけでなく実践活動においても大きな位置を占めている。土方は最初の試みからすでに、ロートレアモン、バタイユ、ジュネ、アルトーもしくはサドといった文学や、サドの翻訳者で詩情豊かな作家澁澤龍彥、ザッヘル＝マゾッホの翻訳者で芸術評論家の種村季弘、また三島由紀夫といった、協力者もしくは示唆を与えてくれる人物たちから多くのインスピレーションを得ていた。今日の室伏鴻のように[13]、土方はそもそも執筆活動も並行して行っていたのである。岩名雅記に関して言えば、その芸術的探究は、執筆や映画創作といった他の媒体を通しても表現されている。とはいえ文芸活動が、その芸術的展開のうち最も中心的な位置を占め、量の点からも豊富であったのは、一九九八年に日本でその全集が二巻にまとめて出版されている土方においてであろう。

日々の舞踏実践では、即興とエクササイズが詩的な指示に基づいてなされることがよくあり、岩名雅記のアトリエで用いられる俳句のような例もある[14]。ダンサー由良部正美の場合、創作や研修会の際に詩人河村悟（さとる）と頻繁にコラボレーションしている[15]。このように、言語的かつ詩的な指示スコアにしたがう即興と振付のプロセスは、実践の中心に言葉を置くことで、想像力と身振りの創作を豊かにするのである。

こうした身体訓練と詩的言語の連結は、批評の文体にも感染しているようである。そのため舞踏の試みはフランスでは舞踊詩（ダンス＝ポエム）として受け止められ、それが、より軽快で詩的で大胆な新しいダンスの語り方、新たな語調をもつジャーナリストたちの登場を許すことになる。

記号（シーニュ）が力（フォルス）を覆い隠してしまうとき

「驚くべきイメージ、演出の目を見張るアイディア（……）視覚と想像力に強い印象を与える華々しい照明」[16]、「驚嘆すべき視覚的な強さ」[17]に対してもたらされた批評家の称賛から、一見したところ舞踏は視覚的なショックを引き起こしていることがわかる。記事のタイトルにさえ頻繁に用いられる「魅惑的な」という言葉も[18]、魅惑の

現象がほとんど催眠術ともいえる強烈なイメージへの抗しがたい誘惑の上に成立していることから、この芸術体験をまさに的確に指し示しているのである。裸体、肌の白塗り、剃髪といった視覚的な要素は、捉え、描写するのに当時最もわかりやすい要素であった。これらの要素は作品の雰囲気を簡潔に描き出す際にライトモチーフのように繰り返し用いられ、やがて舞踏を定義するようになる。とはいえ、一九七〇年代末のフランスの舞台でこれらの要素は、真に革新的なものだったのだろうか。

白塗りと裸体——新たな身体イメージ

舞踏の白塗りの体は、批評家たちによって最も頻繁に指摘された要素の一つであるが、それがクラウンやマイムで用いられる色としてすでに慣れ親しんだものであることは指摘されなかった。白色はかなり早い時期にこの踊りを識別する一つの記号になったが、実際には一九七八年に田中泯が「大地の色に近い」[19]と言って黄土色を使用するなど、舞踏の歴史を通してさまざまな色——金、黒——や多様なデッサンが皮膚に描かれている。とはいえ白色は、フランスへの舞踏導入の際にすぐにその目印の一つとして識別され、独自で斬新なものの一つとして受け入れられた。当時、ダンサーたちのねらいに名を与え（彼らは灰に覆われた身体、遺体を舞台上に具現しているのだろうか）、この色の象徴的な意味を言い当てるため（喪の色としての白）、もしくは舞踏を能や歌舞伎といった日本の伝統的な舞台芸術と並べるために——とはいえ舞踏は西洋の伝統だけでなく日本のあらゆる伝統に対しても緊張と反逆の関係のなかで自らをつくりあげたのであったが——、後から後からさまざまな解釈が続いた。しかしこの白色のねらいと象徴的意味の詮索のなかで、その彩色が踊り手に与えた影響、創作過程においてその色づけが果たした役割という側面は考察されていない。実際にはこの塗るという行為が、皮膚のあらゆる部分への意識を目覚めさせ、身体の全体意識を育み、触れ・触れられるというこの踊りの根本的な感覚的交流に働きかけることで、踊り手の身体状態を豊かなものにしているのである。

新しいものとみなされた舞踏のもう一つの特徴である裸体は、それまでフランスの舞台芸術にまったく存在しなかったわけではない。イザドラ・ダンカン、ジャン・ボルラン[20]、もしくはアドレ・ヴィラニ[21]から始まる二〇世

『最後の楽園』を踊るカルロッタ池田、シルヴィア・モンフォール座、1978年、写真ジャン＝マリー・グーロー。

紀の舞台芸術の全歴史を通して多くの様態が知られている。舞踏が受容される前年代よりフランスでは、劇場におけるる裸体の実践の増加がみられていた。[22]田中泯や〈山海塾〉のダンサーたちが飛び込んだのはそうした舞台芸術の躍進いちじるしい潮流の最中であり、彼らはビキニショーツ〔日本では「ツン」と呼ばれる〕をこれみよがしに身につけ、一方で大野一雄は、肉の落ちた老いた身体を露わにする小さなショートパンツ一枚で登場した。そうした裸体は、『最後の楽園』で裸の胸を強調するような馬蹄をブラジャー代わりに身につけて登場したカルロッタ池田のように、ときに醜化させられてエロティシズムの期待の裏をかく。また、身体のあらゆる皺を露わにするゆっくりとした動きと、上演会場の観客と演者の距離の近さが、その裸体性をさらに際立ったものにする。そのようにして確立され認知された裸体性は、記者やプログラム担当者によって前面化され、田中泯にあっては何度もしつこく「裸体のソロダンサー」[23]と宣伝されてしまったほどである。

舞踏作品が裸体性に頼らない場合、その衣裳——ぼろ着、服の切れはし、身体に塗られた泡粒もしくは化粧——が、彼らが支持するような醜さの美学を通して強い印象を与える。これらの細工によって、踊り手の皮膚はざらっとしたもので覆われ、不潔でごわつくものになる。ちなみにフランスのダンス・シーンでは、ネオクラシックバレエだけでなくコンテンポラリーの作品にもアカデミックがあらゆるところに遍在するように、身体のラインを見せる美しくなめらかなコスチュームの探究がいつまでも支配的である。

白塗りや裸体自体は真に新しいものではなかったにせよ、作品のなかに一堂に集められたこれらのあらゆる要素や記号の結合が、人々を驚かせ魅了するのである。ジャーナリズムは当然のことながら、体験したショックを描き出し、このダンスの美的試みを体系的に紹介するために、こうした記号を捉える。ステレオタイプとなったこれらの記号は、言説や観客の視点をそこへ収斂することで、舞踏において働いているその他の側面に名を与えることをある意味で妨害してしまった。ロランス・ルップの提唱するダンスにおける「記号（シーニュ）」と「力（フォルス）」の区別は、ミシェル・フーコーに依拠したものだが、[24]舞踏の魅惑現象を分析するのに得るところが多い。というのも、舞踏への魅惑は何よりもまずそれらの記号によって表され、力——身振りの生成過程や重力の試み、舞台での存在の仕方——については後回しにされたからである。しかしながら舞踏作品の斬新さや強烈さは、身振りを出現

『最後の楽園』を踊るカルロッタ池田とミゼール花岡、シルヴィア・モンフォール座、1978 年、写真ジャン＝マリー・グーロー。

させる方法、観客の視点や感覚にその身振りをさらす特異な方法に、より多くを負っているのである。

「存在（プレザンス）」が与える衝撃——重力の強い伝染力

舞踏はまた、踊り手の「存在感[25]」と彼らの激しい身体状態によっても批評家たちを魅了している。身振りのこうした力について深い分析をみせる批評家は非常にまれであったが、彼らは舞踏をみる経験が「視覚的な美しさ」の受容にとどまらず、どれほど「美的、感情的な打撃[26]」、感覚的なショックとなるかを明らかにしていた。そうして彼らがその存在に言及する際には、自らの運動感覚的な体験を提示して、舞踏作品が与える踊り手と観客の関わり方を分析するのである。

> それは私たちを魅了する。観客たちも自らじっとして動かない一つの塊となり、突如始まる動きの発端を逃すまいと、注意深さを極限まで研ぎ澄ましている。[27]

> ぴんと張った裸体。皮膚、筋肉、汗。何ものにも似ていない踊り、何も語らない踊り、ただ、筋肉の震え、消耗、緊張。その体からあなたたちへ、一種の空気の交流が起こるのだ。[28]

舞踏は、ほんのわずかの移動、空間をほとんど占めないこと、動きの幅をともなわないことを特徴とするにもかかわらず[29]、逆説的に、ジャン＝ピエール・ティボダの言葉を繰り返せば「空気のやりとり」、また別の言葉で表現するなら強い運動感覚的な共感[30]を引き起こすに至っている。舞踏は多くの場合ミニマルであるが、その微細さを過剰にさらし、激化させることで、観客に強い印象を与えることに成功している。その方法はさまざまである。裸体、ゆっくりもしくは一見止まっているかのような動き、縮小された運動領域（キネスフェール）[31]、制限され自由の少ない空間、それらが時間と空間のなかで、あらゆる動き——極めて微小であれ——、あらゆる「内的出来事[32]」を膨張させるのである。感覚と想像力を動きの主な原動力と捉える舞踏家たちは、身体状態がゆっくりと変容する過程を

提示することで、自身の知覚作業をすべてさらけ出す。ダンサーが観客に感動と興奮を与えることができるのは、まさにこの知覚の強化を通じてのことなのである。

ユベール・ゴダールの運動分析法は、ダンスの知覚において、またダンスの情緒的、表現的強度において、重力が中心的な役割を果たしていることを明らかにした[33]。また舞踏家は、自身の知覚作業を極端にさらすことで、微細な重心の変化や姿勢の調整を際立って人々の目に露わにする。この踊りが身振りの前段階である「前－運動（プレ＝ムヴマン）」[34]に働きかけ、身振りの力と地（じ）を示すというのは、その意味においてである。ユベール・ゴダールが唱える重力の伝染という概念が、舞踏の実験で争点となるものを名付けるのに非常に有効なのも、その点においてである。運動感覚的共感（キネステティック・エンパシー）という概念よりも好まれた、この「重力伝染」もしくは「重力移送」という言い回しは、より明確には、踊り手と観客の身体間のやりとりにおいて、何よりもまず重力を問題とするという考えである。

存在という概念同様、身体状態という概念も一つの関係性の視点から考察可能であり、たとえばフィリップ・ギスガンはそれを、「踊りを発現させるダンサーの身体性と、他者であるその身体を自分の内部で強く共鳴させる観客の身体性、この二つの身体性の対峙が感知された結果[35]」とみなす。こうして踊り手の「存在感」や「身体状態」という表現が頻繁に用いられることで、舞踏の美的試みが、対峙する身体間の関係、踊り手と観客の間に起こるこの運動感覚のやりとりにいかに問題の中心をおいているかがわかる。たとえばそれは、ユベール・ゴダールが「距離を課して、感情移転を禁じる[36]」と強調する、当時支配的だったカニンガム流の美学とは遠く隔たるものである。

ぶれる垂直線、不安定な姿勢

舞踏が強い重力伝染に適した諸条件を備えているとすれば、それはまたフランスで上演された作品群が、室伏や田中もしくは土方の作品によくみられる胎児のような姿勢や床に脱力したりして蹲（うずくま）る踊り手の姿という、極端な重心の試みを人々の目に明らかにしたからである。踊り手たちは多くの場合、床面近くの非常に低い所に重心を置く点で、同時期にほとんど立ち姿勢のみで演じられていた、ニコライやカニンガムの作品およびトレーニ

田中泯、装飾美術館、パリ秋季フェスティヴァル、1978年、写真ジャン＝マリー・グーロー。

大野一雄『ラ・アルヘンチーナ頌』、パトリック・ボサッティによるデッサン、1990 年。

大野一雄『ラ・アルヘンチーナ頌』、レ・キャトル＝タン・スタジオ、1980 年、写真ジャン＝マリー・グーロー。

ングが提示する支配的美学とは対照をなす。舞踏の重力に対する実験は多様であるが、ベジャールの勝ち誇ったような逞しい身体やマース・カニンガムのしっかりと立つ姿勢とは対照的に、垂直姿勢を危うくし立ち姿を不安定にするという点で共通している。

舞踏のダンサーは多くの場合、不安定なバランス状態にある。たとえば岩名雅記は、ときに微細に、ときに落下に至るほど極端に、自らの姿勢にはっきりとぶれを与えることで、不安定さの研究を執拗に続けている。大野一雄は、上昇や、軽やかに滑るような移動からなる独特なダンスを展開した珍しい舞踏家の一人である。とはいえ、その立ち姿勢は、彼の高齢と脆さ、前に屈めた上体からみてとれる非力さ、床の方へ傾げられることの多い頭部によって、ひどく損なわれている。『ラ・アルヘンチーナ頌』でのこのダンサーの上昇姿勢——空中に上げた腕、空を見上げる視線——は、曲げられた両腕と指先に宿るある種の脆さによってやはり弱められている。彼はたしかに立って踊るが、ある種の衰弱のドラマトゥルギーをみせる点で[37]、舞踏の身体性のそうした脆弱化に含まれる。笠井叡は、屈んだ姿勢の多い舞踏とは異なるもう一つの例である。基本的に立ってなされる彼の踊りは、跳躍を多く含んでいる。しかしそこでも、激しい運動、素早い移動や踊りによって、垂直性は危うくされている。

このように多くの舞踏の試みにおいて、立っていることは自明ではない。数多くのワークショップでは、立ち上がること、横になった姿勢からどのようにして立ち姿勢に移るのかを再認識することを、基礎練習やウォーミングアップの主な要素にさえしている。天児は言う、「人が立つこと、動くことは常に重力との関わりであり、重力との対話にほかならない。身体を基としたダンスもまた、重力との対話である[38]」。舞踏の試み、とりわけ天児が定義したような試みは、ルドルフ・ラバンが特に理論化した体重と体重移動を運動の第一の原動力として探究することに本質を置く、ダンスのモデルニテの試みと異なるものではない。舞踏は、重力との微細で絶え間ない対話という根本的なその作業を観客に示し感知させることで、そのことに自ら集中しつつ、それを観客に強く感じさせることができるのである。

揺さぶりかけてくる体験、両義的な魅力

攪乱された形象(フィギュール)

批評家たちを唖然とさせたのは、舞踏の美的探究の性質そのもの、つまりそれらが踊るフィギュールを攪乱し、知覚の伝統的なカテゴリーに揺さぶりをかけたことにもあった。垂直性が乱されたことに加え、一九七〇年代末にフランスの舞台でみられていたものとは対照的な手足の使い方が、身体のフィギュールとラインを乱す。というのも舞踏の身体性は、末端――両手両足、顔――を含む体全体で探究され、変容させられるからである。共通の身振りの力学と質でとらえられたこれら身体の末端部分は、際立って可視化されるため、観客の視点をとりわけ引き寄せる部分にさえなる。足先は多くの場合、脚の延長としてつま先立てられたり伸ばされたりすることなく、指の間を開かせる極端な緊張によってむしろ曲げられた状態に置かれる。緊張と痙攣に貫かれたこれらの足は、クラシックバレエのポジションやコンテンポラリーダンスのポジションとはかけ離れた見慣れない形態をとる。多くの場合、手先は鉤型に曲げられ、手の残りの部分はこわばり、時に引っ掻くような猫科のものとなり[39]、当時の舞台に支配的だったモーリス・ベジャールやフェリックス・ブラスカといったネオクラシックの振付家に特有の、すべての指を互いに離して大きく広げた手や、コンテンポラリーのダンサーたちにみられる両腕に沿ってそのまま伸ばされた手の使用法とは真逆である。おそらくその高齢によるのだろうが、大野一雄は顔と手を主とする末端部分を用いた踊りをとりわけ展開した。これら末端部分は、フレージング、ポジション、緊張と弛緩の力学の多様性を探究する大野が絶え間なく創り出すさまざまな身体性の中心にある。こうした末端部分への独特な働きかけは当時のダンスの舞台では新しく、空間における体の連なりや輪郭を破壊することで、身体の認識に揺さぶりをかけた。

また、はっきりとしたかたちをもたなかったり、身体を変形させたりするようなぼろぼろの衣裳、体の輪郭をぼやけさせる白塗りや皮膚に接着された付属物などによっても、身体のラインは不明瞭なものになることが多い。

より広く言えば、その多様性にもかかわらずあらゆる舞踏の試みによって示される身体ワークは、形象をあいまいにし、踊る身振りを生成する原動力として感覚的作業を優先するという点で共通している。空間のなかではっきりと描かれるフィギュール、完璧なフォルムの実現以上に前面化されるのは、身振りの錬成作業なのである。意図を完璧に読み取って欲しいというよりは、身振りの錬成プロセスをみせようとする配慮から、大野や田中といったアーティストが舞台で即興に中心的な場をあてるのは、まさにその観点から解釈可能である。アーティストによって多少の違いはあれ、即興実践に基礎を置く舞踏作品は[40]、空間にフィギュールを描くこと、パや所作コードといった名称への参照をことごとく無効化する、ダイナミックなアンフォルメル芸術の一つと定義可能であるという点で、フランスの舞踊情勢のなかで特殊で革新的なものとなる。[41]その輪郭を捉える唯一の方法は、身振りと重力作業の質的な描写だけなのだ。

一方、未知の身体状態の探究にあって、相反する方向性とそれを貫く対照的な緊張を意識することによって実現される動きもある。たとえば前進したり立ったりする単純な身振りが、「鉛の足で前進する」とか「はじめて立った時のように立つ」といった言語指示を契機に実現される場合、それらの指示はダンサーの想像力に訴える、「……のように」させる一種の信じ込みプロセスに基礎をおいている。矛盾するそれらの指示の実現に重要なことは、身振りの形式的な実現ではない。その目的は、踊り手をある「状態」に置き、今までみたことのない身振りの質を実現するよう追い込むことであって、身振りの輪郭を示したり、移動を強調したり、空間にかたちを浮きあがらせることではないのである。

無形(アンフォルム)なものと幽霊のような身体

驚くべきことだ、あらゆる一般的な観念が覆される。男と女、人間、花鳥、生の一片、大野一雄は自身のきゃしゃな容姿に、不滅の気高さ、表象世界のはかりしれない広大さを纏(まと)い、彼自身が、強烈な不安を呼び覚まし、時間を支配し操作する、舞台そのものなのである。[42]

人間／動物、男／女といった伝統的な二元論を超える大野一雄の変容の試みについて、批評家コレット・ゴダールはこのように証言しているが、そこに老／若という二項対立を加えることもできるだろう。舞踏作品は、世界を理解し感知するためのこうしたカテゴリーをとりわけもてあそぶ。つまりこうした揺さぶりかけは、舞踏の芸術的試みの主な一要素である以上に、「知覚の構造と『思考の日常的なカテゴリーに激しい動揺』を強いる点で政治的である」[43]とイザベル・ジノが指摘する意味において、舞踏の政治的側面の主な一要素でもあるのだ。土方巽の参照項の一つであったバタイユのアンフォルム概念と同様に、舞踏家たちにとって、一般的な形（フォルム）を違った角度から考察し、境界に位置する分類や理解が不可能なさまざまな形を探究することが重要となる。[44]ジョルジュ・ディディ＝ユベルマンはバタイユの試みの解釈として、「無形（アンフォルム）なものを標榜することは、形を否定することではなく、むしろ出産や臨終の作業のようなものに匹敵する形の作業に身を投じることである。すなわち、開口、裂け目、何かを死に至らしめる悲痛なプロセスなのである」[45]と述べている。そうしてアンフォルムは、空間と時間の区別をあいまいにし、人間／動物、男性／女性というカテゴリーを転覆し、生者／死者、解放された者／囚われた者の境界線を侵食するようなプロセスとなる。

批評家たちを襲った狼狽や動揺は、一つの遠国の美学を前に示された理解困難の反応というだけでなく、不安の種をまき散らす舞踏の試みそのものに対する一種の同意であったことがわかる。「〈山海塾〉は私たちの認識や、価値観のヒエラルキーに揺さぶりをかける」[46]と述べるコレット・ゴダールは、観客の知覚に働きかける舞踏のさまざまな試みが、不動の、もしくは時間のなかで引き延ばされた身振りへと踊りを「還元」することで、一つの身振りに与えられる価値というものをどのように問題化するのかを明らかにしている。まさにこうしたプロセス、無形なものから汲み出すこうした力のなかに、フランスのダンス・シーンへ舞踏がもたらした主な成果と変革が発揮されているように思える。

批評家たちは、アンフォルムのこうした作業のなかでもとりわけ生者と死者の境界の攪乱に関心を寄せ、ナンシー国際演劇祭での大野一雄の「亡霊的な」[47]登場を描きだす際に、どれほど「わずかな動きによって生が彼の幽

霊のような身体をとらえ」[48]たかを力説している。批評家により何度も言及される死、遺体、幽霊というのはつまり、生者と死者の断固とした対立を解消するこのアンフォルムのプロセスによって引き起こされたものである。
このような作品を前にしたジャン＝マリー・グローは、いくつかの文章で自身の動揺を読者と共有する道を選んだが、それは岩名雅記に関する次のような文章にも表れている。

はかりしれない闇の深みより、体のない一匹の猫の白い頭部という不気味な像がゆっくりと浮き出てくる。その大きな黒い瞳は客席をじろじろ執拗にみる。重くのしかかる静寂のうちに、長い時が流れる。突然、まばゆい光が溢れ出し、目をくらましたかと思うと、両手で何とか重心を保って蹲る半人半獣の生き物が明るみに出された。そのぼさぼさ頭の哀れな裸体は、横になることのできない狭い片隅に追い込まれているかのようだ。そこから脱け出そうと不器用に試みたとしても無駄だろう。そうしながらも最後の試みが彼を立ち上がらせた瞬間、ハッとするほど美しいピエタの顔をもつ一人の男が現れた。[49]

強迫観念、不安、衝撃、異質性といったものは、この両義的な魅力の異なる側面である。魅惑（fascination）の語源的意味が、投げられた運命の賽、美もしくは不気味な魅力による視線の引きつけであるならば、魅惑とは呪いや魔法の色合いを帯びた現象であり、それは舞踏についての批評に表された反応にまさしく一致する。すなわち、「彼らはある意味で、観客に呪いをかけ、憑りつくことをはっきりと意識しており（そのためには音楽はどんな方法でも構わず使う）、得々として私たちの最も恐れる悪魔を表現することで、この芸術形式の危険性を見抜いているのである……」[50]。ここに、魅惑の否定的側面と肯定的側面という二重性が垣間みえる。というのも呪いには、恐怖と苦悶とともに、魅力も混じっているからである。これらの新奇な身体がショックを与え怯えさせる一方で、批評文は上演中に記者たちが強く感じた興奮についての語りへと変容し、次のように主観性の一端をすっかり担がされてしまっている。「精神分析学者、あるいは魔術師なら、舞踏をみるときになぜ、悲しみや幸福感、平穏や不安を結びつける未知の形容しがたい興奮を覚えるのかを説明できるのかもしれない。いくつかの印象は、

〈エイコ＆コマ〉『トリロジー（*Trilogy*）』、アメリカン・センター、1981年、写真ジャン＝マリー・グーロー。

古関すま子『人形』、マンダパ・センター、1990年、写真ジャン＝マリー・グーロー。

田中泯、アラン・ウダン・ギャラリー、1981年、写真ジャン＝マリー・グーロー。

カルロッタ池田『ツァラトゥストラ』、パリ劇場、1984年、写真ジャン＝マリー・グーロー。

母性的世界に由来しているように思える」[51]。

死にまつわるものをめぐる魅惑と恐怖の混合は、フロイトの言う不気味な異質性の感情を反映している。フロイトは論文、その名も「不気味なもの〔原題 *Das Unheimliche*／仏題 *L'inquiétante étrangeté*〕」のなかで、「多くの人々にもっとも不気味に思われるのは、死、死体、死者の再来、そして精霊と幽霊などにかかわる事柄だろう」[52]とまさに述べている。舞踏はその幽霊の美学によって、観客の内にこの両義的感情を引き起こし、その対立する感覚の混じり合いが舞踏の受容を特徴づける怪しげな魅惑の根源なのである。フランスでの舞踏の受容に作用した魅惑と驚愕の効果が結晶化するのは、まさに、大野一雄から〈山海塾〉にいたる舞踏家たちのこうした亡霊のような身体、その言語に絶する異質性、あの世の想起をめぐってのことである。

批評家たちは、「恐怖と非常な美しさの魅力的な幻影」[53]や「その恐怖において奇妙にも美しい災厄的作品」[54]などと描写し、時に相反する極端な言葉を連ねてその両義性を表す。質的に真逆なもののこうした結合は、あらゆる身振りをあいまいにすることで観客の内に複雑な感情を引き起こす、舞踏によくみられる試みを反映しているようだ。そこにこそ、一つの感情的な色彩――たとえば劇的とかユーモラスとか――では描写できないこれらの作品の力と不安が宿るのであり、それらはたいてい対立関係にある多様な身振りの色彩の、複雑で常に変化する交配から生み出される。批評家たちは自らの文体の選択を通じて、このアンフォルムのプロセスが、文芸のカテゴリーだけでなく踊りのカテゴリーにもどれほどの動揺を与えるかということを知らしめているのだ。

この芸術形式が踊りの概念の定義そのものをあいまいにするに至ったことを考えると、フランスのダンス分野における、緊張や論争とは無縁の舞踏の歓迎はとても不思議である。実際、ダンスは舞踏によって、動きの少ないものあるいは動かないもの、優美でないものあるいは醜いものとなる可能性、非常に単純な動きや非常に緩慢な動きさえ含むあらゆる身振りがダンスになる可能性を得た。踊りは、容易でなく自明でなく見慣れたものでも安定したものでもなくなり、絶え間なく問題提起されることになる。ダンサーの技巧は再定義され、知覚と感覚の能力にほとんど排他的に基礎を置くことになる。こうして舞踏によって、老いや痩身、小柄、もしくはずんぐ

りした身体に対するさまざまなタブーが取り除かれる。

　そうして舞踏は、詩的な指示と想像力の働きだけをもとに即興し、感覚作用を動きの第一の原動力として選び、垂直線を危うくし、衰えや弱さを探究し、エロティシズムやグロテスクとたわむれ、さらに形（フォルム）やジャンル／ジェンダーに揺さぶりをかけることで、支配的だった美学との真の決裂をもたらし、コンテンポラリーダンスの身振りの可能性を広げている。舞踏の成功が単なるバンドワゴン効果によるものではないと評価されるのは、それゆえである。一九七〇年代末に舞踏が引き起こした知覚の慣習のシフトは、その後の三五年間の絶え間ない招聘を通じて、長期にわたり繰り返された。一九八〇年末から一九九〇年初頭にかけて上演や批評文の数はやや減少するが[55]、舞踏は人々を魅了し続けている。ラディカルな一勢力であり続ける一方で、舞踏は常に関心を集める呼び物、参照項となり、フランスのダンス分野に数多くの新たな欲望を引き起こしている。

第二部　さまざまな誤解がもたらした舞踏の再創造

第三章　多様な舞踏を「舞踏」にまとめる――単純化された美学的カテゴリー

土方は、ダンスの創造と執筆活動が結びついた芸術活動を、感性的かつ理論的な取り組みとして捉え、自らのダンス実践を入念に練りあげられた語彙や概念と切り離せないものとしたが、それは第一に「舞踏」という言葉に表れている。よって日本からフランスへこのダンスが移転していく現象は、身振りの移転という観点だけでなく、思想と語彙の移転を含む複数の側面から把握することができる。「舞踏」という言葉の歴史、その伝播と翻訳が辿った歴史を、文化史の正統な手続きに従って描写するためには[1]、美学的カテゴリーが形成され整理されていく過程とそれにより生じた誤解、この双方の分析を必要とする。批評の言説が舞踏を称賛し、同時にそれをフランスのダンスの文脈で機能するカテゴリーとしてつくりあげたのだとすれば、この美学的カテゴリー化は、日本からフランスへと伝わるなかで、どのような翻訳、選別、過度な露出、そして忘却の過程を辿り、変化していったのだろうか。

「舞踏」という語の曲がりくねった歴史

「暗黒舞踏（ダンス・デ・テネーブル）」[2]からカテゴリーとしての「舞踏（ブトー）」へ

フランスで最初に行われたいくつかの上演は、今日では明確に舞踏に属するものとみなされているが、当時はこの語と結びつけられてはいなかった。一九七八年のプログラムや批評では、「舞踏」という言葉はほとんど強

調されず、まったく言及されないことすらあった。[3] この語が使われたのは、『最後の楽園』に関する最初の記事の締めくくりで用いられた「舞踏ダンス（danse Buto）」[4] という表現や、リズ・ブリュネルが署名記事の最終段落において「芦川羊子が属している『舞踏（buto）』（あるいは『暗黒舞踏（danse des ténèbres）』）の潮流」[5] と言及したように、わずかに触れられているだけである。多くの公演パンフレットや批評は舞踏という名を挙げず、翻訳のなかで考えられたものの一つ、つまり『最後の楽園』のパンフレットに掲載された、マルティーヌ・マティアスによる短い文章「暗黒舞踏（ダンス・デ・テネーブル）という運動について」[6] で提案された訳語を優先的に採用している。このパンフレットの表紙では、作品を「舞踏ダンス（danse BUTO）」という文句で宣伝していたにもかかわらず、内部の多くのページではつねに、「暗黒舞踏（ダンス・デ・テネーブル）」という表現の方が好まれている。この表現は続いて、一九七八年一一月七日付の『ル・マタン・ドゥ・パリ』紙に掲載されたリズ・ブリュネルの記事のタイトルにもなっている。

提案されたこのフランス語訳[7]は、かなり偏ったものであった。「暗黒（ténèbres）」という言葉の第一義――深い闇、影、黒――に、聖週間中に通うミサの名前から、劫罰を受けた人が逗留する地獄まで、カトリック教に由来する多くの意味が上乗せされている。[8] したがって初期に頻用されたフランス語訳「（複数形の）暗黒舞踏（danses des ténèbres）」は、次いで単数形表記（danse des ténèbres）となったが、宗教や死を想起させる多様な含意をこのダンスの認識に詰め込んだのである。近年のいくつかの研究は、土方によって提案された表現を別の言葉で翻訳する可能性を強調している。オデット・アスランは「暗い身体のダンス（danse du corps obscur）」「黒ずんだ（sombre）」あるいは「黒のダンス（danse noire）」[9] という表現を好んで使用する。一方で『舞踊辞典（*Dictionnaire de la danse*）』はそれよりも「黒の舞踏（butô noir）」[10] という表現を採用している。[11]

とはいえ一九七八年に最初にプログラムに組まれた作品群に関しては、「暗黒舞踏（ダンス・デ・テネーブル）」という翻訳が好まれたようである。「彼方の門」と副題がつけられた『最後の楽園』の趣意書きからわかるように、室伏鴻の言葉には、明白なキリスト教への参照が見受けられる。「舞踏家になること、それは神になることである。キリストになることである」。[12] さらに、パリ秋季フェスティヴァルに際しての報道は、「暗黒」という表現により焦点を合わせた。実際に芦川羊子のパフォーマンスは、「ヤミ（Yami）」という題名の展示室で行われ、フェスティヴァルのプログ

ラムのなかでこの言葉は「夜の暗黒、光の振動[13]」と説明された。リズ・ブリュネルは芦川の上演の特殊な枠組みについて以下のように書いている。

> 日本の展示の順路はその途中で、日に二度、芦川羊子のダンスが行われる劇場空間を経由する。長椅子の代わりに固い木の丸太が並ぶ中、側面の壁に向かって、超写実主義(ハイパーリアリズム)的に造形された僧侶たちが、終わることのない祈りのうちに固まっている。ここは、共犯的な薄暗がりのなかで視線が舞台へと集中する、停止の場である。展示空間の暗がりから現れた芦川羊子は、観客を空間も時間もない混沌へと陥れる。[14]

芦川の踊りの描写や、現在確認できるテレビや写真のイメージは、死の空気を纏(まと)ったうす暗い作品であったことを示しており、身振り・音楽・舞台美術によってつくられた世界観には、「暗黒舞踏(ダンス・デ・テネーブル)」という表現がふさわしいように思われる。ところがこの表現は、当時紹介されたすべての舞踏家に対して、その芸術的主張がどのようなものであったとしても、またたく間に用いられるようになったのである。

奇妙なことに、「舞踏」という言葉が明確に報道に現れたのは一九七九年の田中泯に関してなのだが、このアーティストは、いまだ舞踏の継承を主張しておらず、舞踏との関係はあいまいである。次にこの単語が使われるのは、一九八〇年ナンシー国際演劇祭での大野一雄と〈山海塾〉の登場の時である。この両者をあわせてプログラムに入れた結果、これらの異なる踊り手たちへの共通の名称として、舞踏という語が押し付けられたようである。これ以降、この言葉は新たなアーティストが見出されるたびに引用され、周知されることとなる。ジルベルト・クルナンが「舞踏ダンスが流行している[15]」と認めているように。一九八二年にはすでにマルセル・ミシェルが、一九七八年には知られていなかったこのダンスの認知が進んでいることを次のように評価している。「今日では何人も、舞踏ダンスなるものを知らないとはみなされない。五年経ち、いまだ周縁的で密やかなものであり続けているが、つい最近もパリ市立劇場の常連客たちを前にして、舞踏ダンスは彼らの心に訴えかけた[16]」。

舞踏という言葉の導入は段階的であったが、一度メディアの間で知られると、まったく異なる美学をもったア

ーティストを形容する時でさえ、この言葉の使用に対して疑問も留保も提起されなくなった。「ポンピドゥー・センターでの舞踏[17]」「舞踏の惑星[18]」あるいは「舞踏の祭典[19]」というように、舞踏という言葉が一つの呼び物となったのである。そしてこの言葉は、二〇〇六年にパトリック・ドゥヴォスが「慣例的に用いられ、あるいは辞書のなかに伝播していき、あらゆるところに広がり、すべての国境を通過し、ほとんどすべての大陸へ拡散したも同然である[20]」と認めるほどの地位を得た。「暗黒舞踏（ダンス・デ・テネーブル）」という表現は相変わらず用いられているにもかかわらず、二次的になっていることが、フランス語での出版物を検討したところ明らかになった。一方で舞踏という言葉は、一九九〇年代の終わりから専門的な百科事典や辞書の大部分に登場している[21]。さらに驚くべきことに、二〇〇六年に舞踏という言葉は、純粋に芸術という領域を超えた名声を証明するかのように『人文および社会科学における身体の辞典（*Dictionnaire du corps en sciences humaines et sociales*）[22]』にも掲載されていた。このように、フランスに紹介されてから三五年経ってこの言葉は――綴りは相変わらず「butô」と「butoh」の間で揺れ動き、大文字であったりなかったりしているが――、一枚岩ではない芸術的主張をもったアーティストたちを総称し、豊穣な歴史的多様性を覆い隠すラベルとして幅を利かせているのだ。

土方巽の語彙実験

明白に、そして比較的急速に「舞踏」という語はフランスで使用されるようになったにもかかわらず、多様な意味を含んだこの名称の複雑性も、土方による長い紆余曲折を経たその鍛錬の過程も説明されてはいない。したがって日本へ、そしてこの芸術形式の登場した歴史へ、もう一度立ち戻る必要があるだろう。複雑で変動していく「舞踏」という言葉の歴史は、二〇〇二年にパトリック・ドゥヴォスとオデット・アスランによる研究で明らかにされるまでフランスでは知られていなかったが、土方による語彙的・芸術的実験と進展の成果である。一九五九年に土方は、歴史記述のなかで舞踏の始まりとして登場する最初の作品『禁色』を創作している。したがって一九五九年は、この潮流の端緒となる中心的な年として現れる。ただし当時土方はまだ舞踏という語彙を使用しておらず、日本でダンスを指すときに一般的に使われる「舞踊」を用いていた。土方は芸術的実験のなかで舞

踊という言葉を変化させ、意味をねじ曲げ、放棄し、もしくは新たな価値を付与しながら、何度も名付けの試みを行った。パトリック・ドゥヴォスはそれらを以下のように的確に数え上げている。「体験舞踊（彼の最初期のリサイタルは、「DANCE EXPERIENCE の会」というタイトルであった）」「犯罪舞踊（土方がデビュー当時に主要な参照項の一つとしたジュネを念頭に置いているのであろう）」それから（……）「暗黒舞踊」（……）「背面舞踊」（……）「バラ色ダンス」（……）「ガルメラ商会（菓子製造会社の商標をモデルとした名付け）」（……）「燔犠大踏鑑（どのように訳すべきか、「火による供犠の巨大な舞踏の鏡」か）」あるいは「アンチダンス」を意味する「反舞踊」。こうした多様な意味のヴァリエーションは、異なる分野の芸術家たちと出会うたびに土方が探究した、さまざまな方法を反映している。[24]

土方はみずからの芸術家としての活動をさらに目立たせるために、最終的に「暗黒舞踏[25]」という表現を提案した。その際に彼は、明治時代に支配階級の人々が踊っていた外来のダンスに対しても用いられた、既存の言葉「舞踏」を取り入れたのである。[26] パトリック・ドゥヴォスによれば、歴史のなかでほとんど矛盾するようないくつもの意味をまとった多義的なこの語彙を、土方はアイロニーを込めて選んだ。明治時代、舞踏は輸入されたダンスを示していたが、この言葉はまた、『高貴な』要素を想起させる含み」をもつより古い言葉を継承している。つまりそれは「古代の天皇の宮廷で使われた語彙」に由来し、「さらに――皮肉な反転であるが――大陸からもたらされたダンスと対照的に土着の起源を有し、儀礼的な特徴をもった踊り」を指し示すものでもあったのだ。したがって流用と取り込みがこの芸術家の選択の中心にあり、ドゥヴォスによれば、固有のものと他者のもの、「貴と賤、高貴さと卑しさ、文明と未開、制度の内にあるものと周縁にあるもの」の間に、この言葉が緊張と対立をもたらすのである。

とりわけフランスでは多くの著者が、「舞踏」という言葉を構成する表意文字の分析と語源学に傾倒した。そして歴史的あるいは美学的な説明よりも言語学的な説明を優先し、[27] 土方の語彙実験の歴史は無理解ゆえに顧みられなかった。「ダンス・デ・テネーブル（Danse des ténèbres）」「ブトー（butô）」「アンコクブトー（ankoku butô）」は長らくフランスでの批評言説においては同等のものとみなされたため、土方による用語の使用を誰も歴史化する

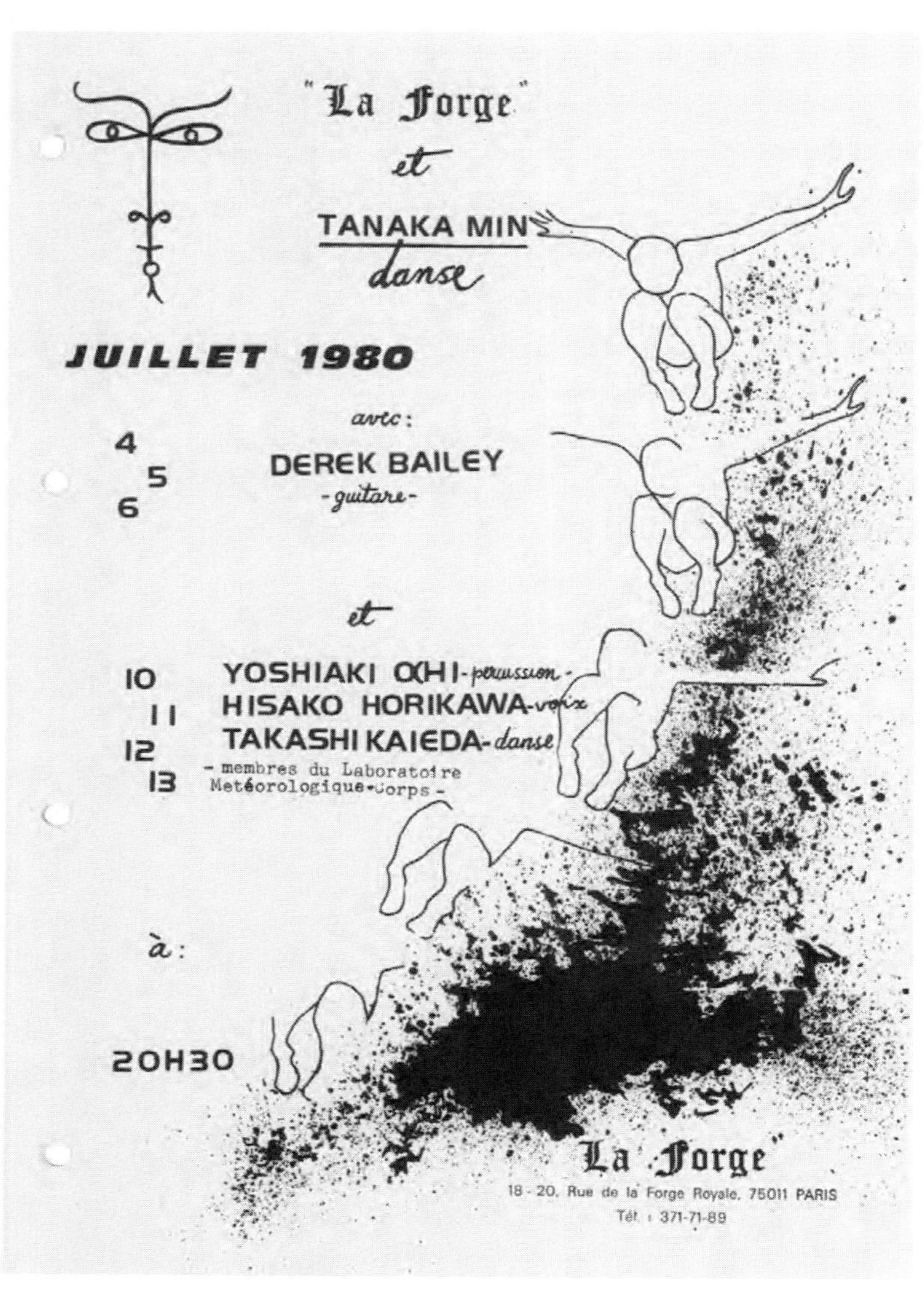

田中泯の公演パンフレット、ラ・フォルジュ、1980年。

Libération

Oona, danse
« un hommage à la Argentina »,
une danseuse qui, il y a cinquante ans, décida de sa vocation. Seul dans les allées et sur la scène de la salle Poirel, il est cette danseuse. Vêtu pour sa dernière danse d'une robe blanche, il salue, s'enveloppe a demi dans le rideau rouge, salue une nouvelle fois, et, sur un air d'accordéon argentin danse encore, inoubliable diva.

J.P. THIBAUDAT

La synthèse de formes chargées de passé et d'images nouvelles, plus originales d'ailleurs par leur impact que par leur développement, explique en partie pourquoi Oono, à l'égal de Hijikata Tatsumi, a modifié de fond en comble la danse contemporaine japonaise. Il

Hervé GAUVILLE

LE MATIN DE PARIS

du danseur japonais Kasno Oono, soixante-quatorze ans, qui, cinquante ans après avoir vu danser la Argentina à Tokyo en 1928, continue, pour lui rendre hommage, à se métamorphoser en elle ; c'est assez fascinant,

Gilles Sandier

LE FIGARO

Belles images encore avec le Japonais Kazuo Oono. Cet homme de soixante-dix ans rend hommage à la grande danseuse la Argentina. Kazuo Oono devient cette vieille dame fanée au masque douloureux. Une cassure de poignet, un regard, trois glissades, une façon comme personne de saluer, fleurs en main et c'est tout le monstre sacré qui flirte avec la salle qui sourit d'un œil et pleure de l'autre. Tout ce qu'il y a de plus kitch.

Marion THEBAUD

Le Monde

Successivement vêtu de mousseline, de robes castillanes, d'une sorte de soutane trop vaste retenue sur le côté par une large boucle [illegible] triangle, d'un fourreau blanc au corsage pailleté ou bien nu à l'exception d'un caleçon noir, coiffé d'une plume blanche ou rouge, chaussé de mocassins souples, Kazu Oono sur le plateau sans décors danse en silence et ses pas appellent la musique : la voix de Maria Callas, des tangos, du musette joué en direct au bandonéon par un Japonais en smoking. C'est hallucinant; toutes les notions habituelles sont bousculées. Homme-femme, être humain, fleur-oiseau, parcelle de vie fragile, Kazu Ono porte dans sa frêle personne la noblesse indestructible, l'immensité du monde des représentations, il est le thé[illegible] qui réveille l'intensité [illegible] émotions, qui domine et manipule le temps.
Kazu Oono semble avoir trouvé aux sources de la nature les bases d'une technique très élaborée qui a fait école.

COLETTE GODARD.

大野一雄の公演パンフレット、レ・キャトル＝タン・スタジオ、1980年。

3, place du 11 Novembre 92240 MALAKOFF
métro : Malakoff-Plateau de Vanves (à 10 mn de Montparnasse)

Danse Butô

UTT

Compagnie Ariadone

Carlotta Ikeda

Jeudi 15 mai
à 20 H 30
non adhérents : 58 F.

PRIX DES PLACES : 38 F. adherents et groupes
RESERVATIONS : 46.55.43.45.

カルロッタ池田と室伏鴻の『うッ』の公演パンフレット、マラコフの 71 劇場、1986 年。

ことができなかった。ところで、一時的に一九六一年に現れ、一九六三年には決定的に使われるようになった「暗黒舞踏[28]」という言葉は、土方の実践の特定の期間、すなわち「危機に立つ肉体」という概念と身体の不安定さを探究した段階と軌を一にしている。研究者國吉和子によれば、土方はこれらの提案や計画――「舞踏はいまだ作品として確立されていなかった[29]」ため――のもと、一九六〇年代の一〇年間に「さまざまな激しいコントラスト（対比）にかけ」られた硬質な身体を探究した。一九六〇年代半ば以降、写真家細江英公とともに生地である東北地方を回る旅をした後、土方はこの地方の農民の身振りについて研究を重ね、それは『疱瘡譚（ほうそうたん）』（一九七二年）に結実した。そしてこれ以降、土方は自身の踊りを「東北歌舞伎」と名付け、「舞踏」という言葉を再び用い、新たな方向へと創作を進めた。彼はより明確なかたちで日本的な参照項へと回帰し、弱さと衰えの美学を発展させたのである。踊り手として土方は、「消耗した、病的なあるいは瀕死の身体[30]」、「衰弱体」と名付けた衰えた身体に変貌する能力を鍛えていった。『疱瘡譚』の第六景は衝撃的なその例である。土方はここで、地面に打ち拉（ひし）がれたソロを踊る。萎縮して極度に衰弱した脚は、彼が起き上がり直立姿勢になるのを妨げるほどである。

このように、土方は踊りを追究するなかでつねに新しい方向性を模索していたにもかかわらず、「舞踏」という言葉がフランスで、そして世界のなかで幅を利かせてしまったのである。フランスの批評家による受容の際の取り違えは、創始者による実践の最も基本的な一面――つまり、土方の絶え間ない実験と探究のプロセスに対する執着――が知られないまま、言葉を本質化したことに起因する。舞踏という語は国際的に広がりながら、土方によって提案されたすべての他の名称を犠牲にして結晶化したのである。それはまるで、さまざまに変化する名称をもったこのダンスを輸出するために、たった一つの名称の受け入れを通じた単純化が要求されたかのようである。

舞踏という美学的カテゴリーは均質なのか？

逆説的なことに、「舞踏」という語がフランスに紹介されそして認められた一九八〇年代初めという時期は、

このラベルに結びつけられたアーティストたちがきわめて多様な形式や手段を提示していた。[31] この激しい異種混交のなかで、美学的そして経済的な分裂が、時間の経過とともに広がった。〈山海塾〉と〈アリアドーネの會〉が舞台のためのダンス作品しか制作しなくなり、フランスの舞台芸術の制度に入ってその経済と機能を取り入れたのに対し、ソロやパフォーマンスに専念した岩名雅記といったダンサーたちは、より周縁的な場で上演の機会を与えられ、教育の場を経済的基盤とした。また別の振付家たちは、フランスで舞踏家として生きていくためにまったく対照的なこれら二つの方法の間にあって明確な選択をせず、あちらからこちらへと代わる代わる試していった。たとえば室伏鴻は、制度的な枠組みの内外で、ソロでの即興とさまざまなカンパニーとのコラボレーションを交互に行った。

〈山海塾〉の極端な露出度の高さ

〈山海塾〉は、他の舞踏家が参入できなかった、あるいはそれを望まなかった舞台芸術市場の原理を完全に受け入れ、フランスで大多数の舞踏家と大きく差をつけた。各カンパニーの美学的指針と経済活動は、密接に結びついている。〈山海塾〉は実際、継続的な創作を可能にする経済的そして制度的支えをみつけたといえる。というのも彼らの作品は、またたく間にパリ市立劇場との共同制作となり、この劇場が一九八二年以降、毎回世界初演を行う舞台となったからである。そうして制作された作品は、次いで、資生堂やトヨタといった巨大企業のメセナの恩恵を受け、長期的な国際巡演が行われた。日常や自然、あるいは都市の空間でパフォーマンスを行っている他の多くの舞踏家とは対照的に、天児牛大は、とりわけ一九八五年以後は劇場という枠組みを好み、彼の有名なパフォーマンス――真っ逆さまに足からつり下げられたダンサーが、建物の高所から地面までゆっくりと降りていくもの――もやめてしまった。これ以降天児は、洗練された舞台装置を配した大規模な劇場で、観客と距離を取り対峙する関係性のなかで作品を上演していった。

反対に大野一雄、田中泯、あるいは岩名雅記は、簡素な舞台美術、観客との可能な限りの近さにこだわった。これは彼らに、観客と感覚に基づく直接的な関係を築かせ、時には観客に軽く触れさえし、親密ともいえるやり

方でありのままの身体性をさらすことを可能とした。これらの試みは、即興を中心とする点において、やはり〈山海塾〉と区別される。田中泯は、即興なしでは自分の踊りは考えられないと語る。「即興は私にとって、踊りによって自己を表現するために本質的なものです。即興だからこそ、私のすべての感覚と、関係しているすべての人の感覚を、能う限り緻密に吟味した後でなければ踊り始められないということがわかるのです……」[32]。田中は即興を舞踏の本質的な要素にすらしている。「いつも決まった作品を舞台上で踊ること、それは舞踏のやることではありません」[33]。一方で、〈山海塾〉がみせる踊りは、構成され、演出された作品で、即興に対してまったく違う関係を保っている。〈山海塾〉はそもそも、即興の使用を主張していない。あるインタビューで天児は、ダンサーたちは集団で即興の訓練を行うのかと問われ、次のように答えている。「まったくやりません。私はアイディアやイメージから作品を始め、みなで議論して、集中、雰囲気、空間という三つの要素を尊重しながら、場面を構築していくのです」[34]。

〈山海塾〉の作品は、ほとんど型通りと言えるほどの振付の構成方法をみせもする。それはバレエの台本を思わせ、ドラマトゥルギー上の激しさの頂点を最後に迎えて終わる、公演パンフレットに記載された場面を幕ごとにおっていく構成である。批評家ファビエンヌ・アルヴェールによれば、「群舞とソロの場面が交互に登場することでつくられる」これらの作品の構成は、「古典バレエの作品のそれと取り違えるほどよく似ている」[35]。ここでの群舞は、たとえ音楽という明確な目印というより、ダンサー同士がお互いを聞き、共通の強度をわかちあうことに基づいているとしても、ユニゾンで踊られるのだ。このユニゾンがコール・ド・バレエと似ている別の点は、ダンサーたちが非人格化されていることであり——白塗り、同一の衣裳、頭は剃り上げている——、各自の個性は消し去られ、クローンのイメージを連想させるほどである。

剃った頭、白塗りの体、長いガウンあるいはトーガをきた踊り手たち、大掛かりな装置、胎児の姿勢、ゆがんだ顔、縮こまった手足。こうしたかたちやコードはたしかに間接的な要素であるが、しかし作品のなかで反復されることで「記号としてのイメージ」、つまり舞踏の総称的イメージをつくりあげ、これらの記号の使用へと導いた創作の過程を忘れさせてしまう。作品から作品へ、さまざまに色合いを帯びて広がっていく世界観を発展さ

岩名雅記、独舞シリーズ『装束は水』より「すさび」、ボリス・ヴィアン財団、1989年、写真 ジャン=マリー・グーロー。

山海塾『かがみの隠喩の彼方へ――かげみ』、2000年、写真マリオン＝ヴァランティーヌ。

田中泯、ポンピドゥー・センターのテラスでのパフォーマンス、1978年、写真マリオン＝ヴァランティーヌ。

せながら――これらの上演はこの振付家にとって「いまだ書き進められている壮大な小説のある一章、そのヴァリエーション」[36]でしかなかったが――、舞踏の一つの主要な表象、つまり〈山海塾〉のクローンダンサーのアイコン的人物像として、天児はその中心的役割を担っていく。このカンパニーのスタイルは、フランス人の目には、少なくとも舞踏を最もよく定義する「舞踏」となった。定義するのが難しい多様な芸術作品群と、ある特異な世界感とが混同された結果、わかりやすい一種の同等性によって、〈山海塾〉はフランスの言説や見方のもとでまさに「舞踏」となったのである。

事実〈山海塾〉は、大劇場でのプログラムに入ったという点でも、定期的にテレビに出るなど他の舞踏家とは比較にならないメディアでの扱いという点でも、最も可視化されたことでその利を得たカンパニーであった。〈山海塾〉は国際的に認められ、実際は複雑かつ多様であった舞踏という美学の船首頭となったのである。こうして天児は、マルセル・ミシェルが証言するように、「八四年のロサンゼルスオリンピック・アートフェスティヴァルにおいて、ドイツのピナ・バウシュやフランスのジャン＝クロード・ガロッタと並んで、日本」[37]を代表する役割を担った。この露出度の高さによって、〈山海塾〉は舞踏の主たる代表者とみなされるようになり、ある面では最も批判されるという結果がもたらされた。それとすぐにわかる〈山海塾〉の世界は、一九八〇年代の終わりから倦怠と退屈を引き起こしていく。[38]批評家は、次第に手厳しく辛辣になり、彼らの作品にみられる商業的な娯楽への妥協を遠回しの言葉で嘆いた。

それは、私たちが他の多くの上演のなかにその強さを感じた、日本的な精神性とは何の関係もない、「異国風の」バラエティー・ショーである。[39]

そして次に、それはさらに少し間抜けなものになった。これらの作品を企画した天児牛大は、インスピレーションが尽きてきたようだ。（……）焼き直しのセンス。〈山海塾〉風の舞踏を行うためにはつまるところ、頭を剃り、白塗りにし、胸部は裸で、それほど丁寧にアイロンがかかっていないスカートが纏わり付いた脚

をもつ六人のダンサーが必要なのだ。（……）私たちは、決まった美学に要約される芸術上の意図をみることに、ほとんど満足することができない[40]。

〈山海塾〉の固定された世界観は、舞踏に内在する美学的多様性を覆い隠した。だが、天児の美学を中心に構築されたカテゴリー化と命名のこのプロセスのなかでは、さまざまな選別という措置――プログラム担当者による選択から、各アーティストや各国の間にある身振りの類似性を受け入れてダンスが移転していく偶然に至るまで――が働いているのである。

不可視化された受容

今日、舞踏の歴史において主流とみなされているアーティストたちは、フランスで順調とは言いがたい困難な受容を経験した。たとえばそれは、初期の頃土方と共同作業を行い、それゆえに舞踏の創始者の一人と考えられている笠井叡の場合である[41]。彼とフランスの関係は複雑だ。一九八〇年のナンシー国際演劇祭への参加は注目を集めず、彼がダンサーとしての活動を停止するきっかけになった。笠井は長らくドイツに滞在し、ルドルフ・シュタイナー[42]が提唱したオイリュトミーの実践に参加したが、フランスではつい最近まで、ほぼ知られていない人物であった。一九九四年に笠井はダンスの活動を再開し、活発で素早く熱狂的と言えるような、即興の独特の方法を発展させた。それはたとえばパリ日本文化会館で二〇〇七年に上演された『金平糖』というソロ作品や、二〇一二年にエマニュエル・ユインと共作したデュオ『SPIEL／シュピール・遊戯[43]』に現れている。跳躍し、急に方向転換をし、舞台空間を駆け巡る笠井のダンスは、軽く、ときに滑稽で芝居がかっており、それまでフランスで幅を利かせていた強度があって暴力的でゆっくりとした舞踏というイメージからはほど遠い。フランスが笠井をまったく無視していたことは、舞踏の歴史と、笠井も中心的な役割を担って一九六〇年代に行われたその実験の歴史に、あまりにも長く無頓着であったことをあらわにする。このことは結果的に、フランスでつくりあげられたドクサから大きく隔たったさまざまな舞踏への、根深い無関心をはっきりと示している。

〈大駱駝艦〉がフランスで、きわめて不定期に上演の場を与えられたことは、非－受容のもう一つの代表的な例である。俳優でありダンサーであり振付家でもある麿赤兒は、一九七二年の〈大駱駝艦〉設立以降、強烈な芸術運動を展開したが、フランスでは比較的知られていない。エネルギッシュで皮肉も含んだ彼の作品は、映画や漫画など、日本ではさまざまな領域にみられるエロティックでありながらグロテスクな「エログロ」という美学に基づいている。これらの作品は、見せ物的な記号（コード）を用い、ときにそれを極限まで押し進めながら上演される。大音量で流される音楽や、キャバレーやテレビの世界から借用したような舞台装置の効果などがその例である。しかしこの演劇的枠組みは、パロディや挑発行為、あるいはキッチュによって危機にさらされる。舞踏の受容の文脈に長らく不在であった麿赤兒は、一九八二年のアヴィニョン演劇祭、一九九七年レ・アルにあるオーディトリウム、そしてカルロッタ池田のソロを振り付けた[44]一九八七年のバスティーユ劇場など、ごくわずかしかフランスに招かれていない。日本文化会館の主導のもと、カンパニーが定期的にパリで公演を行うようになるには、二〇〇七年を待たなければならない。[45] こうした招聘上演の乏しさにともなっているのは、他の舞踏家と比較すると、べた褒めからはほど遠い批評家による反応である。一九八二年のアヴィニョン演劇祭のとき、リズ・ブリュネルは同じ記事のなかで大野一雄と〈大駱駝艦〉を対比させた。

> 大野一雄という唯一の存在と彼の最小の身振りが、感情の強大なイメージを想起させる一方で、〈大駱駝艦〉は反対に、舞踏の身振りを激化させて、大げさな演出のスーパー・ショーにしてしまった。鍛え上げられた大人数のグループは、衝撃的な場面の連続によって、迷宮の影のなかにわれわれを導いた。ヒロシマからよみがえった人びと、老人たち、夜叉、ゲイシャとサムライ、黙示録に出てくる騎士たち、泣き女……後生だから、もうたくさんだ。（……）やはり私は、大野一雄の主要な二作品、すでにパリで上演された『ラ・アルヘンチーナ頌』と『わたしのお母さん』のもつ繊細さと深い芸の方を好む。なんという崇高さ。[46]

また、『レクスプレス』誌のシモーヌ・デュピュイにとって、〈大駱駝艦〉は正真正銘の落胆をもたらすもので

あった。

> 病的なエロティシズムや黙示録とほぼ同義語である「舞踏」という上演のラベルに引き寄せられて、私たちは自分の席に身を置いて、最も悪魔的な旅路への心づもりをした。
> しかしああなんということか！　すぐに期待を捨てねばならなかった。一九七八年シルヴィア・モンフォール座で、短剣を性器から突き立てたカルロッタ池田、あるいは同年装飾美術館で、胎児から被爆した死体へと変貌してみせた芦川羊子、大反響を呼んだこれらの舞踏の始まりからずいぶんと遠いところに来てしまった。幻覚を起こさせるこれらの踊り手たちとともに、われわれはそのとき深淵へと向かう高速列車に乗ったようだった。ここでは、麿赤兒が運転する名ばかりの質素な電車程度で我慢しなければならない。（……）魅力がないわけではないが、挑発的な新しいミュージック・ホールのために「舞踏」をねじ曲げた師匠の、そのほんの少し冒瀆的で非常にナルシスティックな現れによって、作品全体が句切られていた。[47]

実際、過去に〈大駱駝艦〉の踊り手であった天児やカルロッタ池田が熱狂を引き起こしたのとは大きく異なり、〈大駱駝艦〉はフランスで求められた重々しく謹厳な舞踏とは合致していない。一九九七年ついで二〇〇七年、二回ともフランスのプログラム担当者ではなく、日本の国際交流基金の主導により彼らが一〇年の歳月を経て戻って来たとき、報道記事ではわずかしか言及されなかった。批評家ジャン＝マリー・グーローは一九九七年の『トナリは何をする人ぞ（*Que fait mon voisin ?*）』について、「暗黒舞踏（ダンス・デ・テネーブル）とは何の関係もない」[48]とメモに残している。マリー・クリスティーヌ・ヴェルネは、二〇〇七年の『リベラシオン』紙のなかで、土方が育てた麿赤兒を「王以上に王政主義者である」[49]と、まるで彼が極端すぎる舞踏を提示したかのように批評している。〈大駱駝艦〉について書かれたいくつかの批評が証言しているように、皮肉たっぷりでキッチュかつ長大なスペクタクルであるこれらの作品は、舞踏というジャンルに対する期待の裏をかいている。間隔が空いていたとはいえ定期的に招聘されていたにもかかわらず、このカンパニーはフランスの受容がつくりあげた美学的定義には入らなかったので

ある。この定義のなかでは、実際には多くの舞踏家たちの生計手段となっていたキャバレーによって特徴付けられるエログロという傾向は――舞踏の歴史を通じて構成要素となっているにもかかわらず――、排除されていたのだ。

〈山海塾〉そしてカルロッタ池田の〈アリアドーネの會〉が神聖化されるにつれて、フランスが舞踏を受容し構築していくプロセスのなかでは、十分に認知されたスペクタクル的側面が引き継がれ、反対に、麿赤兒率いる先駆的なカンパニーの作品にみられるきわめて強い挑発的な効果は弱められたのである。天児と池田のカンパニーは結果的に、彼らの出身母体である〈大駱駝艦〉のために、フランスでの上演場所をほとんど残しておかなかった。

舞踏というラベルの束縛

「舞踏」というラベルが広く普及し、同時期にいくつもの上演が行われたために、フランスの批評言説はこれらのアーティストを一つの潮流、あるいは共通の流派に――たとえば「舞踏という運動[50]」「舞踏という運動、このダンスの潮流[51]」と言われたように――組み入れた。しかしながらフランスに紹介された時期の舞踏は非常に多様な形態をもっており、一つの流派とみなすのは困難である。日本での最初の一〇年間に、舞踏は土方とその周りに集まったアーティストのコミュニティに限って実験・実践されていたが、一九七〇年代以降は、とりわけ笠井叡、高井富子[52]、石井満隆、田中泯、そして〈大駱駝艦〉の麿赤兒といったように、カンパニーも増加しその美学も多様化していった。踊り手たちの集団は、一人の振付家を中心に形成され、たとえば田中泯は生活と仕事／踊りの実践の共同体を生み出した。岩名雅記の場合は、彼の研修を定期的に受けその公演に参加した、フランスとイタリアの各地に点在する独立系ダンサーたちの中心を築いたと言ったほうがふさわしい。一九七〇年代末以降も、舞踏は日本で多様化し、そして同時に世界中にその種を蒔き続け、アーティスト同士の交流とつながりを膨らませていった。カンパニーの増加や地理的な分散、交わり、それらのあとに続いたさまざまな影響と借用表現に鑑みれば、舞踏を一つの流派の事象として考えることはできない。すべての舞踏家が多かれ少なかれ土方との

直接のつながりを主張するとしても、一九七〇年代以降彼らはもはや一つの踊りの共同体を成すことはなかった。ここでつくられたのは、むしろ勢力範囲と呼ぶべきものであり、きわめて多彩な美学と経済活動の実態が一つにまとめられたのである。

〈山海塾〉の踊りの記号に還元される、美学的カテゴリーと様式上のラベルとしての舞踏の定義は、美学的類別を試みるという、何度も現れる欲求への応答として現れてくる。論考「言説の系譜と権力（Généalogie et pouvoir d'un discours）」[53]のなかでミシェル・ベルナールは、「モダン」「ポストモダン」「コンテンポラリー」という語彙をダンスで使用するよう導く「言表することの欲望」について検討しているが、この欲望は舞踏のケースで作動しているプロセスとも共鳴する。ミシェル・ベルナールによれば、この言表の欲望の第一の徴候は、「安心を得たいがために、目標物を割り出しその範囲を限定すること」である。つまり、舞踏がもたらした魅惑は、新奇なものに直面した際の不快な動揺をともなっていた一方で、「舞踏」という言葉が分析の難しさを回避し、理解力をすり抜けてしまうものを名付けるのに役立ったのである。

そうしてカテゴリー化の欲望が露わにするのは、舞踏によってもたらされた不安定化、つまり他のすべての芸術体験と同じように、しかしきわめて特殊な方法で舞踏が引き起こした、実り多き動揺である。ミシェル・ベルナールは、マルク・ルボに依拠しつつ、どれほど芸術の体験が「謎や両義性、他性の体験であるか（……）、つまり芸術は最も限定しにくく最も不安定な経験として与えられる」ということを喚起している。「舞踏」というカテゴリーは、「モダン」や「コンテンポラリー」といったカテゴリーのように時間性の問題は含んでいないとしても、フランス語にとってまったく馴染みのないその響きによって、不可避的に日本という起源へと立ち返らせ、地理的な帰属を示唆するのである。ミシェル・ベルナールは以下のように続けている。「この言表の欲望は、奥底で何をねらっているのか。最初のねらいは識別である。自分の理性がその力を行使できるように、識別しようとするのである。したがって分類のために、そして秩序化のために識別することは、一目みて困惑させられる何かを私の悟性に服従させることである」。

「舞踏」のカテゴリーはこうして、揺れ動き、多様で、新奇な芸術的試みの範囲を限定し、それらを位置づけ、

ダンス領域のなかで分類することを可能にする。コンテンポラリーダンスからは距離を置かれ、このカテゴリーは、カテゴリーをまさに破壊し、ときにダンスや芸術であるものの範囲を揺さぶる試みを、すばやく識別することを可能にしてしまった。そして舞踏を、識別あるいは正当化するという意味で、認めることができるようになる。アーティストや創作意図の独自性という点でダンスに向きあうよりも、カテゴリーに基づいた特徴を自分たちの言説において再び利用できるようになったことで、プログラム担当者や批評家の仕事は容易(たやす)くなり、こうして舞踏というカテゴリーは舞踏の成功に寄与したのである。そしてついには、観客の見方に標識を設置し、期待をつくりあげることで、来場を促進させる。高評価と成功はしたがって、識別とともにやってくるのである。

　しかしながら舞踏というカテゴリーが舞台芸術市場とその商業論理に統合されたことで、それは限定的で問題含みのものになってしまった。このラベルは、その分類の境界線に位置するアーティストに適応されたときには、恣意的で強制されたもののように映ることもある。何人かの日本人アーティスト、たとえば田中泯は、直接的には舞踏を主張していないし、矢野英征、より近年では勅使川原三郎[54]は舞踏との差別化を図ったにもかかわらず、このラベルを奇妙に貼られた状態になっている。矢野のケースはこの観点からきわめて興味深い。この振付家についての専門研究のなかで、シャンタル・オブリは矢野がもっていた舞踏との多様なつながりを強調している。矢野は土方の活動とも接点をもち、一九六八年の最初の作品『花(*Flower*)』では三浦一壮を出演者に選んでいる。また彼は、他の舞踏家とともにたとえばル・パルク劇場といった上演の場を共有している。ジャーナリストのオブリは以下のように書いている。

> フランスで矢野と交流のあったすべてのアーティストは、矢野がどのように舞踏を拒否したか、根拠をもって語れると感じている。矢野の立ち位置は、実際にはより複雑であった(……)。とりわけ、さまざまな状況(たとえば〈山海塾〉といったグループの商業的成功)を受けて、矢野はさらにはっきりと距離を取ったが、それは元の舞踏という運動に対してではなく、その意味の喪失に対してであろう。反対に、土方への敬意は決して変わることはなかった。そしてこの時代の多くの写真資料が、矢野自身が踊り手として——もし彼が

大切に保管していたネガにしたがって私たちが評価するならば、ほとんど幽霊のような繊細な踊り手として——その運動に参加していたことを示している。[55]

勅使川原三郎はまた別の興味深い例である。彼の場合、名称は際立って揺れ動いている。『ル・フィガロ』紙は、「勅使川原三郎は、まれな、あるいは唯一の、舞踏とはまったく関係ない現代の日本人振付家の一人である」[56]と評した。反対に『レクスプレス』誌においては、勅使川原は「ミニマリストとしての舞踏実践者と定義できる人物である」[57]。『日本——辞典と文明（*Le Japon : dictionnaire et civilisation*）』[58]における舞踏の紹介記事にも勅使川原が含まれているが、彼自身はその名称も影響も主張していない。こうした不確かさから、どれほどこのカテゴリーが誤解を含み、問い直されていないラベルであるかを理解できるだろう。つまり舞踏というカテゴリーのおかげで、その地理的あるいは文化的隔たりのために、問題を提起しあらゆる分析を困難にしているように思われる日本のコンテンポラリーダンスの諸々の形式を、包括的に理解できるのである。

とはいえ少しずつ矢野にならって、この呼称に対して抵抗を示すアーティストも現れはじめた。この呼称は踊り手たちによってつねに受け入れられるわけでも、少なくとも主張されているわけでもなく、彼らが考える舞踏は、フランスの言説によって伝達されたものよりも、時として広く柔軟なものなのである。「室伏鴻が『舞踏』というラベルを受け入れたのはちょっと煮え切らないものがある。彼は、ニーチェがダンスについて、より個人的には女性について語った、距離（distance）にまつわる英・仏語からの言葉遊び『ディスダンス（Disdance）』という方を好んでいるだろうから」[59]。

しかしながら距離をとる明らかな例は比較的最近のものであり、おそらく、カテゴリー化に対する踊り手たちの変化を示している。初めのうちは、カテゴリー化は彼らが見出されるために有利に働いたが、たとえばカルロッタ池田が何度も繰り返したように、次第にこれは束縛であることが明らかになる。

——つまりあなたは、「舞踏」という呼称を標榜しないのですね？

——それは私には意味のないことです。このラベルを主張することはありません。[60]舞踏は私の踊りを創始したものにもかかわらず、今日私はそのレッテルを貼られることを好みません。つねに自らを問う舞踏精神に基づきながら、自分の道を切り開くと主張したいのです。[61]

このような応答はこの名称に時に対立し、あるいはそこに含みをもたせるものであるが、それでも多くの者たちはフランスの受容が定めたルールに従った。舞踏という語は実際、保証されているわけではないにしろ、知名度を上げ、時には成功の要因となっている。またこの言葉が、教育市場[62]への扉を開いたことは否定しようがなく、それがフランスへ移住した多くの日本人舞踏家にとって、欠かすことのできない経済基盤となっていることは明らかである。

舞踏の定義は、土方の作品のなかでつねに問われ変化し、舞踏家たちの間でも議論され続けている。彼らは隠喩にとんだ数多くの定義を提案し、あるいはまるで舞踏が到達すべき踊りの一つの理想形であるかのごとく、舞踏や舞踏でないものについて態度を表明する。田中泯いわく、「この言葉を理解する方法はいくつもあります。（……）土方はいつも踊りであるものを探しており、私は舞踏のなかに見出した、この忍耐力、執拗さに忠実でありたいのです[63]」。この点からみれば、舞踏は踊り方ではなく一つの「精神」である。たとえば由良部正美は舞踏を、私たちがまさに意識を変容させる瞬間の、踊りと演技の質であると考える。[64]また岩名雅記はより論戦的な仕方で、舞踏というものは存在せず、[65]おのおのの身体に潜在しているという考えを擁護する。「舞踏はジャンルに由来するものではなく、すべての表現に本質的な要素なのです。この意味において、舞踏は遍在しているといえますし、舞踏を引き合いに出している踊りのなかに必ずしも存在せず、しかしそのラベルを標榜していない別の種類のダンスに存在することもあるのです[66]」。「舞踏」という言葉は「ダンス」や「演劇」のように単純化できる芸術上のジャンルを定義するのではなく、「舞踏状態」とでもいいうるような、実践方法や性質を意味する。さらに先へ進み、岩名はアーティストとしての活動のなかで、映画作品の撮影や、本を執筆する可能性を主張す

るが[67]、それらは彼の踊りと等しく芸術実践に含まれる。よって舞踏状態は、絵画にも、文学にも、あるいは映画にも見出すことができるのである。

歴史的厚みを欠いたカテゴリー

フランスの舞踏発見の素早さと、同時期にプログラムに組まれたことの効果によって、招聘されたアーティストたちは同一の地平、同一の歴史のなかに位置づけられた。ショックとして受けとられ、ひとまとめにされ、そしてある限られた期間での舞踏生成の現況だけが可視化されたことで、舞踏はまるで過去をもたないものであるかのように提示された。たしかに数年の間に、フランスにおいて舞踏のすべての歴史を言い表すのは困難であった。プログラム担当者たちは、日本の専門家による文章を小冊子のなかに載せることで[68]、この踊りについての情報を与えようと試みた。しかしながら、日本の舞台芸術に対する大いなる無知と、日本研究がまだ現れ始めたばかりだったという時代背景もあり、これらの文章は短く不正確なものに留まった。かくして誤解と忘却が、フランスの舞踏の表象には長きにわたり刻み込まれてしまったのである。

こうした仕事は批評家にとって簡単なものではなかった。というのも、舞踏に対する分析的・歴史的記述はかなり遅れて現れたため、不正確さと無知が蔓延(はびこ)ったたままだったからだ。理論家と哲学者が舞踏の発見を近距離で追っていたとしても——ミシェル・フーコーとロジェ・カイヨワは、おそらく田中泯の公演の場にいた[69]——、これを主題に執筆してはいない。ジル・ドゥルーズとフェリックス・ガタリも、やはり直接的に舞踏を扱った著作を書いてはいない。ただしガタリは田中の写真集で序文を書き[70]、日本人と空間の関係性に言及している。反対に、作家で写真家でもあるエルヴェ・ギベールは、著書『幻のイマージュ(*L'Image fantôme*)』のなかで〈山海塾〉に言及し、『金柑少年』の場面について「彼の踊りのなかに、写真的なものを」[71]取り入れることができると記述して[72]、天児の歩みをたたえた。

演劇コラム、実地の舞台批評やアーティストとの対話を除いて、舞台芸術に関連する出版物で明確に舞踏を掘

り下げて論じた最初のテクストは、まず一九八三年の雑誌『オトルマン（*Autrement*）』に現れ、次いで一九八五年に『アルテルナティヴ・テアトラル（*Alternatives théâtrales*）』の特別号と『舞台——キロン・スペースの刊行誌（*Scènes : revue de l'Espace Kiron*）』の第一号に登場した。研究者たちはこの主題をほとんど扱うことがなかったが、一九八〇年代初め以降、何人ものジャーナリストや映画人[73]が舞踏のリサーチに取りかかり、日本へ長期間旅行したり、交流を図ったりした。舞踏への興味は明白だが、一九九〇年代の出版物が主に写真集という性質をもっていたことにも現れているように、依然として相変わらず視覚的な魅了に偏ったものであった。[74]

新たに意味付けされた創始者たち

舞踏が歴史的厚みをともなわずにフランスへ到来したことは、新たな意味付けという現象に対して有利に働いた。批評の言説は、たとえば大野一雄に高い関心を示したが、一九五〇年代以降多くの作品を生み出した振付家・作家である土方巽が、舞踏の美学と思想がつくられていく流れのなかで果たした役割を長い間消し去ってきた。一九七八年と一九八三年にフランスで上演された土方の二つの作品——『闇の舞姫十二態』と『日本の乳房』——は実際、カルロッタ池田や田中泯の作品と同列に紹介され、そこに歴史的視座はなかった。フランスを一度も訪れなかった土方は、報道のなかで特に前景化されることもなく、批評の受容の文脈では、カルロッタ池田、室伏鴻、そして田中泯という初期に最も目立っていた舞踏の出来事の一群と区別されることもなかった。

つまり舞踏の創始者としての土方の役割は、フランスでは正当に評価されていないのである。一九七八年に彼の作品『闇の舞姫十二態』が最初にパリで上演されたとき、すでに土方は二〇年来の創作活動を行っていた。日本人による舞踏の歴史記述[75]では、この時期土方は、芸術家として第三の時期の始まりにおり、とりわけ衰弱体、すなわち弱く力を失った身体の状態を探究していた。この探究は特に、書かれたもののかたちをとって現れた。それが今日、日本の舞踏界で彼の代表作として知られる『病める舞姫[76]』である。

同じ時期、他の舞踏家よりもかなり年長であったため、「大野一雄はある日、舞踏を発明した——しかし正確にいつのことだか誰も知らない！[77]」という一文が示しているように、大野はフランスではこのダンスの創始者で

あり師匠であると受けとられた。土方の重要な経歴を無視したように思われるこの断言は、だからといって完全に間違っているというわけでもない。というのも土方は一九五〇年代以降、大野一雄の提案も交えながら対話を重ねることによって自身の身体に関する理論をつくりあげていったからである。しかし、芸術と踊りに対する自らの展望を詳述した数多くの著作を生み出し、いくつもの作品を発表したのは、土方なのである。だが多くの国で、大野一雄はまぎれもない「師匠[78]」として現れた。ほとんど異論を寄せ付けない人物として——ただ一人批評家ルネ・シルヴァンのみが彼を猛烈に批判した[79]——、そしていつも「世界最高齢のダンサー[80]」として紹介され、大野は主にその年齢によって神話化されたアイコンとなったのである。

土方という重要人物の消去は、大野一雄がフランスを魅了した結果であると同時に、この二人の舞踏家が作品制作を意外な二項式によって行っていたという特異性を理解しなかった結果であろう。二人のコラボレーションによって生まれた『ラ・アルヘンチーナ頌』の広報のあり方がそれを端的に表している。公演パンフレットも報道記事も、大野を唯一の振付家として紹介し、ソロの演出は土方によって行われたことと、幕開きの場面——「ディヴィーヌの死」——は一九六〇年の『土方巽 DANCE EXPERIENCE の会』で大野が踊ったソロダンスの再演であるということが明記されずに省かれた[81]。そして一九八〇年に大野が初めてフランスに来たときには、土方についても、この作品のコンセプトにおけるその役割についても、まったく言及されなかったのである。

『ラ・アルヘンチーナ頌』をもって、土方を犠牲にし大野をこの潮流の起源に据えながら、フランスの受容は新たに舞踏の創始者を再発明しその歴史を書き直した。単なる無知という以上に、この過程は、振付家と踊り手の役割をめぐって特定の作品が引き起こす問題を明らかにしている。『ラ・アルヘンチーナ頌』は実際、モダンダンスやコンテンポラリーダンスにおいて想定され、一九八〇年代にフランスで作者としての振付家という地位確立によってさらに強化されていくような、振付家と踊り手の伝統的な区別に基づいてはいない。『ラ・アルヘンチーナ頌』あるいは『わたしのお母さん』において、土方と大野は新たなコラボレーションの形式、別の作業配分の仕方を考案した。土方がこの二作品を「演出」したが、ダンスは踊り手の独自性や身体性、さらに彼がもっている記憶によって現れてくる。『ラ・アルヘンチーナ頌』は実際大野のもつフラメンコ・ダンサーに対する想

土方巽作『日本の乳房』を踊る芦川羊子、世界文化会館、1983 年、写真ジャン＝マリー・グーロー。

大野一雄『ラ・アルヘンチーナ頌』、レ・キャトル＝タン・スタジオ、1980年、写真ジャン＝マリー・グーロー。

い出――大野はアルヘンチーナを演じることでオマージュを捧げようとした――から生まれたものである。大枠は前もって決定されているにしても、個人的な願望を源泉とする大野の踊りの大部分は、即興に依拠している。土方は外部からの視線を提供し、大野が踊ってみせたものをいかに舞台にのせるかという点を助けることで、「演出」と「振付家」の役目を果たしたように思われる。しかし、二人の舞踏家のコラボレーションが振付家と踊り手の役割の再分割を問うたとしても、受容の過程、すなわち劇場での上演形態や翻訳の問題により、舞踏は、ダンス・振付家・踊り手へ名称を与え役割を規定する、慣用的な枠組みのなかに押し込まれてしまった。フランスの文脈で作用しているこれらのカテゴリーを踏襲することで、批評家は、舞踏が提案したものによりふさわしい新たなカテゴリーをつくりだすことも、問題を提起することも避けてしまったのだ。

しかし徐々にではあるが、フランスで土方の役割は再認識されている。一九八五年以降、『アルテルナティヴ・テアトラル』誌と『舞台――キロン・スペースの刊行誌』で舞踏を特集した号が、わずかなものではあるが舞踏の美学に関する歴史的観点を掲載した。これらの出版は土方の再評価を促したが、書かれたものであれ舞台作品であれ、彼の作品はいまだにフランスではほとんど普及していない。一九八六年、土方の死去に際し、批評家のジャン＝マルク・アドルフとアニ・ボッジーニが追悼の記事を書き[82]、土方のテクストのうちの一本[83]をフランス語に翻訳させた。次いで一九八七年に、ジャン＝マルク・アドルフは日本へ旅行し、土方の痕跡を辿って『プール・ラ・ダンス』誌上にその話を書いた[84]。一九八〇年代の半ばから、舞踏の創始者としての土方の役割はこうして立証されはじめたが、彼の実際の仕事の中身は長い間、根本的には正当に評価されてこなかった。そして二〇〇〇年代に入り、オデット・アスランとパトリック・ドゥヴォスが土方のテクストを広めはじめ、その長いキャリアのなかで土方が探究してきた多くの方法がフランスで発見されていった。この発見の流れは、二〇〇八年にパリ秋季フェスティヴァルで上演された、振付家ボリス・シャルマッツによる『病める舞姫（*La Danseuse malade*）』によって、さらに一歩大きな飛躍を遂げた。この作品は、パトリック・ドゥヴォスによって翻訳された土方のテクストを舞台化したものである。こうして、パリ秋季フェスティヴァルはその際立つ知名度によって、フランスに舞踏が紹介されてから三〇年を経て、今回はその創始者と未発表の彼の著作に注目することで、この

国での舞踏の発見に再び貢献したのである。

正当に評価されなかった日本のアヴァンギャルド芸術

土方や彼の周りにいた舞踏家――大野一雄、笠井叡、そして麿赤兒――による芸術的探究は、二〇世紀の日本におけるアヴァンギャルドの歴史に完全に含まれる。舞踏をこの歴史のなかに位置づけ、舞踏家の協力者あるいはその形成に関わった人の名を挙げることの重要性に鑑みれば、舞踏に関するフランスの一般的な言説は、長い間非常に部分的なものにとどまっていたといえる。近年の研究[85]はそれでも、とりわけ草間彌生の強迫観念的な美術や、美術家の三木富雄や工藤哲巳による身体を変形させた作品に代表されるような、造形芸術家の実験と土方との間に存在した緊密なつながりに光を当てている。また最近のことではあるが、とりわけフランスでは知られていなかった舞踏と〈マヴォ〉[86]の接近も美術史家によって証明された。[87] オリヴィエ・リュサックによれば、〈マヴォ〉は一九二〇年代に「混沌の美学と変形（デフォルマシオン）の思想」[88]にとりわけ着目し、舞踏を予示するようなパフォーマンスを行ったという。[89] またミカエル・リュケンによれば、〈マヴォ〉は「ダンスと舞台美術を含む広い意味での演劇、つまり造形芸術や文学、音楽、身体表現が同時に介在する総合芸術」[90]を発明した。「ブルジョワ的という判を押されたいくつかの価値観と決別し、天才と手腕によって新たに創始する」ことを目指しながら、これらの芸術家による提起は、生活に近い芸術――後に舞踏によって再び探究される多くのモチーフやテーマを呼び起こさずにはいられない――を発展させたのである。それはつぎのようなものであった。「一九二四年のダンスにおける身体の裸体性、腐敗という主題あるいは性的な欲望への回帰、（……）、グループの象徴として豚のイメージを雑誌上で選択、寄せ集め芸術（アッサンブラージュ）のなかでの廃棄物（空き箱やくず鉄など）の使用」。

また日本のアヴァンギャルドの別の歴史も、舞踏に関するフランスの一般的な言説に目立たないかたちで浸透している。それは日本におけるダンスのモデルニテの歴史である。もっともこの点が参照されたとしても、十分に掘り下げられることはまれである。しかし舞踏の創始者である土方巽と大野一雄は二人とも、ドイツ由来のモダンダンスの特徴、そして二〇世紀最初の五〇年間に日独で行われた舞踊芸術のさまざまな交流の特徴を、多分

に含んだ訓練を受けている。たとえば土方は、一九四六年秋田県において増村克子のもとで踊りを始めたが、増村の師である江口隆哉は一九三一〜一九三三年にドレスデンのマリー・ヴィグマンのもとで研鑽を積んでいる。日本に戻ってから、江口隆哉は妻・宮操子とともに、「日本の新しいダンスを創始する」[91]ために奔走し、その生徒のなかには多くの舞踏家もいた。笠井叡、大野一雄、そして一九六〇年にはカルロッタ池田も彼に弟子入りしている。

他の多くの日本人ダンサーも、モダンダンスを学ぶべくドイツへと旅立っていき、帰国後今度は彼らが弟子を育てたが、そのなかにはのちに舞踏家になった者もいる。石井漠は中心的な役割を果たし、教育面では大野一雄へ、舞台作品においては土方巽へ大きな影響を与えた[92]。石井は、一九二〇年代にドイツでモダンダンスに接する以前にも、作曲家・山田耕筰を介して、一九一〇年代からダルクローズの理論に親しんでいた[93]。

舞踏とモダンダンスのこうした直接的関連のほかにも、二〇世紀最初の五〇年間、日本の舞踊界のあらゆる情景には、日独間の強固な舞踊芸術交流によって刻まれた際立つ痕跡が残されている。一九一一年、ヨーロッパの近代舞踊の最初期のリサイタル公演が新たに開業した帝国劇場で行われて以降、多くの日本人芸術家がドイツへと渡った。たとえば作曲家・山田耕筰は一九一二〜一九一三年にベルリンで、バレエ・リュスとイザドラ・ダンカンを初めてみている。小山内薫は山田や斎藤と同じく、表現主義演劇と総合芸術作品という概念に魅了されていた斎藤佳三(かぞう)も、エミール＝ジャック・ダルクローズの功績に強い関心を寄せた[94]。さらに、これらの芸術家からの助言によって、今度は伊藤道郎(みちお)[95]が一九一二年にヘレラウでダルクローズに学ぶために旅立ったのである[96]。これは彼が、イギリス、次いでアメリカで芸術家として歩みはじめる前のことであった[97]。一九二〇〜一九三〇年代には、高田せい子や津田信敏といったダンサーがドイツへと旅立つ新たな流れが生じた。津田は土方に近しい人物であるが、ベルリンにいたマックス・テルピス[98]に学ぶために一九三七年にドイツへと渡った。これらの多くの交流の結果として、ダルクローズの方法論は日本のモダンダンス実践の場に根付き、一九三三年の『国際舞踊アーカイヴ(*Archives internationales de la danse*)』誌がその反響を載せたほどであった。「私には日本でのヨーロッパのダンスについて語れることはほとんどないが、ダルクローズがさまざまな流派に浸透し、近

代化された日本の踊りはその影響を受けているものもあるということは述べておく」[99]。

日本で発展したこのモダンダンスがほとんどフランスで知られていないにしても[100]、きわめてまれではあるが数人の著者はそれを少しばかり目につくように書き表している。たとえば、一九七八年六月にエルヴェ・ゴーヴィルは『アンプラント』誌に、伊藤道郎に関する記事を書いている[101]。この日付は舞踏の発見と同じ年であり、無視することはできない。しかしながら、伊藤道郎は正確には日本のモダンダンスの踊り手であり、彼と舞踏家たちとのつながりは非常に希薄である。そしてこの記事は、初めの一歩ではあるにしても、まさに舞踏に欠落している歴史記述を与えるには至っていない。日本からフランスへと伝わるなかで、歴史的な複雑さと厚みを欠いたまま、本来の歴史とは分断され出所不明の出来事としてつくりあげられ、舞踏はあらゆる可能性が投影され、誤解にさらされやすいものとなったのである。

第四章 「ヒロシマの灰の上に生まれた」……？

ヒロシマという名は、ライトモチーフ[1]のようにつねに諸言説につきまとい、フランスの文脈では舞踏の定義にさえ密接に結びつけられている。この関連付けは早くも一九七八年から現れ、ステレオタイプ[2]として凝り固まり、それ以来、無条件に拡散していく。言説がたゆむことなく循環し反復されていくことで、ヒロシマは常套句へ、つまり繰り返される文句へと変えられてしまい、ついにありふれた、思慮を欠いた言葉になってしまった。舞踏をヒロシマに結びつけるさまざまなつながりがもつ性質、そしてフランスでのこの強迫観念の形成について検討することで、一九七〇年代の終わりから一九八〇年代という歴史的契機を貫き、舞踏に対する見方を形成した、想像力と表象が明らかになるであろう。

ジャーナリズムに登場したステレオタイプ

年代の横滑り

ヒロシマへの言及は、一九七八年一月シルヴィア・モンフォール座での『最後の楽園』の上演に際して書かれた最初の記事に、すでに現れている。一九七八年二月三日付の『リベラシオン』紙は、室伏鴻とカルロッタ池田の舞台について紙面いっぱいに記事を載せたが、これがその最初の例である〔一〇五頁参照〕。黒い地の上に多くの舞台写真が配置された非常に凝った紙面の中心で、短い文章が、投下された街の名を挙げてはいないものの、

日本の原爆について執拗に言及している。

> 一九四五年。二つのキノコ雲が、最も悪魔的な儀式のなかで日本の空を燃え上がらせ、不落の二〇〇〇年間は終焉した。原子力は、絶望の波のように、すべての伝統を揺り動かした……そして原爆を投下した者たちは、一度その雲が消え去ると、彼らの軍事基地とともに、科学者とともに、「自由貿易」とともに、触手を広げる彼らの文化とともに、国を占拠すべくやってきたのである。六〇年代に反米主義が隆起するよりも前から、しかし同じ系譜のなかで「暗黒舞踏(ダンス・デ・テネーブル)」と呼ばれる運動が起こり、それは人々に、時代遅れの封建的な洗練に対してだけでなく、こうした西洋の侵略に対する拒否をもきっぱりと伝えた。この拒否は起源にあるものや最初の痙攣への新たな探究をもたらすものであった……。[3]

劇的なイメージによって図解されたこの衝撃的な短い文章のなかで、舞踏はいきなり原爆との関わりによって定義される。したがってこの作品に関する最初の情報は、一九四五年という日付と日本への原爆投下という出来事に基づいて構成されている。舞踏の美学は簡潔に描写されているものの、ここで強調され、一種の擬古主義(アルカイスム)的探究と受けとられているのは、その本能的で暴力的な側面である。

この後すぐ、一九七八年のパリ秋季フェスティヴァルに際して、舞踏家たちは報道のなかで「ヒロシマを受け継ぐ(……)世代」[4]として紹介される。「アポカリプスの世代」[5]という表現は、どんなアーティストに対しても、何度も繰り返し用いられていくことになる。年代的要素や歴史的出来事の参照は、公演評のなかではわずかなものであったが、たとえば『プール・ラ・ダンス』誌では「一九四五年八月六日、アメリカ人たちは最初の原子爆弾を広島に投下した」[6]と書かれている。きわめて少数のジャーナリストたちは舞踏が誕生した背景についてもいくらかの詳細を記述し、一九六〇年代の日本社会の喧騒について大まかに触れている。以下はリズ・ブリュネルの文である。

3/2/1978

Libération

LE DERNIER EDEN

Au nouveau Carré

Carlotta Ikeda, Mizelle Hanaoka et **Ko Murobushi** font de leur corps le discours le plus dramatique et le plus interrogateur, le plus sarcastique, aussi.

Le Dernier Eden, porte de l'au-delà, au Nouveau Carré, salle Papin 5 rue Denis Papin 75003. Tous les jours à 22h30 sauf dimanche et lundi 18F et 25F.

Page réalisée par Corine et Rémy.

「シルヴィア・モンフォール座の『最後の楽園』」、『リベラシオン』1978年2月3日付。

しかし、アメリカがダンスの発展に自国の様式を浸透させた一方で、別の「メイド・イン・アメリカ」のイメージ、つまり原爆のイメージが、反体制派の若い世代には痛ましく刻み込まれたわけだが、彼らは伝統だけでなく西洋の刻印も同時に拒否し、取り戻すべき原点の身体を探ったのである。[7]

こうした少数派の文章では、舞踏は戦後日本の政治的また社会的緊張という尺度によって解釈されているが、その緊張は、つねにこの時代の基盤をなすものとして考えられる出来事、すなわち広島と長崎の原爆に還元される。ところが多くの場合、報道記事は一九六〇年代の反体制運動については触れずに、ただヒロシマだけに言及する。批評の言説のなかでは、年代が横滑りさせられ、さらにそれが広がっていくのである。つまり私たちはここで、舞踏が登場した一九五〇年代の終わりから一九六〇年代という時代、造形芸術、ダンス、文学、そして同時に政治的熱狂が混ざり合った激しい時代が消去されるさまを目撃する。この文脈は、完全に隠蔽されたというわけではないが、いつも後景に追いやられ、実際詳しく書かれたり明示されたりすることはなかったため、舞踏の発展における前衛芸術の役割は過小評価されている。一九四五年という象徴的な日付を目立たせるために、舞踏誕生の背景が相対的に消去されたことで、舞踏は原爆に対する直接的な反応として生じたと考える、ある種の歴史的省略が起こったのである。土方による創作活動開始が一九五〇年代末からであったこと、それが発展したのが一九六〇年代であったことに鑑みれば、年代的な矛盾は明らかである。このように何度も連呼され、ヒロシマへの言及は徐々に、ヒロシマの「(遺) 灰」「廃墟」あるいは「燃え残り」の上で生まれた舞踏という定型表現や、さらには「ヒロシマというこの世の終わり」[8]等の隠喩的なうたい文句を引き起こしていく。一九四五年八月の日本への原爆投下の換喩としてこの街の名に注意が集まったことで、舞踏の美学のあらゆる試みが、この出来事のもとに解釈され説明されたのである。

原爆の影響と、内的なカオス状態あるいは「肉体の叛乱」[9]といった身体的探究は、並べて考察された。「アポカリプス」という語の反復利用、「むき出しの、皮を剝がされた踊り」[10]という言い回し、「動乱」「爆発」「破裂」

あるいは「放射」[11]といった言葉の隠喩的使用――こうした原子爆弾から想像されるものと、爆発の意味領域が、舞踏を特徴付けるために招集される。「ヒロシマの衝撃(ショック)のもとで戦後に生まれた」[12]舞踏という紹介、あるいは「ダンスのあるイメージを粉砕」[13]したであろう大野一雄という描写は、反復されることで美意識を揺るがすレトリックをさらに強化する。舞踏の観客が感じる美意識のショックは、ヒロシマという別のショックによって倍増させられる。

舞踏家やプログラム担当者の言説には存在しない典拠

ところが、受容されていく過程で明確に姿を現したこの結びつきは、劇場やアーティスト自身によって書かれた言説のなかにはみられない。当初、文化活動の広報を担う資料――プレスリリース、カンパニーの資料、劇場のパンフレット、ポスター――は、この原爆への参照を完全に無視していた。つまりこのトラウマ的出来事を目立たせようとする制度的意向は皆無だったのである。公演パンフレットがヒロシマという典拠を持ち出し始めたのは、報道による言説の後追いでそれを取り入れていったためである。

舞踏家たちの美学の多様性にもかかわらず、彼らの趣意書きにもインタビューにも、ヒロシマへの言及がないという点は共通している。最近の公の場での討論や対話の折に、数人の舞踏家はこのフランスの強迫観念に反応し、その機会に詳しい説明をしている。二〇〇二年に、振付家古関すま子は、研究者オデット・アスランからこの点に関して質問を受けている。

オデット・アスラン――西洋の報道のなかでは、舞踏とヒロシマの直接的な関係性がしばしば打ち立てられます。この悲劇が集合的無意識にもたらした重さを否定するわけではありませんが、私には、原因と結果の直接的なつながりはないように思えますし、舞踏はまったく別の文脈から発生したのではないでしょうか。この点についてすま子さん、日本人として、また六〇年代に舞踏を実践していた方として、どのように思われますか？

——初めて私がフランスへ来て、このヒロシマとの関係性がつくりあげられていると知ったときは驚きました。私が修行と舞踏実践をした最初の八年間には、一度もそのようなことを聞いたことはありませんでした。一九八三年にフランスに滞在した際、土方と密に活動をともにしていた芦川羊子の通訳を務めました。私は彼女にこの質問をしたのですが、彼女もそのような関係性はないと答えました。[14]

天児牛大もまた、フランスでの受容のこの奇妙さに反応し、ヒロシマとのあらゆるつながりを否定しながら、『金柑少年』のなかで仮面がもつ芸術的意味合いについて紹介している。「人々はそこに崩壊したものをみて、すぐにヒロシマを思い浮かべたようですが、これはまったくそういうことではありません……」[15]。以上のように、これらのアーティストたちは彼らの作品のなかでヒロシマを想起させたり、ましてそれを表象したり物語ったりするという意図はもっていなかったのである。舞踏が提示するものの内にはこの典拠が存在しない一方で、批評の言説ではいくどもこの常套句が反復されるという両者の明白な隔たりは、多くの著者によってすでに指摘されている一つの問題を浮かび上がらせる。

フランスで出された舞踏に関する初期の論考の一つで[16]、早くもジョルジュ・バヌは、原爆に関してフランスの観客が抱いた罪悪感が、西洋での舞踏の急速な成功をもたらしたと説明している。また、イヴォンヌ・テーネンバームがカルロッタ池田に関する博士論文のなかで、ついでオデット・アスランが、この結びつきのあいまいさを指摘している。アスランは以下のような表現で、舞踏が登場してきた文脈に言及している。舞踏は「経済成長と日米安保条約更新に対する反対運動を背景に一九五九年に登場、伝統的価値観を失った社会の不安を表し、この時代の前衛芸術家たちの反逆の流れのなかに含まれている。たとえ舞踏が過去のあらゆるトラウマの痕跡から逃れられないとしても」[17]。しかしアスランは舞踏の成功を説明するために、「解読困難な身体言語に直面したとき、ヨーロッパ人の集合的無意識に現れる（ヒロシマ、ナガサキへの）隠れた罪悪感」を提示している点で、バヌの仮説に一致している。

したがって、まさに二〇〇〇年代に入ってから、日本から来た研究者[18]がフランスで発言することで裏付けられ

て、このトラウマ的出来事と舞踏という芸術形式との一般化されたつながりは、議論の余地があり疑わしいものだと多くの文章[19]で強調されはじめたのである。しかし舞踏をめぐる講演や公開討論の場では、ヒロシマは、この非常に魅力的な結びつきの解体に強く抵抗する観客たちの発言のなかに、強迫観念として何度も回帰し続けた。いまだ解消されていないフランス人のこの強迫観念は、フランスでの受容という文脈の外へと迂回するよう私たちを導いている。ヒロシマと舞踏を結んでいる関係性の本質を理解するためには、その迂回が必要なのだ。

戦後芸術の一つとして

舞踏の創始者たちとヒロシマ

二〇〇六年に出された論考「原爆の後に踊ること」[20]のなかで、パトリック・ドゥヴォスは舞踏の創始者へとりわけ関心を寄せ、このダンスとヒロシマを結びつけるステレオタイプを解体している。土方の多くの文章をよりどころとし、ドゥヴォスはそれらにみられる戦争経験の暗示を指摘しているが、ヒロシマに対する明確な参照は見出していない。土方とヒロシマの最も明確なつながりは、写真家細江英公によって具現化された一種の「天地創造とアポカリプス」のアレゴリーである、映画『へそと原爆』への参加である。この映画の分析のなかでドゥヴォスが明らかにしているのは、「神話という歴史外の時間に原爆」を組み入れて真の「新しさと果敢さ」を表象する、物語の隠喩的性質とモンタージュによる詩学である。原爆を寓意的に想起させるこの映画は、顔も全体性もない首を切られた身体をめぐって、舞踏の創始者土方が一九六〇年代に実験した身体的探究も明らかにしている。しかしながら、細江英公と土方のコラボレーションやこの映像資料は、フランスでは長い間評価されてこなかった。[21]よって、フランスの批評言説に一貫して現れるヒロシマの暗示は、この映画によって引き起こされたのではない。とはいえ、一九八六年にポンピドゥー・センターの展覧会「前衛芸術の日本　一九一〇〜一九七〇（*Japon des avant-gardes 1910-1970*）」でこの映画が上演されたことにより、ステレオタイプが強化されたのではあるが。[22]

また一方で、九年間従軍していた大野一雄にとって、戦争体験、とりわけニューギニア戦線での抑留は大きな

痕跡をとどめている。大野の息子である慶人(よしと)[23]は、このつらい経験について短く語り、大野は身近な人たちへさえもこのことについて話すことはなかったとはっきり述べている。しかしこの一片の証言のなかにも、原爆への言及は皆無である。大野の場合に強調されているのは、むしろ戦闘と抑留で被った個人的体験である。

パトリック・ドゥヴォスによれば、舞踏を標榜するアーティストでは唯一、舞踏家の大須賀勇(おおすかいさむ)[24]が創作の原体験としてヒロシマに言及し、母の胎内での被爆というきわめて特殊な体験を想起している。彼は個人史と原爆との特異な関係について、『舞踏——危機に立つ肉体（*Butoh: Body on the Edge of Crisis*）』[25]という記録映像のなかで言及している。しかしながら、カンパニー〈白虎社〉を率いる大須賀は、原爆を単純に形象化することからはほど遠い、喜劇的で嫌みをたっぷり含む舞踏の先駆者として活動する。

大須賀勇を除いては、創作の主題としてのヒロシマは、舞踏の創成期から参加していた多くのアーティストの個人的な歩みには存在していない。よって舞踏を、実際にあったトラウマ的経験の単純な例示として、または原爆とその影響の明らかな表象として、さらにはこの出来事に対する個人的かつ直接的なアーティストからの応答としてみなすことはできないのである。まして、一九八〇年代あるいは九〇年代に入ってからこの変容と痙攣の踊りの実践を始めたより若い世代では、結びつきはさらに弱まっている。

戦争経験にまつわる、表に出ない複雑な関係

しかしながら、新たな芸術形式の登場と歴史的文脈は、根本的に切り離されるものではない。直接的な因果関係を探さなくても、実際、戦争と敗戦の経験の——原爆のトラウマはこの一部である——より複雑な関係は浮かび上がってくる。戦後の日本社会において、ヒロシマは、敗戦がもたらしたさまざまな全体的な結果——天皇による神格の放棄、戦争へと国家を導いた帝国主義と軍事体制の終焉、アメリカによる占領、それにともなう社会のアメリカ化によって発生した緊張……——と切り離すのが困難な出来事である。論文集『戦後の日本（*Le Japon après la guerre*）』[26]は、日本にとっていかに戦後が、際立って多層的で複雑な概念であるかを強調しており、その概念が日本の現代史、特に芸術史を構造化しているのは明らかである。

ミカエル・リュケンは戦争に試された日本の画家についての研究[27]を著し、戦後すぐ――一九四五年から一九五五年――においては、世界大戦の後遺症が芸術家の創作の中心的モチーフをなしていたことを明らかにしている。戦争を形象化しようという試みが底をついていくなか、戦争や敗戦という主題は、日本にアクションやパフォーマンスを導入するために絵画を放棄した前衛芸術の造形作家たちによって抑え込まれてしまった。「アンダーグラウンドというラベルのもと、前衛芸術家たちが、忘却のなかで削除されてしまったかのような戦争という主題を再び発掘した」[28]のは、一九六四〜一九六五年にかけての期間だけである。戦争の想起はそこで、言葉に尽くしがたい問題に立ち向かう、非具象的なやり方によって実践される。「戦争は多様なメタファーを生み出した」とミカエル・リュケンは続ける。「そして戦争はまさしく、暴力や断絶、前代未聞であったものを解釈することで具現化され、そこでは復員兵・ごろつき・売春婦・犬がアイコンとなり、穴・濁った要素・解体といったモチーフが好まれた」[29]。

土方は、ジャン・ジュネの著作に強く特徴付けられるこの前衛芸術の文脈に身を沈め、非常に近いテーマの探究を行った。彼が、動物や売春婦、あるいは犯罪者といった人物から着想を得たのは、それらを表象するためではなく、ダンサーの想像力を養い彼らの身体性を変容させ、身体に固有の危機や暴力を働かせるためであり、その身体から今までにない身振りが現れてくるのだ。土方がつくりあげたダンスの特質は、彼の言葉の一つ「私の踊りは泥から生まれた」[30]に集約される、感覚の探究に由来する。さらにこれらのテーマ以上に、とりわけ土方の身体的実践は、造形芸術に関してミカエル・リュケンが描写した美学的傾向と通じ合っている。それは、伝統的な美や調和とは縁を切り、形象化を打ち捨てて身体の変容過程を重視し、最小の身振りや不動さえもが踊りとなりうる断絶、そして暴力を具現化することとである。舞踏の最初の試みは、土方が属したこのような芸術家の共同体が問題提起した視点から分析することができる。

ミカエル・リュケンによれば、日本の前衛芸術家たちの行った仕事は、世界紛争による惨禍と暗に共鳴している。「戦争を示唆するために、もはや明確に戦争へ言及する必要はない」。リュケンは以下のように続ける。「なぜなら戦争がないところにさえも、私たちはその影をみようとする傾向にあるからだ。(……)戦争は、戦争自

体や私たちの意図に反して、あらゆる爆発、切断、そして悲鳴の背後に認められる」[31]。一九六〇年代の前衛芸術のように、土方が創始した舞踏にも、世界大戦の存在が密やかに浸透しているのである。舞踏は完全に戦後の日本の文脈に含まれるが、ここでいう戦後とは、ある限定的な時代のことではなく、戦争が広がり続ける場であり、騒音や振動として戦争の余波が残り続け、芸術実践を根底から激変させるいまだ完結していない開かれた時間のことである。リュケンは〈具体美術協会〉に関してこの点を次のように分析している。「戦争は、創造行為自体に舞い戻ってきたようである。つまり、芸術家と彼の扱う素材の間にある境界を撤廃し、表象空間を激変させ、作品に与えられた時間を追放したのである。戦争は絵画の実践さえも変容させてしまった」。土方がダンスの概念にもたらした大転換や彼の強力な美学的急進性と、戦争経験が芸術や社会にもたらした影響との間にある関連を見落とすことはできない。創始者たちの舞踏とその創造の背景の間に関係性が見出されるとすれば、それはこの時代の前衛芸術——その過程と急進性が、日本の戦後の諸問題によって特徴付けられる——と舞踏がつながっており、そこに属しているという面である。にもかかわらず、美学的な試みと身体性の探究作業において、作品がほぼ例外なくヒロシマという色眼鏡を通して受け取られるというこの誤解は、一体何によって生み出されたのだろうか。

死を匂わすものから大量死へ

期待、投影、うわさ

舞踏解釈へのヒロシマの投影は当初、ダンサーたちから直接提供された、死にまつわる諸言説にもとづいて形成された。『最後の楽園』の公演パンフレットに掲載された文章は、舞踏に関してフランスで書かれた初期のものであるが、ヒロシマそのものへの言及はない。反対に、詩人にして舞踏家の室伏鴻による文章は、たとえば、犠牲、棺、復活、彼岸……など死にまつわる意味領域をつねに呼び起こしている。この公演のポスターには、「光と闇の結び目に、生と死の結び目に……」というように振付家によるいくつかの文句が刻印され、アーティ

ストたちが舞台上で死を扱うと予告している。これ以降、記事につけられた題は、「二つの死の間で」[32]、「死へと導く舞踏の源泉」[33]、「大野一雄、断末魔の始まり」[34]などというように、徹底的にこのテーマを利用した。死を意味するものはこうして、あいまいさは残したまま、舞踏の様式を定義する一つの要素となった。数多くの批評家は舞踏作品のなかに死にまつわる象徴的なものを探し、舞台美術の諸要素を喪の記号として解釈したが、死はとりわけ創作過程の核心にも存在していたのだ。

アリーヌ・アポストルスカの記事は、「私は舞踏を踊るとき、自分を殺している」[35]という室伏鴻の宣言によって締めくくられている。ここで室伏が示しているのは、立ち続けようとする死体としてのダンサーという土方の考えとその探究以来、舞踏の中心となってきたプロセスである。[36]ジュネとバタイユの影響のもとでは、死と生は二項対立的に対比されるものではない。死は生なのである！　この共存は、死者たちのために――あるいは死者とともに――踊ることで追究され、ここでは自己のなかに他性が入り込むことができ、この「他者」によって踊らされるのである。土方は「私の身体の中で死んだ身振り、それをもう一回死なせてみたい、死んだ人をまるで死んでいる様にもう一回やらせてみたい、ということなんですね」と自身の欲望を想起している。「一度死んだ人が私の身体の中で何度死んでもいい。それにですね、私が死を知らなくたってあっちが私を知ってるからね。私はよく言うんですが、私は私の身体の中に一人の姉を住まわしているんです」[37]。この文章は、一九八六年にフランス語に翻訳されて以来、何度も報道のなかで反復されたが、「他者」という別の者によって「踊らされる」という特性の、まさに舞踏の試みの中心となる探究を見事に要約している。[38]この変容の作業のなかで、衰弱、解体へと向かう身体の思想が現れる。「衰退していく力に従って」[39]動くこの身体、つまりこの「死者になる」プロセスは、同様にブラジル人研究者クリスティーヌ・グライナーによって「死者としての身体」[40]と名付けられている。

土方が特に寵愛した踊り手・芦川羊子は、この衰弱していく身体を完璧に体現する。死を匂わすものから大量死へと急激に移行していくプロセスには、芦川の渡仏が明らかに影響を及ぼしており、その時の紹介文がそれを証明している。「芦川羊子――遺体が散らばった戦場から生まれた、舞踏の実践者……」[41]。生と死の境界があいま

『プール・ラ・ダンス』123 号表紙、1986 年 4 月。

いな踊りに直面し、その身体の生成過程よりも、一見わかりやすい解釈の糸口へ注目が集まった。
舞踏の作品もまた、時折そうした期待に応え、拙速な解釈に味方した。フランスで最初にプログラムに組み込まれた〈山海塾〉の作品『金柑少年』のなかでは、戦時中の空襲警報を否が応でも想起させるサイレンによる環境音が、劇的効果をもたらした。一九八〇年という、舞踏がフランスで発見されてから間もない時期の上演であったが、ヒロシマというステレオタイプの言説はすでに蔓延しており、この作品がその常套句をさらに助長した。そして『金柑少年』の数多くの場面が、原爆による死という観点から解釈されたのである。体を硬直させて背中から倒れ込むという、振付家自身が演じた凄まじい後ろ向きの転倒は、「身体やその知性の断末魔[42]」を思わせ、かたちをなさない物質によって覆われた顔をもつ踊り手たちはヒロシマの犠牲者たち、「突然変異体（ミュータント）」を象徴した。「彼らはもはや顔をもってはいなかった。目、鼻、口を吹き飛ばされ、溶けて、凝固した物質を思わせる顔面……（……）赤色の的は、戦争である。突然変異した人種、それは被爆者である。そしてアポカリプスと、神知論者と神秘主義者が第六根源人種と呼ぶものへの到達が間近に迫っている」。フランスで上演された最初の作品群にみられる身振りや舞台装置の要素の多くは、原子爆弾への反響を起こしているように思われる。そして舞踏家たちが原爆とのあらゆる明白なつながりに反論したとしても、彼らの意図に反して、これらの作品はこの原爆という出来事と共鳴するものとして理解されたであろうことは認めざるをえない。

大量死への解釈の移行は、劇場発行のパンフレットにヒロシマという典拠が組み込まれることで急速に強固になっていった。早くも一九八二年から、舞踏家が紹介される際にはヒロシマが一貫して喚起され、報道記事、次いで劇場提供の資料――どちらもたいてい批評家自身によって作成された――が、この投影を持続的に引き継ぐ役目を担う。言説は互いに補い合いコピーされ、その出典を調べ直したり舞踏家自身に確認したりすることなく、内々で機能した。たとえば、メディア全体へ向けて公正な情報を提供するとみなされているフランス報道通信社の一報は、舞踏と大野一雄に関して誤った情報を伝えた。「魅了された観客たちは、この老人がぎくしゃくと動き、地面を這い、苦悩や断末魔、ヒロシマ、彼の人生のすべて、彼の過去を表現するのを眺めた……。西洋音楽の音だけを使ったゆっくりとした動きの、白い幽霊によって実演される暗黒舞踏（ダンス・デ・テネーブル）の一種[43]」。このようなうわさ、

山海塾『熱の型』、パリ市立劇場、1984 年、写真ジャン＝マリー・グーロー。

いくつもの誤解は広がっていき、次の例がそれをよく表しているように、少しずつ解釈上の間違いを引き起こした。「七八年、舞踏の使者・池田。ヒロシマ後の日本からやってきたこの『暗黒舞踏（ダンス・デ・テネーブル）』。その創始者である土方巽は、被爆した犠牲者のしゃくり上げている骸骨を前にしてこの踊りを構想したそうだ」[44]。

言説による覆いの上に、際立って効果的な図像的覆いも付け加えられる。一九九二年に構想された『コンテンポラリーダンス――爆発（*La Danse contemporaine : l'explosion*）』[45]というドキュメンタリー映画は、舞踏とヒロシマを視覚的に結びつける重要な例である。舞踏に関する場面は、緻密に構成されたモンタージュによって、戦争や原爆によるキノコ雲、破壊された街や踊りのイメージが交互に提示され、ナレーションがその関連性を強調している。「ヒロシマの原爆がもたらした不吉な光により、骨の髄まで明るく照らし出されている戦争の惨禍に傷ついた国で、新たな踊りの形式が誕生した。それが舞踏、あるいは暗黒舞踏（ダンス・デ・テネーブル）である」。当然、使用された映像は、実際の原爆投下後に収録された核実験のものであるにもかかわらず、ヒロシマはその完全なスペクタクル性によって存在感を放ち、踊りの抜粋の連なりに組み込まれている。

焼けただれた皮膚のモチーフ

ヒロシマの投影は、フランスで上演された初期の作品に特徴的な、皮膚への細工によっても強調される。まさにヒロシマという参照項を導入する発端となった作品『最後の楽園』の一連の写真[46]において、ジャン゠マリー・グーローは被写体に接近した構図で撮影し、ダンサーたちのぼろぼろになってはがれていきそうな皮膚に張り付いた、装飾や衣裳を鮮明に記録している。他の上演作品も、類似の効果に訴えかけた。芦川羊子は「肉片が引っ付いているような死体」[47]として現れ、一九八二年パリのパレ・デ・グラス劇場で行われた室伏鴻による即興パフォーマンスも同様であった。このような焼けただれた皮膚のイメージは、ヒロシマの災禍を描く舞踏という解釈を著しく助長する。さらに衣裳も何かを表象あるいは象徴するためのものとして受けとられ、創作の過程、つまり身振りが現れてくる過程で衣裳が担った役割は顧みられることはなかった。

土方の探究以来、塗料で覆われ、あるいは衣裳や装飾がもたらす感覚によって刺激された皮膚は、実際に舞踏

『最後の楽園』を踊る室伏鴻、シルヴィア・モンフォール座、1978年、写真ジャン＝マリー・グーロー。

『最後の楽園』、シルヴィア・モンフォール座、1978年、写真ジャン＝マリー・グーロー。

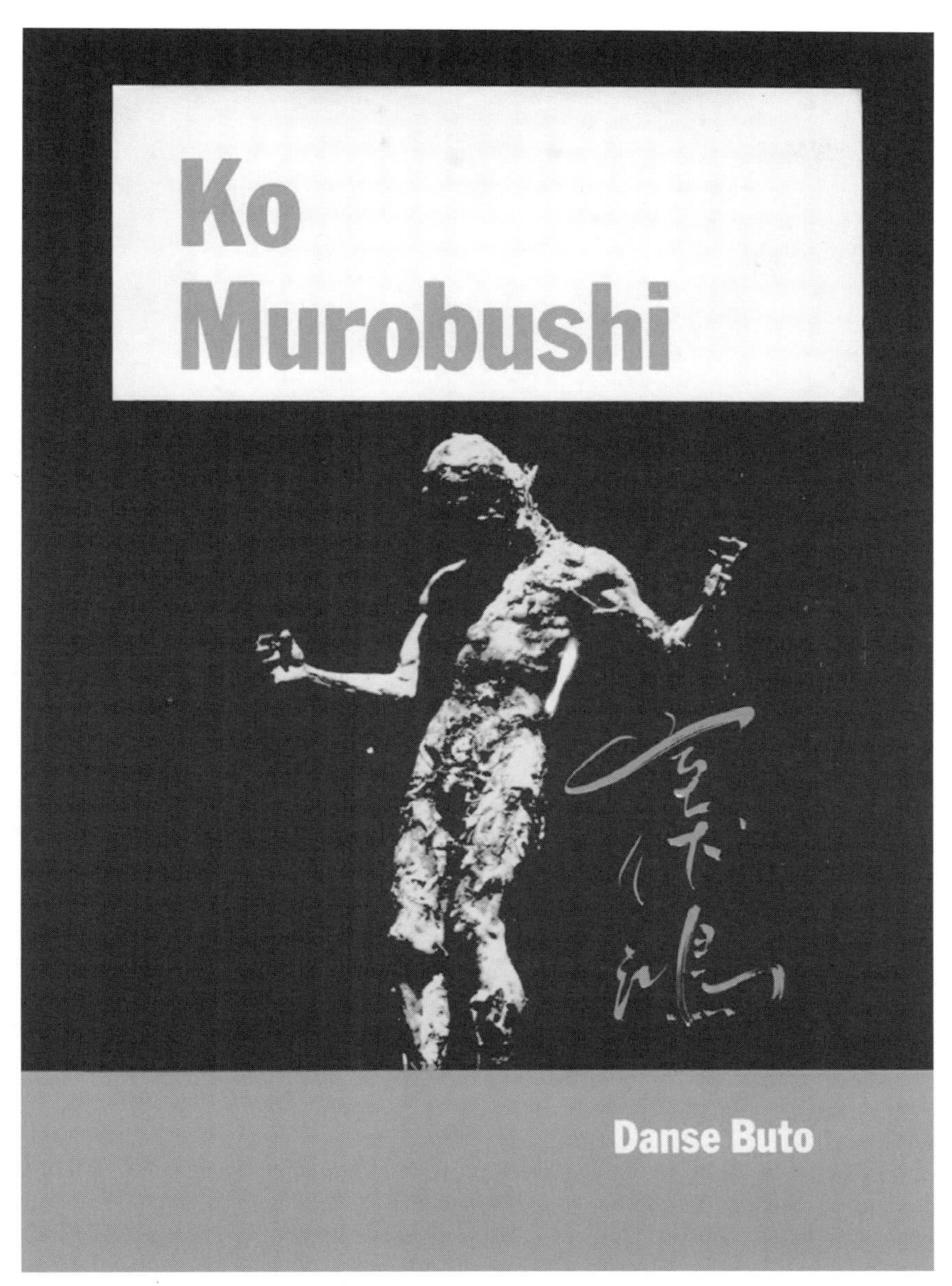

室伏鴻『iki』の公演パンフレット、1984年頃。

という踊りが重点的に取り組んだ要素である。一九七〇年代の土方の作品、とりわけ「天然痘の物語（Histoire de la petite vérole）」と翻訳された『疱瘡譚』では、皮膚の病が想像力に働きかけ、身体の状態を変容させる。身振りの出現過程における皮膚の役割は、田中泯にとっても重要な意味をもっている。彼はフランスでの最初のパフォーマンス以降、感覚器官としての皮膚の可能性をより活用するかのように、裸で踊っている。エルヴェ・ゴーヴィルは田中の踊りを以下のように書いている。「完全に裸なので、皮膚が身体の衣裳となってさえいる。動いている筋肉、神経、内臓は、際限なく続く懐胎によって徐々に田中泯を生み出していく」[48]。内部の最小の動きが、皮膚全体に集中する作業によって可視化されていき、その結果皮膚は、パトリック・ドゥヴォスによれば「空間の原初的な意識、感性の場そのもの」[49]になる。

舞踏において問題となっている身体性は、その周囲にあるものとつねに関係をもち、外部からの影響を受けやすい多孔質の身体を基礎としている[50]。身体の内部と外部の区別はなくなり、皮膚はもはや乗り越えがたい障壁ではなく、世界に接近するための感覚器官となる。土方は要するに、「この境界自体を踊り、それを生き、そこで身体さえも再発明[51]」しようと試みて、内部と外部を隔てる裂け目の裏をかく方法を探していたのである。この内部／外部という緊張関係は、多くの舞踏家たちによっても探究されている。たとえば上杉満代は、開かれた身体、通り道（パサージュ）としての身体を掘り下げていくが、そこでは呼吸への意識、つまり身体の内部と外部を往き来することへの意識が、この相互浸透可能な身体をつくり出している。

こうしてフランス人の想像のなかでは、ぼろぼろの表皮が、放射線によって焼けこげて擦り剥けた皮膚に結びつけられたが、この表皮は少なくとも意識的あるいは明示的に、ヒロシマでの負傷者や生存者を表象するものではなく、むしろ身体性の変容に奉仕する、皮膚という器官への感覚的刺激なのである。

錯綜した想像のイメージ——ヒロシマ、ヴェトナムそしてアウシュヴィッツ

しかしかえって、戦争を想像させるその他のさまざまなものが、ヒロシマから想像されたものに接ぎ木（つ）され、焼けただれた皮膚というモチーフを強化することになった。たとえば『金柑少年』は、「うずくような、不安を

かき立てる（……）反復音」[52]がもたらす情景をともなって、「搭載していた有毒物質を投下する飛行機の爆音」を想起させる。同様に、カルロッタ池田の実践は「ナパーム弾の臭気」をもつかのように感じられ、「焼かれた子どもの叫び声」[53]が反響するようである。ここで現れてくるのは、まだ生々しく残っている、ヴェトナム戦争のナパーム弾によって焼かれた身体の記憶である。

この一九七〇年代の終わりから一九八〇年代の初めに、ヴェトナム戦争が戦争と暴力を想像させるイメージに浸透していたのはまったく驚くべきことではない。パトリック・ロットマンが想起しているように[54]、これはまさに初めてテレビ放映された戦争であった。その視覚的な記憶はまた、映画を通じて数多く表された[55]。そのうちのいくつかのイメージはさらに人々の記憶に強く残るものとなり、とりわけ、ナパーム弾によって焼かれたヴェトナム人少女を写した一九七二年の有名な写真が、写真家ニック・ウットにピューリッツァー賞をもたらした。政治学者フィリップ・モロー＝ドゥファルジュによれば、「ヴェトナムでは、イメージが現実を支配してしまった。（……）つまりナパーム弾で焼かれ裸で道を走る小さな少女は、一種の元型（アーキタイプ）、残忍な光景となったが、実際の出来事とのつながりから切り離されたものである」[56]。多くの歴史家たちによれば、一九六八年の世界的運動のすべて、つまり若者による社会文化的熱狂と彼らの政治への参加は、「一九六八年に二〇歳だった世代が政治化」[57]する坩堝（るつぼ）をつくりだしたヴェトナム戦争に結びつく。つまり一九六八年からわずか一〇年後、明らかにヴェトナム戦争は、舞踏の最初の観客たちの精神内部に存在していたのである。批評言説がこの共通の典拠へ奔ったのは偶然ではなく、それほどヴェトナム戦争の記憶[58]が根強いものだったということである。

ヒロシマ、ヴェトナムとともに、いくつかの文章で召喚されたものはアウシュヴィッツ[59]である。焼けただれた皮膚というモチーフは、ここで毒ガスを浴びた皮膚へと向けられる。戦争にまつわる多くの想像のイメージや集団的トラウマ、そして象徴的な多くの名が、大量殺戮のさまざまな記憶が交差しあう場となった舞踏に等しく結びつけられたのである。

「西洋での舞踏の成功、そこには安堵を与えるものだけでなく罪悪感を引きおこすものがあったのだ。認識していようといまいと、舞踏は原爆へと立ち戻らせるのである。剃られた頭、開かれた口、ねじれ、傷、体を化膿させる腐敗した泡状のもの——これらのすべてがヒロシマの幻影を呼び起こす」[60]。ジョルジュ・バヌはこのように、舞踏の成功は、罪の意識によって増幅されたヒロシマのイメージの投影と結びついているという仮説を主張する。事実、非常に問題のある方法で、原爆はフランスでの公の議論に現れた。著書『忘れられたヒロシマ（*Hiroshima oubliée*）』のなかで、ベアトリス・ファイエスは「この二つの原子爆弾投下を公表する際に陥った、殺人の相対主義的な考え方」[61]について分析している。ファイエスは一九四五年八月以降のフランスでの報道を研究し、科学的側面へ向けられた関心、とりわけ原爆が引き起こした、憤慨の念を完全に欠いた称賛の反応に注目している。一九四五年八月八日付の新聞『コンバ（*Combat*）』紙に掲載されたアルベール・カミュによる論説は、この一般的な熱狂の雰囲気においては例外であった。「（……）人間が何世紀にもわたって発揮してきたなかでも、最も恐ろしい破壊衝動が動き出したという発見を、このように称賛するのはいささか慎みを欠いている」。原爆の人類への影響や破壊力がひとたび知られると、徐々にこれらの初期の反応はすべて、ジョルジュ・バヌが言及したような罪悪感に場所を譲ることにもなった。しかし、フランス人は直接的には原爆投下に関与していないにもかかわらず、それから三〇年近く経過した舞踏の成功でこの罪悪感が表明されたのは、この出来事の記憶が、一九七〇年代末のフランスでもいまだ困難をともなうものであったからだ。

痛ましい記憶

フランスにおけるヒロシマの記憶は、アメリカと日本のいまだ生々しさを残す二つの記憶に依存しており、複雑に入り組んでいる。アメリカでは長い間、原子爆弾の使用は戦争をできるだけ早く終結させ、多くの人的損失

を避けるために必要であったと正当化されてきた。二つの原爆は「まだましな出来事」、つまり平和のために避けがたい犠牲とされた[62]。勝者の行為は、議論も反論もされず、まして裁かれることはなかった。ヒロシマはこうして、ジャン・ベルティエの表現を借りれば、「即時時効[63]」として国際司法上の忘却を享受した。フランスでは、アメリカの言説――つまり勝者であり解放者の言説――によって覆われたこの出来事は、長い間「偶発的な出来事あるいは単純に情勢がもたらした行動というレベルに格下げされた[64]」ままであった。

第二次世界大戦の記憶にからむ問題は、日本ではよりいっそう鮮烈なものである[65]。ヒロシマが原因となり、日本の政治の責任者たちは自らを戦争の被害者とみなし、侵略者・加害者としての過去を認めることを長い間拒否してきた。こうして日本が保持してきたこの出来事の記憶は、自らの過去に向き合うことを妨げたのである。フランスでは、批評言説が伝えた苦悩する犠牲者としての日本というイメージが、日本による戦争責任の否認と記憶の拒否を補強することになった。したがってフランスでの舞踏の美的試みの解釈は、第二次世界大戦に対する日本の公的言説を利することにもなった。

アメリカと日本、この二つの記憶に挟まれて、こうした原爆の歴史とフランスでのその認識は当然複雑で、研究もわずかしかなく、公的な場での議論もほとんどなされていない。歴史家のイザベル・ヴェイラ＝マソンは、この出来事は記念することができないともっともな指摘をしている。「フランスでは、パリ解放の一九四四年八月二六日とドイツ降伏の一九四五年五月八日は祝われる。しかしアメリカ人が日本の二つの都市、広島と長崎を跡形もなく抹消したこれら二つの日付について、誰が覚えているのだろうか。この途方もない重要性をもった出来事はほとんど忘れられている[66]」。公的議論におけるこの出来事の不在は、フランスのテレビ放映にほとんど登場しないことからも推し量ることができる[67]。何十年もの間ヒロシマは、いかなるメディアや、出版、そして公式の追悼対象にもならなかった。その五〇周年は、同時発生的に幾度も核実験が繰り返されたことによって奇妙に祝われ、ヒロシマの忘却に対する最初の考察を促した[68]。真に急激な変化が起こり、この出来事がメディアで有意義に取り扱われ始めたのは、六〇年目を迎えた二〇〇五年夏のことであった[69]。

ヒロシマのイメージを舞踏に投影することは、日本人にとってだけでなく、あらゆる議論が不在であったフラ

ンス人にとっても、トラウマ的で困難な記憶の症候として分析できる。断片的な記憶の表出と対立のなかに捉えられて、フランス社会は記憶の検討作業に不可欠な考察と議論を呼び起こすことができなかったのである。

感覚による再想起

しかしどのようにヒロシマは、フランス人の関心事として出現し、公共空間のなかで可視化されていったのであろうか。[70] 原爆がフランスで徐々に知られていったのは、感情的そして視覚的な記憶のバイアスを通してであった。最初に、一九五二年のアメリカによる占領終結、そして検閲が廃止されたのを待って登場した原爆文学が、限られた数ではあったが、非常に早い段階でフランス語に翻訳された。[71] フランスでの反響は大きくはなかったが、[72] これらの証言やフィクション、とりわけ悲惨な経験の物語は、苦悩が刻み込まれた日本人の身体像をつくりあげ、犠牲者としての日本という表象を強固にした。フランスによるヒロシマの認識はまた、破壊された街やキノコ雲の写真やイメージによってもたらされ、それがあまりに強烈で目を見張る情景であったために、これらのイメージがこの出来事を端的に示すものになってしまった。書かれた証言と写真は、したがって、苦悩する身体のイメージを明るみに出すという点で通じ合っている。

映画の方は長い間、日本の原爆を浮かびあがらせることはなかった。[73] アラン・レネとマルグリット・デュラスによる映画『二十四時間の情事（*Hiroshima mon amour*）』の公開によって原爆が公の議論のなかに大々的に登場したのは、一九五九年のことである。この映画は、フランスでのヒロシマの記憶をまぎれもなく転覆させた。ヒロシマを可視化した最初の芸術的・メディア的な出来事として、この映画はフランス人の集合意識のなかにヒロシマを植え付けた。ドイツによるフランスの占領終結と日本の原爆を結びつけ、映画はヒロシマをフランス人の関心事へと変容させたのである。この映画の受容は単純で一本調子なものではなかったにしろ、[74] 最終的に批評家の間で高く評価され、フランス人観客の間でまぎれもない成功を収めた。ここで引き起こされた議論はしかしながら、歴史や記憶に関するものというよりは、芸術的で美学的なものであった。[75] それでも、フランスにおけるヒロシマの記憶へ与えた影響は大きかった。映画のなかで主旋律のように繰り返されるデュラスの言葉――「きみは

ヒロシマで何も見なかった、何も」あるいは「ヒロシマ、それがあなたの名前」――は、ヒロシマという名を前面に出し、今日的で存在感あるものにして、第二次世界大戦中のフランス史にその名を入り込ませる。[76]

レネとデュラスの映画によって、一九六〇年以降、ヒロシマは公共空間へと躍り出たのである。しかしそれは亡霊のようなかたちで、断片的な記憶をたどる数々のフィクションによって構成されたものであり、しっかりとした歴史研究に基づいたものではなかった。視覚的、見せ物的、身体的な経路を通過して、この記憶は一九七〇年代の末に、舞踏が提示した身体のなかに受肉した。感覚的な一致によって、舞踏の身体から、苦悩のうちにある日本人の身体、つまり原爆による犠牲者へという知覚のシフトが生じたのである。たしかに、ヒロシマの無意識の借用は舞踊領域に限られている。しかしながら、舞踊界がある程度の知名度を得て、また舞踏がただちに大々的にメディアで採り上げられたことで、ヒロシマの身体はさまざまな全国紙でも大きく紙面を割いて扱われた。踊る身体を通した再出現というこのメカニズムによって、舞踏の美学的受容の原動力についてだけでなく、ヒロシマの記憶の本質とその受容の背景についても理解することができるのである。

こうした文脈はまた、冷戦のそれでもあり、そこでは二つのブロックで戦闘が起こりうる可能性に加え、人々の住んでいるすぐ間近に核兵器が存在することで、核の脅威がより具体的なものとなっていた。哲学者アラン・ブロサによれば、「ヒロシマは一九八〇年代初め、『そこに』あった。弾道ミサイル・パーシングとSS20に捕われていることに、多くの西ドイツの人たちが反対を表明した時代である」[77]。周縁的で限定されてはいたが、舞踏の受容という例は、この不安を表明し、この脅威を表象しようという欲求を示すものである。核の脅威の時代、平和主義が唱われた時代、反核運動の時代にあって、舞踏はヒロシマの――隠れた――記憶を再び活性化することを可能にした。舞踏の身体と踊りは、記憶と恐怖が結晶化する場所なのである。

いくつもの思考されぬものが交わって

ヒロシマは、アラン・ブロサが「つきることのない大惨事」と名付けたものに属している。「強制収容所の苦難や民族の根絶と同様に、原爆がその後の世界に時限装置をまき散らしている」。ヒロシマの時間は、いまだ完

結していない。「私たちがアウシュヴィッツの後ではなく、まさにそのただなかに生きているのと同じように、ヒロシマの後ではなくそのなかに生きているのである」。アウシュヴィッツと同様に、ヒロシマ——元に戻せない出来事——は、決して完了せず、中断することもない事象なのである。それゆえ、とりわけ一九七〇年代のフランスで、その亡霊的存在がさまよい出してきたのだ。ギュンター・アンダースの研究に依拠しながら[78]、アラン・ブロサは以下のように述べている。「アウシュヴィッツとヒロシマは、この惨禍の地理学において際限なく交差し続け、ここで両者は、その名がついた地域からつねにはみ出すという特性により、かえって『どこにでも』存在できる能力を見出すのである」。場をもたない出来事としてのヒロシマは、ここでは時宜にかなったフランスにおける舞踏という別の場のなかへと、つまりこの出来事へ向き合いその記憶と対決することができるようになった時代のなかへと、書き込まれていったのであろう。

ジョルジュ・バヌによって喚起された狭義の罪悪感は、塗り替えられたように思われる。舞踏をヒロシマへ結びつけることとは、まさに再想起のプロセスそのものであり、記憶しようとするある欲望、その「欲望の不確かさや不安定さ[79]」に従うのである。またミシエル・ベルナールによれば、思い出すことの特性は、瞬間的であることなのだ。つまり、舞踏の美学によるショックがあのような現象を可能にしたように、この再想起もショックの領域に属するのである。ヒロシマはその時、危機に立つ肉体や幽霊的身体の提示によって引き起こされる、困惑するような美的経験と不安を抱かせる異質さを遮蔽する幕となる。美的ショックの経験を分析し名付ける際にしばしばつき当たる困難なのであろうが、ヒロシマと舞踏の関連づけは、他者や奇妙なものに直面した時の動揺がもたらす、ダンスに対する思考や分析の欠如の上につくられたのである。そうしてヒロシマの参照は、批評家たちの機能不全への一つの応答としても幅を利かせる[80]。このように分析すれば、このヒロシマという参照項は、舞踏の逸脱する力を遮る記憶の幕として現れてくるのだ。

またさらに、ヒロシマを記憶するための場になることで、舞踏はダンスを政治の場にする。「思慮されないもの、まったくの空白、後ろ暗い過去、名付けることのできない幽霊[81]」としてのヒロシマは、周縁から、コンテンポラリーダンスという限定された領域のなかへ、「幽霊的様式[82]」で再び現れる。アラン・ブロサによれば、ヒロ

シマは必然的に「核の問題、（……）とりわけ今日の民主主義の無思慮そのもの」[83]に結びつけられている。考察されないダンスとして、舞踏は、その受容の過程の裏側でつねに作用し続ける、多くの歴史的な無思慮が交差する場に位置している。

逆説的なことだが、舞踏はどちらかといえば周縁的な芸術領域に位置づけられたにもかかわらず、フランスでのヒロシマの記憶の歴史のなかで重要な段階を形成したことで、結果的に、さまざまな表象が織りなすある一つの歴史という性質を帯びたのである。したがって舞踏は、舞踊史と政治史が出会い、互いに補い合うケース・スタディや資料としても考察されうる。フランスへの舞踏の導入は、一九七〇年代末を貫いているものを暴き出す機能を果たした。つまりそれは、アウシュヴィッツの記憶とヴェトナム戦争の直近の記憶という戦争を想像させるものの交わりによって、明白かつ鮮明になったヒロシマの亡霊的存在である。歴史を紡ぐ作業が、同一の現象のなかに作動している異なる時間軸を識別していくことならば、舞踏受容の過程には、複数の時間軸——第二次世界大戦、ヴェトナム戦争、そして冷戦——が絡み合い、美学・政治の多様な歴史や記憶が交差する状況をみることができる。[84]

ヒロシマからフクシマへ、新たな常套句

二〇一一年三月、津波が襲った後で福島第一原子力発電所に起こった原発事故は、ヒロシマとの関係性を変化させた。またしても、フランスあるいは広く西洋の言説は、震災のより広範囲にわたる現象のなかで原発事故のみを取り出し目立たせる傾向にあった。この二つの街の名は、核に関連する日本の特異な歴史をより鮮明に表すために再度結びつけられた。「ヒロシマとフクシマは現代日本の歴史を際立たせるために呼ばれる二つの名である」[85]。大江健三郎は、「日本の歴史は新しい局面を迎えた。もう一度言うが、私たちは核の犠牲者に見つめられている」[86]と語った。

ダンスの分野では、多くのアーティストがこの新たな出来事に関連して作品を創作し、それぞれのやり方で犠牲者に哀悼の意を表している。[87]あるダンサーたちは、津波によって最も被害を受けた地域——東北地方——が土

方の生誕地でもあることを強調した。こうした哀悼からは離れ、〈アリアドーネの會〉のために二〇一二年に振り付けた『贈与の一撃（*Un coup de don*）』でのつい最近の室伏鴻による試みは、ヒロシマを参照項としつつ、これらのトラウマ的出来事同士の関係を明らかに複雑化している。室伏鴻は実際、非常に長きにわたって織り上げられてきた言説によるこの覆いを皮肉るように、人々の意識にいまだ変わらずに存在するこの常套句[88]に挑むことを決めたのである。

私は原爆とともに生れてきたわけではないのだ。私の踊りもそこに由来しているのではない。私はもっと個人的な恐怖や悲痛な時をくぐり抜けてきたし、それらはたとえ思い出としても、想起することができないほどだ。（……）実際、死というものを私に知らしめたのは、アラン・レネとマルグリット・デュラスによる『二十四時間の情事』をみた時に感じたショックであった。私の踊りは、原爆で荒廃した街のイメージから生まれたのではなく、この映画がもたらしたより暴力的で根源的な経験から誕生したのだ。[89]

ヒロシマの記憶と向き合いながら、室伏は舞踏の常套句に新たな解釈を与える。舞踏の舞台装置の慣習を取り払い――日常的な衣服を使用し、皮膚は白塗りではなかった――、室伏は禁欲的であると同時に力強い身体というものを発展させる。というのも、この作品の最初の部分は、出演者全員がユニゾンで震える長い場面に集約されるからである。室伏はまた、原爆という出来事に対峙するために『二十四時間の情事』を呼び起こすことで、『へそと原爆』で細江英公が辿ったプロセスも再現しているが、後者もまたレネとデュラスの映画に反応して作られたのであった。この二つの例は、ヒロシマの記憶というものが、いかにフランスと日本の往来、共通の参照項、そして鏡のような反射作用によって育まれたかを示すものである。

舞踏家の立場や彼らの芸術的提案の複雑さにもかかわらず、核がもたらした二つの大惨事――改めて二つの都市の名に還元された――と結びつけられることで、ヒロシマの灰から生まれた舞踏という常套句はまた少し強化されたようだ。「ヒロシマからフクシマへ、日本にとってのトラウマは続いている。どんな国も日本ほど、核に

よってその骨の髄まで傷つけられたことはない。原爆という悪夢が舞踏を生んだのである」[90]。

第五章　異国趣味への欲望

ヒロシマというステレオタイプは、舞踏の受容を変容させかたちづくったドクサに加担したという点で、影響を及ぼしているといえる。アンヌ・コクランが強調するように、ドクサは「独自の思考の連鎖方法、論証法、最適な主題、一種の話法（気まぐれに彷徨いながら広がっていくもの）、さまざまな教え、筋道、固有の修辞法をもち、そしてこの修辞法のなかにお気に入りがある。一つの文法全体、つまり一つの世界があるのだ」[1]。舞踏に関する言説は、このドクサの論理に従っているように思われる。実際にヒロシマという常套句は、舞踏を日本というその出自に結びつけ、地理的なアイデンティティを前面に出し、国籍にまつわるステレオタイプの集合体をつくりだすことで、この踊りをめぐる新たな言説の覆いをただちに出現させるのである。

日本人的アイデンティティと特性？

したがってヒロシマの災禍に結びつけられたこの踊りは、日本でしか生じえず、仮に日本以外で生じたとしても、少なくとも残酷で極端なものとして受けとられたこの芸術形式ではありえなかった。ここから、この出来事とトラウマとなる歴史が刻印された人々だけが、このカタルシスの実践へ近づけるという、新たなドクサが流通していく。つまり、唯一日本人だけが、舞踏を踊ることができるだろう！

日本やヨーロッパで開催される舞踏の研修会へ、世界中のダンサーたちが参加することでこのドクサはぼやか

され、また、入門あるいは「トレーニング」というかたちでの実践は、非常にありふれたものとして受け入れられている。にもかかわらず、反対に「舞踏」という名称を掲げて舞台で作品を上演することは、フランスで活動する西洋人ダンサーたちにとっては、問題含みであり時にはタブーでさえあるようだ。舞踏家は舞台上でヒロシマという出来事に対するトラウマを表現または表象するとみなされうるため、この経験に苦しんだこともないのに舞踏を踊ると主張することは、無礼で厚かましいと思われ、よくてもせいぜい奇妙な印象を与えるだけであろう。こういったわけでフランスでは、自身の創作活動に「舞踏」という名称を用いる非日本人のダンサーや振付家はまれである。そのうちのいく人かは、この数年間にパリでみることができた[2]。しかし西洋人によるこのラベルの主張は、批評家やプログラム担当者たちから多大な熱狂を引き出すことはなかったし、それが認知や知名度の妨げにはならなかった場合にも、日本人舞踏家と同種の魅力を生じさせることはなかった。たとえば一九九〇年にポ市で旗揚げしたカンパニー〈アンファン・ル・ジュール〉は、「舞踏ダンスシアター」[3]なるものを提案し、長い間補助金を受給して活動していたが、フランス全土で真に認知され、主要メディアで紹介されるという恩恵にあずかることはなかった。おそらく、ここで彼らが舞踏を主張したことは無意味だったわけではないだろう。しかし舞踏の西洋での実践に関して、その評価は時に厳しいものであった[4]。「つねに西洋のアーティストにとってとりわけ難しいのは、日本人ダンサーの表現の強度や内面性、存在感を獲得することである。というのも、彼らは日本人ダンサーがもつ文化や伝統に育てられることも、またそれらを教え込まれる機会もなかったからである[5]」。

こうした抵抗感はまた、フランスで非日本人が行う教育に名前を付けるときにも現れる。ある一つの問題、つまり舞踏を教える権利を不遜にも主張していいのかどうか、別の言い方をすれば、非日本人ダンサーは教育者としてどのような正当性をもっているのかという問いが、舞踏の実践者たちの間に浸透しているようだ。日本人によって実践される日本の舞踏というドクサは、コンテンポラリーダンスに対する舞踏の影響のあり方を左右し、つくりあげている。それは、その取り込み方やコンテンポラリーダンスの踊り手の言説を通じて現れている。振付家のカトリーヌ・ディヴェレス[6]やベルナルド・モンテ[7]が表すような舞踏の系譜への明確な参入は、むしろまれ

なケースである。現在のアーティストたちは舞踏を、重要な経験、決定的な影響、あるいは入門の旅路として引用するに留めるというのが最も一般的である。

日本の舞台芸術、遠方文化の市場(マーケット)

舞踏を「異国の」踊りとして招聘し、セールスポイントに遠隔地生まれと新奇さの魅力を巧みに利用して、舞踏の普及の場はこのドクサをより強固にした。最初にプログラムに組まれた作品の紹介の仕方がそれをはっきりと物語っている。一九七八年、シルヴィア・モンフォール座のポスターは、『最後の楽園』を「西洋において初めての」というキャッチフレーズで告知している。もっともこの文句は、一九八〇年の〈山海塾〉の到来に際して再び採用されることになるのだが。また別の公演会場でのポスターやパンフレットもこの傾向を裏付けており、それは、舞踏への批評文のタイトルで、日本への言及を多用した報道記事によって強化されている。[8]

一九七〇年代の大規模なフェスティヴァルや諸国民演劇祭の役割を引き継ぎながら、世界文化会館やマンダパ・センターは、非西洋圏の芸術家の発掘を専門的に行っている。遠方は、観客やメディアの好奇心にアピールするものであると同時に、まさにプログラム編成の中心となったのである。舞踏はこうした場で、確固とした地位を得た。一九八三年に、世界文化会館は土方の『日本の乳房』や室伏の『iki（息）』[9]をプログラムに入れ、日本を特集したフェスティヴァルを企画した。マンダパ・センターの方は、岩名雅記や古関すま子といったアーティストたちへ一貫した支援を行う機関の一つとなっている。諸々の威信ある制度からの公認と並行して、舞踏はこうして遠方文化の市場に吸収された。さらにつ い最近まで、ダンス公演のプログラム編成の論理は、ほぼつねに地理的基準がベースにあり、テーマ別の選択を行ったり異なる様式を交差させたり、新奇あるいはとっぴな美学を対比させることはまれであった。つまり舞踏がフランスで、外国のそして日本の踊りとしてプログラムに組まれたのは、強く根付いたこの慣習に則ったためでもあったのだ。

在仏の日本の外交決定機関もまた、こうした日本的アイデンティティへの特化という面ではその役割を果たした。エトワール駅にある小さなサロンで行われた日本大使館によるプログラムや、ついで一九九七年以降は日本

文化会館が、舞踏家を定期的に招聘した。こうした働きかけは、日本で舞踏は価値を転覆させるものとして紹介されることが多く、ほとんど支援されることがなかっただけに、一層注目に値する。このような舞踏の成功とヒロシマとの結びつきはおそらく、自国の文化的威光を高め、かつ第二次世界大戦の犠牲者というイメージを広めようと気をまわした、日本の外交政治の利益のためになったと考えられる。

いくつかの大規模なフェスティヴァルの後、舞踏は最終的にフランスで、パリにある日本関連の場のなかに最も揺るぎない確かな中継地をみつけ出した。日仏交流の発展へ尽力しているさまざまな団体、とりわけ二〇〇〇年以降はベルタン・ポワレ文化スペース（Espace culturel Bertin Poirée）が、日本からアーティストをパリへと招き、ここ一五年間の舞踏の上演数を著しく増加させた。フランスにおける舞踏の息の長い成功と、舞踏が引き起こした色あせない魅力はとりわけ、まったく異なる性質をもったさまざまな場で連鎖的にプログラムに組み込まれたことにその一因があり、そのすべてを通して徐々に日本人的アイデンティティが強化されていったのである。しかし他の日本人ダンサーを犠牲にして多くの舞踏家が大々的に露出したことと、地理的出自の強調によって、舞踏は日本のダンス創作の主要な代表例、要するにこれこそが「日本のダンス」という立場に据えられたのである。

日本的特性というアポリア

最初にフランスで舞踏を発見したジャーナリストたちは、舞踏を「まさに日本人的身体から誕生した、日本固有の踊り」[10]あるいは「その共通分母が、日本的な精神と同様、体型にも完全に一致した、まったく独自の流派」[11]を形成したものとして受けとった。たとえば〈山海塾〉は「完全に日本的な芸術」[12]を提供するだろうし、「その奥深いところで、舞踏は日本的なのだ」[13]とされた。

こうした認識は、土方が一九七〇年代初頭に「東北歌舞伎」と名付けた、日本文化の諸要素を明確に参照した踊りの探究によって助長されたために、一層紛らわしいものとなっている。土方による記号的身振りは、古くからあるものに着想を得ている——つまり日本の北部に位置する東北の農村地帯の田舎で、土方が子ども時代を過ごした間に目にしていた身振りである。これらの要素は、当時の解説者や主流の歴史記述では日本回帰として解

釈されている。つまり「東北という厳寒の地を示すさまざまな記号を読み解き、そして日本に生まれた新しいこの表現形式を正当化していく言説のなかで、舞踏を育てた大地を強調した」のである。[14] 研究者國吉和子によれば、批評家たちは一九七〇年代の土方の「日本的」段階を、「正真正銘の」舞踏として定義し、そうして先行する数十年のさまざまな実験の価値を引き下げ、この日本的特性という視点にのみ着目したのである。また研究者内野儀は、まぎれもない美学的断絶として考えられる一九七二年の作品『疱瘡譚』を、初期の実験的意図をもった反体制派の身体から、本質へと還元された日本的身体へ移り変わった、民族主義的な詩学への委譲であると考えている。[15] 土方による踊りはこうして、西洋の近代性とは対照的なものとしてかたちづくられた日本的身体についての、本質主義的で民族主義的な言説をもたらしたのである。土方の業績はまた、前衛演劇に一貫していた傾向や、農村あるいは近代以前の日本に関する民俗芸能研究の言説のなかで、新たに位置づけられることも可能である。パトリック・ドゥヴォスの分析によれば、

東北はえてして（戦争の犠牲者となったあとで）高度経済成長の犠牲者としての日本像、つまり肉体労働者、兵士、娼婦、近代化の除け者たちの、端的に言えば悲惨な「いけす」とみなされてきたが、しかし（すべての意味において）奥深い、かつ真実の日本でもあり、貧困と厳しさ（ここには気象的なものも含む）によって逆説的に、歴史の圧搾を免れていたのだ。土方はたしかに、進んで「日本的身体」とその特徴（胴長、短足、がに股）について長広舌をふるうことで、これらの土着文化的な解釈に身を委ねたのである。[16]

この土方の実践の方向性と日本人批評家たちの解釈は、フランスではほとんど知られていない。しかしながら、日本でこれらの議論がわき起こったのと同時期に舞踏はフランスへ輸出されたため、そこには日本的身体というこの本質主義がしみ込んでいたのである。

フランスに最も頻繁に招聘された舞踏家たちは、必ずしも彼らの日本人アイデンティティを前面に出さなかった。初期に招かれた作品のなかで日本的要素は取り立てて強調されることはなく、反対に、演出や舞台を構成す

るものには、ヨーロッパ的文化、つまり音楽、芸術、文学などから借用した要素が多かった。たとえば室伏鴻の『ツァラトゥストラ（*Zarathoustra*）』（一九八〇年）は、単にニーチェの思想へのオマージュであるだけでなく、アリアドーネやディオニソスなど神話上の人物も明確に参照し、そこにキース・ジャレット、ロジャー・ウォーターズ、エリック・サティ、後藤治といった電子音楽を流したのだ。一九八〇年代にフランスへ移住したカルロッタ池田の場合は、「日本人であることをしょっちゅう忘れます」[17]と発言するのが好きであった。しかしフランスで出された批評は、まるで自明のことであるかのように、日本文化の諸要素について言及するのをやめなかった。そういうわけで舞踏では「身振りによる書道（カリグラフィー）」[18]が姿を現し、〈山海塾〉の踊りは「日本仏教的な苦行のあらゆる要素」[19]を想起させるのであろう。そしてどのアーティストが扱われるにせよ、日本的なやり方を探す方へと視点は向けられてしまった。「彼［玉野黄市］は、残酷さ、暴力、エロティシズム、暗黒へのこだわり、未知のもの――主に死――の魅惑という、日本人の無意識に深く入り込んでいる伝統に立ち戻る」[20]。

　この「日本人の無意識」という記述は、フランスで表象された日本につきものの紋切り型とまさに一致する。雑誌『モ（*Mots*）』の日本に関するフランスの報道を特集した号で、言語学者ジャン＝ポール・オノレは、この紋切り型を、サムライという人物像が具現化する本能と感情がもたらす極限の暴力として、またゲイシャが象徴する優美・美しさ・エロティシズムとして分析している。オノレは日本に関する支配的な八つのステレオタイプ[21]――活力、調和、精神性、名誉、柔軟性、美学、伝統、革新――を挙げているが、これらは次のような紋切り型に対応し、またそれを導きだす。すなわち、美的な価値観の含蓄と粋の極み、本能と感情がもたらす極限の暴力、禅において融合される不合理なものとはかないものの「あいまいな論理」の優越。

　舞踏に特化した言説もまた、これらのステレオタイプと紋切り型を免れてはいない。たとえば「残酷さ」や「気取りさ」あるいは「繊細さ」といった言葉は、舞踏に対する記述で頻繁に目にすることができる。大野一雄のダンスが引き出した「極度の繊細さ」[22]という表現にみられるように、批評家ピエール・ラルティーグは、ジャン＝ポール・オノレによって分析された二つの紋切り型――美学と繊細さ、過度と極限――を使用している。オノレによれば、対照的な言葉の融合は、二項対立的側面が目立つ日本へと注がれたフランスの視線を特徴づけて

いる。つまりすべての肯定的イメージは、それとは対照的な否定的イメージをともないうるのである。[23] ルネ・シルヴァンのタイトル「ぞっとするような美しさ」[24]が強調しているように、日本の魅惑は、つねにもう少しで嫌悪になりかねない。舞踏へ直面した時の、動揺しつつも魅了されてしまう反応は、ある部分では、この両義的で対照的な日本に対する見方に由来している。

〈山海塾〉とそのフランスでの受容は、ここでもまた際立っている。他のどんな舞踏のカンパニーにもまして、〈山海塾〉が呼び起こした解釈は、日本にまつわるあらゆる紋切り型に訴えかけ、西洋の期待をもてあそんでいる。天児が意図的に、こうした期待を満足させようと日本の光景を彼の作品中で提示したと主張するのは難しい。しかしながら彼の創作活動において、天児は決して、自分が批評言説のなかに呼び起こした、この日本に対するステレオタイプの視線の裏をかこうとはしなかった。

身体の他性を通してつくられた、想像の産物としての日本

しかし、その見方を結晶化させたのは、何よりもまず舞台上にある日本人ダンサーたちの身体の存在である。つまり舞踏のダンサーたちは、彼らの裸体によって身体的他性をより強く露出したため、ひと目で「日本的身体」と認識されたのである。たとえば、田中泯の舞台によって生み出された効果はそれを物語っている。

> 暴力的になっていく、とても奇妙な（外国人の）外観をした身体は、観客の視線を待っていた。（……）観客という名にふさわしいすべての人々にとって支配的器官である目は、ほとんど異国的といえる、この未知の肉体に釘付けになった。（……）こうしてその肉体の震えに見入っていると、目は急に開かれ、変化した。意外な出来事が起こった――このダンサーとわれわれを隔てている空間（何よりも文化的な隔たり）を推し量りながら、より近くに感じていたのだ。最初の段階ではみつめるべきものが裸体しかないという印象「にもかかわらず」、異国の魅力にもかかわらず、この踊りがスペクタクル性を纏（まと）いながらも、そこには解読すべきコードがないにもかかわらず、私たちは陶酔する。[25]

室伏鴻『ツァラトゥストラ』、パリ劇場、1984年、写真ジャン＝マリー・グーロー。

CARRE SILVIA MONFORT

Centre d'action culturelle de Paris
106, RUE BRANCION - 75015 PARIS
Location : 531.28.34

du 5 février au 7 mars

du Japon, pour la première fois à Paris

LA SEULE TROUPE FEMININE DE DANSE BUTO

ARIADONE

présente :

ZARATHOUSTRA

chorégraphie de Kō Murobushi
avec
CARLOTTA IKEDA
et
Mizelle Hanaoka, Kazuto Takato, Hiroko Marukane,
Yuko Watanabe, Tamie Nakajima, Mari Hirose

『ツァラトゥストラ』の公演パンフレット、シルヴィア・モンフォール座、1982年。

西洋の想像が生み出した日本的身体のイメージにとらわれた批評家たちは、違いを表す記号——たとえば切れ長の細い目や、湾曲した脚——に焦点を合わせる。植民地開拓者によって異国の身体が発明されたプロセスと同じように、色や顔、とりわけ目はあらゆる注目を集め、魅惑を増大させるのである。すでにロラン・バルトは『表徴の帝国』[26]のなかで、目つきは他者との遭遇における中心要素であり、アジア的身体という他性を印付けるものとして機能すると主張していたが、それに続いて歴史家パスカル・ブランシャール[27]も、植民地人の顔つきをつくりあげるのに、いかに目が不可欠な役割を果たしたかを強調している。

舞踏家の身体に関する認識は、他者の身体へヨーロッパ人が向けてきた眼差しの長い歴史のなかに含まれる。そこには、本質的なものとされ、久しく人種に基づいてきた、想像の産物でしかない差異がしみ込んでいる。論文集『人間動物園——人間を展示する時代 *(Zoos humains : au temps des exhibitions humaines)*』が示すとおり、ヨーロッパ人が異なる身体へ向ける視線や、そうした関係性が言われ始めたのは、植民地博覧会という文脈においてであり、そうして「他者」の身体に対するあらゆる想像の根拠がつくりあげられたのである。「まさに大衆文化である人間動物園は、多くの点で西洋における他者との関係をつくりあげた。というのも、大多数のヨーロッパ人とアメリカ人は、自分たちとこれらの『野蛮人たち』を分ける柵や囲い、格子を介して『異国の』住民——すぐに被植民地人が大多数を占めることになったが——と最初に接触することになるからである[28]」。「他者」の見せ物化はこうして「視線の文化[29]」を製造し、『彼ら』と『私たち』との間にある、みえないけれども明白な境界」を長きにわたって構築していく。一般的になったこの境界は、差異を強調することで、その差異を知覚するよう導いていく。つまり舞踏家の身体の描写は、解剖学的差異や身振りに基づく違いによって認識され、はるか植民地主義の時代から鍛造されてきた「他者」——ここでは、アジア人という他者——にまつわるステレオタイプの歴史に含まれるのである。

日本的身体に対するこの本質主義的かつ単純化された見方は、「日本文化というもの」にも関わっている。フランスでの舞踏の受容は、要するに、二つの見方が交差するところに位置しているのだ。これらの見方は、一方

『最後の楽園』、シルヴィア・モンフォール座、1978 年、写真ジャン＝マリー・グーロー。

では、時に土着文化尊重と民族主義（ナショナリズム）を強調しながら、身体を脱植民地化し自らに取り戻したいという日本人の意向によってつくられ、また他方では、日本が隔絶された島国であるという西洋の見解によって形成されていったのである。ヨーロッパとアメリカの社会科学の長い伝統は実際、日本を、文化的差異を取り去ることができない特殊な地域として捉える一方[30]、日本の公的な歴史学も長い間「島国性が気密性という機能を担保する、一つの地理的決定論[31]」というドクサを強化してきた。とはいえ、日本と「日本文化」を、外部からの影響を受け付けない固定された均質の実体として考えることはできない[32]。

上演芸術の分野での、この日本的特性に関する問題は、芸術形式にみられる国の「純粋さ」、あらゆる影響や交雑を受け入れない同質な国の「文化」が想定されているだけに、いっそう難題となる。しかし日本の芸術も含む芸術史は、その分野についての反例に満ちている。たとえば、特に日本の伝統芸術として頻繁に紹介される能は、中国からもたらされたものを取り込んで豊かになった[33]。舞踏の日本的「アイデンティティ」は、その創始者たちが主張するようにヨーロッパからの借用が多くあるため、より複雑である。二〇世紀の最初の五〇年間に日本とドイツの間で起こった芸術的交流を引き継ぎ、一九五〇年代にアメリカの影響下にあった社会で鍛え上げられ、一九六〇年代に多くのヨーロッパの著作を読むことで発展したこの舞踏のなかで、何を日本的なものとして定義することができるのだろうか。舞踏はこれらの点で、日欧の芸術表現における相互交流がもたらした、いくつもの影響力が複雑に駆け引きした結果である。土方は、異種の芸術的交配を行うことで多様な出典を創作のために用い、さまざまな舞踏をつくりあげた。それらは、単に日本的特徴というプリズムだけでは分析することはできないだろう。

フランスでの舞踏の受容は、国ごとの特色でダンスを定義しようという、何度も反復される欲望の徴候を示している。ダンスあるいは芸術の歴史について、ほとんど問い直されることのないこの文脈主義の伝統に従えば、とりわけ地理的な出自が、芸術形式の最も一般的な定義基準をつくりあげている。しかしながらこの基準は、文化的気密性というヴィジョンをもち、それを擁護することで成り立っているために、とりわけ単純化へと向かってしまう。ここでは、ポストコロニアル・スタディーズや現在の人類学研究の方法論——交流や錯綜、分岐の過

程で必然的に織り上げられた関係性に基づくアプローチをとって、文化という概念に取り組んでいる——とは、かなりの隔たりがみられる。

他者への眼差しに関するこれらのヨーロッパの文化が交差することで、舞踏は「日本文化」そして「日本的身体」の一つの象徴になったのである。そして舞踏は、一九世紀末[34]に登場したヨーロッパの概念である極東に結びつけられる。この概念は、周縁にあるもの、「私たちの」世界の極限に位置するものを名付け、定義するものであった。日本はヨーロッパ人による想像のなかで、単に異なるというよりも、西洋の裏面あるいは対極に位置する極東として認識される。西洋による日本の表象の歴史が、日本を対蹠地とするヴィジョンに基づいているのとほとんど同様に、舞踏は「私たちの伝統の遠隔地にある身振り[35]」、とりわけダンスの「他者」として受けとられたのである。

異国として他性を知覚する

舞踏が、日本的アイデンティティへ、また結果的には極東というアイデンティティへ結晶化されたことにより、フランスの観客たちは、根源的かつ異国的な他性として舞踏をつくりあげてしまった。異国趣味という語は、私たちが距離をとる対象に感じる魅惑、つまり差異と奇妙なものがもつ魅力を示す一方、その差異のために外在的なものとして追いやられ、そこにとどめられた、この対象への拒否も表している。したがってそれは、近いと同時に遠い「他者」、ある関係性、つまり世界との関わりについて理解する一つの方法である。今日の理解では、異国趣味（エグゾティスム）は、遠方と奇妙さという思想を混ぜ合わせることで、よそもの・外部にあるもの・外に位置するもの——ギリシア語では exo——を名付けたのである。異国趣味の歴史を記したジャン＝マルク・ムラによれば、「よそもの étranger と奇妙なこと étrange という、二つの核となる語のもつ意味作用[36]」がこの現象の定義の中心にある。その上に、異国という対象[37]の伝説的、魔術的側面、寓話や伝説とのつながり、神秘的で不思議な側面が付け加えられる。これらのものもまた、舞踏による魅惑の根源にあるのだ。

ゆっくりとした動きと老い——時間の外にある舞踏

批評家たちによって頻繁に指摘され、舞踏のスタイルの一つの特性になった「極端にゆっくりとした動き」[38]は明らかに、その美的体験がもたらす奇妙さの一因となっている。実際に、舞踏の作品は独特な時間性のなかへと観客を没頭させる。大野一雄あるいは田中泯のソロ、〈アリアドーネの會〉や〈山海塾〉の作品は、すべての身振りが果てしなくゆっくりと実行されるわけではないのに、宙づりにされた時間、動きの止まった時間[39]の感覚をみる者に与える。より明白な例を挙げれば、室伏鴻や岩名雅記の踊りは、はかなさや、爆発的で驚くべき身振りの瞬間、またはエネルギーの急激な放射の瞬間が何度も訪れるにもかかわらず、全体的には持続するような印象をつくりだしている。

引き延ばされたこの時間性の起源には、不動の時間というものがあり、この間にダンサーたちは脈や呼吸、あるいは血液といった恒常的なひとつひとつのわずかな動きに耳を傾けることで、自らの内的感覚を実感し、それをさらすのである。だからあらゆる要素が、自分がなすこと、あるいはその身に起こることへ完全に焦点を合わせるダンサーたちの集中に基づいている。訓練や長い実験のシークエンスのすべての目的は、そうした集中、内面の視覚化、さらに身体密度を高める能力を増大させることである。時間の膨張と伸張へ向けられたこうした身体作業の効果は、しばしば「日常の時間の外へ出る」といった批評や、「別の世界」という隠喩によって表される。

また、老いと舞踏家との独特の関係は、この「脱時間」を強化し、永遠という幻想を育んでいる。

開かれた両手、まるで時間を超えているかのようにゆっくりとした、ごくわずかな身振り。（……）大野一雄は互いを反映しあう二つの世界に同時に存在している。彼は、これらの世界を開かれた両手から生み出し、提示するのだ。二つの世界は、彼のものである。大野一雄はあらゆる定義を横へ滑らせる。（……）キッチュの彼方へ、ダンスの、演劇の、あるいは美の彼方へ、大野一雄は永遠を感じさせる奇妙な異国を旅している。[40]

大野の年齢は、フランスの舞台芸術界では例外的であった——大野は一九八〇年にナンシーに登場した時は七三歳であり、フランスでの最後の公演時は八八歳であった[41]。彼はこうして、クラシックバレエやコンテンポラリーダンスで、ダンサーとして「通常」受け入れられている年齢制限を押し上げることで、ダンサーという職業に対して疑問を投げかけた。彼は「七五歳の体のなかに幼児性と達観を併せもつ、非時間的な人間[42]」とも書かれた。舞踏家たちの高齢を前に、批評家は時間に抗うアーティストたちに言及していく。たとえば、高井富子の公演『野花の露（*Rosée des fleurs des champs*）』の公演パンフレットはそれを表すように、作品タイトルのすぐ後に「舞踏の三七年[43]」と明記された。一定数の舞踏家たちが高齢であったために、逆説的に、年齢のわからないアーティストというこのような見方がつくられていった。たとえば室伏鴻は「年齢不詳の[44]」人物としてみられ、田中泯は彼の「年齢のない顔つき、（性や民族の）コードを超えたところにいるような、すばらしくなめらかなその体[45]」によって人々を魅了した。またコレット・ゴダールは一九八六年に、大野一雄についての記事を、以下の前書きで始めている。「深い皺の刻まれた白い顔の、年齢のない妖精エルフ。熟慮された、非時間的な身振りの踊り。大野一雄は永遠を描く[46]」。続いて本文では次のように書かれている。「多数の皺が、生まれる前の子どものそれであるかのような人物の出現。大野一雄は七八歳である。彼には年齢はなく、彼は、私たちの世界では死と名付けられるものが、心地よい動き、静かな呼吸、そして始まりも終わりもない螺旋となる、白い惑星に属している。つまり舞踏の惑星に[47]」。舞台メイクや剃髪といった頻繁に用いられる演出上の要素が、社会的・文化的標識を目立たなくし、それと同様に年齢の痕跡が特異な主体性を消すことで、カテゴリーに揺さぶりをかける身体変容の実践を促すのである。

ゆっくりとした動きと老いはしたがって、時間の外、わたしたちの世界や境界の外にある存在としてのダンサーという認識を助長し、他性や奇妙なものというレトリックを強固にする。このような踊り手像は、舞踏を異国趣味の対象としていく過程の根本的な側面である、舞踏家たちを取り巻く魔術的で伝説的な物語によっても強化されている。

『金柑少年』を踊る天児牛大、シルヴィア・モンフォール座、1980 年、写真ジャン = マリー・グーロー。

『卵を立てることから——卵熱』を踊る天児牛大、パリ市立劇場、1986 年、写真ジャン = マリー・グーロー。

大野一雄、フェスティヴァル「イル・ドゥ・ダンス（Îles de danse）」リエール劇場、1990年、写真ジャン＝マリー・グーロー。

大野一雄『花鳥風月』、フェスティヴァル「イル・ドゥ・ダンス」リエール劇場、1990年、写真ジャン＝マリー・グーロー。

舞踏家の人物像と伝説——神秘性、周縁性そして精神性

舞踏家の人物像の形成において、師匠——この語 maître はよく用いられる[48]——の名前は重要であった。というのも、作品を犠牲にして師匠の名が前面に置かれたからである。『ラ・アルヘンチーナ頌』や『わたしのお母さん』といった大野一雄のいくつかの作品は例外として、タイトルによってもたらされるものはほとんどなかった。[49] 人々は作品よりもダンサーをみに行くのであり、「舞踏の振付家」は必然的に、魅力的な存在感とカリスマ性をもった「偉大なダンサー」でなければならなかった。

師匠のパーソナリティが神秘性に包まれている天児と彼のカンパニー〈山海塾〉は、このような舞踏家像の形成に決定的な役割を果たした。パリ市立劇場で上演された各作品の秘密は、徹底的に守られた。いかなる情報も初演の前に漏れ聞こえることはなく、シーズン・プログラムでは作品のタイトルも意図も明かされなかった。この振付家やカンパニーに関する資料は数多く存在しているが、ただ一つの例外を除いては、そのなかのどれも創作の内実を明らかにしてはいない。その例外は、フランソワ＝マリー・リバドーによる一九八二年に構想された映画[50]で、創作風景や上演の舞台裏を映し出している。しかし徐々に、〈山海塾〉に関して公開される映像は、舞台上や踊っている状態の舞踏手たちに限られていった。アンドレ・ラバルトが『金柑少年』についての映画『天児牛大——教義の諸要素（*Ushio Amagatsu : éléments de doctrine*）』を制作したときは、稽古とインタビューからの抜粋は注意深く演出されており自然さを欠いている。[51] そして、天児の最初の著作『重力との対話（*Dialogue avec la gravité*）』がアクト・スュッド社の「精神のいぶき」シリーズ——他にはピエール神父やダライ＝ラマが著者に名を連ねている——で出版されると、この振付家を取り巻く精神的オーラの神秘性はより色濃くなった。神秘的な舞踏の師匠という人物像はまた、そのほとんどが舞台写真で構成された主要な図版によっても補強される。非日常的なこの踊りの状態から脱した姿、つまり白塗りではない日常のダンサーたちの姿がほぼなかったことも、この神話の形成に大いに寄与している。

「師匠」である大野と天児から「農民としてのダンサー」田中泯に至るまで、舞踏家はえてして、西洋における芸術家像を描き出す際のさまざまなモチーフに基づく伝説に包まれている。そのモチーフとは、必然的に禁欲を

ともなう使命、貧しさ、さらに孤立や周縁性といったものである。[52] 岩名雅記は、制度や舞台芸術市場の原理に対抗するこのような意識を、フランスで最も強力に、また最も妥協なく示している一人である。ノルマンディー地方にある彼の白踏館（Maison du burô blanc）を拠点に、岩名はむしろ教育によって財源を得て、収容人数も限定されたオルタナティヴな小規模空間でのパフォーマンスという形式に専念し続けている。一方、田中泯は一九八〇年代の半ば以降、彼のカンパニー〈舞塾〉とともにつくった白州にある農場で、外部世界と半ば隔絶した、農民としてのダンサーという魅力的なイメージを具現している。他のヨーロッパ出身のダンサーたちとここでの冒険に参加したクリスティーヌ・クワロは、「農場での活動は空理空論ではありません！　隠喩的に、農作業のなかから身体的インスピレーションを汲み取ろうということではないのです。それは経済や哲学とも共鳴するような、つねに何かがまざりあったかかわり合いでした。泯は農作業の知識を蓄積し、芸術家がもつ機能に対する見方を拡大したのです」[53] と述べている。この冒険は、生活と芸術との関係の急進的な実験なのである。

舞踏家に対するイメージのなかにある他の主要なモチーフは、彼らが引き起こした賛美である。この特徴は西洋の芸術家像においても見出すことができる。たとえばヴァン・ゴッホについてナタリー・エニックが示したように、[54] 宗教的な語彙を通じて表現される。こうして、出現あるいは啓示と形容され、作品はしばしば「儀式」や「儀礼」に例えられた。「天児は作品から作品へと、無言の神秘的奉納による魅力的な儀礼を展開していく。各上演は、物質のなかを進みゆく『節くれ立った』動きの官能的な行列である」[55]。

瞑想[56]あるいは内省[57]に好都合な精神的ダンスというこのヴィジョンに鑑みれば、これらのダンサーや彼らの役割、地位に対する見解は、画家あるいは小説家といったヨーロッパの芸術家の伝統的イメージに近いものであることが、最終的にはっきりしてくる。踊り手の才能は、「彼らが私たちに伝えるものの精神的な力（に基づく）と同様、彼らの信条[58]」に依拠している。ある批評家たちにとって、舞踏家たちは「司祭としてのダンサー[59]」であり、また別の者にとっては、彼らは「もはやダンサーではなく霊媒師[60]」なのである。舞踏は、「神秘主義と美の魅惑的な[61]」上演を提供する、「神聖な技術[62]」として描かれる。そうして、大野一雄と天児牛大の信仰は頻繁に引用される。しかし、大野一雄や室伏鴻がインタビューにおいて、彼らの軌跡の神秘的側面を前景化したことがあったとして

も、すべての舞踏家が必ずしもこうした側面を強調したわけではない。とはいえこの点は、どのダンサーであろうとも、その精神性との関係がどんなものであろうとも、舞踏に関する言説において、さまざまなかたちで繰り返されたのである。こうしてフランスの受容では、仏教、シャーマニズム、さらにキリスト教といった、宗教にまつわるいくつもの想像が遭遇し、混ざり合うのだ[63]。

前衛性を遮蔽する異国趣味

異国趣味のすべての構成要素——日本、遠方、奇妙なものと外国、魔術と精神性——が合わさったことにより、舞踏は西洋世界の外、時間つまりは歴史の外にも位置するものとして現れる。そしてそのフランスでの受容はまた、西洋と東洋が築いてきたさまざまな関係の歴史に含まれてもいるのだ。エドワード・サイードが、先駆的な著書『オリエンタリズム——西洋によってつくられた東洋』で強調したように[64]、東洋や西洋といった語彙はあいまいなものである。つまりそれは、世界を分割する眼差しの操作であり、同時に名付けの行為なのであり、正確にしっかりと範囲を定められた、地理上の実体によって領域をカヴァーしているわけではない。このような定義は、ヨーロッパ的特徴をもたず、ヨーロッパによって永遠で不変のものとしてつくりあげられた東洋にはつねに不利に作用した。

東洋趣味的で、異国的なこうした表象の歴史のなかに捉えられた舞踏は、精神、儀式あるいは伝統といった概念と一様に結びつけられる、非西洋の芸術形式に関して民族舞台学[65]が指摘した、あらゆる自民族中心主義的認識を凝縮している。それゆえに、原始的な特色や、作品にみられるいわゆるアルカイックな身振りの探究が強調され続けた。異文化間の誤解が広く浸透していたために、多くの批評文はまた、ダンサー自身による言説の再解釈に依拠していた。たとえば、社会的束縛から逃れようとした土方の欲望は、この踊りのアルカイスムと原始主義を強調する異国のステレオタイプに合流し、それを助長することにもなりえたのである。はっきりと「伝統舞踊」のレッテルを貼られはしなかったが、舞踏は伝統的な舞台芸術の系譜にしばしば結びつけられる。批評の言

佐々木満作『最後の世紀』に出演する古関すま子、カンパーニュ＝プルミエール劇場、1978年、写真ジャン＝マリー・グーロー。

説はそれゆえに、〈マヴォ〉や〈具体〉、あるいは草間彌生などの痕跡よりも、舞踏にみられる能や歌舞伎の要素をより強調している。

たとえば作品中にみられる大野一雄の異性装は、前衛的なパフォーマンスとして描写されることはまれであり、むしろアジアの舞台芸術における異性装の伝統が変化したものとして紹介されている。ロラン・バルトにとって、「東洋の女装した男優は『女性』を模倣するのではなく、それを示すのである。彼はその手本を自らに塗りたくるのではなく、自分が示した記号内容からはなれている。『女性らしさ』は、みるためではなく読むために与えられる。それは移転であり、侵犯ではない[66]」。オデット・アスランは、とりわけ『睡蓮』にみられる大野の身体的試みと、女形[67]の実践を対比させている。「大野には、女形――女性らしさの完璧なイメージをよりよく構成するために自身の男性性を破壊する――がよく用いる、隙のない異性装の試みはまったくない。大野は、舞踏の不-完全、非-形状（アン=フォルム）の内にあるのだ[68]」。実際このアーティストが、女性――ラ・アルヘンチーナあるいは自分の母親――の想い出を具現化するためには、通常の男女のカテゴリーに背き、それを危うくするための無形（アンフォルム）のプロセスから作業を行い、揺れ動くアイデンティティを演じなければならない[69]。大野が提示したものを女形の伝統のなかに加えることで、批評の言説は「伝統的な」という形容詞を用い、大野の老いてやせ細った身体によって具現化された女性らしさがもたらす戸惑いの経験を覆いかくしてしまった。一方でこの「伝統的」という語彙は、西洋の言説では背反的な概念と結びつけられることはほとんどなかった。こうして、このジェンダー・パフォーマンスの急進性および実験性の影響力について、正面から思考されることはなかったのである。

伝統への依拠は結局、舞踏のいくつかの試みが有していた侵犯的な側面に向き合うのを妨げる遮蔽物を構築してしまった。東洋趣味や異国趣味といったフィルターは、歴史家エリック・ホブズボームによる表現を借りれば[70]、伝統の発明を引き起こし、前衛的で背反的な過程を伝統的要素へと変容させ正当化してしまうのである。

異国舞踊をめぐる長い歴史の一部となる

フランスの舞踏受容では、別の文脈ではあるが、一八八〇年から一九四〇年にかけての「異国舞踊ブーム[71]」の

歴史人類学研究に関してアンヌ・デコレが分析した、「異国趣味化」の過程が再び行われたように思われる。二つの大戦間に、フランスに来た日本人ダンサーに対する批評家による問題含みの受容は、数多くあった。たとえば批評家アンドレ・レヴィンソンは、石井漠によるモダニズムの試みに対して煮え切らない態度をみせている。

石井氏は、彼の国の栄光をみせるために私たちのところに来たのではなかったか。しかしそれをみせようとして、自らそれを捨ててしまう。彼は東京帝国劇場あたりでダンスのクラスを卒業した。彼は何を、どの教師のもとで学んだのか。一人のヨーロッパ人教師が私たちの流派のダンスの基礎を彼に教え、イザドラ・ダンカンの踊りを見出すべく導いた。私たちはアジア的特質の偉大さに熱意を込めて感嘆するのに、この若い日本人はできる限り私たちを真似しようと一生懸命努力している。致命的な間違いだ。[72]

同様に、石井漠が育てた朝鮮人ダンサー崔承喜が一九三九年にパリに立ち寄った際の成功も、中途半端なものであった。『日本らしさ』を十分には発していない作品は批判を招いた」[73]。自国でダンスの最先端を走っていた日本人モダンダンサーたちは、「異国のもの」として受け取られ、文化的真正さという尺度で判断された。彼らは「モダン」という形容詞や「前衛」という語彙を拒否され、それゆえに「創作」の権利も否定されたのである。それから五〇年後、舞踏も真正さの根拠——たしかに以前より弱くではあったが——となる美的判断を逃れられなかった。「シルヴィア・モンフォールは、ある一つのカンパニーをみつけた。驚かすためには何も惜しまないこのカンパニーは、反復的なラテン・アメリカ音楽と雷鳴のような音を混ぜた電子音楽によって始まった（これは私たちにこの上演の真正さを疑わせ、その神聖化をやめさせた！）」[74]。こうして、「アルカイックな前衛」[75]という両義的な言葉の結びつきが証明しているように、日本の芸術を前衛とみなそうとした際には多くの抵抗が表明された。二〇世紀の日本とその芸術に対する理解の歴史のなかで、異国趣味の価値は上がり続ける一方、日本の諸芸術に浸透していたモデルニテはつねに覆い隠されている。[76]

想像の産物でしかない境界によって、異国的なもののある範囲を画定するというこの現象は、東洋にとどまる

ものではない。二つの大戦の間に、この現象はスペイン人ダンサーあるいはアフリカ系アメリカ人ダンサーにも及んだのである。最も有名な例は、間違いなくジョゼフィン・ベーカーであろう。[77] このダンサーは、アフリカの踊りの伝統を代表する者としてパリで受けとられ、アフリカの象徴となったが、実際には彼女はアフリカ系アメリカ人であり、即興のジャズによる訓練を受けていた。異国趣味というバイアスを通してこれらの芸術家を認識し再構築することにより、アーティストが提示したもののなかで行われた実験や探究の過程からは外れたところで、批評家による受容が進んだのである。[78]

コンテンポラリーダンスの周縁におかれて

植民地主義の企ての絶頂におこった「異国ブーム」を研究したアンヌ・デコレは、植民地開拓者の身体[79]、つまり「白人の」身体とは異なる身体を提示するあらゆる上演芸術の形式を、異国風のものとして類別させた過程を分析している。舞踏とともに、この現象はポストコロニアルの時代に再び現れ、現代的な異国趣味の諸形式に含まれることになったのだ。植民地の関係性はともかく[80]、異なる身体を提示する踊りは、異国というプリズムによって認識されるという危険を冒すのである。

日本文化に由来し、日本人の身体に適応したとみなされた舞踏を、いわゆる「西洋の」振付形式を暗に再結集させたコンテンポラリーダンスの潮流と同一視するのは困難であろう。実際「コンテンポラリーダンス danse contemporaine」という概念は、一九七〇年代末から一九八〇年代初めに登場した作品を指し示すために現れ、自民族中心主義的な方法によって形成されており、ここでは非西洋の上演形式はことごとく排除されたのである。民族舞台学の視点は、ヨーロッパの文脈でつくりあげられてきた「演劇」や「ダンス」の概念を破壊することへ関心を寄せ、ここで適切な指摘をしている。[81]「コンテンポラリーダンス」という表現に、非西洋的な提案を含めるのは困難をともなうのだ。もちろんこの表現は他国に由来する試みにまで広げることはできるが、「アフリカのコンテンポラリーダンス」と言ったように特別な形容詞と連結されて現れる。

二〇〇〇年代のこうした慣用語法の登場は、フランスでの舞踏の受容と比較検討するのに有効な現象である。

アフリカのコンテンポラリーダンスの知名度の上昇と成功は、批評家アヨコ・マンサーが指摘する通り[82]、政治的あるいは外交的争点を外しては理解することができない[83]。このダンスは、フランスがもたらした制度上の支えによって、またプログラム担当者の強い要望や、その結果もたらされたバンドワゴン効果によって、フランスの「発明」となった。フランスの舞踊界は、このダンスに「コンテンポラリー」という属詞を認め、そこから芸術的正当性をもつ形式と認定したのである。しかしながら、名付けたのはフランス人、西洋人、かつての植民者であったために、アフリカのコンテンポラリーダンスは文化的従属あるいは依存の形式の内にとらわれたまま、異国風というカテゴリーに留まり続ける[84]。異国というカテゴリー化のあらゆる共同構築過程は、名付けの権力によって特徴付けられており、異国的かどうかということを決定するのはその権力を不当に独占している西洋である[85]。こうしてこの二〇世紀の終わりに、世界の他の地域に対する西洋の象徴的支配に捉えられた形式は、他者へ開かれているようにみせかけて排除の新たな装置をつくりだし、かつての閉め出しの過程を再び辿り変化していったのである。つまり、舞踏を異国のものとして構築することには政治的争点が染みわたっており、どれほどの権力関係が、たとえ象徴的であるとしても、身体とそこに向けられる視線のうちに含まれているのかが明らかになってくる。

こうして、フランスの舞踏受容を研究することは、コンテンポラリーダンスのための場、それを取り囲む他所、またはその内側にすっぽり含まれる「部分集合」を定義していく一連の過程を露わにする。そして異国的な舞踏は、フランスの受容によってコンテンポラリーダンスの際(きわ)に位置づけられるのである。ある文化にとって、外国との関係がその文化を創設する側面の一つを構築するのであれば――異国趣味はまさにこの関係にかかわるのだが――、舞踊史の研究、とりわけ異国という形式でのその受容研究は、境界の歴史[86]、ミシェル・フーコーが道筋を示した他者の歴史[87]に合流する。異国趣味が国境や境界に問いを投げかけるのに対して、舞踏の受容は、フランスの舞踊分野、そしてある特別な美学的契機――「フランスの」コンテンポラリーダンスの「爆発」および、のちにさらなる発展をみせる、外国や他者に対するそのあいまいな関係性が現れた契機――のなかにみられる、隙

がなく閉じられた言説領域を浮かび上がらせる。単純化へ向かうこのプリズム[88]から最近ようやく解放されたとはいえ、公的で支配的な舞踊史は長い間西洋のダンスに特化したものに留まり、その中心をずらされることはきわめてまれであった。極東由来の舞踏は、周縁的立ち位置を与えられ、コンテンポラリーダンスの余白に追いやられたかたちでのみ、そこに含まれたのである。

異国のものとして構築されたことによるフィードバック効果

異国のものとしてのカテゴリー化は、苦悩や欲求不満、欲望を結晶化させながら、魅惑や神秘、幻想の投影対象であり続ける外国や「他者」を物象化する現象に近くなる。西洋の裏側であり鏡である日本は、エンディミヨン・ウィルキンソンによって分析された東洋と同じく、「神秘的な地域、あらゆる転移の対象、そこでは幻想が生を得て、罪悪感が投影される場所[89]」なのである。ダンスにおける「他者」として知覚された舞踏も、幻想が投影される表面となり、すでにみたように何よりもまずヒロシマが映し出された。舞踏の日本的特徴は、視線を(文字通りの意味で)「方向付け(オリエント)」、その異国趣味化は、舞踏の成功とそれが呼び起こした幻想を部分的には解き明かし、同様に舞踏に対する根深い無理解も説明する。舞踏がつくりだしたネオジャポニズム[90]という今日のこの現象は、一世紀以上にもわたる日仏間の文化交流に色合いをつけてきた、誤解と魅惑のこの歴史のなかに新たな段階を刻んでいるのだ。

フランスの舞踏はこうして、異国のものとしてそのあいまいな認識に捉えられる。フランスの批評テクストが舞踏の前衛芸術的性格に言及する場合は、フランスとは対照的に、日本がいかにこの先鋭的な踊りを認めることができなかったかを強調するためだ。他のどの国にもまして、フランスはこれらのアーティストたちの価値を評価することができたであろうという自負があり、舞踏家の受け入れにおいてドイツやオランダ、アメリカ、そしてイタリアが担った役割については触れられることはなかった。したがって、日本では舞踏がほとんど成功しなかったと多くの者が指摘しているが[91]、それはフランスのある種の優越感を示しているのではないだろうか。

要するに、これらの言説からは、フランスが自らを表象する方法がとりわけ透けてみえてくるのだ。プログラ

ム担当者や批評家は、「西洋文化」が「日本のダンス」へもたらした影響を強調しつつ、舞踏への支持を主張する。価値付けに基づくこうした言説の方式は、舞踏の一種の取り込みがその基礎をつくっているが、それでも舞踏が西洋のダンスと混同されることはない。たとえばフランスの禁じられた文学を土方が参照したことは、舞踏に対する「西洋文化」の影響を前面に押し出すために、幾度も繰り返し言及されている。「そのすべてはロートレアモンのなかにある。つまり舞踏の起源は私たちにあるのだ！」[92]というように。もし批評家がこの二つの文化の接近を認めるとすれば、それは単にフランスの影響という意味においてであり、舞踏がフランスのダンスにもたらしたことを指摘するためというのはまれであった。

舞踏が日本では真の成功をいつも得られていたとは限らないということが事実だとすれば、フランスそして世界で正当性を認知されたことで、むしろ日本への「フィードバック」が生じたように思われる。だからジャン・ヴィアラは、著書『日本文化への招待（*Invitation à la culture japonaise*）』のなかで、一九八〇年代初頭の活力喪失の後で「唯一西洋からの関心だけが、運動の持続を可能にした」[93]と考えている。セシル・イワハラはこの点を以下のように強調している。

> 西洋での舞踏の評価は、単に形式にかかわる結果をもたらしただけではない。それは同時に、日本国内での舞踏の見方の変化へも貢献したのである。そうして舞踏の発展は、多くの日本文化の実践も対象となった、西洋からの正当化という過程をたどる。土方はこの現象を見抜いており、一九八五年に日本文化財団の助成で開催された舞踏フェスティヴァルに『舞踏逆輸入』というタイトルを付けた。[94]

こうして、一九九〇年代の終わりには、「舞踏は国際化されると同時に異国化されて母国に戻って来た。それにより舞踏は、日本で正当性を見出すことができたのだ」。

実際、東京には、舞踏のための上演場所[95]、批評空間[96]、そしてフランスの観客よりも厳しい評判を与える玄人めいた観客がたしかに存在する。日本の文化政策が、フランスにみられるような創作の援助や普及のネットワーク

に比肩しうるものでないとしても、日本政府や民間の組織が――国際交流基金やセゾン文化財団などの間接的な方法をとって――、舞踏のカンパニーが国際的に広がるのを支援している。「(……)踊りによって生計を立てている舞踏家はもはや珍しくなく[97]」、彼らは多くの研修生の興味を引くワークショップを開催している。約一〇年間で、舞踏は再び評価されたようである。オマージュや回顧、各賞の授与[98]が舞踏の創始者土方と大野一雄の象徴的な認知を打ち立て、これ以降、舞踏は出版[99]や展示[100]、そして研究[101]の対象となっていく。

第三部　コンテンポラリーダンスのなかにある舞踏への欲望

第六章　感覚のなかの他所（よそ）

舞踏は、言説およびプログラム編成の論理において、コンテンポラリーダンスとは正反対のものとして組み立てられたにもかかわらず、結果的にコンテンポラリーダンスのダンサーや振付家に大きな影響を与えた。プログラム担当者や批評家の舞踏との出会いはショックのかたちをとったが、最初の舞踏公演に立ち会った振付家やダンサーの反応は、当時ほとんど表に出なかったとはいえ、批評家たちが示した一様の困惑よりは多様性のあるものだったようだ。一九七九年にリズ・ブリュネルが行ったインタビューでドミニク・バグエは、『最後の楽園』をみた体験が自らにとってどれほど強烈で重要なものであったかをはっきり述べている。[1] とはいえ、バグエのカンパニーに創立当初から参加していたダンサーのジャン・ロシュロー[2]はこの振付家の活動について、「ドミニクは矢野英征をよく知っていたし、舞踏、とりわけ一九七八年のカルロッタ池田をみていたが、舞踏の活動とは（……）いかなるつながりももっていなかった」[3]と記憶している。逆に、カトリーヌ・ディヴェレスやベルナルド・モンテといった振付家たちは、最初の公演を目にして批評家たちと同じように魅了された。ダンサーたちは舞踏発見時の公の議論にはほとんど加わらなかったが、一九八〇年代以降は多かれ少なかれオープンに、そしてはっきりと舞踏を主張する者が増えている。また、フランスや日本で舞踏を実践する者も非常に多い。

コンテンポラリーダンサーたちの舞踏への欲望は、フランスでは日本への渡航願望としてただちにあらわれた。一九七〇年代以降、ヨーロッパや北米へ旅立つ日本人アーティストが出はじめていたものの、起源となる人物や文脈に直に接するために日本で学ぶことが、舞踏との出会いにとって必須の通過点であるとされていたのだ。異国でつくられたものは、その源泉で直接伝達されるべき、ということであった。

カトリーヌ・ディヴェレスとベルナルド・モンテは一九八二年から八三年にかけて、六ヶ月にわたる日本旅行で大野のもとに赴き、その先駆となったが、彼らの舞踏との出会いとその後の歩みは、いくつもの点でフランスにおけるこのダンスの受容プロセスの模範となっている。二人の舞踏発見は非常に早く、最初の数年の熱狂のうちになされた。「〈山海塾〉がいました、レ・アルで吊り下げられている彼らをみるのは、やはり大変衝撃的でした……そうして、誰が言いだしたのかわかりませんが、私たちのうちで当時誰も知る者がいなかった、ある老いた舞踏の師匠［大野一雄］が来仏するという噂が立ったのです」[4]。この踊りに関する情報は噂のかたちで彼らに届き、それが魅了の下準備を整え、大野を取り巻くオーラを高める結果を導いた。そうして一九八〇年六月のデファンス地区にあるレ・キャトル＝タン・スタジオでのソロ『ラ・アルヘンチーナ頌』をみた経験が、彼らを地理的にも舞踊的にも決定的に旅立たせる引き金となったのである。カトリーヌ・ディヴェレスは、この上演をみたときに抱いた強い感動についてかなり後になって詳述している。それによれば、上演中涙が止まらず、ベルナルド・モンテが公演から一ヶ月を経てようやく、しかし鮮明に「私たちにとってそれはダンスではなかった。まったく見当のつかないものだった」[5]と表現したという。彼らの語りの内にも、批評家たちにお馴染みの衝撃のレトリックをみとめることができる。とはいえ振付家であるディヴェレスは、ダンスとしての舞踏の正当性に疑問を投げかけた点で、当時の一般言説においてほとんど反響を引き起こすことのなかったある少数派の立場をとっている。ラジオのインタビューで彼女は、あまりにびっくりして理解が追いつかない自らの状態を次のように言

い表した。「私たちは自問していました。この男は何をしているのだろう。この男は舞台上で何をしているのだろう。これらの身振りは何なのか。彼は歩いているだけ……」[6]。

実際、大野の踊りと教えは、それぞれにダンスとは何か、なぜ踊りたいのかと自問させることで、ダンサーを動揺させるものらしい。ダンスを通じたあらゆる伝達がこれらの問いを引き起こす可能性を含んでいるとはいえ、舞踏のワークショップにおいてはそうした問いがはっきりと一つの作業目的となる。そこで行われる、ときに動きや意図を欠いた踊り方の実験は、ダンサーによっては当惑するような体験となる。カトリーヌ・ディヴェレスはそうした指示が、どれほど深く自らのダンス概念を再考するきっかけになったかを次のように語っている。「動かずに踊る、つまりとりわけ身体の有機的な質、思考や感情なしで踊るにはどうするのか（……）したがって、それは別のことを私たちに探究させるのです。すなわち、ある種の緊張。それは日本のあらゆる芸術において見出されるものであり、強度の九割は内部にあって、その一割だけが外部に出されるのです」。

日本から戻る際に、この二人の振付家はデュオ作品『アンスタンス（*Instance*）』（一九八三年）を上演した。二〇年後にカトリーヌ・ディヴェレスは、舞踏との出会いが自分たちにもたらしたものを次のように明らかにしている。「今の私は舞踏の形式や大野の仕事のやり方に従ってはいませんが、彼の仕事を受けて振付を始めたのです。それは、形式を超えた一つの基礎となる体験として私に宿っている作業なのです」[7]。その日本旅行は、ある踊りに慣れ親しみそれを発見したという意味においてだけでなく、ある一つの芸術的観点から自分自身の姿をよりはっきり知ったという意味においても、まさに通過儀礼的なものだったのである。

コンテンポラリーダンスにモチーフとしてあらわれる日本への旅

ダンサーたちの舞踏への憧れの大半を具現する大野という人物は、カトリーヌ・ディヴェレスとベルナルド・モンテの先例にならう、日本旅行への欲望を数多く引き起こした。この二人のダンサーは、日本旅行を自らの基盤となる体験として語り、分析することで、その反響を広範囲に引き起こして、日本へ向かう長く続く運動の口火を切ったのである。

外務省の助成、とりわけ各種の奨学金、続いてヴィラ・メディシス・オール・レ・ミュール（Villa Médicis hors les murs）[8]や京都のヴィラ九条山[9]などの支援制度を通じて、日本に渡るダンサーの数は増加した。そうして、通過すべき場所、神秘的な場所となった大野のスタジオには世界中のダンサーがひっきりなしに訪れることとなる。一九八八年にピエール・ドゥサン[10]やイザベル・デュブロズが、続いてサンティアゴ・サンペレ[11]、シドニ・ロション[12]、ファビエンヌ・コンペ[13]、より最近ではフィリップ・シェエール[14]などが訪れている。

一九九〇年代以降の日本への渡航は、大野という権威的な人物を離れて、他のアーティストたちとの出会いを求めるものになり、その形態を多様化させた。たとえばオリヴィエ・ジェルプ[15]は一九九四年に、またセシル・ロワイエ[16]は二〇〇〇年に、大野一雄の弟子であった上杉満代のもとで学ぶため日本へ旅立っている。旅立ちのきっかけも同様に多様化している。カトリーヌ・ディヴェレスやベルナルド・モンテが舞踏を発見するという立場にあったのに対し、彼らに続いたアーティストたちのほとんどは、渡日前にすでに舞踏と出会い、実践の経験があった。例としてサンティアゴ・サンペレは、一九九二年にレオナルド・ダ・ヴィンチ賞を受け、一九九四年にヴィラ九条山に迎えられる前の一九八〇年代には、すでに天児牛大のもとで学び、そのことが自らのダンス実践にとって決定的だったと語っている。

〈山海塾〉の研修会を受けました（たぶん彼らが一九八一年に初めてフランスで開いた研修会だったと思います）。とりわけ歩行についての練習が、大変すばらしい経験となりました。終わりも始まりもない持続のなかに自らを置くその方法は、私にとって本質的なものとなりました。ダンサーが自らを歩くままにさせるやいなや、苦しみや終わりは消えてしまいました。それは初めての体験でした。（……）のちに東京で土方の女性ダンサーのレッスンを受講したとき、すでに学んでいたことを確認することができたのです。[17]

シドニ・ロションが一九八八年に日本へ渡った理由も、異文化体験を求めてというよりは、身近な何かを再発見するためであった。[18]というのも彼女の舞踏発見は、ダンサーとしてのキャリアの始めという非常に早い時期で、

多くのフランス人ダンサーにかなり先んじていたからである。オランダで彼女が大野一雄の弟子の〈エイコ&コマ〉の公演をみたのは、一九七四年である。その作品に心動かされ、彼らの試みに親近感を抱いたシドニ・ロションは、直接会いに行き、彼らのもとで活動する機会を得た。パリに戻って矢野英征と活動していた時期にも、一九七八年のパリ秋季フェスティヴァルで土方作品を踊る芦川羊子をみて感銘を受けている。日本人アーティストとの活動、武道を通して豊かになった自らのコンテンポラリーダンスの実践、そして舞踏カンパニーのなかで最初のプロ活動を開始したという経験を通じて、シドニ・ロションがもつ舞踏および日本とのつながりは必然的に密接なものとなる。一九八八年に得た奨学金は、当時「日本との決着をつける[19]」方法を探していた彼女の必要に応えるものであった。

もっとも最初の数年間が過ぎると、公的援助は舞踏への欲求とは無関係の日本旅行の需要に、より重きを置くようになった。[20]そのため舞踏との出会いを求める渡航は、その他の施策や援助に頼るものとなり、特にあらゆる制度化の波の外で行われるようになる。農地生活プロジェクトの一部に組み込まれたダンスの試みを行う田中泯のカンパニー〈舞塾(まいじゅく)〉で複数年にわたり生活を行った、クリスティーヌ・クワロのような欧州のダンサーたちの道程は、その主な例の一つである。[21]

時期は異なるものの一定の間隔で試みられる日本への渡航は、バンドワゴン効果などではなく、コンテンポラリーダンスの実践のなかに恒常的にあらわれる一つのモチーフ、本質的な一つの力になっている。それがダンスに働きかけ、ダンスを他性に対して開かれたものにするのである。日本旅行はそうして、一八五八年の日本開国以来の外交、メディア、学術分野においてそうであったように、ダンス分野においても一つの痕跡として刻み込まれる。[22]つまりコンテンポラリーのダンサーたちも一九八〇年代以降は、日本への旅が描いてきた何世紀にもおよぶこの長い歴史に組み込まれることになるのである。

異文化の魅力

舞踏への欲望において表されたのは、日本のあらゆる面に対する関心である。カトリーヌ・ディヴェレスはそ

のことをはっきりと、「大野に会うこと、それは一つの文化に出会うことでもあるのです。大野を日本文化と切り離すことはできません」[23]と述べている。またシドニ・ロションの舞踏への関心は、彼女自身が引用する「小津〔安二郎〕、俳句」[24]「文学、映画、日常のあらゆる儀式的なもの、生活の術、物との関係、料理、家屋など」[25]をはじめとする日本のさまざまな文化的要素と関係を紡ぐことが可能である、という理由から生じているように思われる。その他にも、ヨーロッパ人にとってまさに憧れの対象である日本語や日本映画に誘惑されて、このダンスへと向かった者もいる。サンティアゴ・サンペレは、「長い間、私の目に東洋の象徴となっていたのはインドではなく日本です。しかしそれは、あまりに遠いと思っていました！　また、バルトの書いた『表徴の帝国』、続いて谷崎の『陰翳礼讃』、三島の小説を読んだこと、また自殺する芸者が主題の映画も記憶に残っています」[26]と言って、文学を中心に自身の日本への欲望がかたちづくられた様子を描き出している。

上杉満代のもとでの滞在後に書いた「日本から戻って」[27]という文章でセシル・ロワイエは、ダンス活動がもたらした特殊な成果よりも、日本での生活様式の一端を発見したことについて強調している。踊り方や身体性についての考え方にあらわれる差異への憧れは、ある一つの世界を全体的に、そして異なる人々を感覚的に発見したことにより、さらに強められるようである。

> 地理学的に遠いということだけでなく、私が思うにそれは、ある特殊な美学、異なる時間の観念、表情が読み取れない顔、内面性のあり方、沈黙、そして何もないすっきりした空間イメージ、そこでは床が大きな存在感をもち、あらゆるものが極度の注意深さのもとにある、というものであった。日本は私には異世界にみえた。

こうして日本旅行と舞踏実践は、「踊りのパを変える」ごとく、国を変えることとなる。

自らのドクサにすっぽりくるまれた舞踏は、幻想を抱かせる日本への入国方式の一つであり、またコンテンポラリーダンスの歴史に染みわたる東洋への憧れの新形式の一つなのである。

極東へのこの欲望は驚くほどに執拗だが、その欲望に対しては一方で、それが駆け巡る芸術作品の一つ一つに独自の、非常に多様なアプローチ、視点、実践がなされる。書物や想像力から発するにせよ、実際の体験から得たものを通じてにせよ、この欲望が非常に強いものであることから、何よりもまず、異質性のもたらす効果のパワーというものを認めないわけにはいかない。踊る東洋は極端に異なる世界を喚起するため、視線は絶えず引きつけられ、五感は研ぎ澄まされる。そうした世界は、踊りの運動とは何かという徹底した問いを引き起こすのである。[28]

多様な欲望を凝縮する舞踏は、一九八〇年代初頭以降、とりわけ踊る東洋を完璧に具現しているようである。それはまず何よりも、師(メートル)の探求に合致するらしい。そもそもこれらのダンサーは舞踏と武道を並行して実践することが多く、そのことは、この二つに共通する師匠という人物像への愛着や、別の師弟関係への憧れを示している。大野のスタジオに世界中から押し寄せるダンサーたちの群れは、巡礼に似たものを連想させ、その場所、そのあらゆる舞台道具や歴史が詰まったスタジオで、その師に出会うことの必要性に応えているのである。さらに宗教的ともいえる精神的な面への探究が加わる。その点についてダンサーたちは、それが仏教であれ、大野一雄が信仰していたカトリシズム[29]であれ、自身の日本旅行について語る際によく触れる。カトリーヌ・ディヴェレスは、自らの基盤をなした旅行について話すよう招かれた際、ダンスについて自身が強く感じ擁護し続けてきた精神的な側面について述べている。

私は、踊りの絶対的なところは、「見せることができない(イモントラーブル)」ということだと思います。なぜならその基礎は宗教的なものですから。踊る時、私もまたある意味で観客の身体であり、それは少し形而上学的な側面を生じさせます。複数の身体や視点が相互に浸透すること、他者へ同一化するという考えは、交流の「宗教的」な次元において人間存在を想定することなのです。[30]

サンティアゴ・サンペレは、一九七二年以降プロヴァンス地方ラ・サント＝ボムの精神的な共同体でコンテンポラリーダンスを教えている、ウェス・ハワードのもとで修行した後[31]、『舞踊僧（モワヌ＝ダンスール）』となる」——何人かの舞踏家が思い出されなくもない考えである——[32]ことを決意した。「それ以来私の生活すべてを通じて、西洋においてはあまりにも踊りと形而上学それぞれの『本性に反する（コントル＝ナチュール）』とされるその異種交配の達成を追究したのです」[33]。こうした精神性の探究は、フランスのダンス分野に存在するある欲求を露わにしているが、それはカトリーヌ・ディヴェレスが分析した「精神の欠如」[34]に起因するものだ。彼女は言う、「芸術はある意味で一つの宗教であり、すべてをかけて取り組むものであり、それは倫理学的問題なのです」。舞踏家たちが擁護するそうした専心の概念、芸術と生活の区別の消失は、憧れの対象のうち最も頻繁にあらわれるものであり、その実践の真の動機となる。カトリーヌ・ディヴェレスは大野の教えがダンスや身体の問題を広く超え、より形而上学的、倫理学的もしくは精神的な争点を包含していることを主張してやまない。

> 大野の所作、つまり大野の教え方は、すべてが生き方なのです。それは西洋におけるもの、とりわけ技法（テクニック）を学ぶダンスとは異なるものです。私が言いたいのは、大野の教えは象徴的であると同時に、寓意的、形而上学的、そしてほとんど哲学的でさえあり、つまりは私たちがどのように振る舞うか、どのように生きるかということなのです。大野とのエクササイズ、話し合い、稽古の時間の後にいつも、彼は生徒たちに汁物（スープ）をすすめますが、大野の語るあらゆることが稽古であり、その人間性から発して私たちを芸術、ダンスについての考察へと導くのです[35]。

ワークショップで大野一雄が話した言葉をまとめた本『内と外からみた大野一雄の世界（*Kazuo Ohno's World from without and within*）』[36]のなかに感じ取れるものは、まさにそれである。ある一続きのエクササイズ、もしくは即興のための指示という以上に、この本は、踊り、芸術、または人生についての彼の見解を物語る。大野にとって、

舞踏は一つの人生哲学なのである。

また舞踏に、集団的な体験や生活の共有を通じた専心参加の形態を求めるアーティストたちもいる。一九九六年から二〇〇六年まで岩名雅記がノルマンディーで開いた夏季研修会「世紀を跨ぐ（*Spanning the Centuries*）」では、参加者に人里離れた集落で、ダンス・ワークショップ、寝場所、家事などをともにする一ヶ月の滞在を求めた。クリスティーヌ・クワロやカティ・ルロが日本で田中泯のもとにいた時には、踊りの実践は農場での活動を通した集団生活の一部であった。このアーティストのもとで行われる活動において、芸術と生活の融合が最も推し進められているようである。山の農場に身を置き、ダンサーたちは農業と踊りの活動に自らの時間をともに割く。そのエクササイズは、気候条件の如何を問わず屋外で何日間にもわたるなど、時に過激な条件のもとで行われる。時を経てこれらの体験は、極端に辛いものであると評判になり、神話化された。ジャン＝マルク・アドルフにその点を尋ねられたクリスティーヌ・クワロは、伝説化されたそれらの過酷な条件について次のように述べている。「一九八五年に強化研修を受けるため日本に渡りましたが、結果として山で一週間を過ごすことになりました。水の入ったボトルとビスケット一袋だけもたされて山腹に散らばりました。おそらくそれが伝説でしょう」[37]。田中泯のもとで踊ることは全面的で徹底的な参加を求めるようにみえる。それは土方が自身のカンパニーの踊り手たちに導入した、共同体的活動、わずかな睡眠時間で非常に激しい訓練をすること、禁欲、貧乏、断食の実践を特徴とする稽古法を連想させせなくもない[38]。

感性のエグゾティスム

日本へ舞踏留学した多くのダンサーにとってその旅は、非常に大きな異質性と謎を含むものだが、それは理解不可能であることを引き受けることに始まる。たとえばセシル・ロワイエは、上杉満代のもとで滞在した際に直面したさまざまな問題について、「私は理解しようとしましたが、するべきではなかった。なぜなら三ヶ月は学ぶのには十分ですが、理解するには十分ではなかったからです」[39]と強調する。とはいえ理解できないことは、その伝達が感性豊かなやり取りでなされる以上、問題にはならないらしい。

満代が踊るのを初めてみた時、私は何も理解できなかったし、彼女の過去、記憶についての何もみえさえしませんでしたが、私は感じたのです……彼女は自身の思い出のなかにいて、そこへ私たちを誘いました、彼女は自らの一三歳の体にいましたが、そこからさらに、子どもらしいリズムへと素直にはっきりと変化していきました。彼女は生き生きとしていました。複数の時間が交差し合い、私たちそれぞれの歴史が混じり合っていたのです。

フランス人ダンサーと日本人ダンサーのこうした出会いは、東洋と西洋の文化交流のあらゆる歴史と同じく、ほとんど常に食い違いと不確かな対話の上に成り立っている。「私が満代に舞踏を教えてほしい、『あなたの踊りを教えてほしい』と言うと、最初彼女は私が何を求めているのか理解できず、コンテンポラリーのしかも西洋のダンサーが彼女の世界でどのような関心をみつけることができるものかと訝（いぶか）しがりました」。こうした無理解は言語の問題に起因する場合もあり、英語を交えながらも日本語で主に行われる大野のワークショップを受ける者たちにとっては、その指導で言葉が重要な位置を占めるため、なおさらである。しかし言語は理解のうえで唯一の障害ではない。大野の教えの原動力は部分的には意図的な無理解にも基礎を置いているようで、たとえばカトリーヌ・ディヴェレスはそれを事実として次のように認めている。「より正確に言えば、大野一雄は教えません。私たちは何時間にもわたり即興し、大野はさまざまな物語、まったく理解できないようなこと、イメージについて話したり語ったりします。エクササイズはなく、『そう、それでいい』とか『ああ、それはだめ』とか、あるいは『こうしなさい、ああしなさい』と言われることはありません。自らに働き『かける』のはその本人自身なのです[40]」。その伝達は、存在の仕方、立ち方、考え方、感じ方をしみ込ませることによって行われる。カトリーヌ・ディヴェレスとベルナルド・モンテにとっての日本旅行は、たしかに日本という国の総合的な発見であったのだが、さらには、大野の人格とその謎めいた世界の発見でもあった。

二〇年前に東京の空港で、当時七六歳の大野一雄が私たちを迎えてくれました。ベルナルド・モンテに最初に彼が発した言葉は、英語で「あなたはクロイツベルクですか」だったんです！　私には「アルヘンチーナですか」と。その登場から私たちを包みこんだ大野一雄の世界のなかで、どうしてよいかわからず、狼狽して、ぼーっとしてしまいました。旅は始まったばかりだったのです。（……）彼が始終繰り返していた質問は不可解な謎かけみたいで、私たちを動転させ、仰天させ、ひっくり返らせました。意味をみつけようとすればするほど、壁にぶつかってしまうのです。[41]

彼らの旅はこうして、道標を見失うことの連続で動揺をともなうものであったが、それは、中心から距離を置き自分たちの芸術の進め方を再考するためには得るところが多かった。単に他者に対して自らを開き新しいものを受け容れるということだけでなく、その異質性、理解できないこと、参照項の喪失に向き合うことでもあったのだ。そのことはセシル・ロワイエが彼女の旅行手帖で繰り返し書き留めている。そこでは違いが引き起こす困難だけでなく、その魅力のすべてについても強調されており、詩人ヴィクトール・セガレンが異国趣味を多様性との対峙、「多様なるものの美学（esthetique du divers）」[42]とした定義に通じるものである。この詩人にとってエグゾティスムは、一つの想像イメージ、感じ方であり[43]、その旅行観は何よりもまず感覚的である。「私は放浪し、世界でみて感じるべきもののすべてを、みて感じるために生まれたのである」[44]。旅は、「官能的であると同時に精神的な経験となり、そこでは想像の領域が影響力を示し、執筆欲がかき立てられる」[45]。コンテンポラリーダンサーたちの日本体験において、稽古の仕方や日常生活における文化の発見は、見知らぬものの探求、得るところの多い違和感、感覚的エグゾティスムとしてみることができる。それらの日本旅行が創作のインスピレーションの源、真の原動力であったのだから、書くことと旅行をつき合わせたこの詩人[46]に倣って、踊ることと旅することにも同種の等価性をみとめることができるだろう[47]。

舞踏はより総合的な感性的経験と切り離すことができない。つまり、振付家たちの想像の領域に働きかけそれを豊かにするのは、まさに旅行体験の全体なのである。舞踏を包む日本のドクサと別世界にいるような気持ちが、

旅行者としての振付家という姿勢を促したのであり、その姿勢が、ダンスを一つの旅と認識させるのである。サンティアゴ・サンペレはコンテンポラリーダンスの振付家という自身の経歴のなかで、旅することを一つの必然とみる。「ダンスにおける現代性(コンタンポラネイテ)の概念は、強国の一概念にすぎません。時々自分はそこで窮屈さを感じ、呼吸をするため、開放的な態度を失わないために、定期的に旅をする必要性を感じます。コンテンポラリーダンスの精神そのものが、探究と体験の精神なのです」[48]。クリスティーヌ・クワロはおそらく、ダンスに固有のこの放浪主義を徹底的に追究して、旅行者としてのダンサーという考え方を最も推し進めた者の一人だろう。田中泯との経験の後に彼女が展開した試み——とりわけ一九九五年から一九九九年の『風景としての身体(*Corps-paysage*)』および二〇〇一年の『歩行と踊り(*Marche et danse*)』——では、歩くことが芸術行為、振付プロセスとなり[49]、歩行は「注意深い彷徨、実験的な放浪、儀式的な徘徊、詩的な流浪……」[50]となる。彼女は言う、「旅は生き方になった」[51]。

こうして違和感や未知のものは批判のツールとなり、創作プロセスの引き金となる。他者との対峙の最も知られた例の一つは、おそらくバリ舞踊に対峙したアントナン・アルトーのもので、それが彼自身の演劇観に問題を投げかけ、あらたに生み出す助けになったのである。[52] コンテンポラリーのダンサーたちにとって、舞踏は東洋への欲望と同じ機能を果たしているように思える。

東洋への欲望が自分自身を発見したいという願望であるなら、それは同様に、自分自身を断ち切りたい、自らの運動習慣の動機について疑問を投げかけたいという欲求である。そうした欲望に油を注ぐ異質なものの神話学が、深い好奇心の口火を切る。つまりここでは、アーティストを民族学や学者と対比させることが問題なのではない。振付家は唯一絶対の学識論法に従って働くものではない。たった一つの公演もしくは短い滞在が、その好奇心を満たすこともある。[53]

日本旅行の際、コンテンポラリーダンサーたちに最も深く根を下ろしている踊りと感覚の諸習慣に揺さぶりを

かけてくるのは、やはり別の身体性との対峙である。その対峙は、一つの限られた文化、社会、家族環境のなかで育まれた彼らの運動組織にまで達するため、別の踊りの発見は、まったくもって「安定を失わせるもの」となる可能性がある。というのも「それは、基盤となる身振り――私たちを構成し、支え、打ち出し、作り出し、育んだ身振り――を私たちが囲い込んだ方法に私たちを結びつける、私たちの『身振り存在（gestêtre）』（ラカンが『言存在（parlêtre）』と述べた意味での）にあたるものを相対化してしまうからである」[54]。

フランスで舞踏を実践する――感じる別の方法を求めて

日本への旅がコンテンポラリーダンスのダンサーや振付家を引きつけていた同時期に、フランス国内では、招聘されたアーティストたちによる研修会、次いでフランスに移住した日本人アーティストの開く定期クラスなどを通して、舞踏への欲望は実践というかたちですばやくあらわれた。これらの教育活動は、フランスのダンス分野への舞踏移植の新たな一面を浮き上がらせ、太く長く続く現象をつくりあげた。とはいえ、決定的な伝達の場というものが現れることはなく、教育活動は主に一時的な研修会や週単位のワークショップという形態で分散しながら供給されたのである。フランス国内の舞踏実践はこういった理由から、散漫で不均質な特徴をもっていた[55]。

プロ・ダンサーの養成課程における舞踏

田中泯は、すべての人に開かれたワークショップをパリのラ・フォルジュ（La Forge）のような小規模な場所で一九七九年には開いており、その先駆の一人である。研修会は、初心者とすでに彼の教育を受けた者を分ける異なるレベルを用意して、定期的に開かれる。これらのワークショップは、知識人や若手アーティスト、日本や武道の愛好家、ジャーナリスト、映画人、造形美術家、そして幾人かのダンサーたちからなる田中泯のファン・サークルを引きつけ、そうした人々がこの舞踏家をめぐる魅了現象の出現に寄与したのであった。

一九八〇年以降コンテンポラリーダンサーたちの実践にさらに舞踏を浸透させたのは、とりわけ〈山海塾〉の

研修会であった。一九八〇年九月にパリで開かれた研修会のリポートが、演出家で批評家のアラン＝ポール・ルクーの筆により『プール・ラ・ダンス』誌上に掲載されている。[56] 専門誌のコラムで稽古について書かれることはまれなため、書き手にとってこの研修会がいかに重要であったかをはかり知ることができる。彼は自身が体験したことを証言しつつ、「しかし彼らが私たちにいったい何を教えてくれるというのだろう、と私は訝っていた」と問いも投げかけている。二〇名ほどの参加者は、「筋肉のあらゆる努力」を拒否し、「外的形式ではなく内的感覚への集中」を強く志向するという未知の体験をした。記事はその稽古指示を詳細に報じているが、それは次のようなものであった。「肛門のそばに一粒の『泡』を視覚化し、その泡を脊椎に沿って一匹の虫が這うように旅させる」、「猫のように緊張が完全にとれた背中、爪を立てた手、四つ足で歩く。膝を半分曲げて、かかとを引きずりながら歩く、頭はきちんとまっすぐな水平線を描く、そして外的力によって動かされるように自らを感じる」。書き手は最後に次のようにこの稽古の争点を結論づけているが、それは今日でも舞踏の教育の多くで示されるものである。「このすべてのエクササイズでは、思考してはいけない。すでにいっぱいのものは学びもせず、感じもしないからだ。その目的は、多くの場合非常にゆっくりした動きを通して深められる一つの感覚へ集中することである……たとえば、胎児の姿勢になって体全体で知覚することを学ぶなど」。この最初の〈山海塾〉の研修会は、感覚に注意と集中を払うという、今日でも実践されているような舞踏の教育の基礎を打ち立てている。

興行人材育成保険（AFDAS＝Assurance formation des activités du spectacle）主催の研修会を行った〈山海塾〉は、一九八〇年代初頭にはすでに舞台芸術アーティストたちのための持続的なプロ養成に関与したことになる。一九八二〜一九八三年には、デファンス地区のレ・キャトル＝タン・スタジオで四会期にわたる長期の研修会が催された。定員は二五名だったが、『プール・ラ・ダンス』誌に掲載された広告がただちに満員御礼を告げていることから、引き起こされた熱狂の様子がうかがえる。一九八三年に創設された育成の場であるメナジュリ・ド・ヴェール（Ménagerie de Verre）は、コンテンポラリーダンサーにとってすぐに必須の通過場所となったが、その創設時にはすでに、教育者として〈山海塾〉を他のコンテンポラリーの振付家たちとともに迎えている。古関すま子とまったく同様に、〈山海塾〉はそこでの「定期クラス」のため後に再び招かれることになる。室伏鴻とカルロッタ池

田も、あらゆる踊りのスタイルが混在するプロ・アマ両方のダンサーに開かれた大規模な研修会に参与したことで、同じように一九八〇年代初頭に教育活動を展開した。[57] 舞踏は、カン市やレンヌ市にとりわけ代表される国立振付センター（CCN＝Centre Chorégraphique National）、アンジェ市の国立現代舞踊センター[58]のような継続的な教育の場[59]やダンサー養成学校といったさまざまな制度のなかでも展開されたため、数年のうちにレベルや立場の異なるさまざまな人々によって実践されるようになっていた。

一方、それらの主要な制度の周縁にあえて留まり続ける研修会もいくつかある。フランス南部の自然のなかで開かれることの多い古関すま子の評価の高い研修会や、ノルマンディー地方の田舎で開かれる岩名雅記の研修会[60]は、ほとんど口コミだけで知られ、ダンサーたちによって直に開催されており、彼らの試みを支持する人々を集める。

実践の発展

舞踏の教育活動は徐々に発展し、フランスでは二〇〇〇年代以降、真の市場（マーケット）、多くのダンサーにとって生計を立てる術（すべ）となっている。週単位の研修会やワークショップは、パリ市一帯で何人ものダンサーによって定期的に開かれている。[61] 舞踏の実践は、舞踏を称する多くのカンパニーがフランス中で教育活動を行うことにより、地理的な広がりもみせる。[62]

一時的に来仏したり、フランスに拠点を構える多くの日本人アーティストは、「日本の踊り」や「日本の身体文化」の伝達を謳（うた）って、自らの地理的アイデンティティを巧みに利用している。研修会の紹介資料は、「気」や「間」といったフランス人にとって今日でも理解の難しい多義的な日本の概念を前面に掲げ、武道や「指圧」、「野口体操」[63]や「俳句」といった要素を混ぜ合わせる。研修会の説明書きはヨガや「東洋呼吸法」などを加えて、東洋およびアジアの文化に依拠することもある。たとえば桂勘[64]は、自身の研修会の内容を「アジアにおける身体[65]」というタイトルで示している。これらのあらゆる言説が想起させるのは、今日の舞踏家たちの汎アジア志向

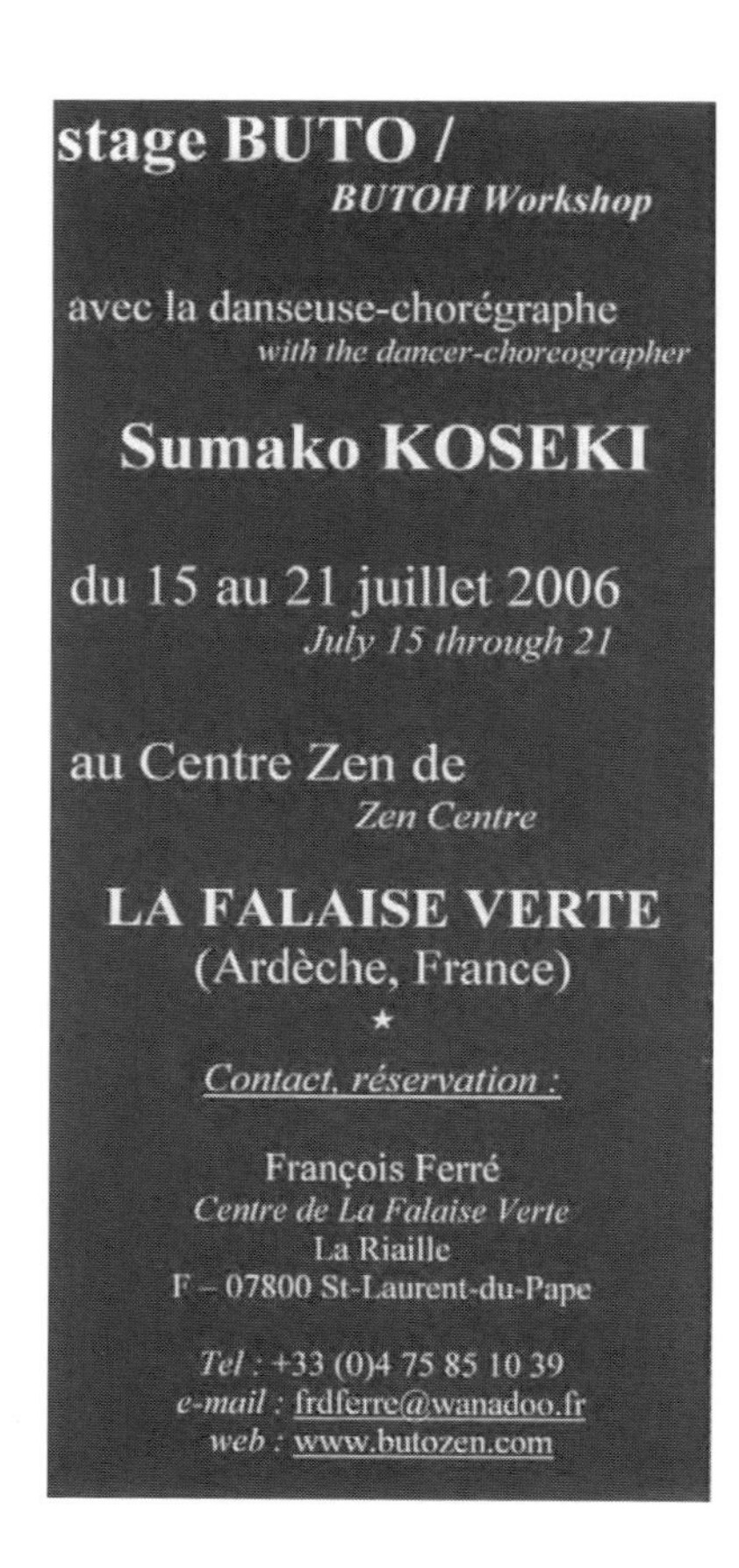

古関すま子の舞踏研修会のチラシ、2006年。

岩名雅記の舞踏研修会「世紀を跨ぐ　96–06」のチラシ、2002 年。

であり、それは人類学者セシル・イワハラが京都の舞踏家たちの間に明らかにしたものである。すなわちアジアは、禅の瞑想や「身体道」[66]のように、西洋を通過し西洋によって正当化されたさまざまな身体技法の根源の一つであると同時に、舞踏を普及させるために彼らが顧みる場所でもあるのだ。

フランス国内での舞踏の実践も結局は、日本への旅立ちと同じ動機に基づいている。つまり、異なる環境に身を置いたときの違和感、さまざまな側面を通じた異文化との出会い、そして、これら短文広告に非常に略式で、やはりあいまいな方法で紹介されている、日本もしくはアジアの精神性のようなものの参照である。たとえば、竹之内淳志[67]は「陰陽舞踏行列」[68]を自らの教えにとり入れており、田中泯の研修会の紹介文には次のような一種の精神性のほのめかしが含まれることが多い。「田中泯にとって舞踏の実践は、各個人のなかに存在する精神空間に触れるものである。この研修会で参加者は、自身に固有の感覚領域、また知覚と精神の関係を探究することを試みる」[69]。

精神性についてのこうした言説は、生、死、内的生を強調するさまざまな形而上学的参照項をひっきりなしに引き合いに出す。「舞踏とは、生と死の変換と深いところで結びつくことである」[70]と、竹之内淳志の研修会の告知にもある。室伏鴻にとって、「舞踏の習得とはなによりもまず個人的で内的な発展である」。またフランソワーズ・ジャスマンが提唱する教育は、「身振りを模倣するのではなく、体の自然な動きによって内的状態を表現することに本質がある」という。こうした言説はすべて、自然および起源の概念としてのさまざまな身体神話を担ぎだし、また「無意識」、時には「調和」や「充足感」といった観念をも引き合いに出す。たとえば、有科珠々は「舞踏運動の豊富な可能性を、バランスと調和のとれたアプローチで示す」。より具体的に言えば、「身体を尊重し、理想的な健康状態を維持しながら」稽古する。「参加者はこの身体訓練のなかで表現と自由の方法を見出します。有科珠々はこの芸術の実践を通してあなた自身の発見へと誘います」と述べている[71]。そもそも、このクラスは二つの標語――「健やかに／体調を整える」――で表され、舞踏としては異例の一時間半という短さに設定されている。そういうわけで、舞踏の教育活動のなかには、身体心理実践の範疇に含まれるようにみえるものもいくつかある。ダンス・セラピーを看板にする女性ダンサーたちが開くいくつかのクラスはそのはっきり

としたケースだが、そのなかでもたとえばマリー＝ピエール・コヴェルは、「個人の発展と自身の内部をよりよく知る一環として行われる、魂のダンスと舞踏ダンスの個別クラス」[72]を提案している。研修会は大抵すべての人に開かれアクセスしやすいものであるため[73]、舞踏は芸術実践としてというよりは自己啓発実践の一つとみなされることもある。

フランスの舞踏教育市場に目立つその他の特徴は、舞踏において教えるべきことは何もないとする大野一雄の思想に反して、技術の習得を促進する言説が出現したことである。その技術は、「すり足」[74]での歩行、脊椎の訓練、また、眼を引きつらせることや背中のさまざまな筋肉を動かすといった、舞踏の「コード」や常套句となった身振りの要素を通して理解されるものである。どちらかといえば「感覚的」と名付けうるような技術について述べるダンサーたちもいる。たとえば藤谷由美は「基礎技術」を、「立っていること、感じる状態にあること、深い部分の訓練、空間と物質になること」とする。それらの「基本」は、「身体意識を発展させ、身体内部のさまざまな支柱を強化し、集中力を高め、身体を表現可能な状態に置く」こととされる。つまりこれらの教育実践は、感じる術を伝達しようとしているのである[75]。

知覚の訓練と感じる術

フランスで上演された舞踏の作品とまったく同様に、ワークショップも非常に多種多様である。カルロッタ池田のように、ウォーミングアップの時間、アンシエヌマンの習得、即興の時間を区別する、ダンスによくみられる組み立て方を採る者がいる一方、大野一雄、それに続く大野慶人は即興のみのワークショップを開く。ウォーミングアップ法でさえ、アーティストごとに非常に異なるようだ。たとえばカルロッタ池田のエクササイズでは、筋肉のホールディングに重きが置かれ、「生のエネルギー」[76]を上昇させることが求められるが、大野のエクササイズでは感覚と集中力を目覚めさせる即興を通した感覚器のウォーミングアップとなる。上杉満代の教えでは、ウォーミングアップは即興と明確に区別されているものの、床にしっかりと足を踏みしめて同じ姿勢を保つエクササイズを長く続けることで、エネルギー感覚が引き起こされるため、身体の全体意識、非常に高い集中力を目

財津暁平の舞踏ダンスのワークショップのチラシ、2000年頃。

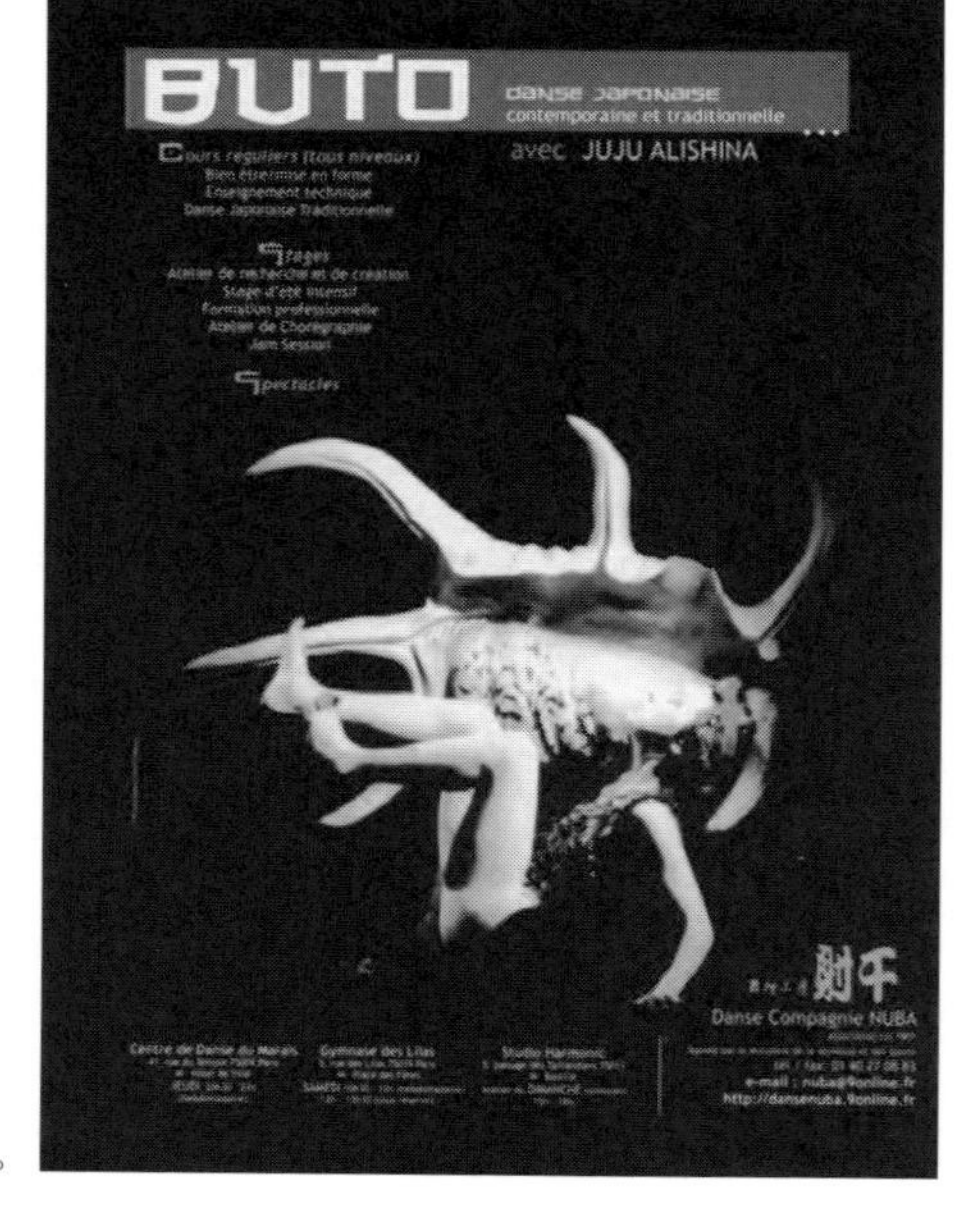

有科珠々の舞踏クラスのチラシ、2005年頃。

覚めさせることに適している。このウォーミングアップは、人をある状態に置くことだと言えるだろう。つまりそれは、関節と筋肉を温めると同時に、身体を変容可能な状態にして、それを実行する能力を授けるのである。[77]

こうした教育法の多様性はまた、アーティストたちが自らの言述をそこでどう位置づけるかという点で非常に異なることからも観察できる。大野一雄は自身の教えの基礎を、自らの思考、考察、イメージの共有に置き、ダンサーたちが即興する際にはそれが着想のテーマとなる。一方で舞踏家たちのなかには、手順や美的先入観について説明を与えずに、模倣すべき身振りを示す方を好む者もいる。大野の息子・慶人は、父親の経験や逸話を伝えることに専念している。彼のマスター・クラスは、単なる技術指導という以上に、大野一雄の世界との真の出会いである。その研修会は、即興のみで構成されているにもかかわらず、用いる即興のテーマ、小道具、使用音楽などのすべてが大野の踊った作品に由来し、一つのレパートリーを伝えている。大野の踊りの原動力、その踊りが現れるプロセス、想像と感覚の領域へ通じる道は、そうして共有されるのである。

舞踏伝達のもう一つ別の基礎的な要因は、苦痛と快感に関するものである。きついウォーミングアップで知られる室伏鴻は、自身の研修会の紹介文に「極度の感覚（苦痛、苦悩、辛い経験）を稽古する[78]」と告知している。そうすることで室伏は、この踊りが西洋のダンサーにとって理解しがたいという支配的な言説[79]をさらに強化してしまう。ただこの点でもやはり教育方式は多種多様で、強烈に身体をコミットさせるものと一括りにはできない。反例として、大野一雄およびその稽古法の跡をとどめるダンサーたちは、快楽と楽しみの原則をまもり、それによって踊りのなかに一種の率直さを見出す。花を踊るというようなエクササイズは、物体や一見単純な指示に向かわせることで、軽快さや恍惚状態を得る助けになる。コンテンポラリーダンサーたちはいくつかの点で、この純朴さに戸惑うかもしれない。というのもそれが、コンテンポラリーダンスの慣習と非常に異なるというだけでなく、苦悩の表現として理解される舞踏のドクサで育ったダンサーたちの期待を裏切るからである。

舞踏教育は、こうした多様性にもかかわらずモダンダンスが身振りを生み出し感じる術を編み出す作業場とした、ワークショップ（アトリエ）という共通の形式で主に提供されている。ところで舞踏教育のなかには、あらゆる潜在性を掘り起こして感覚を探究することを唯一の目的とし、そこに焦点を絞るものがある。即興は、たとえば身体全体

に小さな光の玉を巡らせると想像することを通じて、皮膚全体の意識を目覚めさせ研ぎ澄ます、感覚器のウォーミングアップの代わりを果たしたりする。さまざまな指示がその探究をだんだんと複雑化してゆく。たとえば田中泯の提案するエクササイズでは、「自らの意識をいくつかの異なる身体部位に同時に投射すること」[80]や、「頭のなかでオーケストラが演奏している間、両足はすべる胴体の上を歩き、両手は頭上に置かれた小庭園を散歩し、その胴体は迫（せり）に吊り下がっている」[81]というように、身体を細分化しながら異なるイメージを投影することを目的とする。同様の方法はカルロッタ池田においてもみられ、彼女のもとでは「一〇〇〇歳の片腕と片足、一方その他の身体部位は三〇歳、自身の体の半分が樹になったと感じ、もう半分は蒸気になる……」[82]ことが求められる。

大部分のコンテンポラリーダンスのワークショップと同様、舞踏のワークショップもこれらの感覚的交叉配列（キアスム）(chiasmes sensoriels) とたわむれるものであるが、それは知覚プロセスの基盤に存在し、メルロ＝ポンティによって分析され[83]、とりわけダンス活動についてはミシェル・ベルナール[84]によって分析された。多くのウォーミングアップ・エクササイズは、メルロ＝ポンティが「間感覚的キアスム (chiasme intersensoriel)」と呼ぶ、「両足でみよ」[85]という指示のように、意味間の交差や接続に働きかける。内感覚的キアスム (chiasme intrasensoriel) の探究、つまり知覚の二重の動き、能動的であると同時に受動的であるその側面は、触れること以上に触れられるように、もしくは歩く以上に「歩かされる」[86]ように努める舞踏の訓練にとって中心的なものとなる。知覚システムのすべてが、視線を自ら投射する焦点的なヴィジョンというよりは、世界の事物を迎え入れる外縁的なヴィジョンのように機能するのである。

天児によってフランスに導入された人形遣いのエクササイズは、この「踊らされること」の探究の好例であるという点で、一つの古典となった。まず、自分の縮小版ともいえる一体の操り人形を片手に持つことを想像する。続いて、「操り人形のような状態で、私が私を吊っているわけである。実在の私の身体には中心の垂線が在り、その垂線の上方に今度は、巨大な私がやはり同じ姿勢で私を吊り下げている。ミニチュアの私、実物の私、巨大な私の三体と、二本の仮想の垂線が在る。中間にいる実物の私の意識は、私を吊り、私に吊られている。（……）歩行は自分を運び、運ばれるものとなる」[87]。振付家エイコとコマは、「指を動かさないで、指が自分で動くように

励ますのです。あなた自身で片足を動かすのではなく、あなたの足の指がどこかへ移動するのを助けなさい」[88] といった指示を与えて同様の目的を追究する。さまざまなこの種の試みは、踊り踊らされるという実験作業に基礎を置く舞踏にとって、その主な目的の一つに到達するために利用される。舞踏家にとってここでは、向かっていくことと受け入れることの間の運動を稽古することが重要となり、ユベール・ゴダールの言葉を引き継げば、表現の豊かさが生み出され、行為の潜在性が開かれるのは、まさにそうした「カーソル」、「差動装置（ディフェランシエル）」においてのことなのである。[89] こうした指示のすべては、どのように空間が私を動かすのか、どのように物体が私の心や体に触れるのか、どのように一つのイメージが私を踊らせるのかというように、私のなかに他者を導き入れることを目的とする。まさにこうした、意図することの放棄の探究、無為（ノン＝アジール）の探究において、床との新たな関係、他者や世界との新たな関係がつくられるのである。

こうした養成法が舞踏家ごとに非常に多様であるにもかかわらず、想像力をもとにした作業プロセスという共通の中心点が浮かび上がる。[90] 踊りにおける「想像されたもの（イマジネール）」という言葉の使用はより広く、視覚的なイメージという単純化された意味にとどまらず、運動感覚的、姿勢的、空間的、自己受容的（プロプリオセプシオン）なイメージおよび想像のイメージにまで広がるものである。たとえばそれは、ある音楽の導入、身体的な接触、物体との接触というように、とりわけ視覚以外の感覚へ働きかけられる際に関心の的となる。絹製のスカーフもしくは一輪の薔薇を用いた大野一雄の踊りを例にとると、その物体は身体を変化させるための知覚の源として使用されている。大野慶人は、二〇〇六年にカロリン・カールソンのアトリエ・ドゥ・パリ（Atelier de Paris-Carolyn Carlson）でマスター・クラスを開いた際、ダンサーたちに一輪の花を持たせ、その花になること、その花を教師とみなすことを求めた。舞踏が物体や言語指示を通じた想像力の訓練に頼るのは、それが何よりもまず身体状態を変化させるための方法の一つであって、そうした間接的な方法を通じて深奥の筋肉に達することが可能となり、その抗重力筋が、姿勢とその姿勢にともなう行為と身振りのあらゆる可能性をかたちづくるのである。[91] 水になれ、水の上を歩け、一枚の葉、一本の樹、一つの岩になれ、「一匹の小さな蝶がたったひとりきりで海を渡る」[92] と想像せよ、といった指示は、バジル・ドガニスの表現に従えば「想像による変転法」[93] のいくつかの例である。

ミシェル・ベルナールの感覚性（サンソリアリテ）理論は、発話行為と知覚行為の間の対応に依拠して、また別の感覚的キアスムを主張しているが、それは舞踏の身体訓練についてのよい説明となる。この超感覚的キアスム（chiasme parasensoriel）では、私たちの「知覚信仰」の根拠である擬態（シミュラシオン）プロセスが、あらゆる感覚に働きかける。[94]私たちの感覚は、世界は私たちが感じるのと同じものであるという信仰の上に依拠している。事実、舞踏における存在の強化は、「横になった妊婦の腹の上を歩く」[95]、「横になった姿勢から、煙のイメージで立ち上がり、萎（しお）れるイメージでしゃがみ横になる」、さらに「貧血気味の虎」というようなさまざまな指示への、投影と信じ込みのたわむれから得られるものである。バジル・ドガニスによればこの「信仰の弁証法」[96]は、「本質的に創造的、能動的、建設的な機能」をもつ。ダンサーの「存在」は、「投影、内的フィクション、想像上の有機的な分解と復元からなるさまざまな現象[97]」に従属し、それらは結局、ミシェル・ベルナールによれば、「踊る身体のみがもつ感覚性に内在する力[98]」に基礎をおいているのである。つまり「感覚とは、一つの空間、回路もしくはネットワーク、『領土』の、創造・孵化（エクロジオン）・産卵（フライヤージュ）・配置・組成なのである」[99]。

舞踏実践は、ワークショップで想像力や知覚に働きかけるコンテンポラリーダンサーたちにとって、太極拳や合気道、ヨガやアレクサンダー・テクニーク〔オーストラリア人のフレデリック・マサイアス・アレクサンダーによって創始された身体調整法〕のようなその他の身体実践とならぶ感覚トレーニングの一つにもなりうる。実際舞踏は、武道やソマティクス——今日のダンサー養成において補完的なものとみなされる身体感覚的な技法の総体——を実践するダンサーの経歴に組み入れられることが非常に多い。ピエール・ドゥサンとイザベル・デュブロズは舞踏と合気道の実践をさらに深めるため日本に渡り、その専門家となった。ティエリ・エスカルマンは太極拳を修めた後で舞踏に出会った。サンティアゴ・サンペレは現在、ヨガとアレクサンダー・テクニークを教えており、ファビエンヌ・コンペはフェルデンクライス・メソッド〔イスラエル人のモーシェ・フェルデンクライスによって創始された身体教育法〕を、カティ・ルロ、オリヴィエ・ジェルプ、クリスティーヌ・ビュルゴスは太極拳を教えている。こうした多様な経歴において、舞踏への欲望は、東洋的な実践、より広くは身体の知覚と意識を鍛える技法への欲望と重なるようにみえる。彼らにとって自らの身体意識を新たな方法で訓練し、研ぎ澄ますた

めに、他所——それはときに文化的な意味での他所であり、あらゆる場合に身振り的な意味での他所である——を通過することが重要なのである。これらの実践は、東洋の所作芸術にとりわけ顕著な、身心不可分の包括的身体という共通の概念で結びついている。そうした身体性を構築するのに適した道具をみつけようとする際、おそらく私たちの西洋社会の身体実践全体に刻み込まれているデカルト的伝統の重圧が原因で、ダンサーたちは一種の迂回を余儀なくされ、その迂回はときに東洋へ向かうのではないだろうか。

多様な取り込み（アプロプリアシオン）の方式

数多くのコラボレーション

フランスで開催された数多くのワークショップを通じて、舞踏は必然的にコンテンポラリーダンサーたちの実践に大きな影響を与えた。どのような形態でこの実践が創作のなかへ入り込み、その痕跡は、どのように捉えることができるのだろうか。異国にまつわるドクサによって、舞踏とコンテンポラリーダンスが根本的に異なるものであるという考えが引き起こされたが、その一方で、この二つのダンスは出会い、とりわけコンテンポラリーダンサーと舞踏家による多数のコラボレーションが生まれた。

上杉満代を自分たちのカンパニーの創作に招き入れたカトリーヌ・ディヴェレスとベルナルド・モンテは、この方面でもまた先駆である。[100] 上杉はカンパニーの他の出演者と同じ立場で作品に参加してはいたものの、いくつかの場面ではやや特殊な位置を占めて、ダンサー間の身体性とテクニックの違いを浮き彫りにさせた。似たような試みとしては、『武装した男の解剖（*Dissection d'un homme armé*）』（二〇〇〇年）に出演するよう室伏鴻に呼びかけたベルナルド・モンテが続く。この振付家は、さまざまな身体性のそうした対峙がもたらすものと、表面には出ないそれらの踊りに対する考え方を、次のように強調する。「彼〔室伏〕がカンパニーに参加する以前、私たちは動きと形の面にあまりに偏ってダンスに取り組んでいました。彼の存在によって視点は、最も本質的なものの姿勢、つまり存在が表象するものへと移っていったのです[101]」。とはいえ、記者アレクサンドラ・ボドロが、室伏

鴻とグループの他のメンバーたちの間には埋まらない距離があったことを指摘した際、ベルナルド・モンテはそれを認めるほかなかったのだ。

> 技術に関して言えば、時間、運動、作業プロセスの考え方に対する彼のアプローチは非常に異なります。彼はそれらのさまざまな機能の仕方を、別の方法で把握しなくてはならなかったのです。彼が形式に逃れることでその解決を試みるよりはと、私は彼の微々たる動きまでも振り付けてしまいました。そのなかで、自らの自由を見出して欲しかったのです。一方、他のダンサーたちとの振付作業については、いつまでも決まらないようなあいまいな進め方をしました。

多くのコラボレーションのなかでも特に注目すべきものとして、〈大駱駝艦〉[102]のダンサーたちを招いたジョセフ・ナジ、異なる演劇やダンスの世界[103]、ヒップホップ[104]のような別のテクニックと交流することの多い古関すま子、舞台上に四頭の馬を上げて室伏鴻と対峙させた[105]バルタバスを挙げておく。互いに歩み寄らせてみたり単に寄せ集めてみせたりするこういった企画の増加は、いずれにせよ、舞台上でのそうした異なる存在方式の間に何らかの近似性を見出す可能性を示すものである。

作品の対等な創作者となって、さらに先を行く舞踏とコンテンポラリーダンスのアーティストたちもいる。この種の最初の試みはおそらく、イタリア人振付家ピエール・パオロ・コスとともにカンパニーを立ち上げた室伏鴻によって、一九八五年から一九八七年にかけてなされたものだろう。とはいえこの試みは少々早すぎたため、他から孤立したものとなってしまっている。舞踏とコンテンポラリーダンスのアーティストたちによる共同振付がより頻繁に行われるようになるのは、一九九〇年代以降である。一九九〇年にカルロッタ池田とエルヴェ・ディアスナスは、最初のデュオ作品『白い一日（*Une journée blanche*）』をパリ市立劇場にて上演した。一九九七年、振付家と音楽家からなる一集団――〈アンサンブルW〉――が、オリヴィエ・ジェルプ、カティヤ・フレグ、中沢英二、クリスティーヌ・ビュルゴス、秀島実、上杉満代を一堂に集めた。これらのアーティストのつながりは、

多くがカトリーヌ・ディヴェレスとベルナルド・モンテの作品の出演者[106]や共同者であったり[107]、大野一雄のもとで直接稽古を受けた者もいたりと[108]、さまざまである。共同創作はまた、一九九四年の上杉満代とオリヴィエ・ジェルプの『子どもたち（*Les Enfants*）』や、二〇〇三年の上杉満代とセシル・ロワイエの『ピュピ（*Pupi*）』というように、渡日をきっかけになされたものもある。これらのデュオ作品はすべて出会いをテーマとしており、プロジェクトの意図そのものもその点から引き出されている。すなわち、「一緒に踊ること。私たちの歴史、一つの出会いの歴史を書くこと。（……）私たちは二〇も歳が違うけれど、自分たちの感情、問題、欲求、恐れについて理解している……私たちは同じ経験をもたない、もしくは異なる方法で経験してきた。それでも私たちの体は同じ言語を話している[109]」。

こうしたコラボレーションの例から、さまざまな身体性やダンスの考え方を突き合わせたいという願望が露わになる。またこれらの例から、コンテンポラリーの振付家とダンサーからなるある一つの点在図を描き出すことも可能だ。彼らは、多かれ少なかれ緊密な関係を互いに保ち、舞踏に対する同じ関心のもとに集い、そしてカトリーヌ・ディヴェレス、ベルナルド・モンテ、ジョセフ・ナジといった振付家たちと交流がある。

舞踏勢力圏の出現

一九八〇年代になると舞踏家たちは、別のダンスを習得した非日本人に出演を呼びかけ、日本人にしか踊ることができない舞踏というドクサを断ち切った。つまりそれは、田中泯の『我々は風景を踊れるか』（一九八七年[110]）および『春の祭典』（一九九〇年[111]）、古関すま子の新作『へその歌（*Chant du nombril*）』（一九八九年）であり[112]、カルロッタ池田[113]は言うまでもない。こうした試みを通じて、舞踏経験の豊富なダンサーたちからなる一勢力圏がフランスで発展した。これらのダンサーは、カルロッタ池田、古関すま子、さらに岩名雅記、財津暁平といった、交流に積極的なフランス在住の多くの日本人振付家の求めに応えることができる。こうしたコラボレーションの体験を経て[114]、自身のカンパニーを立ち上げ、舞踏教育や舞踏創作を展開する者もあるが、それは特定の系統のなか、ときには学んだ経験に忠実な精神で行われることさえある。

カンパニー〈アンファン・ル・ジュール〉は、舞踏であるとはっきりと主張し、制度内でもそのように認められたまれな例の一つで、フランスのダンス界でかなり独特の位置を占めていた。「テアトル・ダンス・ブトー」の旗印のもと活動するこのカンパニーの二人の振付家、リシャール・カイールとティエリ・エスカルマンは、自分たちの仕事に対して「舞踏が与えた影響」を示してはばからず、自己紹介資料でもそのことについて多くを割いている。その影響とは、『「状態」という概念、変貌」「風景」「極度の集中」「時間の変質」から、さらには「見捨てられた事物に対する愛」や「嘲弄」を含むような、舞踏の基本となる諸概念に関するものである。このカンパニーは、『自画像（*Autoportrait*）』と『O』のなかでリシャール・カイールがとりわけ白塗りや剃髪、ゆっくりとした動きを手段として用いたように、いくつかの舞踏の特徴を取り込んでいる。とはいえこのカンパニーは、日本人の師匠たちの模倣によるそのような直接的な継承法に閉じこもることはない。それは、このカンパニーが、異なる教育を受けた強烈で独特な芸術アイデンティティをもつ二人の振付家のコラボレーションに基づいて動いていることからも明らかである。一九八九年から二〇〇六年にかけて対等な創作者として一緒に作品を世に出しながら、彼らはさまざまな借用や作業方式、いちじるしく多様な参照項を折衝する術を心得ていた。児童書『ソフィのいたずら（*Les Malheurs de Sophie*）』を参照して創作された作品『もうこんな遠くに（*Si loin déjà*）』は、風刺的でグロテスクな移し替えによって性的な隠喩をちりばめて、舞踏のユーモラスな面を受け継いでおり、この二人の振付家の例外的な立ち位置をうまく説明している。この作品が批評家に好評だったにもかかわらず広く上演されなかったことは、ある特定の側面のみを受け入れ、とりわけ皮肉や残虐といったその他の側面とは距離を置くフランスの舞踏受容の症候の一つであり、フランスにおいてエログロの美学が消し去られたプロセスを彷彿させる。

大野一雄の幽霊美学——骨子図（エピュール）と夢遊病の姿勢

日本へ渡ったアーティストたちの多くは舞踏の影響を主張はするものの、舞踏の勢力範囲内には入らず、はっきりとコンテンポラリーダンスの領域に身を置き続けている。そうした振付家たち——カトリーヌ・ディヴェレ

ス、ベルナルド・モンテ、シドニ・ロション、サンティアゴ・サンペレなど——の舞踏習得は、その他の複数のダンス経験や身体的な想像イメージと混ぜ合わさっているため、彼らの作品のなかに舞踏的な特徴を指摘する場合には、むしろ慎重になる必要がある。そもそも、シドニ・ロションにとっての武道、サンティアゴ・サンペレにとってのアレクサンダー・テクニーク、両者にとってのヨガというように、彼らは肯定的に自分たちの踊りを多様な影響の混交として紹介している。たとえばカトリーヌ・ディヴェレスは自らの教育を、「クラシックバレエ、ホセ・リモン、グレアム、カニンガムの技法など、私たちが通過した多くのものと東洋の総合である[115]」と定義している。おおっぴらに示されるシドニ・ロション[116]とカトリーヌ・ディヴェレスの日本との近さから、批評家たちは彼らをフランス人振付家のなかで最も「日本的」であると感じていたが、彼らの代表作のうちのいくつか——『アンスタンス』『スタンス（*Stances*）』『砂利の年譜（*Chronique du gravier*）』——は、一見したところまったく舞踏を想起させない。そうであれば、カトリーヌ・ディヴェレスのダンスを「日本の詩（スタンス）[117]」、シドニ・ロションを「その世代では最もニッポン的な振付家[118]」とすることを許す、「舞踏と日本の想像イメージ」の証（あかし）とは一体どのようなものなのだろうか。

舞踏に魅了される人々はその記号（シーニュ）に注意を向けたのであったが、これらの作品はそうした記号を踏襲してはいない。舞踏的記号の不在こそが、何よりもまずこれらの異なる作品の共通点でさえある。では、より視覚的に捉えづらい力（フォルス）やプロセス、とりわけユベール・ゴダールの言う、世界とのあらゆる関係を内包する身振りの現れる場である姿勢（ポスチュール）を観察してみようではないか[119]。そして、カトリーヌ・ディヴェレスが「大野一雄は力を解き放った[120]」と言うのなら、これらのコンテンポラリーダンス作品においてもみとめられる「身振りの地（じ）」、地となる作業とはどのようなものなのか。イザベル・ジノによれば、インドや日本を旅し、さまざまな伝統芸術を発見することを通じて、サンティアゴ・サンペレは、「それらの言語体系そのものよりも、それらを生み出す生成過程により興味を抱いた。というのも、コンテンポラリーダンスが、既存の身振りの記号体系を更新することよりも、それを活用することを好む傾向にあった時期に、実際、言葉にできないものと格闘していたサンペレは、私たちの知覚の対象を切り取り認知する道具となる、彼固有の言語をつくりあげざるをえなかったからだ[121]」。そうであ

ればどこに、そしてどのようにして、人々は、これらの作品のなかに舞踏的な働きを感じ取ることができるのだろうか。コンテンポラリーダンス・シーンに属するこれらの振付家を通して、どのような舞踏が伝達され、引き継がれ、再解釈されたのだろうか。

シドニ・ロションとカトリーヌ・ディヴェレスの作品群のうち『砂利の年譜』（一九八九年）[122]と『スタンス』（一九九七年）[123]は、最も日本の想像イメージが顕著に表れたものと、この二人の振付家自身がみなす作品である。実際この二つの作品には、身振りの実現と舞台装置に、同種の骨子図（エピュール）の探究や控えめさを見出すことができる。この二作品は、サンティアゴ・サンペレの『ソレダード（*Soledades*）』（二〇〇三年）[124]やセシル・ロワイエのソロ作品『白（*Blanc*）』（二〇〇〇年）、『影（*Ombres*）』（二〇〇一年）、『（天国の）レイモン（*Raymond (au paradis)*）』（二〇〇三年）など、より最近の作品に結びつけることもできるだろう。

ここで骨子図（エピュール）という言葉が意味するのは、何よりもまず、簡単な照明操作のみにその本質を置く非常に簡素な舞台装置のことである。『スタンス』、『砂利の年譜』、『ソレダード』といった作品では、照明装置はスポットライトに限られ、シルエットを浮き上がらせる半薄明りを主としている。シルエットを完全に脱肉体化するような逆光や全露出とは無関係である。その照明が肌の極度の敏感さを視覚化し、表皮のざらつきをより強く感知させるので、シルエットは肉体的、さらには臓器的なものであり続ける。明暗法、強度を抑えてなされるこれらの照明は、空間を浮かび上がらせるというよりも、むしろ変貌を際立たせる。

舞台装置の骨子図は、身振りそのものの骨子図の反映であり、踊り手の舞台上での存在の仕方、強められた存在方式によって補われる。実際これらの踊りは、バレエの伝統を顕著な例とする西洋舞踊の規範に合った技巧などは必要としない、簡単な身振りに基礎をおいている。しかし一方で、極度の集中力でなされるそれらの身振りは、その一つ一つに独自性や並外れた質を与えることを問題とするため、身振りが要求する技術的な高さを通してではなく、それを実行する際の注意深さの質を通して実現されるのである。ジャン＝マルク・アドルフは次のように言う。「カトリーヌ・ディヴェレスにおいてこの踊り以上に深い所で演劇的なものはないだろう、そのダンスは演劇性の効果を追い求める代わりに、自らの表現力を『ここにいる（エートル＝ラ）』ことの生命力全体のなかに組み入れ

『スタンス』を踊るカトリーヌ・ディヴェレス、ヴァル＝ド＝マルヌ舞踊ビエンナーレ、ヴィルジュイフ市、写真マリオン＝ヴァランティーヌ。

ているのだ[125]。「ここにいる」は財津暁平の作品タイトルにも使われたが、こうした存在方式は感覚性の並外れた訓練から生まれるものである。シドニ・ロションは存在を、「それは禅の今ここである。それは、私たちがなすことのなかに存在し、ただそこに存在することなのである。それは素朴な集中状態のことである[126]」としている。彼女はさらに進んで存在を、「五感の鋭さ、極端な内的感度」と定義しようとも試みる。

　イザベル・ロネは舞踏も含む東洋への欲望を、「スペクタクル性に重きをおかない美学[127]」への欲求として描き出し、舞踏が内包する技巧の再定義についても強調する。すなわち、「違った努力の質に基づく別の技巧を定義することは、ダンサーに老いを許すことにほかならない。つまり、踊ることと老いることは両立するようになり、それどころか互いを必要とするようになる」。このようなダンスと技巧についての考え方の好例が、大野一雄という人物である。自らの高齢と肉体的限界に直面していた彼は、他方そのおかげで別の踊り方を手に入れ、多くのコンテンポラリーダンサーたちが追い求めるものを凝縮していた。そうして大野は、踊る東洋への欲望に完璧に合致する、一つのダンスの考え方、姿勢、存在の仕方、舞台上でのあり方をまるまる伝えていたのである。つまり、「力の強さを頼りに動きの振幅を増大させるどころか、重要なのは自制という質なのだ。そしてこの『慎み深さ』は、ゆっくりとした動きへの称揚をともなうことが多い」。シドニ・ロションにとってそうした身振りの質は、彼女が日本の諸芸術にも見出す「制御された放棄、抑制された感情」なのである。「これらの抑制された感情は、踊りにおいては純粋な水平線、垂直線で表されるが、それは武道にもみられるもので、ある特殊なエネルギーを移動させる。あるいはまた、床での稽古においても見られる[128]」。『スタンス』のなかで踊るカトリーヌ・ディヴェレスは、クラシックバレエやコンテンポラリーダンスの領域に属するものと特定できる、いくつかのフィギュールを捨てていない。たとえばデヴェロッペ・ア・ラ・スゴンドを用いるが、それは非常に異なる質の色合いを帯びている。ここではラインを描くこと、最大の幅に脚を伸ばすことは重要ではないのだ。脚は広げられているが、控えめになされ、相反するものとの緊張状態につねに置かれている。カトリーヌ・ディヴェレスがそれらの動きを、内的緊張の増幅と極小の動きの共鳴として最もよく視覚化したのは、とりわけ自らのソロ作品『スタンス』と『ヴォルト（*Voltes*）』においてである。

シドニ・ロション、カトリーヌ・ディヴェレス、サンティアゴ・サンペレ、セシル・ロワイエの仕事の共通点はまた、踊り手の姿勢を観察することで得ることができる。カトリーヌ・ディヴェレス、シドニ・ロション、もしくはそのダンサーであるマリー＝ジョ・ファジアネリのソロのなかで、踊り手の姿勢はある種の弱さ、謙虚な印象をみる者に与える。そうした姿勢の最も特徴的な要素は、胸郭を前に押し出すように開いていないこと、つまり、大野一雄がカトリーヌ・ディヴェレスへの教えのなかで述べた、自我と神経叢（プレクシス）〔特にみぞおちにある腹腔神経叢を指す〕の消去の訓練にも通じる、胸骨を下げることにある。

> 自己を前面に出さないようにするほとんど哲学的な姿勢、つまり彼が私たちに最初に伝えたのは拒否、みぞおち（プレクシス）を前に出さないこと、開かないことなど、つまり、自分に閉じこもることでした。それらすべてを説明するには大変な時間がかかるでしょう。でもたとえて言うなら、クラシックバレエの姿勢、それは綺麗で美しく、体、身体美などを前面に出している。舞踏の訓練や大野の稽古では、空間に語らせるという禅や仏教の思想へとたどりつきます。空（くう）といっても、意識、記憶のなか、自我の消去作業に身を置くことでもあるのです。[129]

この姿勢——引っ込めたみぞおち、前へ押し出さないこと——にはカトリーヌ・ディヴェレスが言うように、哲学的で精神的な面を担わせることができる。とりわけその姿勢は、観客および空間との特殊な関係や存在方式を含む、一つの美的態度をもたらす。

マリー＝クリスティーヌ・ヴェルネが行った、カトリーヌ・ディヴェレスのシルエットと「むせぶような香りで重くなった花のように常にこうべを傾（かし）げている日本人ダンサー大野一雄のシルエット」[130]との比較は、この観点から意義深い。そうした姿勢において、垂直は決して勝ち誇らず、上昇は決して肯定されない。大野の場合、あまりに明白な上昇志向は手や腕によって損なわれるが、シドニ・ロションやカトリーヌ・ディヴェレスの場合も、傾げた頭部、床へ向けられた視線、ラインを乱す腕が、立ち姿勢を妨げ、もしくは微妙なニュアンスを与える。

シドニ・ロションの『砂利の年譜』では、作品中のマリ＝ジョ・ファジアネリのソロの相反する緊張に引きつる姿勢が、この控えめな姿勢を象徴しているように思える。観客の方へ向かうこの女性ダンサーのゆっくりとした歩行では、傾けられた頭部、曲げられた上体、垂直性を乱そうとする腰のねじりが、その正面性を絶え間なく和らげる。観客から気づかれぬままに前舞台まで移動した彼女が歩くのを止めた時、ついに正面を向くことになるのだが、もう一方の脚にぴったりとつけ内向きになった片脚、ぶら下げられた両腕、引っ込められた胸骨によって、その正面性は和らげられたままである。

この控えめな姿勢、歪められた上昇によって、大野のダンスについてクリストフ・ワヴレが「恐ろしいほど無防備で弱々しいダンス」[131]と描写したような可傷性(ヴュルネラビリテ)の印象が与えられるのである。

ここでは例証もしくは象徴として、このダンサー〔大野〕の独特の両手の使い方について述べよう。私たちは両手を、人類の誕生にとって必要であったと言われる、摑んだり握ったりする道具として考える習慣がある。一方、大野一雄はその両手を、まるですぐに消えてしまう装飾モチーフのようにみせるが、それは自らの動きの骨化した表現（おそらく喪失と忘却という無以上の無を装飾しているのだろう）とは対照的だ。そして驚くべきことに、摑む活動そのものが逆転して摑む主体の放棄に転じ、そしてそれは優先される別の領域、つまりは受け入れるという領域へと道を譲るのである。もし大野一雄の動きが無なるものと絶えず親しんでいるように映るとしても、その動きは広々とした海のような静けさを生まれながら備え、その枯渇を、最終的には肯定的な潜在性、意味の源泉へと変えるのである。

クリストフ・ワヴレはこの分析のなかで、身体の末端部分、両手のダイナミックな質にまで行きわたる重力の作業と、この枯渇のドラマトゥルギーを巧みに結び付けている。

この脆い姿勢がもたらすものは、表象とスペクタクル性の裏をかく観客との関係性だけではない。その姿勢は特殊な移動の仕方、独特な空間との関係をももたらすのである。小股でのすり足、こすり足、つま先立ちのわず

シドニ・ロションの『砂利の年譜』を踊るマリー＝ジョ・ファジアネリ、ダンス現代劇場、1989 年、写真アンヌ・ノルドマン。

かな歩行は、多くの場合浮わつき不安定であり、その動きの原動力が、骨盤にあろうとも、あるいは上体にあろうとも、いつもただ体の重みによってのみ導かれる。イザベル・ジノいわく、カトリーヌ・ディヴェレスの踊りは、「ざらついた床に足を滑らせること」[132]、もしくは「弱々しいつま先立ちの夢遊病者の歩行」で始まる。カトリーヌ・ディヴェレス、シドニ・ロション、また大野一雄の歩行は、前方への投射やその移動による空間の侵略ではなく、自分自身の肉体の変貌から空間を創造し、変容させるべきという、拡張主義を否定する空間観の基礎に横たわるものだ。クリストフ・ワヴレが摑めないものと表現した大野一雄の両手のように[133]、踊りは空間を「手に入れ」ず、開拓も征服もしない。それは身体的消耗や大幅な移動を必ずしも要求せず、そして動かなくなるのである。

この空間との関係はまさしく、イザベル・ロネによって分析された東洋への欲望の中心的な要素の一つである。

> さまざまな意図を負わされた身体を前面に出して空間を占有しようと躍起になるのではなく、移動や軌道の質、ダンス特有の空間の扱い方といったものにとりわけ注意を払う振付家たちがいる。能、歌舞伎もしくは舞踏の歩行で彼らの関心を引くのは、たとえば日本人が「舞（まい）」と呼ぶものである。その摺（す）るという質は、それら一つ一つの実践スタイルの違いを超えて、踊り手が主体を取り巻く世界の「外部」空間を主体の「内部」空間ともはや対立させないということを前提している。（……）たしかにこの探究は西洋の「コンテンポラリー」ダンスにとってまったく異質なものというわけではないが、ここでは実践の基盤にさえなっているのである[134]。

カトリーヌ・ディヴェレスは明白に、こうした足取りを実践する一人である。彼女は大野との経験と日本旅行から着想を得た空間の考え方について、「間（ま）」と「純粋な間隔」という概念を参照してたっぷりと解説したことがある。その見解によれば、「線や図面はもはやなくなり、幾何学的な空間は消えます。つまり、純粋な間隔を生きることになるのです。（……）私が大野との経験で得たのはこうした時空間についての考え方です。緊張の

なかで、この舞踏家の世界におけるあらゆる存在と移動が構想されます。その緊張とは、一歩を踏み出す際に全存在意識が払う注意深さであり、そこでは微細な動きでなされる身振りの変化が『間』へと結びつくのです[135]」。

簡素な舞台装置、節制された身振りによって、シドニ・ロションの言う「キロメートル単位の踊り[136]」を拒絶する大野は、もはや勝ち誇り決定権をもった主体ではなく、自身を超越する力によって動かされ貫かれる一つの活動する肉体となる。そうした姿勢、空間との関係、舞台上での存在方式は、一種の消去、空隙を招き入れることで、踊り手を住まわれ、とり憑かれる状態に置き、ついには舞踏特有の幽霊のような存在感へと至らしめるのである。バジル・ドガニスいわく、「とり憑かれ、もしくは単純に死者が宿ったときの感情は、動きのあらゆるパレットを生み出すだけでなく、土方が亡くなった姉に自らの体を貸したように、魂を肉体から引き離す詩学、もしくは美学を生み出すのである。すなわち、シルエットは食欲なくやせ細り、空気のように軽やか、もしくは陰鬱なものとなり、力と生命力に満ちてはいるが、それは勝ち誇るようなエネルギーではない[137]」。大野の痩身と高齢は、彼の踊りを土方のものよりさらに脆く、繊細にし、その歩行と姿勢を夢遊病の状態に近づける。

コンテンポラリーダンスの振付家たちは、舞踏、とりわけ大野の舞踏を、ミシェル・フェーヴルが指摘したように、「身振りを不安定にさせ、あまりに肯定的な身体の状態に懐疑を抱かせる[138]」のに役立つ、ダンスにおける「他性の実践」ととるかもしれない。彼らがそれを取り入れたのは、クラシックバレエやネオクラシックバレエ、もしくはコンテンポラリーダンスのいくつかの美学にみられる、やや勝ち誇りすぎの身体を弱めようとしたからだ。実際、脆く、ときには傷つけられた身体を導入すること、控えめな存在に重きを置くことは、舞踏がフランスにもたらした主な貢献の一つであったように思われる。そこにこそ、土方とその後継者たちの仕事にみられる独特な表現法の一つである、病み、もしくは衰弱する身体の探究を再び見出すことができるのである。その点において、カトリーヌ・ディヴェレスとシドニ・ロションの、おぼろで夢遊病的、かすれてゆくような不安定な身体は、土方によって一九七〇年代以降に展開されたダンスの試みで深く追究されたもののように思える。

こうして舞踏はコンテンポラリーダンスに痕跡を残したが、それは記号よりも、はるかに力を通じて、つまりは舞台上に存在する際の控えめで弱々しいやり方、姿勢をたわませる重力の試み、カトリーヌ・ディヴェレスや

シドニ・ロションだけでなくサンティアゴ・サンペレやセシル・ロワイエの作品を幽霊的な美学で染める感覚の作業を通じてなされたのである。とはいえこれらの振付家たちは、大野の夢遊病的な姿勢を引き継ぐ一方で、意識的であれ無意識的であれ、彼らが舞踏習得の際に学んだはずの別の多くの側面を遠ざけてしまった。グロテスク、耳ざわりな諧謔（かいぎゃく）、身体の形を極端にくずすという側面は、彼らの作品にはことごとく不在である。以降で触れるように、この幽霊美学は舞踏のその他の美的側面を犠牲にしつつコンテンポラリーダンスに広がって影響を与えたが、その選択的な取り込み方式こそが、ダンス分野を貫くさまざまな欲望と欠如を最もよく明らかにしているのである。

第七章　ひそかな欲望——再び現れた表現主義の身振り

舞踏への欲望を研究することは、一九八〇～一九九〇年代に遡ること、つまり、当時の舞踊界で強く感じられていた欠乏を念入りに調べ、コンテンポラリーダンスがその歴史や他者とのどのような関係の上につくりあげられたのかを問い直すことで、最終的には、コンテンポラリーダンスの歴史に舞踏がもたらした影響を明らかにしようという試みである。フランスに紹介された種々の舞踏に含まれるあらゆる美的試みのうち、大野一雄がみせる幽霊のような存在感のみが群れをなして分派し、強くコンテンポラリーダンスに影響を与えたことについて、どのように説明できるだろうか。

別の歴史を求めて

ニューヨーク渡航の裏側

日本旅行は、その先駆者であるカトリーヌ・ディヴェレスとベルナルド・モンテによって、ニューヨーク渡航の代わりとははっきり意識されている。ニューヨークは、一九七〇年代末～一九八〇年代初頭の多くのフランス人ダンサーにとって必須の渡航先であったが、それは当時のフランスのダンス分野で、カニンガムとニコライの美学が支配的であったことを反映している。日本への旅は、同じ動機に従うフランス国内の舞踏実践と同様、それらのダンスに対する一種の抵抗、さらには拒否であり、その裏面を自任していた。そこから、この日本旅行と舞

踏実践が、ダンス分野における一つの重要な進展を示していることがわかる。つまりこの二つは、マース・カニンガムという、呼び物であり、徐々に引き立て役にもまわった構造化を促す人物の周辺に一九七〇年代末より組織され[1]、様式的対立があらわされる真の力場をつくりあげたのである。支配的な美学の拒否は、カトリーヌ・ディヴェレスの要求項目にも挙げられている。「日本に発った当時、私たちはアメリカの形式主義に激しく抵抗していました。なぜなら幾何学的なラインや形を超えたところにある、別の抽象主義が存在すると考えていたからです[2]」。

舞踏は、アンフォルメル芸術の一つとしての精力的な活動を通じて、踊りについての新たな見解をもたらし、コンテンポラリーダンスの美的試みに、より豊かな考察と問いを投げかけることを可能にする。たとえばカトリーヌ・ディヴェレスは、彼女がまだ二一、二歳のときに、フランスとアメリカで行われていたダンス実践を、日本の大野一雄のもとで発見された踊りの考え方と対比させ、コンテンポラリーダンスについて問い直した時のことを、次のように振り返える。「フランスやアメリカで教えられているダンスは、有機的（オルガニック）な踊りです。つまり空間に人間をなんなく投げ出します。逆に大野は、空間に抵抗すること、精神を躍らせること、運動性以外のものを用いて人を踊らせるよう説き、それが彼の教育の基礎でさえあるのです」。

振付家でありダンサーでもあるディヴェレスにとって、舞踏がもたらす特殊なものとは、彼女がヨーロッパやアメリカでは得られないもの――肉体の変容により変化する空間という考え方、また、技術的、形式的、さらには肉体的側面をも超越する教え方を通じて、存在の仕方、踊りや踊る欲求に問いかける方法を伝達すること――である。

会談の多くでカトリーヌ・ディヴェレスは、舞踏とコンテンポラリーダンスの間には両者を分かつような根本的な違いがある、という考えを倦むことなく主張してきた。二〇〇四年のシンポジウム「私たちの日本」で、彼女は最近のコンテンポラリーダンスの発展について指摘しながら、「私たちとコンテンポラリーダンスの間には非常に距離がある[3]」と述べて、ほとんど本質的ともいえる相違があるとの考えをはっきり繰り返している。こうした彼女のやり方は、遠い異国の舞踏という表象をつくりあげる批評言説に、さらに油を注いでしまう。しかし

その差異は、彼ら——彼女とベルナルド・モンテ——がよく知り実践している、コンテンポラリーダンスの尺度から立てられたものだ。そのため、ここではないどこかを求める彼らの欲望は、クラシックバレエとブリュッセルにあるモーリス・ベジャールの学校「ムードラ」に特徴づけられる、彼ら自身が受けてきたダンサー教育との決裂として分析することができよう。彼らの欲望は、一九八〇年代に支配的だった美学、言説、教育がしみ込んだ、コンテンポラリーダンスに対する彼ら自身の見解を逆に浮き彫りにするのである。

大野一雄との出会いは、一九八〇年代初頭のフランスのダンス分野に際立つもう一つ別の特徴とも交わる。それは、コンテンポラリーダンサーたちが多かれ少なかれ明示的に言い表した、白紙（タブラ・ラサ）の幻想である。舞踏の発見は、他の多くのダンサー同様にカトリーヌ・ディヴェレスにとっても、それ以前につくられたものを忘れたいという気持ちを明確化し、習得していたダンス技法から自らを解放することを可能にした。とりわけ大野一雄のもとで顕著な稽古指示の単純さは、既得の身振りを捨てることを余儀なくさせ、全面的な参加と専心による新たな踊り方を獲得させる。カトリーヌ・ディヴェレスはこうした「脱教育（デザプランティサージュ）」を、フランスにおけるダンスの過去の一種の拒否とみなしている。

> その出会いは揺さぶりをかけてくるものでした。なぜならダンスの本質について基本となる問いかけをすることで、大野一雄は私たちを白紙に戻したからです。クラシックバレエの技法からマーサ・グレアムやホセ・リモンのテクニックといった現代アメリカのさまざまな技法に至る私たちが受けたあらゆる教育、そのすべてが一撃でゼロに帰されましたが、踊るためにはまさにそのゼロから出発すべきなのです。今挙げた技法を通して伝統的に養成されるフランスのダンサーにとって、それは容易い話ではありません。

実際、これらの技術や身振りの慣習を前にして、即興に基礎を置く習得法——とりわけ大野一雄のもとで顕著である——を通じ、あらゆるフィギュールから逃れるダンスを探究することは、容赦ないものと映るだろう。微細な動きの感覚に集中し、身振りの原動力として感覚を訓練することは、最初にクラシックバレエの教育を受け

たダンサーにとってはラディカルな働きかけとなる。ただし、即興の教育をより多く受けたダンサー、さらにはコンタクト・インプロヴィゼーションの教育を受けたダンサーにとっては、そうしたギャップはより少ないものとなっただろう。

カトリーヌ・ディヴェレスが強く感じたこの白紙への欲求は、舞踊史とのある複雑な関係に含まれるものだ。つまり、「当時私たちは、一つの伝統に立ち戻るような何かを渇望し、別のものをもたらしてくれる誰かを必要としていたのです。大野一雄の仕事は能に基礎を置いています。私たちはそれを、表現主義、マリー・ヴィグマンの踊りと比べ合わせることができるのです[4]」。彼女が大野という人物において、能とヴィグマンの美学という非常に異なる芸術形式を結びつけていることから、次のことがわかる。すなわち、一人のダンサーが自分の師の教育を受ける際に、その師にまったく異なる歴史を投影し、その師から時に思いもよらない側面を取り入れることがある、ということである。それぞれのダンサーはこうして、自らの師を選びながら、一つの歴史をつくりだすのである。

大野一雄のもとで踊るために旅立つことは、別の系統を引き受け、舞踊史とのまったく別のつながりに足を踏み入れることでもある。「一九八二年に大野と出会い、私はクロイツベルクやアルヘンチーナと出会いました。それは過去へ旅する方法を学ぶことでした。一人のシャーマンが自分なりに、眼にはみえない果てなき世界を、偉大な方法で理想化するのです[5]」。実際、大野一雄の踊りは、彼が教育を受けた表現主義に代表される複数の美学史的契機と交わっている。白紙の欲求に合致する舞踏は、逆説的にある一つの歴史的な懸念を再び招き入れるのである。

独学幻想と「フランスの若き舞踊の爆発」神話

美学史上のこの非常に特殊な契機に、コンテンポラリーダンサーたちが自らを歴史のないものとして感じ、別の歴史への参入を求めて他所（よそ）へ旅立つ必要に駆られたのは、どうしてだろう。この白紙というテーマ体系は、ダンス分野全体を貫いてそれを構造化しており、舞踏に興味を抱くダンサーだけに関わるものではない。研究者や

ダンサーのなかには、[6] 一九八〇年に初演されたフランソワ・ヴェレの『タブラ・ラサ（*Tabula rasa*）』の象徴的な重要性を強調する者が少なからずおり、この時期を貫く歴史的な記憶喪失を目立たせる。ジョルジアナ・ゴア、ロランス・ルップ、ウィルフリード・ピオレは、この要となる契機の特徴を研究した「フレンチ・ダンスにおける熱狂と伝統」と題する共著論文のなかで、フランソワ・ヴェレ作『路の終り（*Fin de parcours*）』（一九八二年）、『皆既日食（*Une éclipse totale de soleil*）』（一九八三年）、『ボール紙の家の崩壊（*La Chute de la maison carton*）』（一九八六年）、ジャン＝クロード・ガロッタ作『ママーム（*Mammame*）』を挙げ、コンテンポラリーダンスがそうした「歴史からの脱出」[7]をなし遂げた象徴的作品としている。

同じ運動のなかで、この時期の多くの振付家たちは、独学主義の神話にとらわれていた。コンテンポラリーダンスに芸術的正当性を与えようと努力を傾けるなかで、まるであらゆるものが一から築かれなくてはならず、コンテンポラリーダンスの過去にはいかなる典拠も存在しなかったかのように、彼らは作家概念の出現と、振付家という人物像の認知に一役買ったのだ。そうして彼らは、芸術界に深く根を下ろす一つの信仰と通じ合う。すなわち、「（……）独学者という人物像は、恩寵と啓示の隠喩として、芸術家の生き方の最も強力な一つのステレオタイプであり続けている。そして、『天才』の月並みなヴァージョンである『天職』『才能』『創造性』『天性』といった、由来のよくわからない怪しげな偉大さが、芸術界特有のドクサのなかで主要な場所を占める」[8]。こうした独学主義の幻影は、ダンス分野の自立化という文脈の一環であり、また、まるで文学、映画、演劇出身の巨匠たちがこれまで得たことのない芸術的正当性をコンテンポラリーダンスに与えてくれるかのように、ダンスの外に参照項を求めた一九八〇年代の創作プロセスの別の主潮にも含まれる。[9]

そうして「白紙」の追求は、次の二つの形式をとる。一つは、創作法や着想のテーマを別の芸術分野から借用すること、もう一つは、別の踊り方、身体性についての別の考え方を発見することである。日本やアメリカへ渡る際に踊りの師匠を求めることは、こうした参照項の探求に含まれる。とはいえその探求はまた、何よりもまず、満たされない状態にあった当時の需要に応えるものだった。というのも、コンテンポラリーダンスの教育供給はほとんど未開発で認知度が低く、一九五五年創立の〈ダンス・アトリエ（Atelier de la danse）〉[10]、〈スコラ・カントラ

ム（Schola Cantorum）〉および一九六〇年に開始されたそのモダンダンス講座、一九六九年創立の〈現代舞踊国際集会（RIDC = Rencontres internationals de danse contemporaine）〉といった場も、知られているとは言えない状態にとどまっていたからである。事実、クラシックバレエとネオクラシックバレエがいまだ支配的であったダンス領域では、モダンダンスとコンテンポラリーダンスはその時が来るまで、相対的に無名な状態にとどまっていたのである。コンテンポラリーダンサーたちが舞踏のなかに別の定着地と伝統を見出すのは、歴史をもたない者、独学者として自らを認識しているからにほかならない。この「白紙」と独学主義の幻想によって、新たな根源の探究とそのねつ造が許され、旅から再構成した一つの歴史に自らを組み入れる可能性が与えられるのだ。そうしてそれぞれのダンサーは、アメリカ、インド、日本を遍歴するままに、自らのために自分自身の歴史をつくりだすのである。作者として自らを示そうとする振付家たちもまた、自分自身の歴史の作り手として振る舞っているのである。

「白紙」幻想、独学主義の表明、「『無から』生まれたという錯覚[11]」は、ダンス分野のこうした状況を明らかにするだけにとどまらない。それらはダンスが「モデルニテの歴史とのつながり」を覆い隠して、自らの過去と濁った関係をもち続けていることをも明らかにしている。イザベル・ロネは次のように注意を促す。「もしダンスにおけるモデルニテに似たものが、他のあらゆる芸術と同様、カトリーヌ・ペレの言う『清算人（リキダトゥール）としてのモデルニテ』であったなら、それは単に最近過ぎ去った時代と歴史的により遡る過去を清算してしまった——とりわけ一九八〇年代に——だけでなく、さらにはその作品たち、そしてさらには継承の問題そのものも清算してしまったのだ。その他の多様な要因と結合した一九六八年の五月革命の後遺症である一九八〇年代の白紙（タブラ・ラサ）は、健忘症を引き起こすと同時に、ダンサーたちが自らの芸術の歴史にアプローチする可能性を奪い、また同時に、モダンダンスの主要な『巨匠たち』を祭り上げることで、継承に対する一種の行き詰まりを招いてしまった[12]」。フランスの「若き舞踊」が正当に評価せず、もしくは目を背けたいと願う、その過去とは何なのか。

ただし、モデルニテはフランスのダンス分野に不在であったわけではなく、多様な寄与と多くの移住によって、いくつもの形態で育まれ継承されていた。一九七〇年代末から一九八〇年代初頭は、アメリカの振付家たちがフ

ランスのダンス情勢を支配したが、アメリカ由来のモダンダンスの技法のいくつか――グレアム、ハンフリー、リモン――はすでにその何年も前から教えられていたのである。多くの振付家や教育者の活動が非常に活発であった一九七〇年代は、この時期の証言者である振付家兼ダンサーのジャクリーン・ロビンソンによって「開花期」[13]と呼ばれている。実際、ジェローム・アンドリューズ、ジャクリーン・ロビンソン、カリン・ヴェーナーといった代表的な人物たちは、一九五〇年代以来フランスに拠点を置いていた。[14]振付家であると同時にダンサー、教育者であるこれらの人々は、ヴィグマン的教育が多かれ少なかれしみ込んだダンスを伝承している。[15]彼らの周りにいたダンサーのうち、ジャン・ヴァイトとの経験に深く影響を受けたフランソワーズおよびドミニク・デュピュイ――フランソワーズはエレーヌ・カルリュの教えを通じてダルクローズ教育の影響も受けている――といった人々が、一九五五年にはカンパニー〈パリ現代バレエ団（Ballets modernes de Paris）〉を設立している。この時期の証言者である批評家リズ・ブリュネルは、「[モダン]ダンスは存在していたのであり、徹底的に拒絶されたわけではない。たしかにその認知は遅れたが、モダンダンスは存在し、ある特定の人々の間で支持されていたのだ」[16]と述べている。

モダンダンスはとりわけ、『コンバ』紙、のちに『パリ日報（*Le Quotidien de Paris*）』紙の批評家となったディナ・マギー、一九七七年以降『ル・マタン・ドゥ・パリ』紙を含む多くの新聞に執筆していたリズ・ブリュネルらの支持の恩恵を受けていた。[17]こうした重要人物たちは、モダンダンスの認知向上に積極的な役割を果たし、フランス舞踊研究協会（AFREC = Association française de recherches et d'études chorégraphiques）や、一九五八年のダンス・アーティストたちのための研究所であるダンス実験劇場（Théâtre d'Essai de la danse）といった、創作、上演の場の出現に関わった。フランソワーズおよびドミニク・デュピュイに代表されるモダンダンサーたちは、一九六七年から一九六九年に「アルク（Arc = Animation, Recherche, Confrontation）」の催しによって、パリ市近代美術館（Art moderne de la Ville de Paris）のような機関へのモダンダンス導入を働きかけ、また一九六二年から一九六九年のボ＝ドゥ＝プロヴァンスのフェスティヴァルなど、自ら上演場所やフェスティヴァルをつくりだした。

こうしてフランスへの舞踏導入時には、多くのモダンダンサーたちが教育分野にのりだしていたが、彼らは教

育と切り離すことなく創作活動も続けていた。いくつかの例を挙げれば、ジャクリーン・ロビンソンは一九七三年に『ゲール組曲（*Suite gaélique*）』、一九七四年に『フォルトゥーナ（*Fortuna*）』を創作、カリン・ヴェーナーは一九七六年に『血と夢（*Sang et songe*）』、一九七八年に『待つ者たち（*Ceux qui attendent*）』、一九八〇年に『ステップ（*Les Marches*）』、一九八二年に『あこがれ（*Sehnsucht*）』を振り付け、ドミニクおよびフランソワーズ・デュピュイは一九七六年に『乞食たちの舞踏会（*Le Bal des gueux*）』をアヴィニョン演劇祭オフで上演、ドミニクは一九七九年に『あらゆる状態の輪（*Le Cercle dans tous ses états*）』、一九八一年に『軌道（*Trajectoires*）』をマンダパ・センターにて創作し、フランソワーズは一九八〇年に『アナ・ノン（*Ana Non*）』をアヴィニョン冬季フェスティヴァルで踊った。また、カトリーヌ・アトラニ、ミシェル・カゼルタ、スーザン・バージュ、クリスティーヌ・ジェラール、ピーター・ゴス、スュゾン・オルゼール、グラジエッラ・マルティネズ、パト・オビン、アンヌ＝マリー・レノー、カンタン・ルイエ、クリスティアーヌ・ドゥ・ルジュモン、アリーヌ・ルー、矢野英征といった振付家たちも、一九七〇年代のフランスのダンスに影響力をもっていた代表的な人物として挙げられ[18]、舞踏の発見時にはすでに多くの作品を世に出していた[19]。

モダンダンスの隠蔽

こうしたモダンダンスが、ダンサーのコミュニティのなかでさえ、正しく評価されなかったのはどうしてなのだろうか。一九八〇年代に認知を得て表舞台に現れるようになった振付家たちが、モダンダンスへの言及やそれへの所属をほとんど主張することなく、自らを独学者と感じるまでに至ったのは、どのような経緯だったのか。さらには、正当に評価されないこのモダンダンスが、ほとんど承認を受けず、知られることなく、次世代のダンサーや振付家によって隠蔽されてしまうに至ったのは、どうしてだろう。ドミニク・デュピュイは証言「供犠の祭壇[20]」で、こうした隠蔽の第一の徴候である、フランスにおけるモダンダンスの歴史の欠落を指摘しているが、そこにいくつもの分析の手がかりを見出すことができる。

（……）一九四五年から一九七五年に至るこの暗黒の時代は、「栄光の三〇年」にならって「不幸の三〇年」と呼ぶこともできようが、その最もよく整理された部分だけでなく、最も不明瞭で不可解な領域についても、今後注意深く研究されることはないだろうから、私たちがよく一九七〇年代と一九八〇年代の「フランスの若き舞踊の爆発」と呼ぶものを、のちのち位置づけ理解することは難しくなるに違いない。

ダンス分野の構造化が脆弱だったこと、そしてダンス批評の場が一九七〇年代以降に遅れて出現したことは、これらのモダンダンサーの認知度の低さをまず説明する。ジャック・コティアスは、一九六〇年代のフランスにおけるアメリカのモダンダンスに対する批評家たちの反応についての研究のなかで、フランソワーズおよびドミニク・デュピュイの〈パリ現代バレエ団〉、ジャクリーン・ロビンソン、フランス南部のジネット・バスティアンのみがプレス批評の対象になったと指摘している。「第一世代――ドラ・フェイランヌ、アニック・モクヴェール、クリスティアーヌ・ドゥ・ルジュモン、アリーヌ・ルー、ミシェル・カゼルタなど――は当初、『短い言葉』をかけられただけだった[21]」。対してクラシックバレエは当時、パリ・オペラ座やいくつかの地方の歌劇場付バレエ団に集中したものであったとはいえ、メディアでの一定の露出と、より広い制度的認知を得ていた。クラシックバレエの優越性は長い間、フランスにおけるコンテンポラリーダンス発展のあらゆる可能性を遮っていたのである。一九五〇年代、一九六〇年代に、アメリカからパリに迎えられた著名な振付家たちに対する観客の反応は、舞踊のモデルニテに対する抵抗の一片を明らかにしている。一九五四年のマーサ・グレアムの公演を目にしたプレス批評の激しい暴言は、その非常にわかりやすい例である。

これはもはやダンスではない、もはやスペクタクルでもない、せいぜいいくつかのパ……パでもない……もちろん、いわゆる「自由（ダンス・リーブル）」舞踊と呼ばれるものの要素があり、体操的なものやサーカス的なもの――とはいえ非常に真面目なものだが――も少し、またわずかにヒステリーもみられる。[22]

語彙が乏しいものにならざるをえないところにその主な問題がある、いわゆる「自由」舞踊……優しい愛好家たちによって催されるいくつかの慈善の夕べに参加するような印象……。[23]

ドミニク・デュピュイは次のように述べていた。「古典主義、アカデミズム、コードという思考、すなわち流派(エコール)を成すという考えは非常に強いので、アメリカから到来したモダンダンスの主流『古典(クラシック)』学派、とりわけグレアム技法のバイアスを通してしか、モダンダンスは認知されることができないだろう」[24]。このクラシックバレエの支配に、ネオクラシックバレエのそれも加わるが、後者は、モーリス・ベジャールをコンテンポラリーダンスの典型と長きにわたってみなしてしまったような「ジャンルの混同」、大きな取り違いの対象となる。クラシックバレエの陰に置かれたフランスのモダンダンスは、演劇と音楽の陰にも置かれていた。制度的な自立性や行動を起こす手段[25]を欠いたモダンダンスは、民衆劇場の民主主義化の野望からも外れ、狭く限定された内輪のなかに閉じこもったままとなる。

美的な視点から言えば、モダンダンスはフランスにおいて、ドミニク・デュピュイが真の「フェティシズム」と感じていた、舞台芸術界におなじみの嗜好である異国趣味にも苦しめられた。

一九五〇年代、フランスのモダンダンスが味わった最悪の一〇年間、モダンダンスを評価するために何もなされなかった一方で、私たちは、最悪と最良が紙一重で展開する、あらゆる国や起源に由来した民族芸能(フォルクロリック)バレエの、まさにその花盛りに立ち会ったが、それが穴埋めのように、クラシックおよびネオクラシックバレエの覇権に対する唯一のはけ口となったのである。[26]

こうした外国好みに応えて、アメリカのカンパニーが新しいダンスの唯一の具現者として、メディアや制度内で幅を利かせることに成功する。ダンス分野のこのような美的状況と構造化の不在は、モダンダンスの表面化にとって多大な障害となった。逆に言えばそれが、舞踏導入とその異国的理解への土壌を整えたのである。

しかしながら、モダンダンスの認知の不在を長引かせ、コンテンポラリーダンサーたちの記憶からモダンダンスを消し去るのに一役買ったのは、ダンスの文脈をはるかに超えて展開されたより深い抵抗運動である。アメリカのモダンダンスの振付家が受ける最大級の正当性は、第二次世界大戦と冷戦の結果拡大した、アメリカの文化的な影響力とおそらく相関関係にある。歴史的文脈は、ここでもまた決定的な方法で、ダンスの受容プロセスに大きく干渉している。ドミニク・デュピュイはこうした歴史の問題点について、自身の認識を次のように漏らしていた。「勝者から敗者となったドイツに続いたのが、アメリカ人による新たな植民地主義である。アメリカ人は、自らの文明の恩恵――ブルージーンズ、チューイングガム、コカコーラなど――に加えて、『modern dance』という立派な言葉をもたらしたのである。ドイツの踊りを標榜し、それに誇りをもつわれわれにとって、それは辛辣な一撃である」。

第二次世界大戦の記憶と格闘するフランス舞踊史の一つの主要な争点が、この証言の背後に透けてみえる。というのも、アメリカ人振付家たちが就職口、任命、名高い上演機会を得るその場所で、認知や知名度を得られないことに苦しんでいたのは、まさにドイツ生まれのモデルニテによってかたちづくられ研究され、フランスに移植されたモダンダンス全体だったからである。少なくともフランスでは混濁したものである第二次世界大戦とその記憶は、モダンダンスの歴史にそのまま密に重なっている。フランソワーズ・デュピュイが思い起こさせたように[27]、この世界規模の戦争がフランスにおける最初のモダンダンスの発展、とりわけ、アトリエ座のシャルル・デュラン[28]に協力した振付家ジャン・ヴァイト[29]の活動や、〈国際舞踊アーカイヴ〉[30]の野心的で内容豊富な試みを停止させてしまったのだ。そうして、戦争が終わるや否や、あまりに強固にドイツに結びつけられていたこれらの美学の上に一枚の覆いが掛けられたのである。つまり、「(……)一九四五年にはすべてをゼロから始めなければならなかったが、このモダンダンスが『敵国人』に由来するために、そこにはさらなるハンディキャップが加えられたのである」[31]。ドイツのモダンダンサーのうち幾人かが、ナチスの高官ともったかもしれないつながりについては、長い間、取り上げられたり、議論されることがなかった。この問題が検討されるべきものとなったのは、一九九〇年代末のマリオン・カント[32]やロール・ギルベール[33]らの研究以降である。批評家たちのとげとげしい反応

と「一つの過去のタブーをめぐるダンス当事者たちの過敏さ」[34]は、ドイツだけでなくフランスでも示され、のちにその舞踊史に含まれることをコンテンポラリーダンスが懸念しないようにするために、いかにこのテーマに正面から取り組む必要があったのかを明らかにしている。

ドイツ占領期に「フランス国」とフランス社会が果たした役割をめぐって重くのしかかるタブー、その「ヴィシー症候群」〔一九四〇〜四四年のドイツによるフランス占領期（首都ヴィシー）が、解放後から現在に至るまでフランス人の集団記憶に与える一連の影響とそのあらわれ〕、その「過去にならない過去」[35]というドイツに対する苦い記憶のもろもろの問題は、次のような考えに私たちを導く。つまり、フランスでモダンダンスが認知と知名度を得ていないこともまた、ドイツとの緊密な関係に起因する同じような隠蔽の形式から生じているのではないか。おそらくほとんど意識されることのなかったこの現象は、戦後生まれの振付家世代が活動を開始する、少なくとも一九七〇年代末、一九八〇年代初頭まで持続してしまった。それはさらに、一九二〇〜三〇年代のドイツのダンサーたちとナチス体制との関係が長い間沈黙され、歴史に書かれなかったことでいっそう強固となった。

モダンダンサーたちの隠蔽は、歴史記述上の諸問題、とりわけ「フランスの若き舞踊の爆発」神話という問題によってさらに強められた。というのも、この一九七〇年末から一九八〇年初頭の間に活動を開始した「若きフランスの舞踊」あるいは「ヌーヴェル・ダンス・フランセーズ」の歴史は、さまざまな意味で問題含みの概念、「爆発」[36]という方式で書かれたからである。その契機に「フランスにおけるコンテンポラリーダンス活動の驚くべき増加」[37]がみられたにせよ、爆発という言い方は、ビックバン理論、「白紙」や独学主義の幻想に結びつく「無から」の創出という論へ差し向けられ、モダンダンスのもたらした豊かな活動と多様な形式を否認してしまう。ドミニク・デュピュイは『開拓者』という言葉が、「まるで無から生まれることができるかのように、独学主義の幻想に加担している」としてそれと「決別」[38]しようとするが、イザベル・ジノ[39]もまったく同様に、フランスの歴史記述において大きな利を得たこの「爆発」という言葉が、まったくあいまいなものであることを指摘している。

今日コンテンポラリーダンス（danse contemporaine）と呼ばれる「ヌーヴェル・ダンス」は、とりわけジャン＝

クロード・ガロッタ、レジーヌ・ショピノ、フィリップ・ドゥクフレのメディア露出を通じて、一九八〇年代初頭に広く認知を得たことで、モダンダンスが特に苦しめられ続けていた閉鎖状態を免れることができた。「これらの芸術的成功の突然の可視化が、今日でも非常に普及している『爆発』という言葉の使用に有利に働いたのである」[40]。数多くの証言に依拠する支配的な歴史記述は、一九八〇年代にあらゆるものが発明される必然性を執拗に述べる一方で、教育、上演、キャンペーン活動、創作をめぐって一九七〇年代にはすでに進められていたイニシアチヴについては沈黙した。この神話をより強化する傾向をもつ数多くの例の一つとして、『現前の芸術（*L'Art en présence*）』のなかの爆発の描写を挙げる。

忘れないでいよう、七〇〜八〇年代の振付家たち、言い換えれば国立振付センター（CCN）のディレクターにいずれなる人々は、自分たちの踊りのヴォキャブラリーから活動の方式まで、すべてをゼロからつくりあげなくてはならなかったのである。作品上演や創作の場――稽古用スタジオはあまりなく、メナジュリ・ドゥ・ヴェールは一九八三年、ダンス現代劇場（TCD = Théâtre contemporain de la danse）は一九八四年に開設された――は限られており、助成審議会や専門家委員会などは存在しなかった。[41]

ダンサーやプログラム担当者の証言の多くでは、現実の一部のみが明らかにされるにとどまり、より豊かで複雑な部分、とりわけモダンダンスの存在を指摘することは忘れられている。そうした姿勢には、戦略的なねらいや、自分たちの創造性の評価を引き上げ草分けや開拓者として正当に振る舞いたいという、多少なりとも意識的な欲望が働いていないとは言えない。

この歴史記述上の神話はまた一方で、創作（クレアシオン）の奨励に熱意を傾ける一九八〇年代以降に現れたダンス政策に深く結びついている。非常に若い振付家たちが、文化省によって増幅された資金や機構の恩恵を受け、大挙して制度内で最初の公認を得たことにより、芸術的な熱狂が引き起こされ、さらには興奮に沸き立ったが、それは当事者であるこれらの振付家自身によっても「爆発」という方式で体験されたのである。コンテンポラリーダンスの

制度化現象をけん引するこのダンス政策は、いくつもの国立振付センター（CCN）の開設に結実し、当時三〇代だった若い創作者（クレアトゥール）たちにそのディレクター職があてられた。一九八四年にいくつもの国立振付センターが、モンペリエ、クレテイユ、グルノーブル、ラ・ロシェルにつくられ、それぞれドミニク・バグエ、マギー・マラン、ジャン＝クロード・ガロッタ、レジーヌ・ショピノが就任した[42]。ここで挙げた名前から明らかなのは、当時まだ現役であった前世代が成した仕事に承認を与えるというよりも、若い振付家たちを支援し、責任を与えるという操作的な政策であったということである。イザベル・ジノは、ドミニク・バグエに関する自身の研究のなかで次のように強調する。「これらの機関の設立のすばやさ。つまりこれらのディレクター職は、その長い活動に『栄誉を与える』べきアーティストたちにまず任されたのではなく、むしろ未来への一つの賭けという特徴をもっていた。これら最初の国立振付センターが暗に含んでいたそうした野望と、公認としての文化機関という通常の定義の間の対照性が、『フランスの若き舞踊』のために一つの特異な未来を開いたことは確かである」[43]。

実際このダンス政策は、国立振付センターを中心的な手段として、コンテンポラリーダンスの歴史の不在を制度化し、その時まで活動していたモダンダンスをさらに一層深い影へ追いやった。爆発神話の中心にあり、このダンス政策の最先鋒であった国立振付センターは、ダンス界の構造化を極端に推し進め、象徴的な権力闘争を納得させることに役立った。つまりそこでは一定の振付家たちが祭り上げられる一方で、その他の振付家は忘却され、ときには活動不可能な状況へと陥ったのである。活動ツール、場所、経済的支援、職業的身分、配給能力について不平等なダンスの情勢を浮かび上がらせるこれらの国立振付センターは、まったく無害なものとは言えない。この文化政策は、国立振付センターのトップ就任で得る大きな知名度と象徴的影響力を通じて、若いクリエイティヴな振付家たちや著名人たちからなる一つの舞踊史を描くよう働きかける。こうした政策は、この美学史上の特殊な契機を神話化し、源泉から切り離すことに一役買うことで、その歴史記述を著しく狂わせてしまったのである。

共存する二つの神話

一九七〇年代末から一九八〇年代初頭のフランスは、二つの神話に貫かれている。それは、フランスの若き舞踊の爆発という神話と、ヒロシマに結びつけられた異国的な舞踏というショック[44]の構築物である。ダンス分野における歴史記述上のこれらの神話の共存は、私たちに何を明らかにし、この二つの神話はどのように結びついているのだろうか。二つの神話は両者とも、コンテンポラリーダンスとは根本的に異なるものとして舞踏を定義するよう働く点で、同じ効果をもっている。というのも、まず両者とも、国籍および地理的出自に絞られた同一の芸術ヴィジョンに基礎を置いており、また一方で、同種の歴史否認を含んでいるからである。

極めて積極的なダンス政策に深く結びつく「フランス・ダンスの爆発」神話には、ある種のフランスのアイデンティティのひそかな表明があり、とりわけそれは、当時の言説や事後的に書かれたものにもよく現れる、「フランスの新しい舞踊（ヌーヴェル・ダンス）」や「フランスの若き舞踊」という表現から感じられる。そうしてこの神話は、一九八〇年代のフランスにおけるダンスの創造と発明が、一つの国家的現象であったとする結果を生んだのだ。しかし、コンテンポラリーダンスのこの発展が次のような人々に多くを負っているのであれば、それは単純化する見方である。つまり、ジャン・ヴァイト、ジェローム・アンドリューズ、ジャクリーン・ロビンソン、カリン・ヴェーナー、また北米南米問わず[45]フランスのモダンダンスの飛躍に携わった、グレアム技法やハンフリー＝リモン技法の移植者たちのような、フランスに滞在もしくは移住した多くの外国人ダンサー、振付家、教育者たちである。すでにみてきたように、主にアメリカへ向けられた一九七〇年代のダンス交流は、ニューヨークへの渡航、国立現代舞踊センター（CNDC）、ラ・サント＝ボムでの研修、アメリカン・センター、コロンブの青少年文化会館（MJC = Maison des jeunes et de la culture）といった教育の場、さらにより直接的にはスーザン・バージュのカンパニー、カロリン・カールソン率いるパリ・オペラ座舞台研究グループ（GRTOP）などを通じて、「一九八〇年代世代」を真に養成したのである。一九八〇年代に著しく発展し知名度を得たダンスはまた、多くのコンテンポラリーダンスの実践者たちに深い影響を与えたピナ・バウシュ公演の衝撃、矢野英征とエルザ・ウォリアストンの〈グループＭＡ〉[46]の活動を通して、ドイツ、日本、アフリカがもたらした多様なものを受けて豊かになった。つまり

「一九八〇年代世代」は、ダンスの交流と往来がとりわけ豊かな時代に形成されたのである。

フランスへの舞踏導入は、田中泯や〈山海塾〉により直後に惜しみなく与えられた教育活動を通じて、増大しつつあったダンスの地理的交流の潮流に乗り、くだんの知名度と公認を得ることになる「若きフランスの舞踊」の出現に寄与した。この美学史的な契機の主な特徴の一つはまさに、こうした多種多様なダンスの間に起こった激しい交配である。アメリカに代表される外国の振付家たちが諸機関のトップに迎えられていることから、ダンス政策も「若きフランスの舞踊」についての言説も、この交雑がもたらすものを承認していることは明らかである。しかし、それらはフランスの同化主義の伝統に忠実なため、こうしたダンスを消化吸収する際に、何よりもまず「フランス的な」若き舞踊へと統合、より正確に言えば同化してしまうのである。フランスのコンテンポラリーダンスはそうして外国に開かれる一方で、舞踏をその定義から排除する国家的、西洋的境界を立てながら、自らをつくりあげたのである。「フランス的」特徴にダンスを結晶化することで、すでに異国趣味の視点から持ち上げられていた舞踏を、さらにその日本的特徴、その国籍へと差し向けることになる。この二つの神話はまた、これらのダンスをそれら固有の歴史から切り離すというやり方でも共通するのである。[47]

爆発神話の真の基盤であるモダンダンスに対するフランスの無理解は、マリー・ヴィグマンやジャン・ヴァイトの弟子たちがフランスで果たした役割が隠蔽されたことに部分的に起因している。それに並行して、ヒロシマの幻想と異国的理解が舞踏の非歴史的なヴィジョンをつくり上げたため、この踊りはフランスに受容される際に根無し草にされたが、そこでは日本の芸術史への無知から、マリー・ヴィグマンの日本人弟子たちと舞踏との強いつながりが断ち切られた。そうしてこの二つの神話は、この美学史上の特殊な契機とそれを貫く受容プロセスとをつなぐ、非常に重要な結節点である表現主義の美学を消し去ったという点で通じ合う。この二つの否定が加わることで、舞踏とコンテンポラリーダンスは長く対立項に置かれることになってしまったのである。

表現主義の身振りの回帰

フランス舞踊界は舞踏のなかに、異国的な日本の特性をみることを欲した。しかし同時に、彼らは舞踏家たちの「存在感(プレザンス)」――歪められた顔、引きつった眼、静寂の叫び、亡霊のような身体――に魅了され、コンテンポラリーダンスではもはや目にしたくない、目にすることのできない、表現主義の身振りへと焦点を合わせていたのである。表現主義の身振りとして私たちが理解する、こうした「葛藤の美学」[48]、「内的必然性」や「内面性」の活動は、表現主義の俳優や、マリー・ヴィグマン、ハラルト・クロイツベルク、ヴァレスカ・ゲルトといったモダンダンサーの身振りの基盤である。こうした身振りは、幽霊の美学、「私と非私(ノン＝モワ)の間の境界」[49]を蝕むような恍惚状態を引き起こす。その身振りは、モダンダンスや表現主義映画のなかで、とりわけ手や顔といった末端部分に至る身体の意識化によって示される、包括的な肉体の働きに基礎を置いている。大野一雄の両手、カルロッタ池田の顔面に魅了された批評家たちは、一つの表現主義的な身振りを提示したという点で舞踏に魅かれたのではないだろうか。というのも舞踏は、表現主義的身振りの本質的な表現法を継承するため、大野一雄の踊りのなかでマリー・ヴィグマンやハラルト・クロイツベルクの身振りを蘇らせ、フランスの舞台に再び出現させることができるからである。舞踏は、無視され隠蔽されたモダンダンスがもたらし探究した、フランスのダンス分野に今でも存在する身振りのプロセスと地(じ)を再び可視化するのである。

顔面の独特の用い方についてイザベル・ロネは、「叫びと閉じた両目[50]」というヴィグマン美学の基礎となる二つの身振りを指摘する。「発声に至らない叫びのように、一つの動きで苦悩と生の噴出を同時に表す叫びのエネルギーが、まず体を垂直に立ち上がらせ、ついで、身体全体に緊張と反緊張の相互作用を引き起こしながら、分散、拡散する。それが、その時代に『表現主義的』と言われたあらゆる踊りにみられる美学である」。舞踏では、最も取るに足らない部分に至るまで身体のあらゆる部分にエネルギーが注がれるが、顔面は、頬、顎、額といっ

『ゆるやかな振動と動揺のうちに——ひよめき』を踊る天児牛大、パリ市立劇場、1995 年、写真マリオン・ヴァランティーヌ。

た部分の無数の筋肉を緊張させ意識化することによって、極端に動かされ歪められる。

たとえば、舞踏作品に共通するモチーフの一つである静かな叫びは、あらゆる表現主義と同様に、モダンダンスの象徴的な身振りに重なる。ジョルジュ・ブルスいわく、ムンクの絵画『叫び（*Le Cri*）』はとりわけ表現主義の肖像画であり、[51]その苦しみ、怯えの身振りは二〇世紀の芸術に一貫してみられるものである。[52]それは、芸術において禁忌（タブー）とされるものを侵犯する身振りなのだ。

> （……）このタブーは、人々が声をあげないという社会規範に起因するだけでなく、人々が口を開かないという芸術規範にも起因している。（……）古典絵画は、尊大な口調で話すことを許さない。そこに描かれた人物たちは普通、黙る権利しか認められていない。もしくはマナー、礼儀作法にのっとって自己表現することしかできない。この禁欲的なレトリックは、身体をコントロールすることに基礎を置き、啓蒙主義の合理性の純粋主義的美学において絶頂に達する。叫びはそこで、何らかの感情を表す音声要素でさえないのである。しかし、それらの秩序をずらすおぞましい動きが、形態美を激しく揺り動かし、媒介者が侵害し始める。[53]

叫びはまた、表現主義のダンサーや俳優を象徴する表現形式である。ジャン＝ミシェル・パルミエは著作『表現主義と諸芸術（*L'Expressionnisme et les arts*）』のなかで、表現主義の俳優の身振りを、「多くの場合視線は幻覚にとらわれ、驚愕や恐怖に襲われた口は開かれている」[54]ような叫びであるとする。開かれた口は〈山海塾〉の作品にもよく出てくる形象（フィギュール）の一つであり、とりわけそれが顕著なのは、天児の笑いがひきつり、叫びに変化する『金柑少年』のなかのソロ場面と『処理場（*Sholiba*）』[55]である。後者の写真は、写真家ギイ・ドゥラエがこのアーティストに捧げた著作の表紙を飾っている。[56]舞踏の身体訓練についての考え方では、あらゆる内的緊張が、身体のあらゆる部位と末端に至る肉体全体で表現される。たとえば大きく開かれた口は、踊り手が顔面の筋肉いっぱいに広がるままにする非常に強い緊張感を表に出す。カルロッタ池田も自らのソロ作品で頻繁にこの静かな叫びを探

求したが、とりわけそれは『うッ』と『小さ子（*Chiisako*）』で顕著である。

イザベル・ロネが言及した表現主義の基礎となるもう一つの身振りは、両目を閉じることである。よりよく見、新たな幻覚を得るために目を閉じることとは、夢遊病者、さらには現代の女占い師や巫女にあたる霊媒としてのダンサーが現れるきっかけとなる身振りである。自己受容の能力を探究すること、言い換えれば、欲動や「内側の必然性」を感じとる力につながる内奥の出来事を「自分自身のなかで聴くことにより」、このダンサーは、動き、動かされるその能力を発展させるのである。それは、コンテンポラリーダンスの即興ワークショップの基本となるエクササイズの一つとして、今日でも行われている。[57]

舞踏訓練は、方式はさまざまであろうとも、表現主義の試みにそのまま含まれるこの「内に耳を傾けること」、動かされることとの探究を中心的な目標としている。ダンサーは目を閉じるか、もしくは、もはや古典ともなった引きつった両目といった別の新たな眼差しの方法、言い換えれば、「内側へ向けられた」眼差しをつくりだすのである。

手を用いること、静かな叫び、内的な眼差しもしくは閉じた両目は、単なるモチーフやフィギュールではない。これらは一つの身体状態を生み出す力であり、包括的身体という概念に基礎を置いている。舞踏家や舞踏と出会ったコンテンポラリーダンサーたち、さらにはモダンダンサーたちによってもあれほど研究された幽霊的な身体は、これらの助けを借りて生み出されるのである。実際、幽霊のフィギュールは、ジャン＝ミシェル・パルミエによって研究された表現主義の諸芸術に浸透している。つまり、たそがれの風景、アポカリプスの光景、分身や死の妄想、「乱暴に縁どられた目と白化粧、操り人形もしくは幽霊の状態に変えられた」[58]俳優たちである。フランスの記者たちを魅了して突然変異（ミュータント）や憑依の身体を描き出させ、部分的にヒロシマの幻想を引き起こしたのは、まさにこの幽霊のような状態なのだ。また、カトリーヌ・ディヴェレス、シドニ・ロション、サンティアゴ・サンペレ、セシル・ロワイエといった振付家たちが、自らの夢遊病的な姿勢や歩行に変えて取り入れたのもこの幽

霊的な状態である。批評であれ実践であれ舞踏の受容は、私たちが幽霊の美学と名付けるこうした「定義不可能な舞踏状態」や「存在」に焦点を合わせたが、それはとりわけアントナン・アルトーの探究と結びつく。舞踏家たちにとって必須の参照項であるアルトーは、その著作『演劇とその分身（*Le Théâtre et son double*）』のなかで、「骸骨、幽霊、分身」[59]のフィギュールを「演劇的身振りの原動力」と捉えている。アルトーの試みを分析するカトリーヌ・ペレいわく、「俳優はその分身、『心の亡霊』を目覚めさせなくてはならない。そうして俳優は、彼がそれに伝える波動を通して、自らを取り巻くそれらの情念的な諸身体へ働きかけるのである」。そこでは、アルトーが「死の分身」と呼ぶ、架空の身体、他性、分身、もしくは幽霊を出現させるため、身体を「空（から）にすること」が重要となる。

幽霊的な美学の復活

とりわけアルトーから想を得たこの幽霊のような状態の探究は、ダンスのモダニズムの試み、特にマリー・ヴィグマンの試みに通じるものである。

『魔女の踊り』は、コンテンポラリーダンスのワークショップで行われていたダンス訓練を明らかにする。つまりそこでダンサーは、自身の存在の異質性をつくりあげ（異質性と妥協して）、その醜怪に至るほどまでに自分のなかの他者と対峙していたのである。ダンサーは、絶対的な他性への欲望と、その犠牲になってはならないという必要の間に挟まれ、解釈によって支配したいという意志や文化的なものに所属させられることを免れるような、別のアイデンティティを錬成することを目的としていたのである。[60]

マリー・ヴィグマンにおいてこの幽霊のような状態は、「エクスタシー」「恍惚の瞬間」というかたちをとるが、それは次にあげるドイツ人モダンダンサーの仕事の土台にあるものだ。すなわち、「ルドルフ・ラバンにとって、踊る体験を決定する契機とは、時間が空間へ転換する契機である。静止状態（スターズ）を脱すること、自身を脱すること、

時間それ自体を脱すること、つまり恍惚状態のリスクをとることは、これらのダンサーにとって、舞台の上に立つことそれ自体をも定義し、根拠づけるものであったように思える」[61]。これはまた、舞踏状態を特徴づけるものであり、とりわけカルロッタ池田がこのエクスタシーの概念に訴えている。「私が踊るとき、共存する二人の『私』がいます。トランス状態に入ってもはや押さえを失った私、それを正気な状態でみつめているもう一人の私。時折、この二人の『私』は一致して、恍惚状態に近い一種の白い狂気[62]を引き起こします。舞踏家が追い求めるべきものはこの状態なのです。この最適な瞬間のために、私は踊るのです」[63]。ここでカルロッタ池田は、そうした感覚の訓練や複数の「私」の想像上の分離に言及しているが、後者はとりわけ、前述の操り人形の象徴的なエクササイズで探究されたものである。彼女は、自分がしていることをはっきりと意識しながら、自らを動かされるままの状態に置き、自分自身の忘却と、自身のなかの他性の探究に同時にとらえられているのである。

芦川羊子は、「踊り手にとって、自分の個性を表現することは問題でなく、逆に、自分自身から抜け出て、いわば自分の死体とともに踊ることが重要なのです」[64]と述べ、自分自身からの脱却、静止状態（スターズ）からの脱却もまた、舞踏状態であるとしている。もう一人の自分、自分自身の死体とともに踊ること、それは一種の二分割を進めること、自身のなかに他者をつくりだすことであり、別の生き物や誰かの記憶を想像で生み出すのである。即興する舞踏家は実際、夢想に近い踊りの実践のなかで、その最中に不意に起こるイメージ、個人的な記憶もしくは家族の存在をよりどころとする。コンテンポラリーの舞踏家財津暁平は、自分の踊りがどのようにそこから変化させられるのかを説明している。

> ときどき、君の横に何かが現れることがある。その瞬間、君はもう同じものではなくなり、触れられている。それは、君がしていることを観客に説明するためではなく、誰かと君が踊っている最中であると告げるためでもない。運動は、計算やコントロールの結果ではない。動きがやってくるのは、君の体のなかの他者のおかげであり、彼との強いつながりからなのだ。触れられたら、落ち着いてはいられない、はるかに強い緊張状態におかれる。身体を空（から）にし、記憶、現時点では存在しないあらゆるものに呼びかける。これは、思考か

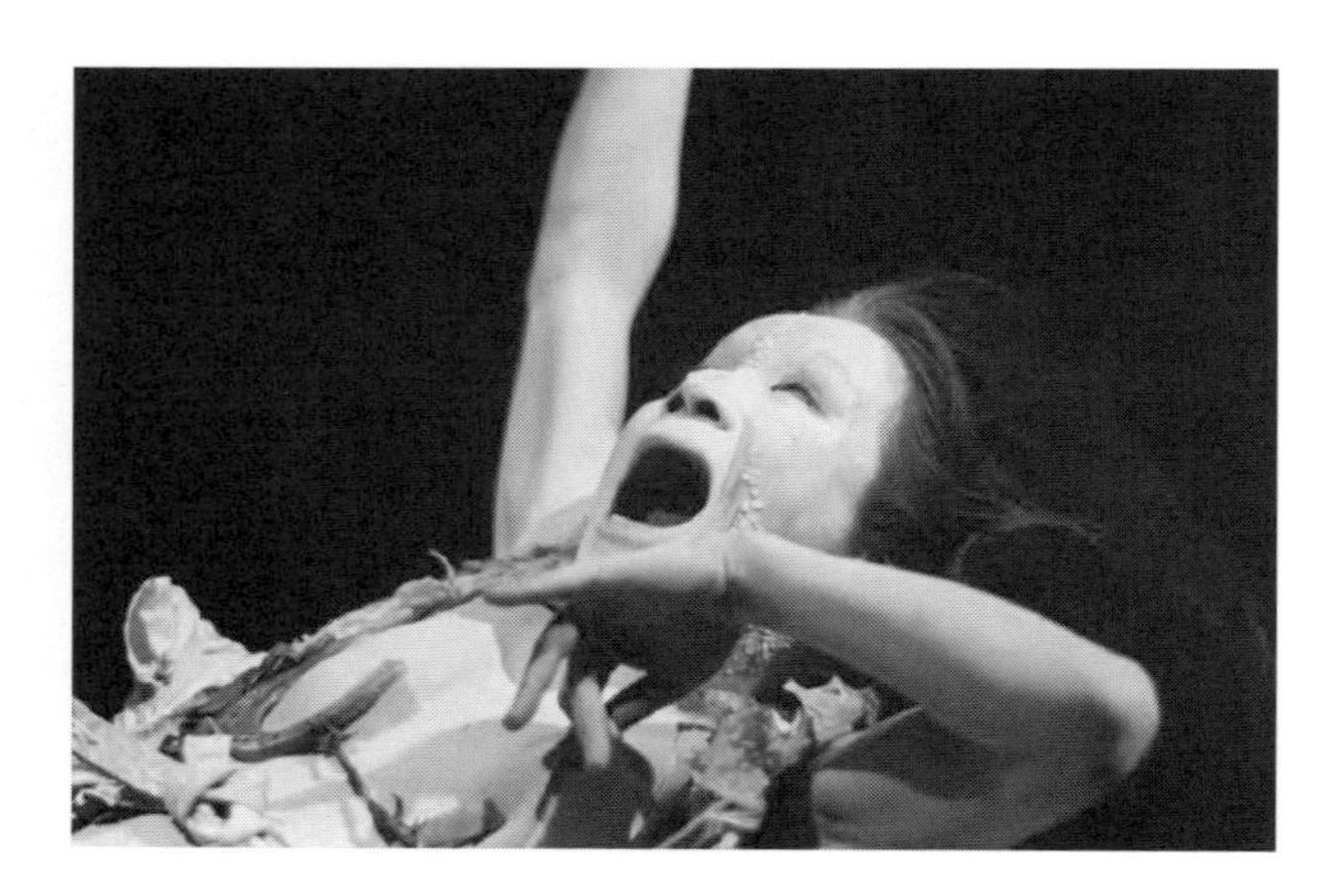

『最後の楽園』を踊るカルロッタ池田、シルヴィア・モンフォール座、
1978年、写真ジャン＝マリー・グーロー。

『アイ－アムール（*Aï-amour*）』を踊る室伏鴻、バスティーユ劇場、1993 年、撮影はジャン＝マリー・グーロー。

大野一雄『花鳥風月』フェスティヴァル「イル・ドゥ・ダンス」リエール劇場、1990 年、撮影はジャン＝マリー・グーロー。

ら運動を探究することとはまったく異なるものだ。[65]

つまり、あらゆる身振りに他性をもたらすための絶え間ない探究、想像上の他者によって触れられ、その他者によって「踊らされる」ことの探究は、舞踏の独特な存在方式を説明する。想像上の他者に集中することで、踊り手は外へ開かれた姿勢、されるがままの状態に至り、観客によって「触れられるがまま」になること、さらには自らの身体に観客を「迎え入れる」ことが可能になるのである。

ダンサーが、連続的な変貌、「状態変化」、変転を訓練する際には、バジル・ドガニスいわく、「まるでダンサーが、身体を変質させるというその種の誘惑に支配力を与えることにより、トランス状態と半分コントロールされた恍惚状態の絶妙な加減に身を委ねるごとく」、すべてが行われる。「真のトランス状態、もしくは、変質からは少し遠のくが、ほぼ自己喪失に近い発作状態、『別の新たな』状態に至ることはない。とはいえ、それらの変貌、変質、混交は、自身や世界との『普通の』関係の変容という意味では、はるかに進んだ状態である。ただしそれは、身体の『自然な』能力以上を求めることはない[66]」。カルロッタ池田の「存在感（プレザンス）」を分析するイヴォンヌ・テーネンバームは、「肉体による精神的なものの吸収は、完全な自発性によって身体が自らによって動かされ、いかなる意識的な判断も介入することはないと一般的に考えられているトランス状態を連想させる」と指摘する[67]。しかしながら、モダンダンスや舞踏のトランス状態に近い変質したその意識状態は、つねに完全なコントロール下にあるのだ。重要なのは、放棄（ラシエ＝プリーズ）、「脱把持（デプリーズ）[68]」を制御し、一種のコントロール不在をコントロールすることであり、そのなかでダンサーは、自らの踊り、身振りの可能性、新たな質やエネルギー、つまりは未知の感覚的な出来事によって、自らを不意に襲われうる状態にするよう専念しなくてはならない。アンヌ＝ロール・ラマルクいわく、「主要な争点は、身体を通じて、予想していなかったもの、いまだ定義されていないものが、自由に現れ、形をとるがままにさせることなのだ[69]」。

こうした意識や身体状態の変化がダンサーの主な探究となるため、身振りの正確さ、とりわけ空間のなかにその輪郭を描くこと、またその広がりや敏捷さなどは犠牲にされる。よき舞踏家とは、なによりもその状態に達す

る者、つまりは住まわれ、動かされ、憑かれるままにさせ、自身の肉体を変形させ、移動の質を変化させ、身振りの密度を高めさせることが可能な、そうした意識状態に達する者である。こうした亡霊の美学を倍加する肌の白塗りは、特異な方法で光を屈折しダンサーたちの周りに光輪をつくりあげる。〈山海塾〉の作品では演者が移動することで、ときおり彼らの周辺に化粧や白塗りの粉が舞い上がり、オーラを高めることがある。

幽霊のような状態を通して舞踏は、ヴィグマン的な恍惚を再び導入する。イザベル・ロネは、マリー・ヴィグマン、ルドルフ・ラバン、ヴァレスカ・ゲルトなど、さまざまなエクスタシーの手順に応じて変化するいくつもの恍惚の複数の形態を区別しているが[70]、それに従えば、幽霊の美学のさまざまな方式を舞踏家の間で区別することが可能である。大野一雄が提示するのは、夢遊病的な脆い踊りで、その優美なすり足は比較的穏やかなものにとどまる。その身体性は暴力的ではないが、不安を抱かせるものであり続ける。

〈山海塾〉は幽霊的なフィギュールを、クローン身体を変化させることでみせる。剃髪の踊り手たちは、同一の肌の色と似かよった衣裳で現れ、非個性化されている。『熱の型』のなかで天児は、長時間空中に頭を吊り下げ浮遊した状態で、舞台上部からダンサーたちを登場させ、彼らの超自然的ともいえる様相を巧みに利用している。そもそもカーテンコールさえ天児の作品の一部であるため、ダンサーたちがそうした幽霊のような状態を脱することはない[71]。

大野一雄や〈山海塾〉が床を滑る、時にぼやけて消えていくような幽霊のフィギュールをみせる一方で、土方巽や岩名雅記、室伏鴻は、亡霊としての身体、とり憑かれ、もしくは発狂した身体を提示する。〈山海塾〉の上演は、洗練され、非常にコントロールされ、ほとんど初演そのままに再演可能なものだが、それによって、岩名雅記のパフォーマンスや土方のいくつかの作品に代表されるその他の舞踏が忘れ去られてしまった。後者は、危機的身体の考えに基づく意識の放棄と身体の氾濫に由来する、混沌無秩序、もしくは関節を外されればばらばらになった踊りを提示する。

共通するこうした力は次に、さまざまに異なる演出と振付によって表された。ダンスのモデルニテに存在する変質と憑依のプロセスは、大野一雄によって極限にまで押し進められたが、彼のダンスは夢遊病者の徘徊、弱々

〈山海塾〉『熱の型』、パリ市立劇場、1984年、写真ジャン＝マリー・グーロー。

『Lotus cabaret』を踊るカルロッタ池田、ポンピドゥー・センター、1981年、写真ジャン＝マリー・グーロー。

『月光虫（*Esprit de clair de lune*）』を踊る上杉満代、バスティーユ劇場、1985 年、写真ジャン＝マリー・グーロー。

しく疲れ果てた彷徨にもっぱらその基礎を置いている。この幽霊のような二分裂的な作業もやはり、〈山海塾〉の演出――うっとりさせる音楽、薄暗がりの照明、舞台上の形をなさない物質――において、別の形態で先鋭化されている。

さまざまな方式を通じて舞踏は、表現主義の身振り、空（から）、二分裂、恍惚状態、憑依といったプロセスを働かせるが、それはマリー・ヴィグマンやハラルト・クロイツベルクのプロセスに近いものである。もちろん、種々の影響を通じて豊かになった土方の試みが、その点だけに限定されるものでないことは明らかで、それは多種多様な方向性を開発したその他の舞踏家たちについてもまったく同様である。とはいえフランスのダンス分野は、「存在」やそうした不気味なものに焦点を合わせることで、舞踏を表現主義の身振りとして受容し、解釈したのである。そうであれば表現主義を、一つの身振り、身振りの形象ではなく地（じ）、感じ方、身体性についての見解として考えることになる。ここでの意図は、舞踏と表現主義の等価性を確立することではなく、フランスでの舞踏の受容を「表現主義的な主観性の噴出」[72]として考察することだ。舞踏は、表現主義の新たな一形式である以上に、否定され隠蔽された身振りをフランスへ回帰させるものでもあるかもしれない。そうであればその身振りは、大戦間のドイツという文脈とは別の場所で表されうることになる。歴史的文脈によって危機にさらされた表現主義の身振りの地、力とプロセスは、民族四散（ディアスポラ）やダンスの移転を通して、こうして著しく拡散し、普及したのである。

不気味なもの

異国趣味と日本への欲望を満足させた最初の舞踏公演は、新奇な記号（シーニュ）と身体の他性に焦点を絞らせることで、一つの遮蔽幕をつくりあげた。その覆いは、フランスのダンスのなかに認められる今日でも活発な力（フォルス）を隠蔽し、ダンス分野に類似の力があることを観客や批評家が認識するのを遮ってしまったのである。とはいえ、舞踏に対して親しみを強く感じたコンテンポラリーダンサーたちもいた。ただその気持ちは、舞踏を過激な他性と想定する支配的な言説に押しつぶされ、長い間ほとんど耳にされることなく、表現する者さえいなかったのだ。舞踏との近似性の認知は、最近の言説のなかでようやく表され始めたにすぎない。一例として次のようなドミニク・デ

ユピュイの言葉がある。「私たち、つまりフランソワーズ・デュピュイと私は、前舞踏世代である。舞踏家たちがよりどころとするものの大部分を、私たちも直に知っていたし、またそれらに育まれたのであった。知識面では、シュルレアリストたち、アルトー、バタイユ、ジュネなど、踊りの面では多様なドイツの舞踊（……）」[73]。ドミニク・デュピュイはまた、ダンサーで振付家のジェローム・アンドリューズが、「舞踏が台頭してきた時期にすでに何年も前からパリを闊歩していた」と念を押す。

> ジェローム・アンドリューズは彼の言う「奥深い踊り」を探していた（……）この奥深い踊りとは何よりもまず身体状態の訓練であり、それは身体の最深部からの呼吸の試み、とりわけ息を吸った後に横隔膜の抑えがたい隆起を引き起こす真空による発作性の危機的瞬間の体験によって養われる。（……）エネルギーについての訓練の一つは、私の目には、舞踏のなかに見出されるものにかなり近いように思える。あらゆる源泉から汲み上げて、ハラと仙骨のエネルギーを組み合わせるエネルギーの探究は、日本の舞台芸術（能、狂言、歌舞伎）や武道と同様に、ドイツの踊りでも大切とされており、すなわち、エネルギーの導管を駆け巡るようなエネルギーなのだ……、つまり大野一雄が意識的に言及する宇宙的エネルギーである。

ドミニク・デュピュイはこの近似性を擁護するため、共通するさまざまな参照項とプロセスを挙げている。土方に非常に多くの着想を与えたアルトーとバタイユの著作は、ヨーロッパの舞台――グロトフスキ、カントールといった演出家たち、もしくはコンテンポラリーの振付家たち――にも同じ程度の影響を与えた。ドミニク・デュピュイはまた、ジェローム・アンドリューズによって主張された「内なる踊り」[74]である「奥深い踊り」と、舞踏の美的試みの間にある類似を明らかにして、アンドリューズの活動が認知されていないこと、さらに遠回しには日本へ憧れ旅立つことに対して残念な気持ちを表しさえした。「ヌーヴェル・ダンス世代のプロのダンサーのうち、どれほどが彼の教育を利用しただろうか。さらには、どれほどの者が、彼の教育を無視して、足元にあるものに気づかずに同じものを求めて他所（よそ）へ旅立っただろうか。なぜ彼は、切れ長の目ではなかったのだろう」。

異国趣味のドクサとは相容れないこうした言葉がコンテンポラリーダンスにも存在したにせよ、それらはほとんど反響を得ることなく、長い間著述の対象にされなかった。舞踏に対するドミニク・デュピュイの親近感は、フランソワーズ・デュピュイとの共著『活動中のダンス（*Une danse à l'œuvre*）』[75]を出版した二〇〇二年というかなり後になって、事後的にようやく公に出された。二人はそのなかで、自らの芸術生活の道標の一つとして何度も舞踏に言及し、感動に溢れた大野一雄との出会いについてとりわけ語っている。

舞踏の根源的な他性についての支配的な言説はこうして幅をきかせ、共通する参照項や力を隠蔽したが、それらを強く感じたアーティストたちもいたのである。こうした舞踏の異国的表象の支配は、どのようなコンテンポラリーダンスが認知や知名度を得て当時の舞踊界を支配していたかを逆に浮き彫りにする。つまり、ヴィグマンの遺産よりもカニンガムの美学をより志向するダンスである。

一つの舞踊史が否認されていたまさにその時期にあって、歴史へのつながりを舞踏に見出したダンサーたちが、舞踏を近しいものと認識することがあった。それは、ドミニク・デュピュイが「継承芸術」と呼んだものである。「ライン川のこちら側から私たちも同様に、この『継承芸術』をとどめていたのだと言うことができるだろうか。ドイツ人たちはそれを鼻にかけ、舞踏家たちもまた誇りさえもって、自分たちの参照項として躊躇（ためら）うことなく引用し、認知し、実践しているというのに[76]」。

舞踏は当然のように、異なるもの、対蹠地にあるものとしてつくりあげられた一方で、マリー・ヴィグマンやその他のモダンダンサーたちが発展させたドイツ生まれのモデルニテの美的企てだけでなく、フランスのコンテンポラリーダンスに類似の作業プロセスへも向かわせていたのだ。新奇なものをもたらしたという以上に舞踏は、動きの原動力として感覚を重視することと二分裂の能力に特徴づけられる、表現主義の身振りをそうして可視化させたのではないか。舞踏は、遠国、異国という覆いを通して、隠蔽された身振り、存在していたが禁じられた一つの美学を再び導入する。舞踏の受容が明らかにするのは、舞踏が代わって満たした表現主義への欲望であり、それはまるで歴史的にタブーとされたこの表現主義の身振りが、そうした異国的な形式、迂回を経ずには、再び出現することができなかったかのようである。

舞踏はもちろんそのことのみに限定されるものではなく、フランスのダンス・シーンで当時支配的だった勝ち誇ったような滑らかな身体と断絶することで、一つの新たな身体イメージを到来させた。衝撃を与えたその醜態、歪み、裸体、身体のエロス化も、その成功を阻むことはなかった。さらに驚くべきことに、それらは舞踏が引き起こした意見の一致をもまったく乱すことがなかったのである。というのもこうした逸脱的な側面は、異国という遮蔽物とヒロシマの幻想によって和らげられたからである。遠国という地理的迂回と、ヒロシマという歴史的迂回によって、舞踏の美的試みが舞台にあらわすその逸脱的な側面や、コンテンポラリーダンスの爆発の真のタブーである表現主義の身振りという、受け容れがたきものを受け容れさせることが可能になったのである。

たしかに、舞踏の幽霊的な身体は、「亡霊と幽霊の国[77]」である日本おなじみのテーマ体系と舞台上の存在方式を思い起こさせる。とはいえこの亡霊のような身体がフランスの舞台に現れた際には、亡霊や幽霊のフィギュールが描き出す古代文明以来のヨーロッパの舞台芸術の伝統にも含まれることになるのである[78]。その伝統は次のようなものだ。「原則的に死者の帰還をもはや信じない文化にあって、その目録は驚くべきものである。幽霊の芸術そのものである映画に言及しないでも、私たちは簡単にその項目を増やすことができるだろう[79]」。舞踏が試みる幽霊的な身体は、西洋の映画にあらわれる支配的な亡霊のイメージ——浮遊するもの、空(から)の状態、ぼやけた輪郭、光輪[80]——に近い。

舞踏の成功がこんなにもめざましかったのは、舞踏が同一性と他性の間の複雑な関係を提示し、安易な異国趣味の眼差しを許すと同時に、共通の参照項——アルトー、バタイユ——やプロセスを暗黙のうちに認知させたからである。舞踏は自らが生み出した幽霊的な状態への魅了を通じて、とりわけこれらの幽霊的な身体性がもたらす不気味という感覚を投入したが、それはジュリア・クリステヴァがはっきりと述べたように、「幽霊や亡霊は、(……)、私たちと死のイメージとの対峙を不気味なもので満たす[81]」からである。この亡霊のような身体は、そうした両義的な感情をとりわけ目覚めさせる。そうしてまた、「不気味に不安を招くものは、かつて親しみのあった(過去であることに留意せよ)ものであり、ある条件下で(……)あらわれる」。こうして幽霊的な身体性がもつ不気味さは、かつて親しみのあった身体や身振りの再び導入することによって強化、倍増される。つまり舞踏

は、反動の力、怪しげな魅力、死についての誤解を説明しうるさまざまな現象の一つの結び目をつくりあげるのだ。そうしてカトリーヌ・ディヴェレスやシドニ・ロションの例にみてきたように、ときに巧みに舞踏がコンテンポラリーダンスの振付家たちの作品に介入した際には、それらの踊りはある種の脆さや動揺、不安のニュアンスを帯びたのである。

コンテンポラリーダンスが、表現主義の過去から自らを切り離すことで、その確立を模索していたこの美学史的な契機に、第二次世界大戦と結びつく記憶の問題は真正面から取り上げられてはいなかった。そのような状況下にあって、表現主義の身振りの考え方とその舞台上での幽霊のような存在方式は、日本由来のこの舞踏の媒介なしでは場所を得ることはできなかったのである。フランスでの舞踏受容において、日本も同様に世界大戦に結びつけられたが、皮肉にもそれは、ナチズムの同盟国としてではなく原爆の被害者としてであった。一九七〇年代末にフランスに受容された舞踏は、この世界大戦の記憶にまつわる数多くの争点が交差する場にあって、縺れ合う時間、時代錯誤（アナクロニスム）の中心にいたのだ。一九八〇年代以降のダンサーや振付家のキャリアの上で、日本旅行が相対的に数多くなされ、評価されたのに対し、ピナ・バウシュはまさに同じ時期に、同じ上演場所で、つまりほとんど同じ状況下で発見されたにもかかわらず、それをきっかけにエッセン市へ旅立つ者はほとんどいなかった[82]。とはいえドイツおよびその舞踊史との交流は、一九八〇年代以降フランソワ・ミッテランとヘルムト・コールによって展開された和解外交の影響下にあったフランス社会だけでなく、フランスのダンス分野でも発展をみた。それは、リヨン・ビエンナーレが一九八六年のシーズンを表現主義に捧げたことから明らかである。

日本を経由するこの表現主義の地理的迂回は、ダンス形式の地理学と不可分な舞踊史においては特殊なケースではない。迂回のプロセスはときに成功の要因にもなる。ドミニク・デュピュイは、「モダンダンス創始の父の一人」とされるフランソワ・デルサルトを例に挙げ、次のように述べている。「彼の思想は一世紀もの間フランスでは正しく評価されず、無視されてさえいたが、アメリカ経由で再び表舞台に現れた。それは、最初にアメリカに到着したときと、そして再びフランスへ戻ったときの二度、二重の意味で、作者を異国的人物にした一種のアンクル・トムの思想と同じである[83]」。日本はこの迂回の役割を、諸芸術の歴史のなかで幾度となく繰り返し演

じえたのである。[84]

舞踏は、こうした地理的迂回と歴史的回帰に最も関わりの深い踊りの形式の一つである。一九七〇年代末の欧米へのその輸出の成功は、日本での受容にまったく影響を与えなかったわけではない。この輸出によって、多くのアーティストが日本国外に迎えられ職を得ることが可能になったが、その逆戻しとして日本での承認のプロセスが起こった。舞踏は今日多くの国々に存在し、芸術グローバル化の一つの完璧な手本として国際的な芸術形式の一つとなった。しかしこうして世界へ発信される以前、日本における舞踏の歴史とその誕生がすでに、両大戦間期以来の国際的往来の産物であった。とりわけ舞踏は、ドイツ、日本、フランスの間で交わされた、交流、表象、受容の歴史に含まれる。そのためこの芸術形式のフランスでの受容を理解するためには、特にこの三国で交わされた交流、交差、迂回からなる、その長大な歴史を把握することを避けては通れないのである。

舞踏への新たな欲望

ある一つの美学史上の契機、ある一つのプログラム編成の方式、さらには文化と歴史の諸問題に、その成功を明らかに負っている舞踏が、今後も引き続きコンテンポラリーダンスに痕跡を刻んでいくとすれば、それはどのようにして可能だろうか。〈山海塾〉やその他の舞踏家たちの作品がいくつかの上演コードに硬直化してしまったとしても、今日の舞踏は過去のバンドワゴン効果ではない。また、異国趣味を求めるプロやアマのダンサーたちに与えられる、単なる定例の実践の一つというわけでもない。そうしたラベルのステレオタイプに凝り固まった一定の舞踏作品も、観客や批評家を少々うんざりさせているが、一方でこの踊りに関する資料収集が充実してゆき、新たな舞踏家たちが最近来仏したことにより、新しい側面が発見され、コンテンポラリーダンスに新たな問題が提起されている。そうして、新しい舞踏への欲望が現れることが可能になる。

「古典」の一つとなった舞踏

舞踏がフランスのダンス情勢に長きにわたり移植されたことで、当然の結果としてその異国的な特性への関心は薄れつつある。少しずつ舞踏は、舞踏未経験のダンサーにとっても踊りの一参照項となりつつある。ドミニク・ボワヴァンの『ダンス——私のやり方でえがく歴史 (*La Danse, une histoire à ma façon*)』(一九九四年) とジュリア・シマの『訪問 (*Visitations*)』(二〇〇五年) は、引用という形式を用いて踊り手の視点から舞踊史を描き出すユニークなダンスの試みだが、そこで舞踏はとりわけ存在感を示している。

『ダンス——私のやり方でえがく歴史』のなかで、振付家兼ダンサーのドミニク・ボワヴァンが示す舞踊史解釈は、パロディであると同時に教育的なやり方で示される。この振付家は、情報的な要素、日付、人名——カニンガム、ヴィグマン、ニコライ、ニジンスキー、グレアムなど——とともに、身振りや舞台装置の材料を提示する。それらは、必然的に単純化するそのままの換喩を通して、引用されたそれぞれのアーティストや作品を要約する。舞踏についての短い場面は、「日本で、舞踏」という言葉によって始まる。床に座ったダンサーが、その輪郭にピッタリ合う仮面となるよう顔面に一枚のアルミホイルをくっつけたあと——〈山海塾〉の『熱の型』のなかの踊り手たちを想起させる——、その両手の細かな震えの動きに視線を集めつつ、腹筋を強く動かしてゆっくりと仰向けに横になる。この短い場面の間、日本語で話される聞き取りづらい音声のサウンドトラックが流れる。聞き取れた最初の言葉は「広島」で、「舞踏は暗黒を踊る」という表現が続く。マリー＝クリストフ・ヴェルネの言葉を借りれば、このパロディ的な引用において「舞踏は一枚のアルミに要約される……」[85]。舞踏は今一度、ヒロシマへの参照、日本というアイデンティティを前にした一種の無理解——多くの観客にとってこの聞き取りにくい音声は理解できない——によってここに定義されている。〈山海塾〉という名の引用はないが、舞踏は結局このカンパニーによって象徴されることになる。この短い抜粋は舞踏に関するドクサのあらゆる側面を要約しており、そこではそれぞれのアーティストを区別することよりも舞踏を一つの潮流として理解することが勝り、〈山海塾〉がその潮流を暗に代表するものになっている。とはいえこの抜粋は、舞踏を避けて通ることのできない一つの参照項として認め、舞踊史に刻み込む。その舞踊史は、たしかにたった一人のアーティストの身振りに

よってつくりあげられたものに違いないが、舞踏が知覚され、フランスの舞踊史に統合される際の一つの転倒というものをうまく表象しているのである。

ジュリア・シマは『訪問』で、舞踊史上の偉大な振付家や巨匠たち（ダンカン、ニジンスキー、カニンガム、ベジャール、バグエなど）のソロを次々に踊って、演技者として真の挑戦をみせた。彼女はそうして、自らが描き出す古典グループに土方も組み入れて、作品の開始直後に『疱瘡譚』の土方のソロを踊るのだ。これらの振付家を横並びにすることで、彼女はこの舞踏創始者を、現在の古典の一人に数える。ユニークな作業の仕方――ジュリア・シマは舞踏の教育を受けず、映像に唯一残された痕跡[86]のみを頼りにこのソロを捉えたと主張している――で神話化された振付家たちの作品をあえて踊ることで、彼女は多くのタブーを露わにするのである。舞踏の修得には非常に長い年月を要するという舞踏のドクサの先を行くことで、ジュリア・シマは、特定の踊り手やダンスの質を贔屓にする観客たちの失望と批判に自ら身をさらす。しかしこうした働きかけの関心はすべて、創始者のオーラを含まずに彼らの踊りを別のやり方で示すことであり、それはとりわけ土方の踊りについて言えることだ。

ジュリア・シマは実際、それらのオリジナル作品とはまったく異なる舞台装置を選び、一つのソロから次のソロへ移行する際にそれを転換することはない。革製のズボンにタンクトップという地味な衣裳の選択は、とりわけ身体のラインを露わにすることで、提示する踊りに対して観客が新たな視点をもつよう有効に働きかける。こうした舞台演出の選択に加えその演技[87]は、強さやアクセントによってわかりやすく身振りを切り抜くことにより、土方によって実現されたフィギュール――背中のねじり、軽く足を引きずる乱れた移動、顔面の多数の引きつりとゆがみ――を目立たせる。ジュリア・シマはそうして技巧と正確さを優先することで、内的緊張やその変容を副次的な位置に置き、土方の踊りに新たな視点を与えている。しかし彼女は、こうしてダンスのさまざまな神話を横断することで、土方と舞踏をコンテンポラリーダンスの歴史に加えているのである。彼女が舞踏を組み入れた共通の歴史とは、何よりも他国、他者、さらにはそれまで異国的とみなされていたような人物や作品を迎え入れることで、むしろ拡張する西洋舞踊史なのである。ジュリア・シマの身振りは、よりグローバルで比較的最近の経過状況に目を向けたものだ。それはつまり、二〇年間日本国土からほとんど出ることはなかった土方という

遠国の他性が、フランスにおいてある共通の舞踊記憶に結びつき、身近な他性になりつつあるというプロセスである。

長きにわたって舞踏がコンテンポラリーダンスの歴史の外に置かれ、辞書や事典に掲載されなかったのに対し、最近書かれた著作はその語りに舞踏を取り込んでいる。たとえばロジータ・ボワソーは、二〇〇六年刊の『コンテンポラリーダンス展望（*Panorama de la danse contemporaine*）』[88]のなかに天児牛大とカルロッタ池田を載せている。また同じようにドミニク・フレタールは、二〇〇四年刊の著作『コンテンポラリーダンス――ダンスとノンダンス、二五年の歴史（*Danse contemporaine : danse et non-danse, vingt-cinq ans d'histoires*）』[89]のなかに〈山海塾〉の作品『仮想の庭――うつり』の写真を一枚載せている。

前衛へのまた別の欲望

フランスの舞踏は、映像アーカイヴの上映[90]、出版[91]、翻訳[92]、さらにコンテンポラリーダンス作品を通じた土方とその作品、彼の文章の再発見によって、新たな現代性を得ている。『訪問』以外にも、女優ジャンヌ・バリバールが土方の文章を舞台で語る、ボリス・シャルマッツ演出の『病める舞姫（*La Danseuse malade*）』（二〇〇八年）が挙げられる。この創作に続き、シャルマッツは二〇〇九年にレンヌ市のダンス博物館（Musée de la Danse）で、『再舞踏（*Rebutô*）』という遊び心と悪意の効いたタイトル〔動詞 rebuter（不愉快にする）にもかけている〕の作品で、イヴ＝ノエル・ジュノド、グザヴィエ・ルロワ、ラティファ・ラアビッシといった振付家やパフォーマーの仕事における、舞踏の位置づけ、新解釈、さらにはその不在さえも問題化した。これらの企画プログラムの遊戯性を超えて、そのうちの二作品はその後も再演され続けている。一つ目はグザヴィエ・ルロワの『別の状況の産物（*Produit d'autres circonstances*）』で、舞台に登場する振付家が「二時間で舞踏家になるためのプロセス」[93]を語る。インターネットなどの日常的な方法で素材を集め、本を読んでみたり、踊りの真似をしてみたりしながら、舞踏を口実に、アーティストの仕事と作品制作の条件についての一連の問題をあぶりだす。そうした問いは彼の他の作品の多くに一貫してみられるものである。『再舞踏』の公演から生まれたもう一つの作品はラティファ・ラアビッ

シのもので、二〇一二年以降『夢遊病スクリーン（*Écran somnambule*）』というタイトルで巡業している。この振付家兼ダンサーは、そこでマリー・ヴィグマンのソロ『魔女の踊り』を引き継ぐが、彼女はすでに二〇〇一年に自作『ナナフシ（*Phasmes*）』のなかでそれを流用しており、土台として用いたこのヴィグマン作品の唯一の映像資料を一六倍もゆっくりと引き延ばして踊っている。

したがってこうした舞踏への新たな関心は、土方という人物を超えて、再び舞踏にその前衛的な側面を取り戻させるのだ。アンジェ国立現代舞踊センターのディレクターであったエマニュエル・ユインは同時期に、室伏鴻、田中泯、笠井叡を学生たちに紹介することで、ダンス芸術のアーティスト養成のなかで特に舞踏に焦点を合わせている。エマニュエル・ユインは、公演や若いアーティストの教育のために笠井叡をアンジェ市に招き、作品『SPIEL／シュピール・遊戯』で共演することで、フランスでは長い間あまり真価を認められていなかった日本の前衛に属するこの重要人物の再発見に一役買った。

舞踏の前衛的側面へ向けられるこうした最近の関心は、一九六〇年代の前衛芸術への盛んな参照というかたちで歴史への配慮が現れ始めた、二〇〇〇年代の美学史的契機に含まれるものである。ダンス分野でおよそ一九九〇年代半ば以降[94]と位置づけられるこの傾向は、一九八〇年代に舞踏がフランスに登場した当時の「白紙」状態とは正反対である。とはいえ、そこでも一九八〇年代と同様、ダンスの参照項の探求はアメリカへ向いている。カニンガムが「若き舞踊」の不可避の参照項であったのに対し、現在の多くの振付家はポストモダン・ダンス、とりわけジャドソン教会の試み[95]とのつながりを再び結ぼうとしている。より周縁的ではあるが、この歴史的眼差しは日本や舞踏へも注がれている。そうして、アメリカと日本に由来する一九六〇年代の前衛が、かつてない方法で交差、合流するのである。

フランスのコンテンポラリーダンスに存在する舞踏への欲望の性質は、歴史や理論への欲求というかたちで発展し、熱狂と無知が一対となっていた登場時の状況とは真逆である。その点においてこれらの舞踏への欲望は、二〇〇〇年代の美学史的契機に顕著な特徴と完璧に一致し、イザベル・ジノがそのことを、「常套句」と題した記事[96]で分析している。ジノは、一九六〇年代の前衛に対するコンテンポラリーダンスの振付家たちの関心を取り

上げ、その二つのダンサー・コミュニティに共通するいくつかの特性を明らかにしている。つまり、とりわけ舞踊批評家が引き受けた理論好き、知的であると同時に感覚的な作業という創作の考え方、ダンスの遺産とダンスについての言説を問う二重の意味で批判的な同時代の創作へのまなざし、反舞踊（アンチ＝ダンス）の形式を盾にとる反スペクタクルの増加、そして、エクリチュールへの関心、すなわち所作を構成することから、措置、すなわち即興指示への移行である。ロランス・ルップは『続・コンテンポラリーダンスの詩学 (*Poétique de la danse contemporaine, la suite*)』のなかでこの分析と同じ見解を示す。「ダンス・アーティストたちが今日スペクタクル的な規範を拒否するのは、アメリカの一九六〇〜七〇年代、さらには一九二〇年代の前衛芸術の時代遅れの反響である」[97]。

実際、この二〇〇〇年代は、ダンスの定義を再問題化し、その限界を拡張する試みが顕著となった時期で、反舞踊（アンチ＝ダンス）を掲げることもあったため、土方がつけたさまざまな名称との意味論的近似も単に瑣末なものと片づけられない。ジェラール・マイヤンとジャン＝マルク・アドルフは、二〇〇〇年代の多くの作品が、「テンポを遅らせ、おおっぴらに誇示するような強さを捨て、動きのよりみえにくい部分に価値を置くことで」[98]、表象の危機を招いたと言う。異なる美学の試みに応えるものとはいえ、ミリアム・グルフィンクの作品やエステール・サラモンの『NVSBL』（二〇〇六年）にみられるような時間の極端な拡張は、一九七〇年代末以降に舞踏によって示された動きと時間の停止と呼応しており、舞踏がかつて切り開いた可能性の範囲に含まれるものである。

この美学史上の新契機は、舞踏作品が示しえたようなさまざまな問題に取り組むが、それは別のプロセスや措置に従い、異なる美的試みにそって進められる。つまり、身体の限界や可能性への試み、身体を過度にさらけ出したり逆に覆い隠したりする実験、踊るフィギュールや視覚対象をぼやけさせること、さらには裸体やゆっくりとした動き、静止状態や水平性についての研究である。こうしたプロセスのすべては、みえるものとみえないもの、観客に何をみせるかということについての一連の問題を提起している。そうした側面がコンテンポラリーダンスの創作においてすでに大きな存在感をもっているとすれば、舞踏はコンテンポラリーダンサーたちに対して、今後さらにどのような影響をもたらすことができるのだろうか。

新世代のダンス・アーティストたちにとって舞踏が参照項になっていることは、まさにコンテンポラリーダン

スと舞踏がさまざまな共通の問題点においていまだに交わり続けていることを示す。彼らのなかには、ベリル・ブルイユのようにアンジェ市国立現代舞踊センターを経由した者、ロランス・パジェスやブルエーヌ・マドレーヌのように財津暁平のもとにいた者、さらにはカミーユ・ミュテルのように岩名雅記のもとにいた者もいる。その移植——岩名雅記と財津暁平による一五年にわたる定期的な教育活動や国立現代舞踊センターでなされる教育——によって、舞踏は必然的に今でもコンテンポラリーダンサーたちのキャリアのなかに脈打っている。彼らは舞踏のなかに、知覚の徹底的な探究、感じる能力の発展を通じた、今日のダンサー養成で広く普及している即興実践やソマティック実践との親和性を見出すことができるのである。

さらに指摘しておきたいのは、これらの若い振付家たち——とりわけベリル・ブルイユ、ロランス・パジェス、ブルエーヌ・マドレーヌ——が、二〇〇八年から二〇一二年にかけてロワイヨモンでミリアム・グルフィンクが行った、「トランスフォルム（Transforme）」という名の講習も受けていたことである。グルフィンクが舞踏との関係を完全に否定しているとしても、その実践のなかに舞踏に近似の、身振りの強度を高めるプロセスを指摘することができる。それは、ヨガのエネルギー実践、呼吸の訓練、微細な部分と極度に明確化された感覚への集中を通して、ダンサーたちが非常にゆっくりとした動きの状態に入り、自らの活力と情緒の状態を変質させるというものである。フェデリカ・ファタニョリは、この振付家が提案する感覚、「身体意識（ボディ・アウェアネス）」、想像力の間の絡み合いから、「エンスタシー（enstase）」概念との密接つながりが現れてくるという。この研究者は、ミルチャ・エリアーデからこの概念を借用してミリアム・グルフィンクの試みを分析し、「多数のダンサーによって今日舞台にあげられている、感性を探る作業[99]」について強調する。「実際この語は、深いところで展開される自省の思慮深い姿勢を伝えることができる。さらにこの語は、今この瞬間に極度の集中を体験しようという欲求を指すのに適していることもわかる」。舞踏や表現主義の美学を否認するこの振付家に対し、それを押しつけようというのではない。重要なのは、表現主義の身振りの地（じ）に似た、その身振りがつくり出されるプロセスを指摘することなのである。

目下のダンス・シーンにおいて、すでに多くの文章が、身振りの強度を高めようとする一つの傾向の存在を指

摘し、幽霊のような身体、もしくは表現主義的な身振りへの一種の回帰として、そうした新たな舞台での存在方式を分析している。イザベル・ロネは、「引用の詩学（ジェローム・ベルの『最後のスペクタクル（*Le Dernier Spectacle*）』で展開されうるような）や変奏（ヴァリアシオン）の詩学に属さない、表現主義の身振りの再出現[100]」に注目している。ジュリー・ペラン[101]は、マチルド・モニエの『猿の広場（*La Place du singe*）』（二〇〇五年）やロイック・トゥゼの『断片（*Morceau*）』（二〇〇一年）のなかに現れる、マリー・ヴィグマンの『魔女の踊り』を例に挙げる。同様にロラン・グマールも、ボリス・シャルマッツの『レジ（*Régi*）』（二〇〇五年）とジェニフェール・ラセとナディア・ロロの『Mhmmmm』（二〇〇五年[102]）に、亡霊としての身体の痕跡がみとめられるとしている。これらの新傾向がすべて、舞踏からの直接的な継承だと断言しようというのではない。舞踏の影響を、過去の遺物、表現主義の噴出というすがたで考察することが重要なのである。イザベル・ロネいわく、過去の遺物（シュルヴィヴァンス）は「踊りの伝統というものを、一筋の河や連続する鎖のようなものではなく、回帰を可能にするものと言い換えうるような、影響力のあるその忘却から考察することを前提としている。またこの遺物は舞踊史を、その違和感、舞踊史のなかでもより抑圧され、より年譜が錯誤したもののうちに思考することをも前提とする[103]」。したがって、二〇〇〇～二〇一〇年代の舞台に表現主義の身振りを捉えることは可能であり、その身振りは、現在の舞台を支配しているような、表現のタブーや心の高ぶりの排斥に、引用、口実、迂回を通して対峙するのである。舞踏はその手段の一つであり、ボヤナ・スヴェジックがグザヴィエ・ルロワについて述べたように、「表現すること、その罪深き快楽の危機に直面した際の逃げ口実[104]」の役目を果たすのだ。身振りの過剰な投入、より強い身振りの探究、顔面にとりわけ代表される末端部分の参加、といったものを主とするタブーを解放する舞踏は、エマニュエル・ユイン、ボリス・シャルマッツ、ラティファ・ラアビッシのように、舞踏を習得せずにそれを参照する振付家たちにとって、身振りやしきたりに常に揺さぶりをかけてくるものと映る。

　ラティファ・ラアビッシと舞踏の間のつながりもこうした傾向に含まれるが、ドイツ由来の表現舞踊、舞踏、フランスのコンテンポラリーダンスの間の身振りの循環にも、新たな光をあてている。ラティファ・ラアビッシがマリー・ヴィグマンの魔女のソロを引き延ばしてみせた『夢遊病スクリーン』に関して、イザベル・ロネは次

のように自問している。

この魔女は、別の魔女を隠しているのではないだろうか。時間の引き延ばし、床で丸くなった体の皮膚の皺や襞、白くなった顔、身振りの脆さ、謎めいたフィギュールの変容作業、それらはここで、舞踏に近似の作業を再開しているのではないか（……）。『夢遊病スクリーン』は思いがけないやり方で、ラティファ・ラアビッシも映像でみていた、とりわけカルロッタ池田や芦川羊子の舞踏に出てくる一連の魔女たちの痕跡を蘇らせているのではないか。実際、作品全体で芦川羊子のグロテスクな変容をみせる『ひとがた』（一九七六年）のなかで土方は、ヴィグマンの踊りのいくつもの主要モチーフ、同じような爆発的ダイナミズムをもつものをすでに引き継いでいたのである。[105]

ヴィグマン作品に向けられたこの踊りは、舞踏の身振りを一種の年譜の逆行のなかで吸収し、その独特な創作プロセスを通じて、表現主義の身振りの地と舞踏の間の近さをあらためて明らかにしている。

イザベル・ロネは言葉を続ける。「ラティファ・ラアビッシのこの『再舞踏』では、ドイツで生まれ一九二〇年代以降日本へ渡り、一九六〇〜一九七〇年代に舞踏によって同化吸収され、一九八〇年代のフランスに再来し、今日あらためて存在感を現している、この表現的な舞踊の美的移住のあらゆる側面が、驚くべき方法で逆行的に凝縮されている」。つまり、このラティファ・ラアビッシの例は、踊られる身振りの循環を、忘却、隠蔽、時間的な飛躍や再浮上からなる非連続な歴史、そのあらゆる複雑性において考察することを促すのだ。その非連続な歴史は、ジュリー・ペランの提案する「ほどけた血統[106]」を通してダンスの継承を考察すること、ロランス・ルップが名付けた「初めて出会った身体間の即座の共存と結合[107]」というものを明らかにすることへと私たちを駆り立てる。「それは、年譜の明白な行程が指図するものよりも、はるかに深みがあると思われる歴史の現れのように、それらの身体状態の間を巧みに航海するためなのである」。

結論　国を越え、断続的に形成される身振りの歴史

錯綜した複数の歴史

フランスでの舞踏の受容という現象のなかでは、さまざまな歴史や時間性、緊張関係が交差している。それは文脈の考察や言説の分析、そして最後に身振りに焦点を絞った観察を通してここまで明らかにしてきたものである。この三つの側面は、単に相補的あるいは並置的であるだけでなく、実際に相互依存の関係にある。たしかに、舞踏が舞踏として招聘され受容されたのは、一九七〇年代の制度的背景——外国、とりわけ非西洋の芸術形式に対してフランスの舞台が門戸を開いていたことと、ダンスの創作へ場が与えられていたこと——が、その助けとなったからである。また、舞踏を突如現れた衝撃的なものとして発見していった受容時の条件と、同時期にプログラムに組み込まれた結果によって、舞踏家の多様性や経歴の独自性は顧みられず、彼らは一つにまとめて「舞踏」の名の下に紹介されてしまった。啞然とさせるこのダンスの魅力は、ついで、歴史のあいまいさと無理解が詰まった言説を助長し、そして誤解をより深刻にしながら、再考されることもなく典拠も顧みられない、一つの均質な舞踏というカテゴリーをつくりあげた。最終的に、それは二つの常套句——ヒロシマと異国趣味(エグゾティスム)——で覆われ、現代の振付家やダンサーの欲望を呼び起こす舞踏となった。背景・言説・身振りの相互作用はしたがって、本質的なものである。

舞踏が日本からフランスへと移転する現象は、「近いもの」と「遠いもの」をめぐる弁証法のなかで、またダンスがもつ記号と力との緊張関係のなかで捉えられる。舞踏というカテゴリーは何よりもまず、〈山海塾〉の様

式的な世界観や記号をもとにして構築されたわけだが、舞踏に内在した力は、ヒロシマの幻想と異国というフィルターによって覆い隠された。このように、言説のなかで遠い他性として舞踏が理解されたことで、舞踏とコンテンポラリーダンスの間に存在しえた、ある近さが隠されてしまったのである。対照的に、作品のなかでは、コンテンポラリーダンスの担い手たちはこのドクサの裏をかいた。つまり彼らは創作において、異国的な記号を踏襲することはせずに、姿勢と重力に関わる力の操作を舞踏から取り入れたのである。この操作は最終的に、フランスのコンテンポラリーダンスの歴史のなかで問題となっている力、すなわち表現主義における身振りの背景に似通っていることが判明する。

フランスでの舞踏の歴史はまた、多様な時間性が織りなすものでもある。この歴史を覆っている常套句は、舞踏の発見という唐突な現象を長い文化史のなかへと刻み込む。その文化史とは、単に戦争の記憶に留まらないフランスにおけるヒロシマの記憶をめぐる諸史、日本的そしてアジア的身体へ向けられる眼差しの歴史、ジャポニスムとオリエンタリズムの歴史、そして最後に、フランスでのモダンダンスとその隠蔽の歴史、つまりコンテンポラリーダンスへの表現主義的身振りの伝達を拒否したという歴史である。ジャポニズムの新たな形式と、ヒロシマを記憶する場をフランスで形成した舞踏は、舞踊史と文化史の往来の中心に位置づけられる。舞踏という出来事は、舞踊分野を超えた影響を生み出したのである。というのも、周縁からフランスの社会に働きかけ、そしてあまりにも長い間、文化史のなかで忘れられた存在であった舞踊芸術が、歴史の動因となりうると証明したからだ。逆に、ダンスの身振りを文化史のなかに書き込むことで、身振りの知覚において働いているダイナミズムの多様性を知ることができるようになる。

フランス舞踊史の読み直し

舞踏は、フランスのダンスに多様な効果を与えた。つまり舞踏は、支配的であった美学に代わるものとなり、コンテンポラリーダンスの領域を拡大しつつそれが歴史と取り結ぶ関係を変化させ、可能性を広げたのである。舞踏のもたらした効果を指摘することは、こうした独自の焦点から、さまざまな美学的契機を含むフランスの舞

踊史を、それを貫く欲望と欠落から読み直すことにもなる。たとえば、舞踏がもつ姿勢の不安定さ、地面へ低く体をおろすこと、脆く弱いものへの志向といった特徴は、一九七〇年代末に支配的であった美学の、筋骨たくましい、勝者の身体とは対照的である。ついで一九八〇年代に入ると、動きの節制・遅さ・みかけ上の不動・そして裸体性が、コンテンポラリーダンスの多くの作品が提示した速さや舞台装置・衣裳の過剰さと区別された。田中泯や岩名雅記といったアーティストのパフォーマンス性と即興の優勢は、ドミニク・バグエやスーザン・バージュがダンス構成上の緻密な作業を行っているのと、ほとんど別物である。

舞踏の事例で伝承されたものは、明らかな熱狂を巻き起こし多くの人を魅了したにもかかわらず、微細なもの、ほとんどみえないもの、脆いもののたぐいである。要するにそれは、身振りの構想の仕方としての、一つの姿勢(ポスチュール)なのだ。同じく伝えられたもので、しかし測定したり数量化したりするのが困難なものは、知覚習慣の変化、期待の地平のシフトチェンジである。宙づりになった時間、無形(アンフォルム)なものの過程、多孔質の身体といったものを提示しながら、舞踏の作品は、スペクタクル性やみえるものとみえないもの、体の輪郭と身体性、舞台上にいること・踊ること・演じることの意味に対して、数々の問いを提起している。つまりこれらの作品は、観客にとってもまたダンサーにとっても、カテゴリーや見方を激変させるものなのである。最も持続した効果は間違いなく、舞踏が身振りの可能性の領域を開いたことにある。そしてこの観点からすれば、舞踏のもつ潜在的な効果はまだまだ底をついてはいないだろう。忘れられていた、あるいはコンテンポラリーダンスの実践者によってわずかに探究されただけの、土方や他の舞踏家による美学的提案は、いまだに数多く残っている。たとえば、身体の横溢や自意識の放棄によって生じる危機に立つ肉体、崩壊の危機に瀕した脆さ、グロテスク、しかし同時に、摩擦を起こすような不潔なダンス、どん底のダンス、犯罪としての舞踊……。

亡霊のような身体性や幽霊的なものへの志向――これらはフランスの舞踊界に完全に不在であったわけではないが、広く否定されたものであった――を浮かび上がらせつつ、舞踏はついにコンテンポラリーダンスの領域へも働きかける。メディアでの成功と主要な舞台芸術の場に出演したことによって、舞踏は地下に隠れていた先人の身振り、すなわち表現主義の身振りを、舞台芸術の中心地に再び招き入れた。そして舞踏は、新しい形式のも

とで、表現主義というコンテンポラリーダンスの過去を強化し、再びそこにつなぎ直すことで、コンテンポラリーダンスの歴史を再確認させるのだ。情動や表現のある種のタブーがあったにもかかわらず、強化された身振り、すなわち表現主義的身振りをフランスの舞台で表出させ続けたことで、舞踏の断続的かつ拡散した最たる効果が現れたのであろう。

「影響」という概念を捨てる

舞踏がフランスへもたらした効果や、内在した力と表現主義の噴出を通した舞踏の身振りの伝達を分析することは、果敢にも直線的ではないダンスの伝達とその影響という考え方を前提としており、それは単に系統的なのではなく、またその遺産を継承していると主張するのでもない、より内密な手段によってもたらされる。そうであるならば、多くの著者にならい「影響」という概念を捨て去ることが好ましいように思われる。「実証主義的と言われた美術の歴史編纂は、影響関係を探すことに長いこと腐心してきた。というのも影響関係は、そこでは絶対的な事実としてみなされていたのであり、またその結果として、美術史にまさに連続性が形成されたのだ」とピエール・ヴェスは指摘している。[1] 影響 l'influence という言葉の語源が水のメタファーを含むために――influere とはつまり「……に流れ込む、……に浸透する」ということである――、また占星術的な含意もあるために、影響という概念は直線的な伝達、流動的でなめらかな引っかかりのない歴史を想定させる。ところが舞踏は、拡散した「ドクサ的」伝達であったため、単純に一つの「影響の源泉」となることができなかった。つまりこれらの「取るに足らない水に由来する」[2] 概念は複雑なこの現象を理解することを妨げ、緊張も弾みもない直線的な舞踊史のなかにフランスの舞踏を書き込ませてしまうのだ。

ところでダンスの伝承では、受け継がれていくものは決して完全な状態の手付かずの身振りではなく、つねに解釈されゆがめられた身振りである。というのも、ジャン＝マルク・アドルフが引用した詩人ロベルト・ファアロスの表現を繰り返せば、「動きの奇妙な伝染」[3] が作用するからである。ある身振りは、「意識の隙間あるいは断想に潜り込み、そして（……）『うわさ』と同じように広がり」うるものとして考えられる。舞踏の身振りの伝達

はきわめて多様な方法によって行われた。模倣、取り込み、デュオの場合の出会いとぶつかり合い、より近年であれば引用、きっかけ、復活、あるいは最近制作されたカトリーヌ・ディヴェレスの『O先生(*O Sensei*)』(二〇一一年)のようにオマージュというやり方で。したがってドクサによって覆われた舞踏という出来事は、「うわさ」として、または、明白なあるいはより密やかなショックの波として考えられるようになる。そしてそれは舞踏家ごとに、また美学的契機ごとに異なる役割を演じながら、コンテンポラリーダンサーの想像力と実践へ働きかけにくるのだ。

表現主義の身振りの地歴史学

表現主義の身振りは、フランスの舞踊史のなかでとりわけ曲がりくねった道のりを通ったように思われる。この身振りは、コンテンポラリーダンスの「爆発」の時期には隠蔽され人目に触れることはなかったが、舞踏の身体性によって再び導入されたのである。しかしその舞踏の身体性のうち、幽霊的身体のいくつかの様式——おそらく最も逸脱しているもの——は、採り上げられることも、コンテンポラリーダンサーの実践のなかに組み込まれることもなかった。新たな忘却の対象として、これらの様式は、つねに表現主義や舞踏を主張するとは限らずに、繰り返し現れてくるようだ。このフランスの舞踊史には「記憶(と拒絶)の穴がいくつも開いており、それまで誰にも知られず、無視され、隠されていた歴史のなかの別の重要な側面を取り戻そうという呼びかけによって、その穴は埋められてゆく」[4]のであり、したがって表現主義の身振りの歴史は、必然的に不連続なかたちで現れるのだ。

この歴史はまた、地理学とも不可分であることが明らかだ。舞踏の移転は実際、フランスと日本という二国間の関係においてだけではなく、この交換に三つ目の柱、すなわちドイツと表現主義舞踊を巻き込んだダイナミズムのなかで理解されるものである。フランスと日本の往来は、むしろこの三つをつなぐ地理学へと開かれているようだ。表現主義の身振りの地歴史学は、身振りの形象=図ではなく、身振りの背景=地(じ)を対象としながら、長い時間のスパンで考察することができよう。こうした歴史はユベール・ゴダールが願ったもので、彼はこの歴史

を、身振りの地を名付ける困難に突き当たった、舞踊史の伝統的な研究方法とは区別している。

踊りを、歴史的な時代区分、地理的な起源、社会的カテゴリー、音楽がもたらす先入観、衣裳や舞台美術の美学、検討対象となるさまざまな身体部位による形など、こうした要素によって分類するだけで満足しようという欲望は大きい。実際、これらすべてのパラメーターは、外側の入れ物は素晴らしく描写しているが、意味をつくりだす身振りの内的なダイナミズムの豊かさにはほとんど接近していない。しかしながら、こうしたパラメーターが生み出す個々の要素、あるいはそれらが表出した形象のなかにではなく、動きとその視覚的な解釈の実践プロセスのなかに、ある恒常性をみつけ出すことが可能である。[5]

ロランス・ルップによれば、「この身振りの地に触れること、そしてその身振りを通し、あるいはさらにそれを超えて、その『姿勢』自体のなかに存在している先人の身体を探り当てることは、もちろん、身体の歴史における至高の考古学的道のりであり」[6]、そして考案すべき歴史は「その隠された道のりと復活の歴史になるであろう」[7]。だからこそ、異なる身体性や舞踊文化の間に生じる遭遇、摩擦、動揺が契機となって、留まることなく編まれ練り上げられていく舞踊史に、ダンスの移転と受容という現象の研究がとりわけ豊かさをもたらしうるのだ。

注

序論　身振りのグローバル化のなかに舞踏をよむ

1　Marie-Françoise Christout, « La lumière des ténèbres : Ariadone au Théâtre de Paris », *Les Saisons de la danse*, n° 161, février 1984, p.14.

2　本名米山九日生（くにお）。一九二八年生まれ、東北地方・秋田県出身の日本人ダンサー、振付家。

3　Odette Aslan (dir.), *Butô(s)*, Paris : CNRS, 2002.

4　こうした移住に伴う現象は、舞踊研究の新たな対象領域をかたちづくっている。その成果としては、舞踊研究学会（CORD = Congress on Research in Dance）による二〇〇一年の大会「世界的循環のなかで踊る移住の動き（Transmigratory Moves Dance in Global Circulation）」や二〇〇七年一一月の「移住する振付／世界的な流動のパターン（Choreographies of Migration: Patterns of Global Movility）」にみることができる。

5　しかしながら、この視点で研究が行われたのはつい最近になってからである。たとえば二〇〇九年東京で、土方巽アーカイヴ主催で開催されたシンポジウム「海外における今日の舞踏（Butoh abroad today）」や、二〇一三年ボローニャ大学での「ヨーロッパ文化の舞踏（Il butoh nella cultura Europea）」を挙げることができる。

6　Rick Takvorian, « Der Einfluss des Butoh ist überall spürbar », *Ballet international*, mai 1992, p. 11.

7　Megan V. Nicely, « Butoh as Migratory Practice », *Conference Program*, CORD, novembre 2007.

8　Christine Greiner, « Researching Dance in the Wild », *The Drama Review*, vol. 51, n° 3, automne 2007; Judith Hamera, « Silence that Reflects: Butoh, *Ma*, and a Crosscultural Gaze », *Text and Performance Quarterly*, n° 10, 1990, p.53-60; Katherine Mezur, « Butoh California Style and High Orientalism : the Dance of Darkness in the Golden State », colloque CORD/SDHS/CND, juin 2007, *Conference Program*, p. 54 ; Jonathan Marshall, « Bodies across the Pacific: the Japanese National Body in the Performance Technique of Suzuki and Butoh », *Antithesis*, n° 7.2, 1995, p. 50-65.

9　前述のオデット・アスラン編纂の『*Butô(s)*』や、フランスの批評のなかでカルロッタ池田がどのように受容されたのかを博士論文の一部分で論じたイヴォンヌ・テーネンバームの研究からは、多くの情報を得ることができる（Yvonne Tenenbaum, « Vision du monde et corporéité : la danse et le corps dansant », thèse en arts et sciences de l'art, université Paris-I, 1996）。また多くの修士論文がこのテーマに取り組んでいる（Jin-Hwan や Hervault）。さらに、民族舞台学からのアプローチで舞踏の実践について論じたものとして、アンヌ＝ロール・ラマルクによる博士論文『到達手段としての踊りと芸術——フランスと日本の間にある舞踏（*Le dansé et l'art comme*

véhicule : butô(s) entre France et Japon)』（thèse en théâtre sous la dir. de Jean-Marie Pradier, université Paris-8, 2012）を参照できる。

10 日本人ダンサー、振付家。一九三九年生まれ。

11 大野一雄のもとで学んだダンサーによるデュオ。一九七〇年代にオランダへ渡り、のちにニューヨークへ移住した。

12 日本人ダンサー、振付家、パフォーマー。一九四五年東京生まれ。一九八八年にフランスへ移住。

13 本名池田早苗。日本人ダンサー、振付家（一九四一〜二〇一四年）。

14 付録の年表を参照のこと。

15 受容という概念は二〇世紀後半以降、理論上の問題として扱われてきた。とりわけそれに拍車をかけたのは、受容美学を提唱したハンス・ロベルト・ヤウスとヴォルフガング・イーザーの業績である。このアプローチが目指したものは、文学史において支配的であった視点を変えること、つまりいつも作者に焦点を合わせ、読者を無視していた視点を、根本的に反転させることであった。これらの研究者により、イタリアのアカデミックな伝統に由来する「fortuna critica（批評的評価）」にかわって、ドイツ由来の概念「Rezeption（受容）」が広く普及することとなった。

16 文化移転という概念は、ミシェル・エスパーニュとミカエル・ウェルネルによる文学とりわけドイツ文学研究によって理論化され、文化交流という現象をその対象としている。これらの現象は、従来「（異文化との接触による）文化変容」として、また被支配文化への支配文化の影響力とみなされてきた。この新たな概念においては、その地域での再解釈や変容、つまり交流の過程で必然的に作動する受容のダイナミズムが重視される。歴史の編纂における国家という単位に疑問を呈することも、この研究方法がもたらすものの一つである。

17 Roger Chartier, *Les Origines culturelles de la Révolution française*, Paris : Seuil, 1990, p. 30.〔ロジェ・シャルチエ『フランス革命の文化的起源』松浦義弘訳、岩波書店、一九九四年、二九〜三〇頁も参照〕

18 Georges Banu, « L'avant-garde américaine et la 'surexposition' française », *Théâtre/Public*, nº 190, octobre 2008, p. 55-58.

19 多くの社会学研究が長い間、観衆や読者層の社会人口統計学的特徴を知ろうとつとめ、次いでフィールドワーク調査に基づいて受容の様相を分析しようとしてきたが、私たちは対照的に、観客へのインタビューから得られたものよりも批評の言説に重点を置いた。実際にピエール・ヴェルドラジェが作家ナタリー・サロートの受容研究において強調したように、美学的立場を聞き出す対話は、問題の決めつけという「インタビューやアンケート調査」に広くみられる難点、つまりそこにはすでに有力な批評家や「専門家」の言説が広く浸透しているという点を提示している（Pierre Vendrager, *Le Sens critique : la réception de Nathalie Sarraute par la presse*, Paris : L'Harmattan, 2001, p.21）。ただし本書では、フランスでの最初期の舞踏上演に立ち会った多数の観客の声にも非公式の対話を通して耳を傾け、アーカイヴや言論分析の作業を補足した。

20 フランス語で出版された舞踏に関する研究書は、二〇〇二年に決定的な論文集『*Butô(s)*』が登場するまでかなり停滞していた。

読者には付録の文献リスト（大学での多くの未刊の研究も含まれている）を参照されたい。近年、数本の博士論文が複数の分野で提出されており、それは実践から出発して哲学的視点（Doganis）や人類学的視点（Iwahara, Lamarque）からの分析を行っている。分野横断的ないくつかの研究（Haerdter & Kawai, Fraleigh, Salerno）を除いては、舞踏に関する西洋における研究はその創始者大野一雄（Greiner, Collini Sartor, D'Orazi, Franko）と土方巽（Kurihara, De Vos, Barber, Centonze, Baird）についてのものが大半である。これらの動向は、東京の慶應義塾大学に設置されている土方巽アーカイヴと、日本とイタリア・ボローニャ大学の大野一雄のアーカイヴの組織化と活用によって促進された。

21 Umberto Eco, *L'Œuvre ouverte*, Paris : Seuil, 1979.

22 舞踊作品は実際、芸術作品のあらゆる哲学的分類、そして対象としての固定化を逃れるため、存続／残存することが難しい。Frédéric Pouillaude, *Le Désœuvrement chorégraphique : étude sur la notion d'œuvre en danse*, Paris : Vrin, coll. « Essais d'art et de philosophie », 2009.〔美学や哲学が伝統的に想定してきた「作品」という概念は、対象が不在でエフェメラルなダンスに関しては機能不全を起こす。そこでプイヨードはダンスの行為的特色に着目しつつ、ブランショの「無為 désœuvrement」が含意する「作品へと組織する営みを解体する力」を「脱作品化」とし、ダンスを論じる鍵として用いた。〕

23 Isabelle Ginot, « La critique en danse contemporaine : théories et pratiques, pertinences en délires » (t. I), habilitation à diriger les recherches, université Paris-8, 2006, inédit, p. 3.

24 Isabelle Ginot, Christine Roquet, « Une structure opaque : les *Accumulations* de Trisha Brown », *Être ensemble : figures de la communauté en danse depuis le XXe siècle*, Pantin : CND, 2003, p. 256.

25 Pierre Bourdieu, « Les conditions sociales de la circulation internationale des idées », *Actes de la recherche en sciences sociales*, nº 1, vol. 145, 2002, p. 4.

26 民族舞台学とは、パフォーマティヴで編成された、演劇的な人間の振る舞いや営みに関する学問であり、美学と人類学が交差する領域である。ジャン＝マリー・プラディエの研究を参照のこと。

27 ひとつひとつの誤りを指摘していくことが本書の目的ではなく、ここでは常套句を生み出した集合的な現象とそれがもたらした結果を分析することを目指す。

28 〔訳注〕doxaは、プラトン哲学では「臆見」を意味し、エピステーメ（科学的知識）に対立するものとして、一段階低位の感覚に基づく誤った知覚や意見として批判された。また、ロラン・バルトの定義では、大衆の臆見、プチブルジョワ的な合意、自然の声、先入観の暴力であり、抵抗すべきものとされた。本書が依拠するアンヌ・コクランは、doxaに対するこうした否定的な伝統を踏襲せずに、それを「別の思考のあり方」であり、独自の論理や美学をもつものとしてより客観的に捉え直している。よってここでは、臆見や通念という訳ではなく、「ドクサ」とカタカナで表記した。

29　Anne Cauquelin, *L'Art du lieu commun : du bon usage de la doxa*, Paris : Seuil, 1999, p. 163. 続く二つの引用も同典拠より。

30　*Ibid.*, p. 172. 続く引用も同典拠より。

31　Roland Huesca, *Triomphes et scandales : la belle époque des Ballets russes*, Paris : Hermann, coll. « Savoirs sur l'art », 2001, p. 175. 続く引用は同典拠の p. 177 より。

32　以下を参照。Marianne Filloux-Vigreux, *La Danse et l'institution : genèse et premiers pas d'une politique de la danse en France. 1970-1990*, Paris : L'Harmattan, 2001 ; Sylvia Faure, *Corps, savoir et pouvoir : sociologie historique du champ chorégraphique*, Lyon : Presses universitaires de Lyon, 2001 ; Muriel Guigou, *La Nouvelle Danse française*, Paris : L'Harmattan, 2004.

33　一九七〇、八〇年代に関する著作や記事は存在しているが、その多くは振付家や批評家の証言録であり、真価が認められていないダンサーや振付作品に関しては、それらが唯一の情報源となっている。専門研究や美学的分析は、シャンタル・オブリによる矢野英征（ひでゆき）の伝記と、ドミニク・バグエに関するイザベル・ジノの著作、そして大学に提出された博士論文・修士論文を除くとごくわずかである。

34　フランスの舞踊分野での現代史を研究するグループで、シルヴィアーヌ・パジェス、メラニー・パパン、ギョーム・サンテスによって創設された。

35　Hubert Godard, « Le geste et sa perception », *in* Isabelle Ginot, Marcelle Michel, *La Danse au XXe siècle*, Paris : Larousse, 2002, p. 239. 続く引用は同典拠 p. 236 より。

36　身体性（corporéité）とは、科学技術的・機能的視点から分析された、一見もっともらしい身体のカテゴリー――社会的・文化的・象徴的な側面は考慮せず、身体を客観的な視点からのみ観察し、解剖学的事実だけに基づいて決定されたカテゴリー――と区別するためにつくりだされた概念である。ダンスの実践に際しては、「身体はもはや、一つの本質に準拠する、閉ざされた、個人的な現実として考えられることはない。身体はまた、生物学的な実態に還元されるわけでもない」。(Julie Perrin, « Les corporéités dispersives du champs chorégraphique », in *Projections : des organes hors du corps*. インターネット・サイト「Epistémocritique」、二〇〇八年公開、一〇二頁)。哲学者ミシェル・ベルナールの定義によれば、身体性は「感覚的・欲動的・そして運動に関わる力の、偶発的で不安定な変化しやすい網目状のものであり、それどころか、社会の共同幻想および個人の根源的想像界に基づく二重の力によって、操作され管理されていく、エネルギー強度のスペクトル」として思考されるべきものである。(Michel Bernard, *De la création chorégraphique*, Pantin : Centre national de la danse, 2001, p. 225)。

37　〔訳注〕このバルトの著作は、一九七四年に宗左近により、『表徴の帝国』という邦題で翻訳され、広く日本に知れわたった。その後、二〇〇四年には石井美子による新訳が『記号の国』という題で出ている。ここでは、最も人口に膾炙している最初の訳語をあてた。

38　Jean-Marie Bouissou, « La représentation du Japon et son évolution à travers l'iconographie des hebdomadaires français（1979-1993）, *Mots : les langages du politique*, « Parler du Japon », N° 41, décembre 1994, p. 99.

39　Robert Guillain, *Japon : troisième grand*, Paris : Seuil, 1969 ; Christian Sautter, *Japon : le prix de la puissance*, Paris : Seuil, 1973 ; Nicolas Bouvier, *Chronique japonaise*, Lausanne : L'âge d'homme, 1975.

40　小津の映画が最初にフランスで上映されたのは一九七八年――舞踏の発見と同じ年――、作品は一九五三年制作の『東京物語』であった。

41　日本文学を翻訳する動きはかつて、きわめて断続的ではあったが何度か現れた。一九一四年以前は、ほぼ皆無と言えるほどフランス語への翻訳は存在しなかった。その始まりは非常にゆっくりとした目立たないもので、フランス人の読者はごくわずかの日本人作家にしか触れることはできなかった。この状況はフランスにおける日本文学の黄金時代といえる一九八〇～九〇年代まで続いた。Georges Gottlieb, « Jalons pour une histoire des traductions françaises du roman japonais moderne en France au xxe siècle », *in* Muriel Détrié, *France-Asie : un siècle d'échanges littéraires*, Paris : You-feng, 2001, p. 69-92.

42　Eugen Herrigel, *Le Zen dans l'art chevaleresque du tir à l'arc*, Paris : Dervy, 1997［1948. 仏訳の初版は一九五五年］.

43　Jacques Brosse, « Zen : brève histoire d'un malentendu », *Traverses*, « Japon Fiction », novembre 1986, n° 38-39, p. 206-215 ; Umberto Eco, « Le zen et l'Occident », *Revue d'esthétique*, n° 44, 2003, p. 49-64.

44　ルネ・シフェールの研究は一九五〇年代から出版されていたが、日本研究が発展するのはオーギュスタン・ベルク、次いでモーリス・パンゲ、ジャン＝フランソワ・サブレ、フィリップ・ポンス、ジャン＝ジャック・チュダン、ベルナール・フランクといった著者の研究が刊行される一九七〇～八〇年代を待たなければならない。

45　Bernard Frank, « Un pays qui suscite les passions », *in* Jean-François Sabouret（dir.）, *Japon : peuple et civilisation*, Paris : La Découverte, 2004, p. 35-40.

46　Jean-Marie Pradier, « Ethnoscénologie : les incarnations de l'imaginaire », *Degré*, n° 129-130, printemps-été 2007, p. c-5.

47　一八六七年の万国博覧会では、「舞台芸術分野での日仏交流の歴史へ、最初の布石を打った日本の曲芸師の団体」が登場した。Sophie Jacotot, « Sada Yacco à l'Exposition universelle de 1900 : l'entrée en scène du corps japonais en Occident », *48/14 : la revue du Musée d'Orsay*, n° 20, printemps 2005, p. 19.

48　川上貞奴は、サダヤッコとしてフランスで知られ、「古典」舞踊を披露した。

49　Jean-Jacques Tschudin, « French Discovery of the Japanese Theatre », *in* Stanca Scholz-Cionca, Samuel L. Leiter, *Japanese Theatre and the International Stage*, Leiden, Boston, Cologne : Brill, 2000, p. 57-58.

50　上演年は一九五七年、一九六二年、一九七一年。

51　同一九六五年と一九七四年。

52　ピエール・ノラによれば、現代史（タン・プレザン）は最近起きたことを歴史化する方法を前提とするため、特有のアプローチと対象が必要となる。ここでは「現代史に特有の時間を理解可能にするさまざまなカテゴリーが求められ、たとえば世代という概念がそれに該当する。この他に、出来事（エヴェヌマン）という概念を再考すること、記憶を批判的にみる歴史的アプローチの増強、新たに文化史が中心的役割を担うこと、〔社会に働く力を含めた〕政治的なものという基準に戻し政治史を考え直すこと、知識人・象徴・記念といった主題への新しい注目、私たちにとって真に現代的であるものに関する新機軸の問いかけなどが挙げられる」。Pierre Nora, « De l'histoire contemporaine au présent historique », *in* Institut d'histoire du temps présent, *Écrire l'histoire du temps présent : en hommage à François Bédarida*, Paris : CNRS, 1993, p. 47.

53　Robert Frank, préface, in *Écrire l'histoire du temps présent*..., *op. cit.*, p. 12.

54　批評記事の資料体は主に、全国紙と月刊あるいは月二回刊行される専門誌、部分的にはそれを補うために週刊紙や地方紙の記事も含めた体系的な調査に基づいて検討されている。この資料体は年代ごとの掲載本数に関する量的情報を示してもいるが、これらのテクストが舞踏の認知へもたらしたものや、文体上の視点を創造したという事実を明らかにするために、とくに質的分析の対象とした。

55　参考文献一覧と年表を参照のこと。

56　一九七七年生まれの日本人ダンサー。マイムの研鑽を積んだ後、岩名雅記に舞踏を習う。一九九九年からパリを拠点に活動。

57　一九七六年生まれの日本人ダンサー。大野一雄と岩名雅記に舞踏を学んだ後、パリを拠点に活動する。

58　この実践においても、他の資料と同様に批評的な視点が求められる。というのもこの特異な経験は、他の舞踏がもつ美学に対する見方を方向付けてしまうので、まったく違った伝達の仕方――大野慶人、カルロッタ池田、桂勘によるマスター・クラス――を観察し、ダンサーや振付家との対話によって得られた資料と自分自身の体験とを突き合わせる必要があった。

59　本書は二〇〇九年、イザベル・ロネとジャン＝マリー・プラディエの指導のもと、パリ第八大学に提出された博士論文に基づいている。今回の出版に際し、最近の刊行、新たな資料をもとに、そしてコンテンポラリーダンスと舞踏の関係もさらに発展したことから、いくつかの視点を付け加えた。

第一章　瞬く間に成功した歴史

1　Odette Aslan (dir.), *Buto(s)*, *op. cit.*, p. 23.

2　〔訳注〕女優シルヴィア・モンフォールの舞台は、一九七二年の創立以降、「ヌーヴォー・カレ（Nouveau Carré）」や「カレ・シルヴィア・モンフォール」、「シルヴィア・モンフォール劇場」と変化した。ここでは煩雑化を避けるために、「シルヴィア・モン

フォール座」で統一している。

3 一九四七年生まれの日本人ダンサー、振付家〔二〇一五年没〕。

4 日本人ダンサー、一九六六年より土方のもとで踊りを学び始め、一九六八年以降は土方の全作品に出演。

5 田中泯（本名田中捷史）、一九四五年生まれの日本人ダンサー、振付家。

6 〈アリアドーネの會〉は一九七四年にカルロッタ池田が創設したカンパニー。一九七六年に室伏鴻が創立した〈背火〉と長年にわたり共同制作する。一九七八年に両カンパニーは『最後の楽園』を三人の踊り手——室伏鴻、カルロッタ池田、ミゼール花岡——で共同上演した。

7 アンドレ＝フィリップ・エルサン、一九九一年四月二三〜二四日にパリ市立劇場で上演されたカルロッタ池田とエルヴェ・ディアスナスの『白い一日』の公演パンフレット。

8 Marie-Françoise Christout, « La lumière des ténèbres », *Les Saisons de la danse*, n° 161, février 1984, p. 14. 強調は引用者による。

9 フランスへの舞踏到来となったこの芸術的事件は、多くの語り——プレス批評、証言、回想——のなかで構築され読解される以上、マスメディア的、歴史的な尺度で測られる。ある出来事の芸術的大きさというものを、その成功ではなく、持続的な特徴から定義する著述家も多い。たとえばマルティーヌ・ミリヨンは、「この出来事は、演劇史上に一つの変動を引き起こし、あるアーティスト集団の創作をすっかり変革させてしまうかもしれない」と述べている。Martine Million, « Faire événement », *L'Art du théâtre*, Arles : Actes Sud, automne 1998, n° 9, p. 23.

10 Jean-Claude Diénis, « Le Dernier Éden », *Les Saisons de la danse*, n° 102, mars 1978, p. 16-17.

11 *Ma, espace-temps du Japon : musée des Arts décoratifs, 11 oct.-11 déc. 1978*, Paris : Festival d'Automne à Paris, 1978.

12 « La danseuse japonaise », Journal télévisé, TF1, 19 octobre 1978, 3 mn 15 s. Archives INA. 次の引用も同典拠より。

13 Pierre Lartigue, « Éloge de l'ombre », *L'Humanité*, 24 octobre 1978.

14 Lise Brunel, « Danse des ténèbres », *Le Matin de Paris*, 7 novembre 1978.

15 Jean-Marie Gourreau, « Tanaka Min », *Pour la danse*, n° 47, décembre 1978-janvier 1979, p. 13-14.

16 Marcelle Michel, « Retour au Japon primitif », *Le Monde*, 27 janvier 1978.

17 Corine et Rémy, « Le Dernier Éden au nouveau Carré », *Libération*, 3 février 1978.

18 たとえばLise Brunel, « Le corps en question », *Les Saisons de la danse*, n° 103, avril 1978, p. 32-33.

19 日刊紙では『ル・モンド』、『リベラシオン』、『リュマニテ』、『ル・フィガロ』、『ル・マタン・ドゥ・パリ』、『フランス・ソワール』、専門誌では『レ・セゾン・ドゥ・ラ・ダンス』、『プール・ラ・ダンス』、『アート・プレス』。

20 Simone Dupuis, « Danses des ténèbres... », in Sylvie de Nussac, *L'Année de l'Opéra et de la danse : 1978*, Paris : Calmann-Lévy, 1978, p. 200.

21　パリ秋季フェスティヴァルのアーカイヴに保存されている、フェスティヴァルの総務部長であったドミニク・パレが、文化省展覧会部門のメナール氏に宛てた一九七八年一二月六日の手紙。売上高の総計は当時二九万五千フランに上った。展示は一九七九年一月八日まで開かれ、次いでアメリカを巡回した。

22　慶應義塾大学の土方巽アーカイヴの責任者であり、一九七八年に土方のカンパニーの制作を担当していた森下隆の証言による。

23　フランス国立図書館所蔵のシルヴィア・モンフォール座アーカイヴ。続く二つの引用も同典拠より。

24　プロジェクトが進行してゆくなか、おそらく土方自身が踊らなくなり渡仏する気がないという理由によるものと思われるが、徐々にこの振付家の作品の場は彼のダンサー芦川羊子の出演へと縮小された。そうして招聘枠は、田中泯にも拡げられたのである。

25　『間』展の枠組みに複数のダンサー集団を出演させることは可能である。プロジェクト全体で予算を節約することを条件に可能である」。パリ秋季フェスティヴァル・アーカイヴ所蔵の内部資料より。

26　二〇〇〇年の『ザ・ドラマ・レヴュー』誌が採用した英訳ではこれらの異訳を一つの題と副題に集め、「12 Phases of a Dancing Girl of Darkness: Fortnight for the Louvre Palace」とまとめている。以下を参照。Kurihara Nanako, « Hijikata Tatsumi: the Words of Butoh », *The Drama Review*, New York, vol. 44, t. 165, nº 1, été 2000, p. 12-82.

27　Lucile Rossel, « Tanaka Min : un nouveau regard sur la danse », *Les Saisons de la danse*, nº 111, février 1979, p. 33.

28　以下を参照。Odette Aslan (dir.), *Butô(s)*, *op. cit.*, p. 23.

29　つづいて彼は、シャトーヴァロン・フェスティヴァルの芸術監督となり、一九八二年にシネマテーク・ドゥ・ラ・ダンス（Cinémathèque de la danse）のディレクターに就任した。

30　エリック・サンドランは一九八九年、一九九〇年、一九九三年に田中泯に関する映画を撮影している。

31　以下を参照。Monique Hébré, « Ma rencontre avec Tanaka M. », *in* Odette Aslan (dir.), *Butô(s)*, *op. cit.*, p. 190-191.

32　このパフォーマンスは、ジョセフィーヌ・ガタリとフランソワ・パンによって録画された。François Pain, Joséphine Guattari, *Min Tanaka : danseur de butô*, 1987, 28 min. この映像に関しては、特にダニエル・ドベルスの解説とヴィオレタ・サルヴァティエラの分析がある。Daniel Dobbels, « Ses jambes sont grises... », in *La Danse : naissance d'un mouvement de pensée*, Paris : Armand Colin, 1989, p.140-141; Violeta Salvatierra, « La performance dansée et l'intervention dans le monde social : du devenir collectif d'autres publics de danse », mémoire de master en danse, université Paris-8, 2008.

33　オデット・アスランによれば、パフォーマンスは彼らの自宅で行われた。以下を参照。Odette Aslan (dir.), *Butô(s)*, *op. cit.*, p.178.

34　たとえばこの展示の企画者である磯崎新は、一九七八年五月二六日の手紙でミシェル・ギイに、ミシェル・フーコーとクロード・レヴィ＝ストロースに日本で最近会ったこと、彼らがこの展示会に関心を向けていたことを伝えている。この手紙ではまた、彼らがロジェ・カイヨワとロラン・バルトとともに、展示会カタログに執筆することを希望する旨が示されている。実際には、バ

ルトのみがカタログの序を書くことになる。*Ma : espace temps du Japon, musée des Arts décoratifs..., op. cit.*; *Œuvres complètes, t. V : 1977-1980*, Paris : Seuil, 2002, p. 478-480.

35 このインタビューは録音され、国立舞踊センター所蔵「リズ・ブリュネル・コレクション」に保存されている。この二人のアーティストは、一九七三年にサン＝トロペのミリー・クラブで踊ったことを彼らの著作のなかではっきりと述べている。*Eiko and Koma: Time Is Not Even, Space Is Not Empty*, Minneapolis : Walker Art Centre, 2011, p. 297.

36 一九四九年に京都で生まれた日本人ダンサー、振付家。

37 Marcelle Michel, « Le Festival de Nancy », *Le Monde*, 15 avril 1977. 次の引用も同典拠より。

38 Lucile Rossel, « Miura : danseur buto », *Les Saisons de la danse*, n° 107, octobre 1978, p. 41. 次の引用も同典拠より。

39 出版された博士論文『シラノと侍たち——二〇世紀前半のフランスにおける日本演劇（*Cyrano et les Samurai : le théâtre japonais en France dans la première moitié du XXe siècle*）』（Paris : Publications orientalistes de France, 1986）の著者。

40 専門家である國吉和子によって一九八五年に作成された舞踏家たちの年表に含まれている。以下を参照。Kuniyoshi Kazuko, *An Overview of the Contemporary Japanese Dance Scene*, Orientation Seminars on Japan, n° 19, The Japan Foundation, 1985. 古関すま子ははっきりと自身の自伝のなかで、三浦一壮から受けた教えを引用している。国立舞踊センター所蔵「古関すま子資料」を参照せよ。

41 一九八一年二～三月にマレ文化センターで上演された『エンジェル・コア（*Angel Core*）』の公演パンフレット（国立舞踊センター「ジャン＝マリー・グーロー・コレクション」所蔵）。

42 日本人ダンサー（一九〇六～二〇一〇年）。

43 一九四九年生まれの日本人ダンサー、振付家。一九七五年に東京で〈山海塾〉を創立。

44 笠井叡は一九四三年生まれの日本人ダンサー、振付家。

45 〈山海塾〉はシルヴィア・モンフォール座で公演し、レ・アルのフォーラムでは屋外でパフォーマンスを行った。大野一雄はデファンス地区のレ・キャトル＝タン・スタジオで踊った。

46 この年の五月と六月に行われたこれらの舞踏公演について、フランスの全国紙に一五以上の記事が出ている。『ル・モンド』紙は多くの批評文を出し、『リベラシオン』紙はまるまる一頁を割いた。

47 一九九二年に遅れて初渡仏した玉野黄市、一九九七年に渡仏した高井富子、さらに遅れて二〇〇四年に渡仏した遠藤公義（ただし）は例外である。個人的な選択、あるいは認知のネットワークや国際招聘の恣意性の弊害を受けて、欧州へ「輸出」されないその他の舞踏家たちもいる。

48 田中泯は一九七八年のパリ秋季フェスティヴァルへの初招聘に続いて、ラ・フォルジュ、パレス座、バスティーユ劇場、ナンシー国際演劇祭など多くの場で踊り、ポンピドゥー・センターのテラスやパリ国立高等美術学校などを含むさまざまな場でサイトス

ペシフィック・パフォーマンスを行っている。巻末の年表を参照せよ。

49 彼女は一九七七年のナンシー国際演劇祭に参加後、一九八一年にソロダンサーとしてフランスに戻ってきた。

50 一九四三年生まれの日本人ダンサー、俳優、振付家。

51 一九四六年広島生まれの日本人ダンサーで振付家の大須賀勇が創立したカンパニー。

52 一九五〇年福岡生まれの日本人ダンサー、振付家。

53 一九七九年にパリのアン・ファス劇場で公演を行う何年も前から、彼はオランダおよびドイツに拠点を置いていた。

54 アメリカに拠点を置く彼らは、一九八一年にパリのアメリカン・センターに、また一九八四年にアヴィニョン演劇祭に招聘された。

55 フランスにおいてキジマ・サイは、彼が自身の研修会で今日「日本武道」の一つと定義するKaladoの実践者として自らを紹介している。とはいえ彼は、一九八五年にキロン・スペースで開かれた最初の舞踏フェスティヴァルに招聘されており、同年に出版された『舞台――キロン・スペース刊行誌』の舞踏特集号に掲載された一記事で中心的に取り上げられている。

56 青森県生まれの日本人ダンサー、振付家。

57 この記者が行ったインタビューの際のメモ（国立舞踊センター資料室、パンタン市「ジャン＝マリー・グーロー・コレクション」所蔵）には、佐々木満が自らを土方の弟子と名乗っていることが記されている。

58 このカンパニーはその後、一九八五年一〇月のシアトル公演でダンサー一人が亡くなる事故にみまわれるまで、世界中でこのパフォーマンスを行った。

59 Odette Aslan (dir.), *Butô(s)*, *op. cit.*, p.156.

60 Jean-Pierre Thibaudat, « Festival de Nancy : la fête du buto. Les métamorphoses du lapin », *Libération*, 21 mai 1980, p. 13.

61 巻末の年表を参照せよ。

62 諸国民演劇祭は一九五四年の第一回パリ国際フェスティヴァル（Festival international de Paris）に続いて一九五七年にユネスコ内部に創設された。一九六六年から一九六八年にかけて、俳優で演出家のジャン＝ルイ・バローがディレクターを務めた。

63 たとえば、一九六九年の〈ブレッド＆パペット・シアター〉や、一九七一年のボブ・ウィルソンの『聾者の視線（*Deafman Glance*）』。

64 Osvaldo Obregon, *La Diffusion et la réception du théâtre latino-américain en France de 1958 à 1986*, Besançon : Presses universitaires franc-comtoises, 2002.

65 Michel Guy, « Dix ans et la suite », *in* Jean-Pierre Leonardini, Marie Collin et Joséphine Markovits, *Festival d'Automne à Paris 1972-1982*, Paris : Messidor/Temps actuels, 1982, p. 13-15. 次の引用も同典拠より。

66 以下を参照。Odette Aslan, « Un nouveau corps sur la scène occidentale », in *Le Corps en jeu*, Paris : CNRS, 1993, p. 307-314.

67 Jean-François Lepoultel, « Sankai Juku », *Les Saisons de la danse*, n° 185, été 1986, p. 15.

68 マース・カニンガム、トリシャ・ブラウン、ジョージ・バランシン、ダグラス・ダン、ルシンダ・チャイルズ、トワイラ・サープ、アンディ・ドグロート、キャロル・アーミテイジ、デーナ・レーツ、マーサ・グレアム、イヴォンヌ・レイナー、メレディス・モンクなど。

69 スーザン・バージュ、カロリン・カールソン、アンディ・ドグロート、リラ・グリーン、ウェス・ハワード、アンヌ・コーラン、ロバート・コヴィッチ、ソフィー・レサード、ジョエル・ルーヒト、マーサ・ムーア、マーク・トムキンズなど。

70 この問題に関しては、以下を参照せよ。Gérard Mayen, *Un pas de deux France-Amérique : 30 années d'invention du danseur contemporain au CNDC d'Angers*, Montpellier : L'Entretemps, 2012.

71 たとえば、ダニエル・アジェジラス、マル・エロド、ドミニク・バグエ、ジャン＝クリストフ・ボクレ、ドミニク・ボワヴァン、アンヌ・カリエ、キリナ・クレモナ、アニエス・ドゥニ、ディディエ・デシャン、ブリジット・デュメズ、ジャン＝クロード・ガロッタ、ジャック・ガルニエ、ジャン・ギゼリクス、ミシェル・アレ＝エガヤン、カトリーヌ・アスレ、ミシェル・ケレメニス、ブリジット・ルフェーヴル、ミシュリーヌ・ルリエーヴル、ナデージュ・マクレー、ジャン＝マルク・マトス、ドミニク・メルシー、マチルド・モニエ、ジャック・パタロッジ、ドミニク・プティ、ウィルフリード・ピオレ、ミシェル・ルゴ、エルヴェ・ロブ、シドニ・ロション、カリーヌ・サポルタ、クリスティーヌ・ヴァルジャン、クレール・ヴェルレ……。以下を参照。Gérard Mayen, *Un pas de deux France-Amérique..., op. cit.* ; Michèle Dardy-Cretin, « Annexe VI : la danse contemporaine en France dans les années 1970 », in *Michel Guy : secrétaire d'État à la culture 1974-1976*, Paris : Comité d'histoire du ministère de la Culture, n° 22, 2007, p. 221-232.

72 ダンサーのハリー・シェパードやエルザ・ウォリアストン、もしくは音楽家スティーヴ・レイシーは、ジャズの音楽家や造形美術家、音響詩の作家たちなどとともに自作の発表や教育の場をそこに得た。以下を参照。Nelcya Delanoë, *Le Raspail Vert : l'American Center à Paris. 1934-1994. Une histoire des avant-gardes franco-américaines*, Paris : Seghers, 1994, p. 118.

73 そのなかには、トリシャ・ブラウン、ディヴィッド・ゴードン、ヴァルダ・セッターフィールド、スティーヴ・パクストン、リサ・ネルソン、シモーヌ・フォルティがいた。以下を参照。Amélie Clisson-De Macedo, « Petite chronique des Fêtes musicales de la Sainte-Baume (1976-1980) », *in* Isabelle Launay et Sylviane Pagès (dir.), *Mémoires et histoire en danse : Mobiles*, n° 2, Paris : L'Harmattan, 2010, p. 443-454.

74 「モダンダンス」「コンテンポラリーダンス」「若き舞踊」「ヌーヴェル・ダンス」といったさまざまな表現が用いられ、まさにこの時期は語彙的に非常に混乱している。

75 パリの会場として、キロン・スペース、ラ・フォルジュ（・ロワイヤル）、バスティーユ劇場、アン・ファス劇場、デファンス

地区のレ・キャトル＝タン・スタジオ、パラス座、ボリス・ヴィアン財団、マンダパ・センター、ポッシュ劇場、カンパーニュ＝プルミエール劇場、その他、周辺区や左派系郊外都市に多くの組織が存在する。

76 二〇〇五年に開催を止めざるをえなくなったエクス舞踊フェスティヴァルは除く。

77 田中泯は、一九八〇年にアヴィニョン冬季フェスティヴァル、〈アリアドーネの會〉は一九八一年にリヨンのメゾン・ドゥ・ラ・ダンス（Maison de la danse de Lyon）、古関すま子は一九八二年にモンペリエ舞踊フェスティヴァルに登場した。

78 例として、エクス舞踊フェスティヴァルは創立当初から、一九七七年にフランソワ・ラフィノおよびマギー・マラン、一九七九年にオディール・デュボックや〈太陽炉（Four Solaire)〉というように、コンテンポラリーダンスの振付家にデビューの場を与えた。ヴァル＝ドゥ＝マルヌ舞踊ビエンナーレは最初のシーズンですでに、フランソワ・ヴェレ、キリナ・クレモナ、クリスティーヌ・ジェラール、矢野英征らを招いている。

79 たとえば天児牛大は一九九一年にバニョレ国際舞踊集会（Rencontres chorégraphiques internationales de danse de Bagnolet）の審査委員長に就任している。彼は一九九七年より、リヨン歌劇場、シャトレ座、ブリュッセルのモネ劇場といったより名の知れた舞台でペートル・エトヴェシュの指揮する歌劇の演出をしている。そして彼の創作は、パリ市立劇場によって定期的に共同制作されるようになった。

80 この雑誌の歴史は、クロディーヌ・ゲリエの著作『文字メディアとコンテンポラリーダンス』に記されているが、舞踊界の進展の兆しを示すものである。『プール・ラ・ダンス――ダンスシューズと子鼠たち』は一九七〇年に創刊されたが、一九八三年にコンテンポラリーダンスへ開かれたものであることを示すために副題〔バレエおよびオペラ座バレエ学校を暗に示す〕を削除した。以下を参照。Claudine Guerrier, *Presse écrite et danse contemporaine*, Paris : Chiron, 1997, p. 146.

81 雑誌『アンプラント』は第三号からすでに、パトリック・ボンサールおよびエルヴェ・ゴーヴィルを通して舞踏と日本のモダンダンスをとり上げている。その関心はその後の発行においても、振付家で美術批評家のダニエル・ドベルスやダンサーのカティ・ルロの記事によって確認できる。

82 Marcelle Michel, « La nouvelle danse japonaise », *L'Avant-scène ballet*, n° 1, janvier-mars 1980, p. 157-164.

83 Françoise-Marie Coudert, « La tentation de l'Orient : Japon », *Danser*, n° 11, avril 1984, p. 10-14.

84 Chantal Aubry, *Yano : un artiste japonais à Paris*, Pantin : CND, 2008, p.89.

85 たとえば、マルセル・ミシェルはこのダンスについて一九八二年に四本の記事を書いている。

86 一九七八年以降、舞踏についてのルポルタージュは定期的にテレビ・ニュースで放映されていたが、舞踏についてのドキュメンタリーの最初は一九八二年である。

87 舞踏はいくつかのラジオ番組で取り上げられたが、それは主としてフランス文化放送（France Culture）のものであった。一九八

〇年からはその番組「魅惑的な夜（Les Nuits magnétigues）」に登場している。

88 Jean-Claude Diénis, « Kazuo Oono : les Quatre Temps », *Les Saisons de la danse*, n° 126, été 1980, p.16 ; René Sirvin, « Surfait », *France Soir*, 15 avril 1982 ; René Sirvin, « Grotesque », *Le Figaro*, 15 octobre 1990 ; René Sirvin, « Maniérisme », *Le Figaro*, 28 juillet 1994.

89 Daniel Dobbels, « Kazuo Ohno : hommage à la Argentina », *Empreintes*, 1983 ; Raimund Hoghe, « Toujours danser sans fin » *in* Guy Delahaye, Amagatsu Ushio, *Sankai Juku*, Arles : Actes Sud, 1994 ; Françoise et Dominique Dupuy, *Une danse à l'œuvre* (CND, 2002). またカトリーヌ・ディヴェレスとベルナルド・モンテによる多くの文章とインタビューがある。

90 とはいえこの現象は舞踏の受容に特殊なものではなく、舞踊芸術のアーティストは発言することがまれであるという事実を露わにしている。ダンサーや振付家が批評的な自己表現の場を、とりわけ『ムヴマン（*Mouvement*）』誌および『アート・プレス』誌上で獲得したのは、一九九〇年代から二〇〇〇年代というごく最近になってからのことである。以下を参照。Isabelle Ginot, « Un lieu commun », *Repères : cahier de danse*, n° 10, mars 2003, p.2-9 ; Noémie Solomon, « Des textes comme lieu commun ou une danse dessinée par le discours : à partir d'une lecture des revues *Mouvement* et *Art Press* », mémoire de maîtrise en danse, université Paris-8, 2003.

91 ナタリー・エニック、ジャン＝マルク・レヴラット、ロベルタ・シャピロなど。

92 Brigitte Hernandez, « L'Espace Kiron à la mode butô », *Les Saisons de la danse*, n° 174, mai 1985, p. 17.

93 Marcelle Michel, « Hommage aux arts primitifs du Japon », *Pour la danse*, n° 81, juin 1982, p. 29.

94 女性向け出版界のアイコンとなり、その私生活さえ関心の的となった貞奴は、さらに着物の一シリーズを出したこともある。以下を参照。Sophie Jacotot, « Sada Yacco à l'Exposition universelle de 1900 : l'entrée en scène du corps japonais en Occident », *48/14 : la revue du musée d'Orsay*, n° 20, printemps 2005, p. 24.

95 Marcella Lista, *Corps étrangers : danse, dessin, film*, Lyon : Fage, 2006.

96 「最初のアルバムのイメージはすでに、私の英雄である大野一雄に結びついていた。彼の踊りをみるときに受けるエネルギーのようなものを私的に解釈したものである。彼の著作からも多くのことを教えられた。彼は踊るとき、一種の子どものような恍惚状態、素晴らしい状態に陥る。彼にとってあらゆる段階は知を獲得する以前の最初の一歩であり、新生児の瞳で自然を理解するのである。七〇歳から九五歳の間に彼はベストをみせた。彼のおかげで、私は自分の人生でもう少ししたらダンサーになると悟っている。私は踊りの自由さに歌でアプローチすることができているが、いつかまったく身体的な表現をつくりだすことができる日が来るのを待っているのだ。四〇歳になったら、始めようと思う」。以下を参照。www.lesinrock.com（二〇〇九年一月二一日閲覧）。

97 パスカル・フェランが二〇〇六年の自身の映画『レディ・チャタレー（*Lady Chatterley*）』の俳優たちと行った特殊な体験についても記しておく。演技の感性と官能性をより高めるために、この監督は俳優たちに舞踏の実践を勧めた。以下を参照。Aurélien Ferenczi, Mathilde Blottière, « Je commence à toucher ma bille en botanique », *Télérama*, 11 juin 2007, n° 2996.

第二章　啞然とした批評家たち

1　Jacqueline Guilloux, « Paris à l'heure butô », *Les Saisons de la danse*, n° 248, été 1993, p. 10-12.

2　Bernard Raffali, « Le mystère de l'œuf », *Les Saisons de la danse*, n° 275, décembre 1995, p. 10-11.

3　Claudine Dardy, « La télévision anthropologue », *Pour la danse*, n° 105, septembre 1984, p. 15-16.

4　この現象はなんら新しいものではない。実際、二〇世紀前半に異国のダンサーを前にしたジャーナリストたちは、それらの上演形式にアプローチする術（すべ）をもたず、土着の専門用語を理解できなかったため、最終的に自分たちの無力さを吐露したとアンヌ・デコレは指摘している。Anne Décoret, « Écrire la danse au jour le jour : enjeux et problématiques de la presse et de la critique de danse », *in* Alain Montandon, *Écrire la danse*, Clermont-Ferrand : Presses universitaires Blaise Pascal, 1999, p. 175.

5　写真掲載を極力控える方針を長い間とっていた『ル・モンド』紙でさえ、たとえば一九八六年九月二六日や一九八七年一二月一二日の紙面の舞踏批評のいくつかを写真付きで掲載している。

6　Pierre Lartigue, « L'émotion pure », *L'Humanité*, 16 juin 1980.

7　Colette Godard, « Kazuo Ohno au-delà du temps », *Le Monde*, 22 novembre 1990.

8　フィリップ・ギスガンはアンヌ・テレサ・ドゥ・ケースマイケルの振付についての分析のなかで、批評家の言説は一般的に、動きそのものを捉えることではなく、踊りの輪郭や外的要素、舞台装飾を捉えることに専心すると指摘している。以下を参照。Philippe Guisgand, « Un regard sur la critique ou les promesses de la description », *Repères : cahier de danse*, n° 15, mars 2005, p. 10-13.

9　François Cohendy, « Tanaka Min ou l'heure de la sensation vraie », *Le Progrès*, 6 juin 1980.

10　Philippe Guisgand, « Un regard sur la critique... », art. cit., p. 10.

11　Jean-Marc Adolphe, « Le voyage des métamorphoses », *Pour la danse*, n° 135, avril 1987, p. 24-25.

12　Laurence Louppe, « Tanaka Min danseur japonais », *Art Press*, n° 24, janvier 1979.

13　Iwana Masaki, *The Intensity of Nothingness: the Dance and Thoughts of Masaki Iwana*, Réveillon : Maison du butô blanc, 2002.

14　ダンサーたちはその身体内で俳句を共鳴させなくてはならない、つまり、動きの発端に、言葉が想像力と感覚を豊かにするように、肉体を敏感な状態に維持しなくてはならない。たとえば、「ある水源へ向かう途中に後ろに倒れた時、どれほどの静寂を感じるか。私たちの内にある花の香を踊る。監獄から出て庭へ散歩をしに向かい、そこで日差しを目にし、立ち止まり、蹲り、そうしてまた監獄へ戻る。受け身の水面に漂う一枚の蓮の葉。肺が青色になるまで海の上を軽快に旅する……」。以下を参照。Cécile Raymond, « La question de la transmission à travers les stages butô de Masaki Iwana », mémoire de maîtrise en danse sous la direction d'Isabelle Launay, université Paris-8, 2005, p. 36-43.

15　以下を参照。Cécile Iwahara, « Le corps, laboratoire de soi et du monde : anthropologie d'un réseau de danseurs de butô à Kyoto », thèse en

anthropologie sous la dir. de Laurence Caillet, université Paris X-Nanterre, 2011, p. 24.

16　« Sankai Juku : les danseurs des ténèbres au Théâtre de la Ville », *Le Quotidien de Paris*, 9 avril 1984.

17　René Sirvin, « Vision d'apocalypse », *Le Figaro*, 7-8 janvier 1984.

18　René Sirvin, « Fascinant butoh », *Le Figaro*, 20 février 1987 ; Gilberte Cournand , « Fascinant », *Les Saisons de la danse*, n° 277, février 1996, p.15.

19　一九八二年一一月二九日にパリで行われた田中泯との会談。以下に引用されている。Jean-Pierre Pastori, *À corps perdu : la danse nue au XXe siècle*, Lausanne : P.-M. Favre, 1983, p. 81-82.

20　スウェーデン人振付家、ダンサー（一八九三〜一九三〇年）、ロルフ・ドゥ・マレの〈バレエ・スエドワ〉の協働者。ジャン＝ピエール・パストリは一九二一年の『男とその欲望（*L'Homme et son désir*）』でのジャン・ボルランの「みせかけの裸体」について述べている（同書）。

21　一九一三年にこの女性ダンサーは舞台上に裸で現れスキャンダルを起こし、訴訟問題に発展した。以下を参照。Anne Décoret, *Les Danses exotiques en France*, Pantin : CND, 2004, p. 259.

22　オデット・アスランは「西洋の舞台に現れた新たな身体（Un nouveau corps sur la scène occidentale）」（前掲書）と題した文章のなかで、一九六八年の〈リヴィング・シアター〉、もしくは一九六九年にジェミエ・ホールでジャック・ロスネールによって上演されたゴンブローヴィチの『オペレッタ（*Opérette*）』の終りにカトリーヌ・ユボが裸で現れたことに言及している。批評家ジャン＝ピエール・パストリは著作『危険をかえりみず——二〇世紀の裸体舞踊（*À corps perdu : la danse nue au XXe siècle*）』（前掲書）のなかで、一九七九年のカロリン・カールソンの『ライティングス・イン・ザ・ウォール（*Writings in the Wall*）』や、モーリス・ベジャールの一九七〇年代以降の『ラ・トラヴィアータ（*La Traviata*）』（一九七三年）や『ヘリオガバルス（*Héliogabale*）』（一九七六年）といった作品など、多くの例に言及している。

23　« Tanaka Min, danseur soliste, nu », *Le Progrès*, 28 mai 1980 ; Lise Brunel, « Tanaka Min danse nu », *Le Matin*, 25 novembre 1982.

24　「フーコーによれば、抑圧や規律による統制は『記号（シーニュ）』に対してよりも『力（フォルス）』に対してもたらされる（そしてその力はまさに、コンテンポラリーダンスのあらゆる作業がもたらそうとするまだ名前のない素材となるのだ）。その『力』から、コンテンポラリーダンスは根本的な美的原動力をつくりだすことになる。その原動力は、『記号』の可視化の支配力を再び覆いつくし、さらにはそこからはみ出て、抑圧された『力』に非意味の混沌、象徴への独自の通路を与えることになる」。Laurence Louppe, *Poétique de la danse contemporaine*, Bruxelles : Contredanse, 2000, p. 48.

25　この用語は最初期の批評ですでに用いられている。以下を参照。Yvonne Tenenbaum, « Ikeda Carlotta, un art de la présence », *in* Odette Aslan (dir.), *Butô(s)*, *op. cit.*, p.199.

26　ゲルギ＝ポントワーズ市の国立舞台であるルヴレ劇場（Théâtre des Louvrais, scène nationale de Cergy-Pontoise）のチラシ（二〇〇一

〜二〇〇二年シーズン)。

27 Lucile Rossel, « Miura, danseur butô », *Les Saisons de la danse*, nº 107, octobre 1978, p. 41.

28 Jean-Pierre Thibaudat, « Min Tanaka. Entretien », *Libération*, 13 juin 1979.

29 とりわけそれは、今日までフランスにおいて上演された舞踏作品の特徴であるが、跳躍や落下、素早い動きや疾走もしくは「大車輪」と呼ばれるアクロバティックな持ち上げを含む土方の初期の試みにはあまりあてはまらない。以下を参照。Kuniyoshi Kazuko, « Repenser la danse des ténèbres », *in* Odette Aslan (dir.), *Butô(s)*, *op. cit.*, p. 109-134.

30 一九三〇年代に批評家ジョン・マルタンが当時頭角を現しつつあったモダンダンスを定義しようと試みた際、身体運動を表すギリシア語 kinêsis と、その心的相関概念である métakinêsis を借用して、運動知覚の際に起こる身体運動の共鳴を名付けた。その共鳴は、他者が運動する光景によって引き起こされる運動神経的な体験を意味する。ジョン・マルタンはモダニストの試みが、「運動それ自体は本来(……)ある個人の意識から別の個人の意識へと美的、感情的概念を引き渡すことを可能にする伝達手段である」という考えに基礎を置くとしている。なるほどこの批評家は、あらゆる運動知覚にとってこのやり取りが非常に重要であるということに私たちを立ち戻らせる。たとえばバレエでは、踊り手は絶え間なく重力に逆らう。とはいえモダンダンスの新しさは、この交換の現象を意識的に使用することで、それを問題化した点である。以下を参照。John Martin, *La Danse moderne*, Arles : Actes Sud, 1991, p. 29. 運動に関するジョン・マルタンとルドルフ・ラバンの文章から出発して重力伝染の概念を分析した例として、クリスティーヌ・ロケが二〇〇二年にパリ第八大学に提出した博士論文『躍られる愛の場面——デュオの振付における間身体の記号体系、方式、規範(*La Scène amoureuse en danse : codes, modes et normes de l'intercorporéité dans le duo chorégraphique*)』の一章「運動感覚の伝染、パ・ド・ドゥの前提条件」を参照せよ。共感概念の歴史に関しては以下を参照。Susan Leigh Foster, *Choreographing Empathy: kinesthesia in Performance*, New York : Routledge, 2011.

31 ラバン理論の運動領域は、空間移動なしに行われる各個人に固有の身振りの空間に一致し、それはつまり、体重を移動させない状態での運動が到達できる限界の範囲内に、踊り手がつくり出す立体空間のことである。

32 イザベル・ロネによって引用され分析されたマリー・ヴィグマンの表現。Isabelle Launay, *À la recherche d'une danse moderne*, Paris : Chiron, 1996, p. 172.

33 Hubert Godard, « C'est le mouvement qui donne corps au geste », *Marsyas*, nº 30, juin 1994, p. 72-76.

34 ユベール・ゴダールが名付けた「前-運動」とは、「動き出す以前に私たちが立っているという事実においてすでに存在し、これから私たちが実現しようとする運動の表現的強度を生み出すことになる、体重、重力に対する取り組み/姿勢」である。ユベール・ゴダールはアンリ・ワロンの「筋緊張機能(トーヌス)」の概念を参照し、重力-筋緊張機能(トニコ・グラヴィテール)があらゆる表現の母体であるとする考えを主張する。踊り手自身の固有の歴史と情動によって陶冶される筋肉組織の深いところに結びつくその機能は、ここでは舞踏の場合に

よく使用される用語をとって全「存在」と言いうるような、あらゆる表現に最も適した腐植土である。身振りに独自の色彩を与え舞台上の存在感を与えるのはこの重力‐筋緊張機能であり、運動と踊り手によるその演技を豊かにするのは知覚領域の組織化なのである。以下を参照。Hubert Godard, « Le geste et sa perception », *in* Marcelle Michel, Isabelle Ginot, *La Danse au XXe siècle*, Paris : Larousse, 2002, p.236.

35 Philippe Guisgand, « Pollock ou les états de corps du peintre », *Revue DEMéter*, juin 2004, p. 7.

36 Hubert Godard, « Le geste et sa perception », art. cit., p. 239.

37 クリストフ・ワヴレは「衰弱の資源」が意味するところについて自ら語っている。以下を参照。Christophe Wavelet, « Kazuo Ohno ou les ressources de l'épuisement », *Vacarme*, n° 1, hiver 1997, p. 52-53.

38 Amagatsu Ushio, *Dialogue avec la gravité*, Arles : Actes Sud, 2000, p. 22.〔天児牛大『重力との対話——記憶の海辺から山海塾の舞踏へ』岩波書店、二〇一五年、八三頁〕

39 例として、一九八四年四月一三日の『ル・モンド』紙のマルセル・ミシェルの記事「冷静沈着なウサギ」のなかの「新生児たちの鉤爪の両手」という表現や、一九八四年四月一日の『ル・フィガロ』紙の記事「日本の問いかけ」のなかの「ひきつけを起こした両手」などが挙げられる。

40 上演における即興との関係は、アーティストごとに非常に異なる。田中泯や岩名雅記のようなダンサーは、ほとんどパフォーマンスともいえる即興のソロをみせる。カルロッタ池田や〈山海塾〉の作品は多くの要素が前もって綿密に規定されている。フランスで上演された土方作品は、一九六〇年代の彼のパフォーマンスよりもスペクタクル性の強い作品が中心で、一九七二年以降に彼が開始した創作段階にあたる。これ以降の作品は、言葉とイメージを特殊な動きと身振りの質に結び付けて構成する土方独自の舞踊記譜法（ノーテーション）である舞踏譜から振り付けられたものである。「それらの動きはきちんと定められ、土方は踊り手にまったく即興を認めなかった」と述べる栗原奈名子は、土方が舞踏譜の言葉によってダンサーたちを指導していたという。以下を参照。Kurihara Nanako, « *Hôsôtan* : sphère sonore et chorégraphie », *in* Odette Aslan (dir.), *Butô(s)*, *op. cit.*, p. 278.

41 即興のさまざまな使用法はすでに、マリー・ヴィグマン、ハンヤ・ホルム、アルヴィン・ニコライのもとにいたダンサーたち、たとえばカリン・ヴェーナー、ジャクリーン・ロビンソン、フランソワとドミニク・デュピュイ夫妻、ジェローム・アンドリューズ、スーザン・バージュ、カロリン・カールソンらの教育においてとりわけ活発に、長い間作業プロセスとしてフランスで実践されてきた。さらにこの種の訓練は、一九七五年にカロリン・カールソンがパリ・オペラ座舞台研究グループ（GRTOP）のリーダーに就任し、一九七八年にアルヴィン・ニコライがアンジェ市国立現代舞踊センター（CNDC）のディレクターに就任した際に、一種の正式な認知を得ることになる。もちろん即興技法および即興的な振付技法もダンサーたちに知られていなかったわけではなく、とりわけ一九七六年以降ポストモダン・ダンスのダンサーたちが訪れたラ・サント＝ボムにおいて知られていた。

42 Colette Godard, « La mort complice », *Le Monde*, 21 mai 1980.

43 Isabelle Ginot, « L'identità, il contemporaneo e i danzatori », *in* Susanne Franco, Marina Nordera, *I discorsi della danza : parole chiave per una metodologia della ricerca*, Torino : Utet, 2005, p.320-321. 仏訳は以下のサイトにある（www.danse.univ-paris8.fr）。

44 「とすると、『アンフォルム』はこれこれの意味をもつ形容詞であるのみならず、階級を落とす（デクラセ）（＝分類を乱す）のに役立つ用語、すべてのものは形をもつべしと全般的に要求する用語だということになる」。Georges Bataille, *Œuvres complètes*, t. 1, Paris : Gallimard, 1987 [1970], p. 217.〔イヴ＝アラン・ボワ、ロザリンド・E・クラウス『アンフォルム――無形なものの事典』加治屋健司、近藤學、高桑和巳訳、月曜社、二〇一一年、三頁〕

45 ロザリンド・クラウスと同様にジョルジュ・ディディ＝ユベルマンは、アンフォルムを一つのプロセス、ダイナミズム、「大写し、ローアングル、一八〇度の回転もしくは反転、ぼやかされ、腐食し、再フレーミング化された形、周囲の空間によって『侵略された』オブジェ、といった特殊な空間的手法」であると解釈している。以下を参照。Georges Didi-Huberman, *La Ressemblance informe ou le gai savoir visuel selon Georges Bataille*, Paris : Macula, 2003, p. 21-22. 以下も参照。Rosalind Krauss, « Le destin de l'informe », *in* Yve-Alain Bois, Rosalind Krauss, *L'Informe : mode d'emploi*, Paris : Centre Georges Pompidou, 1996, p. 242.

46 Colette Godard, « *Graine de cumquat* », *Le Monde*, 30 mai 1980.

47 *Id.*, « La planète Buto », *Le Monde*, 26 septembre 1986.

48 *Id.*, « La mort complice », *Le Monde*, 21 mai 1980.

49 Jean-Marie Gourreau, « Paroles de chair », *Les Saisons de la danse*, n° 306, juillet 1998, p. 17.

50 Gilles Sandier, *Le Matin de Paris*, cité *in* programme de la Comédie de Caen, 28 mai 1980.

51 Colette Godard, « La planète butô », art. cit.

52 Sigmund Freud, *L'Inquiétante Étrangeté et autres essais*, Paris : Gallimard, 1985, p. 246.〔ジークムント・フロイト『ドストエフスキーと父親殺し／不気味なもの』中山元訳、光文社、二〇一一年、一七九頁〕

53 « Interrogations japonaises », *Le Figaro*, 1er avril 1984.

54 Jean-Marie Gourreau, « Macbeth au butô », *Les Saisons de la danse*, n° 266, mars 1995, p. 17.

55 舞踏に関する記事は、『レ・セゾン・ド・ラ・ダンス』誌には一九八八年を通して、また『ル・モンド』紙には一九八九年と一九九二年に一度も現れていない。また、一九九〇年代を通して批評家が「舞踏の死」を唱えている。以下を参照。Raphaël de Gubernatis, « Le butô se meurt, le butô est mort ! », *Le Nouvel Observateur*, septembre 1994. 一九九九年三月号の『レ・セゾン・ド・ラ・ダンス』誌（三一四号、三九～四一頁）には「舞踏はまだ何か言いたいことがあるのか？」という見出しもあった。二〇〇〇年代以降のフランスでは、とりわけパリにおける舞踏活動のあきらかな奮起があった。舞踏フェスティヴァルを毎年開催する日仏文化セ

ンター「ベルタン・ポワレ」や、まだよく知られていない日本のダンサーたちを招聘している日本文化会館といった場所が定期的な公演を行っており、とりわけモントルイユ市にみられるようなオルタナティヴな場も数多く存在する。

第三章　多様な舞踏を「舞踏」にまとめる——単純化された美学的カテゴリー

1　シルヴァン・ヴネールは、ある一語を巡る歴史について、文化史と表象の歴史の両面から多くの研究を行っている。以下を参照。Sylvain Venayre, « L'invention de l'invention : l'histoire des représentations en France depuis 1980 », *in* Laurent Martin, Sylvain Venayre, *L'Histoire culturelle du contemporain*, Paris : Nouveau monde, 2005, p. 40.

2　〔訳注〕Danse des ténèbres を直訳すれば、「暗闇のダンス」といったニュアンスになろう。だがフランス語の ténèbres が含意しているものは、必ずしも土方が想定した「暗黒」に一致してはいない。また、「舞踏」というカテゴリーの誕生を問う本章において、Danse を舞踏と訳してしまうことに疑問を呈される読者もおられることだろう。しかしここでは、Danse des ténèbres が「暗黒舞踏」の翻訳として登場したという背景を踏まえ、また文章が煩雑になることを避けるため、「暗黒舞踏（ダンス・デ・テネーブル）」という表記で統一する（なお七〇年代フランスの文脈では、土方が六〇年代に用いた「暗黒舞踊」との関連でこの訳が登場したわけではない）。

3　コリーヌとレミの署名が入った一九七八年二月三日付『リベラシオン』紙の記事では、「『暗黒舞踏（ダンス・デ・テネーブル）』と名付けられた運動」という表現のみが使用されている。一九七八年パリ秋季フェスティヴァルのパンフレットでは、土方に関しても田中泯に関しても、「舞踏」という言葉は使われていない。展覧会のプレス資料では、土方に関して「暗黒舞踏（ankokubutô）」という表現が引用されているが、はっきりと説明されているわけではない。カルロッタ池田と室伏鴻のプログラムだけが、「舞踏ダンス（danse buto）」と告げられている。

4　Marcelle Michel, « Retour au Japon primitif », *Le Monde*, 27 janvier 1978.

5　Lise Brunel, « L'empire du corps », *Le Matin de Paris*, 17 octobre 1978.

6　フランス国立図書館「シルヴィア・モンフォール・コレクション」および国立舞踊センター（パンタン市）資料室「カルロッタ池田コレクション」所蔵。

7　英語やドイツ語、あるいはポルトガル語で舞踏の翻訳として最もよく使われる言葉——dance of the darkness, Tanz der Dunkelheit, dança das trevas——は、多かれ少なかれ「暗黒（ténèbres）」という含意をもつようにあいまいに翻訳されている。しかし一九八七年以降は、英語では異なる表現も使われている。たとえば「ブラック（black）」あるいは「ダーク・ダンス（dark dance）」という言葉を、マーク・ホルボーンは「土方巽と舞踏の起源」のなかで使用している（Mark Holborn, « Tatsumi Hijikata and the Origins of Butoh », *in* Ethan Hoffman, *Butoh : Dance of the Dark Soul*, New York : Aperture Fondation, 1987, p. 8）。

8　辞書『フランス語宝典（*Trésor de la langue française*）』によれば、カトリックの典礼における暗黒（ténèbres）は、「聖週間の最後の

三日間、最初に夜間、次に夕刻に、すべての教会の明かりを一つずつ消していく間に行われる宗教典礼」の主要な要素である。神学的な意味において「暗黒」という言葉は、世界の創造に先立つものを想起させ、また形而上学的な意味においては、「瀕死の人達が沈み込んだ闇」を示し、そうして「死や無の象徴」となる。

9 Odette Aslan, « Introduction », in *Butô(s)*, *op. cit.*, p. 18.

10 Gotô Mikiko, « Butô », in *Dictionnaire de la danse*, Paris : Larousse, 2008, p. 701.

11 〔訳注〕「暗黒」の訳語として採用されたこれらのフランス語の語意が含んでいるニュアンスを、一言で日本語に翻訳するのは困難をともなう。obscur は暗いという意味の他、難解なもの、認識されていないものというニュアンスも含んでいる。これは土方の「暗体」（＝日常にも存在するが認識されていない体）にも通じる。sombre は陰気なという意味合いを含みつつ、たとえば clair（明るい）と対比されるような暗い色味も示す言葉である。noir は黒であるが、汚い、毒のある、などの意味合いを含む場合もある。

12 国立舞踊センター（パンタン市）資料室「カルロッタ池田コレクション」所蔵。

13 展覧会についてのプレス向け公式発表、フランス国立図書館「パリ秋季フェスティヴァル・コレクション」所蔵。

14 Lise Brunel, « L'empire du corps », *Le Matin de Paris*, 17 octobre 1978.

15 Gilberte Cournand, « Butoh Sankai juku », *Le Parisien*, 14-15 juin 1980.

16 Marcelle Michel, « Sankai juku: "Jomon Shô", hommage aux arts primitifs du Japon », *Pour la danse*, n° 81, juin 1982, p. 29.

17 Marcelle Michel, *Le Monde*, 21 décembre 1981.

18 Colette Godard, *Le Monde*, 26 septembre 1986.

19 Jean-Pierre Thibaudat, *Libération*, 21 mai 1980.

20 Patrick De Vos, « Hijikata Tatsumi et les mots de la danse », in *Japon Pluriel 6*, Arles : Philippe Picquier, 2006, p. 87.

21 舞踏が明確な場を得たのは、コンテンポラリーダンスを扱ったフランス語による辞書や百科事典が多数出版された、一九九〇年代の終わり以降である。ジョバンニ・リスタの編纂で一九九七年に出版された『現代の舞台——二〇世紀後半の舞台芸術に関する世界百科事典（*La scène moderne : Encyclopédie mondiale des arts du spectacle dans la seconde moitié du XXe siècle*）』は、舞踏についての記事を掲載している。同様に舞踏は、一九九九年にフィリップ・ルモアルの監修で出された『舞踊辞典（*Dictionnaire de la danse*）』においても扱われている。ここには土方、大野、田中、池田、笠井、麿そして天児の略歴のほか、土方と天児の多くの作品に関する紹介も掲載されている。舞踏の国際的な広がりや、この言葉の辿った道のりと一九九八年以降の学術的な認知を証明するように、これ以降の辞典も同じく舞踏を記載している。『ダンスの世界百科事典（*International Encyclopedia of Dance*）』（Oxford : Oxford University Press, 1998）、『オックスフォード・ダンス辞典（*The Oxford Dictionary of Dance*）』（Oxford : Oxford University Press, 2000）、『アヴァンギャルド辞典（*Dictionary of the Avant-Gardes*）』（New York et Londres : Routledge, 2000）、そしてフランス国立舞踊センター資料室のウェブサ

イト（http://mediatheque.cnd.fr/）など。

22 Bernard Andrieu, *Dictionnaire du corps en sciences humaines et sociales*, Paris : CNRS, 2006, p. 73.

23 Patrick De Vos, « Hijikata Tatsumi et les mots de la danse », art. cit., p. 89. 続く引用は同典拠 p. 90 より。

24 日本の著者たち――三上、中村、種村――から「シュルレアリスト」と評価された初期の創作活動の後、土方は一九六二年に草月会館ホールに接近している。この場所は、アンチ・アートやハプニング、実験音楽の名前を掲げたアヴァンギャルドの場であり、フルクサスやジョン・ケージを日本で受け入れた場でもある。この時代、土方は多くのアーティストとコラボレーションを行った。小野洋子、ネオダダ・オルガナイザーズ、中西夏之、ナム・ジュン・パイクの名を挙げることができる。以下を参照。Murata Yukiko, « Le "Yameru Maihime" de Tatsumi Hijikata et le corps féminin », mémoire de master 1 en danse, université Paris-8, 2006, p. 26. また Anne Gossot, « Hijikata et les artistes plasticiens », *in* Odette Aslan (dir.), *Butô(s)*, *op. cit.*, p. 247-256.

25 この言葉の登場についての歴史的解説については以下を参照。Kuniyoshi Kazuko, « Repenser la danse des ténèbres », *in* Odette Aslan (dir.), in *Butô(s)*, *op. cit.*, p. 109.

26 Patrick De Vos, « Le temps et le corps : dedans/dehors. Sur la pensée du butô chez Hijikata Tatsumi », *in* Jacques Neefs (dir.), *Le Temps des œuvres : mémoire et préfiguration*, Saint-Denis : PUV, 2001, p. 103. 続く引用は同典拠 p. 105 より。

27 百科事典『現代の舞台』からの抜粋は、それをはっきりと示す例である。「『舞』は雨乞いのために旋回する古代の巫女の踊りを、あるいはトランス状態にあるシャーマンの身体動作を示す。『踏』は、東南アジア各地にみられる農村社会のダンスで基調となる、地面を踏む動作を意味する」。Giovanni Lista, *La Scène moderne : Encyclopédie mondiale des arts du spectacle dans la seconde moitié du XXe siècle*, Arles : Actes Sud, Paris : Carré, 1997, p. 371.

28 Cécile Iwahara, « Le corps, laboratoire de soi et du monde... », *op. cit.*, p. 32 参照。また本書では三上賀代『器としての身體』（東京、ANZ堂、一九九八年）が引用されている。〔ただしイワハラが参照した三上の原文では、土方が暗黒舞踊派を名乗るのが一九六一年、一九六三年以後が暗黒舞踏と書かれている。また、國吉和子による論文（« Repenser la danse des ténèbres », *in* Odette Aslan (dir.), *Butô(s)*, *op. cit.*）では、「暗黒舞踏」は一九六二年が初出となっている。土方は一方で、一九六五年までは「暗黒舞踊」という表現も使い続けていた。〕

29 Kuniyoshi Kazuko, « Repenser la danse des ténèbres », *in* Odette Aslan (dir.), *Butô(s)*, *op. cit.*, p. 109. 次の引用も同典拠 p. 128 より。

30 Patrick De Vos, « Le temps et le corps », art. cit., p.107.

31 たとえば、上演台本にもとづいた構成どおりの振付作品をシルヴィア・モンフォール座で最初に上演したカルロッタ池田と室伏鴻は、次いで一九八二年の一ヶ月間、パレ・デ・グラス劇場での即興公演のために招聘された。パリ秋季フェスティヴァルの枠内で最初にフランスで踊った田中泯は続いて、バスティーユ劇場やオペラ・コミック座に呼ばれる以前、公共の場、ギャラリー、

ラ・フォルジュのような小スペースに現れた。

32　田中泯、踊りについての覚書、パリ秋季フェスティヴァルのパンフレット、一九七八年、国立舞踊センター資料室「ジャン＝マリー・グーロー・コレクション」所蔵。

33　Katy Roulaud, « Entretien avec Min Tanaka », *Empreintes*, n° 6, février 1984, p. 35.

34　Marcelle Michel, « Amagatsu, danse en sol majeur », *Libération*, 7 mai 1991.

35　Fabienne Arvers, « Buto, cadavre exquis », *Libération*, 1er juin 1993.

36　Rosita Boisseau, *Journal du Théâtre de la Ville*, n° 132, novembre-décembre 2000, p. 20.

37　Marcelle Michel, « Métaphores et métamorphoses de la danse buto : Sankai Juku », *Le Monde*, 3 avril 1986.

38　「長いけれど、美しい」とは、シルヴィ・ドゥ・ニュサックの言葉である。Sylvie de Nussac, « Les convulsions lentes de Sankai Juku », *Le Monde*, 7 octobre 1988 ; Sylvie de Nussac, « Japon exotique et ennuyeux », *Le Monde*, 25 mai 1993.

39　Sylvie de Nussac, « Japon exotique et ennuyeux », art. cit.

40　Marie-Christine Vernay, « Du butoh sans but : *Hibiki* n'apporte rien sur l'art ancestral japonais. Sankai Juku », *Libération*, 19 décembre 1998.

41　とりわけ彼は、『バラ色ダンス』（一九六五年）や『形而情学』（一九六七年）に出演したことで知られる。

42　ルドルフ・シュタイナー（一八六一〜一九二五年）は人智学とオイリュトミーの創始者である。

43　アンジェ国立現代舞踊センターのディレクターであったエマニュエル・ユインは、笠井の再発見に貢献した。アンジェで踊るよう招聘したり、養成中のダンサーとの交流を取り持ったり、二〇一二年パリ秋季フェスティヴァルのプログラムにおいて上演された『SPIEL／シュピール・遊戯』をともに製作したりした。

44　しかし、麿赤兒はカルロッタ池田のソロ『小さ子』を振り付けたにもかかわらず、すでにフランスで知名度のあったカルロッタと比べ、メディアでの扱いはその陰に隠れてしまった。この上演への批評は、麿赤兒の芸術家としての豊かな経歴にも、この作品における彼の役割についても言及していない。事実、バスティーユ劇場のパンフレットは、二人のアーティストそれぞれの役割のあいまいさを助長している。二人とも振付家として配役表には記載されているが、作品のタイトルの下には「カルロッタ池田のソロ」と明記されている。

45　〈大駱駝艦〉は二〇〇七、二〇〇九、二〇一一、二〇一二年に日本文化会館に出演している。また二〇一三年にはモンペリエ舞踊フェスティヴァルに招聘された。

46　Lise Brunel, « Festival d'Avignon », *Les Saisons de la danse*, n° 147, 1982, p. 10.

47　Simone Dupuis, « Geishas au cloître et cygnes disco », *L'Express*, 13-19 août 1982.

48　レ・アルのオーディトリウムの演目に関する手稿。一九九七年二月二八日、国立舞踊センター（パンタン市）資料室「ジャン＝

マリー・グーロー・コレクション」所蔵。

49 Marie-Christine Vernay, « Le butô poussé à l'extrême », *Libération*, 6-7 octobre 2007. この作品は〈大駱駝艦〉によって上演されたが、振付は麿赤兒ではなく、カンパニーのダンサーの一人、向雲太郎である。

50 Marcelle Michel「カン劇場公演パンフレット」、一九八一年。

51 セルギ＝ポントワーズ国立舞台の二〇〇一〜二〇〇二年度パンフレット。

52 一九三一年生まれの日本人ダンサー、振付家〔二〇一一年没〕。

53 Michel Bernard, « Généalogie et pouvoir d'un discours », *Rue Descartes*, n°44, juin 2004, p. 21-29. 続く引用も同典拠より。

54 一九五三年東京生まれの日本人振付家。

55 Chantal Aubry, *Yano : un artiste japonais à Paris*, *op. cit*., p. 45-48。シャンタル・オブリが書き起こした一九八一年リヨンのベルヴュ・ラジオでのインタビューのなかで、カテゴリー化の現象と〈山海塾〉の過度な露出を理由として、矢野ははっきりと自らをフランスでの舞踏の支配的イメージとは対照的な位置においている。「私は、六八年よりも前に始まった、東京でのこの運動の初期を知っていて、それを近くで追いかけてきました。パリでいくつかの暗黒舞踏の上演をみたときには、私はいつも失望したのです。なぜならそれは、私がかつてみた、強烈だったもののコピーでしかなかったからです。今日、私たちはその形式的な側面しかもはやみることはかないません。そして一般的に、形しか残っていないとき、それはつねに期待はずれのものなのです」。ジャン＝ポール・モンタナリとマリー＝クリスティーヌ・ヴェルネによるインタビュー、ベルヴュ・ラジオ、リヨン、一九八一年。前掲書p. 205より引用。

56 René Sirvin, « Mozart traduit en japonais : Teshigawara », *Le Figaro*, 12 octobre 2000.

57 Franck Erikson, *L'Express*, n° 2416, 23 octobre 1997.

58 Louis Frédéric, *Le Japon : dictionnaire et civilisation*, Paris : Robert Laffont, 1999.

59 Alain-Paul Lequeux, « Ariadone au Théâtre de Paris : tous les soirs, réinventer l'origine », *Pour la danse*, n° 97, janvier 1984, p. 20-21.

60 Isabelle Launay, « Au-delà de la personne », *Mouvement*, n° 9, 1995, p. 14.

61 Rosita Boisseau, « Carlotta Ikeda : l'intimité brute du butô », *Le Monde*, 14 janvier 2004.

62 一九八〇年代以降、研修や定期講習がフランスで浸透したことにより、舞踏はひとつの身体メソッドとして考えられ、ダンサーのトレーニングの一部となり、長い間、舞台実践あるいは生き方しかカヴァーしていなかった舞踏の定義が、拡大されていくのである。だが土方は、彼のカンパニー外部のダンサーに対する舞踏の教育方法は発展させなかった。土方の舞踏の考え方は、何よりも芸術家としての実験であり、つねに積極的な関与、全面的なかかわりを求めた。舞踏の定義はしたがって、国際化と伝承され発展していく過程において拡張していった。

63 Tanaka Min cité par Marie-Christine Vernay, « Droit au butô », *Libération*, 23 janvier 2003. 続く引用も同典拠より。

64 Cécile Iwahara, séminaire « La danse comme objet anthropologique », 9 février 2006. 以下を参照。« Le corps, laboratoire de soi et du monde... », *op. cit.*

65 Maria Pia D'Orazi, « Body of Light: the Way of the Butô Performer », *in* Stanca Scholz-Cionca, Samuel L. Leiter, *Japanese Theatre and the International Stage*, *op. cit.*, p. 330. 一九九五年に、岩名雅記は「舞踏は一度も存在したことはない（Le butô n'a jamais existé）」という講演会をロンドンのチャイゼンヘイル・ダンス・スペースで開催されたイースト・ウィンド舞踏フェスティヴァルで行った。

66 Iwana Masaki cité par Odette Aslan, « Voir ou ne pas voir ou les avatars de la frontalité », *Théâtrel Public*, novembre-décembre 2001, p. 6.

67 彼は一九九四年に『装束は水』、二〇〇二年に『虚無の強度』という本を書き、また『朱霊たち』（二〇〇八年）、『夏の家族』（二〇一〇年）、『うらぎりひめ』（二〇一二年）という三本の映画を制作している。

68 一九七八年のシルヴィア・モンフォール座のパンフレットは、マルティーヌ・マティアスの文章と「暗黒舞踏の多彩な分枝とその系譜学」を載せている。またパリ秋季フェスティヴァルでは、土方巽について日本で出た多数の記事が、パスカル・グリオレによる翻訳・概括で掲載された。この二つの報道資料にはダンサーたちの経歴が含まれている。同様に、複数の普及活動に従事する組織が行った努力は指摘すべきであろう。たとえば世界文化会館は早くも一九八四年から、室伏鴻による『iki』上演に際して上梓された『ランテルナショナル・ドゥ・リマジネール（*L'International de l'imaginaire*）』誌の創刊号において、舞踏の「系譜」を提示している。あるいはキロン・スペースは一九八五年の最初の舞踏フェスティヴァルにおいて、フェリックス・ガタリによる講演会を開催する企画を用意し、またこの機会に舞踏に特化した雑誌の第一号を出版した。

69 Odetre Aslan (dir.), *Butô(s)*, *op. cit.*, p. 178.

70 Tahara Keiichi, préface de Félix Guattari, *Photographies de Min Tanaka : Espace Photo Paris*, Paris Audiovisuel, 1991.

71 Hervé Guibert, *L'image fantôme*, Paris : Minuit, 2007 [1981], p. 116.（『幻のイマージュ』堀江敏幸訳、集英社、一九九五年も参照）

72 〔訳注〕ギベールは、〈山海塾〉のダンサーが『金柑少年』で孔雀と共演している場にふれて、この緊張感漂う瞬間に「すぐれて写真的なイメージ」「潜在的な写真」を見出している。

73 そのためこの時期には、舞踏家を扱った多くの映画がフランスで制作された。一九八二年に大野一雄についてのジャン＝クロード・ディズランの映画、同年〈山海塾〉についてのフランソワ＝マリー・リバドー、一九八四年にカルロッタ池田についてのアンナ＝セリア・カンダル、一九八六年に改めて撮影された〈山海塾〉についてのジョエル・ファルジュの映画、そしてエリック・サンドランによる一九八九、九〇、九三年のものを挙げることができる。

74 たとえば一九九〇年にジャン＝ピエール・シャンボン、一九九一年に田原桂一、一九九四年に〈山海塾〉を扱ったギイ・ドゥラエ、一九九五年にミシェル・ビュトールというように、同時期に集中して写真集が出版されている。

75　村田裕貴子の業績により、この修史はフランス語で読むことができる。以下を参照せよ。Murata Yukiko, « Le “Yameru Maihime” de Tatsumi Hijikata et le corps féminin », *op. cit.*, p. 38.

76　この著作は、一九七七、七八年に、雑誌『新劇』において章ごとに連載されるかたちで発表され、一九八三年に一冊の本として出版された。そして一九九二年には第二版が出されたが、今日でも完全な仏訳はない。

77　Daniel De Bruycker, « Le butô et ses fantômes », *Alternatives théâtrales*, 1985, p. 3.

78　Philippe Verrièle, « Maître Kazuo Ohno », *Les Saisons de la danse*, nº 261, octobre 1994, p. 39-40.

79　René Sirvin, « Maniérisme », *Le Figaro*, 28 juillet 1994.

80　Élisabeth Barille, « Le plus vieux danseur du monde », *L'Événement du jeudi*, 25 septembre 1986 ; Camille Moulonguet, « Le plus vieux danseur du monde », *Mouvement*, janvier 2004, p. 29-32. この神話の形成に関しては、以下を参照。Sylviane Pagès, « “Le plus vieux danseur du monde”. Légende d'une verticalité épuisée », *Repères, cahier de danse*, novembre 2009, p. 12-14.

81　Ôno Kazuo, Ôno Yoshito, *Kazuo Ohno's Words from without and within*, Middletown, Conn : Wesleyan University Press, 2004, p. 150. さらに Odette Aslan（dir.）, *Butô(s)*, *op. cit.*, p. 75. Sondra Horton Fraleigh, Nakamura Tamah, *Hijikata Tatsumi and Ohno Kazuo*, New York : Routledge, 2006, p. 90-94. も参照のこと〔大野が初めてこのソロを踊ったのは、一九五九年の土方作品『禁色（改訂版）』であることが近年明らかになった〕。

82　Jean-Marc Adolphe, Annie Bozzini, « Le buto sans Hijikata », *Pour la danse*, nº 123-124, avril 1986, p. 7-14.

83　Hijikata Tatsumi, « Cette garce de lumière », *Pour la danse*, nº 123-124, avril 1986, p. 13-14.

84　Jean-Marc Adolphe, « Voyage au pays du buto : récit du Japon », *Pour la danse*, nº 138, juillet-août 1987, p. 53-55.

85　以下を参照。Anne Gossot, « Hijikata et les artistes plasticiens », *in* Odette Aslan（dir.）, *Butô(s)*, *op. cit.* ; Alexandra Munroe, « Revolt of the Flesh : Ankoku Butoh and Obsessional Art », in *Japanese Art after 1945 : Scream against the Sky*, Yokohama Museum of Art, 1994, p. 189 ; Katja Centonze, *Avant-gardes in Japan: Anniversary of Futurism and Butô: Performing Arts and Cultural Practice Between Contemporariness and Tradition*, Venise : Cafoscarina, 2010.

86　一九二三年六月一八日に、柳瀬正夢、村山知義、門脇晋郎、大浦周蔵、尾形亀之助によって結成された運動。この運動はマニフェストを掲げ、雑誌を発行し、未来派とダダに特徴付けられる分野横断的な連続したイベントを開催した。以下を参照。Michael Lucken, *L'Art du Japon au vingtième siècle*, Paris : Hermann, 2001, p. 85.

87　ジェルマン・ヴィアット、ミカエル・リュケン、オリヴィエ・リュサックらの研究を参照のこと。

88　Olivier Lussac, *Happening et fluxus : polyexpressivité et pratique concrète des arts*, Paris : L'Harmattan, coll. « Arts et sciences de l'art », 2004, p. 105.

89　「一九二五年に、吉田謙吉は『モダンな少女へのロココ風オマージュ』というパフォーマンスを制作し、神道の通俗的な祭壇を

パロディ化した。また高見沢路直、住谷磐根、岡田龍夫は舞踏を予言する原始的な儀式を行った。村山はそれについて記録を書き残している。『焼いた魚の臭い、オートバイの爆音、映画の幕を切り裂いて現れる労働者たちの一群、檻に入った一匹の猿、立って子供を産む淫売婦』。村山は彼自身、にせの禿げ頭の鬘をかぶり、音楽なしで即興的に踊って、この作品に参加している。芸術が何にも勝るのは、祝祭的精神においてである」。*Ibid.*, p. 106.〔参照できた資料をもとにすると、ここで村山が書き表しているパフォーマンスは別のもの（劇場の三科）を指している可能性がある。〕

90 Michael Lucken, *L'Art du Japon au vingtième siècle*, *op. cit.*, p. 90-93. 続く二ヶ所の引用も同典拠より。

91 Odette Aslan (dir.), *Butô(s)*, *op. cit.*, p. 29.

92 土方についての伝記のなかで、元藤燁子は、土方が若い頃に石井漠のいくつかの舞台をみたとはっきり述べている。以下を参照。Murata Yukiko, « Le "Yameru Maihime" de Tatsumi Hijikata et le corps féminin », *op. cit.*, p. 5.

93 一九二二年にヨーロッパをまわった際、石井漠はマリー・ヴィグマンをミュンヘンで、サカロフ夫妻をベルギーで知り、一九二三年にはヴィルヘルム・プラーゲルの映画『美と力への道』に出演している。石井は自身のキャリアのなかで、「身体で詩を書く」ことでつくりだされる詩としての踊り「舞踊詩」を発展させた。石井漠については以下を参照した。Gotô Mikiko, *Dictionnaire de la danse*, *op. cit.*, p. 211.

94 *Dance in Japanese Modern Art*, Tochigi : Tochigi Prefectural Museum of Fine Arts, 2003, p. 235.

95 日本人ダンサー、振付家（一八九二〜一九六一年）。彼は一九一〇年にヨーロッパへと旅立ち、次いで一九一六年にアメリカへ渡った。一九四三年にアメリカを強制退去となって日本に戻った。

96 Takeishi Midori, « Koşçak Yamada and Michio Ito in the 1910's: Music, Dance, Art, Theater », *Dance in Japanese Modern Art*, *op. cit.*, p. 237.

97 Helen Caldwell, *Michio Ito: the Dancer and his Dance*, Los Angels, Berkeley : University of California Press, 1977.

98 スイス人振付家（一八八九〜一九五八年）。スザンヌ・ペロテにダルクローズの理論を学び、次いでマリー・ヴィグマンに師事。一九二〇年代にはベルリン州立歌劇場のバレエマスターを務めた。*Cf.* Kunihoshi Kazuko, *in* Odette Aslan (dir.), *Butô(s)*, *op. cit.*, p. 115.

99 Yamata Kikou, « La danse au Japon », *Revue des Archives internationales de la danse*, n° 3, 15 juillet 1933, p. 127.

100 日本でのダンスのモデルニテの試みは、フランスの歴史記述のなかではいまだまったく無の状態であり、とりわけアメリカやドイツにおけるダンスのモデルニテという他の発生地と比較した際に、それは顕著である。

101 Hervé Gauville, « Michio Ito danse "At the Hawk's Well" », *Empreintes*, n°3, juin 1978, p. 13-17.

第四章 「ヒロシマの灰の上に生まれた」……？

1 ここでは、日本語のHの発音を尊重して、« d'Hiroshima » ではなく « de Hiroshima » と書くことにする。

2 ステレオタイプとは、一つの言葉に結びつく単純化された表象であり、単純で、誤った、なかなか変わろうとしない一つの構築物である。ルース・アモシーによれば、「ステレオタイプはすでに言われたことの象徴的なかたちとして、つまり一つの無思考なかたちをとって現れ、それはそのまま言語化されている……」。Ruth Amossy, Anne Herschberg-Pierrot, *Stéréotypes et clichés : Langue, discours, société*, Paris, Armand Colin, 2005, p. 62.

3 Corine et Rémy, art. cit.

4 Lucile Russel, « Miura, danseur buto », *Les Saisons de la danse*, nº 107, octobre 1978, p. 41.

5 Marcelle Michel, « Carlotta Ikeda, l'embellie », *Le Monde*, 28 janvier 1982.

6 Alain-Paul Lequeux, « La nouvelle danse japonaise », *Pour la danse*, nº 62, juillet-août 1980, p. 20.

7 Lise Brunel, « Le corps en question », *Les Saisons de la danse*, nº 103, avril 1978, p. 32.

8 Lise Brunel, « Ariadone à Bordeaux », *Les Saisons de la danse*, nº 140, janvier 1982, p. 15.

9 一九六八年の作品に対して、土方がつけたタイトルである。

10 Alain-Paul Lequeux, « Tanaka Min : la danse écorchée vive », *Pour la danse*, nº 62, juillet-août 1980, p. 20.

11 「精神の動乱」（Alain-Paul Lequeux, « Petit Abrégé d'Anti-Danse : le Butoh », *Pour la danse*, nº 62, juillet-août 1980, p. 19.）、「〈山海塾〉の作品は、静かなる爆発、叙情的あるいは挑戦的な詩への冒険へ我々を誘う」（Bernard Merigaud, « La preuve par l'oeuf », *Télérama*, nº 2021, 5 octobre 1988, p. 21.）、「ポスト原爆時代に日本を踊る最適な方法が、首都に放射される」（Simone Dupuis, « Alerte, le butô revient ! », *L'Express*, 20-26 mai 1993.）

12 Dominique Frétard, « Victoire d'un sculpteur », *Le Monde*, 12 octobre 1990.

13 Jean-Marc Adolphe, « Clown de dieu », *Pour la danse*, nº 130, novembre 1986, p. 20. 強調は引用者による。

14 Odette Aslan, « En écho au butô », *Théâtre/Public*, nº 164, mars-avril 2002, p. 38-39 に収録の討論より。

15 « La face intérieure du masque : entretien avec Amagatsu Ushio », *in* Odette Aslan (dir.), *Butô(s)*, *op. cit.*, p. 176.

16 Georges Banu, « Le Buto ou l'envers du Japon » dans la revue *Traverses : revue du centre de création industrielle*, Centre Georges Pompidou, nº 38-39 : « Japon fiction », novembre 1986, p. 114-119. この文章は、同著者による書籍『戻ってこない俳優（*L'acteur qui ne revient pas*）』（Paris : Gallimard, 1993）のなかにも収録されている。

17 Odette Aslan (dir.), *Butô(s)*, *op. cit.*, p. 24. 続く引用も同典拠より。

18 学術会議「舞踏からJ－ダンスへ――切断と連続（Du butô à J-Dance : rupture/continuité）」（パリ日本文化会館、二〇〇七年一二月一日）で発表した國吉和子や、二〇〇七年六月の舞踊研究学会（CORD）・舞踊史研究者協会（SDHS）・国立舞踊センター（CND）の討論会に参加した稲田奈緒美など。

19　私たちは次の記事を参照することができる。ジャン＝マリー・プラディエによる「演劇と社会（Théâtre et sociétés）」（*L'Encyclopédie Universalis*, 2003）やディディエ・マニュエルによる紹介記事「舞踏（Butô）」（Bernard Andrieu, *Dictionnaire du corps, op. cit.*, p. 73）。そして栗原奈名子はアメリカで提出した博士論文で、西洋の批評家たちはしばしば「あまりに一面的なつながり」によって、ヒロシマおよびナガサキと、舞踏の悪夢のようなイメージとを結びつけたと指摘している。とはいえ彼女も、舞踏は戦後日本に特徴的な心理的混沌のなかから誕生したということは、疑いようがないと明言している。以下を参照。Kurihara Nanako, « The Most Remote Thing in the Universe: Critical Analysis of Hijikata Tatsumi's Butoh Dance », thèse en Performance Studies, New York, 1996, p. 2.

20　Patrick De Vos, « Danser après la bombe », *Europe*, juin-juillet 2006, p.141-154. *Ibid.*, p. 148. 続く引用も同典拠より。

21　唯一、『ズーム――イメージの雑誌（*Zoom : le magazine de l'image*）』に現れた報道記事だけが、土方と細江のこのコラボレーションを示している。以下を参照。*Zoom*, n° 45° : « Spécial Japon », 1978, p. 18.

22　この点を指摘して下さったパトリック・ドゥヴォス氏に感謝したい。

23　一九三八年生まれのダンサー。一九五九年以降、土方と共同作業を行った。

24　一九四六年広島生まれのダンサー。

25　Michael Blackwood, *Butoh: Body on the Edge of Crisis*, [s.l.], M. Blackwood, BBC TV, Westdeutscher Rundfunk, 1985.

26　Michael Lucken, Anne Bayard-Sakai, Emmanuel Lozerand, *Le Japon après la guerre*, Arles : Philippe Picquier, 2007, p. 9.

27　Michael Lucken, *Grenades et amertume : les peintres japonais à l'épreuve de la guerre 1935-1952*, Paris : Les Belles Lettres, coll. « Japon », 2005.

28　Anne Gossot, « Refoulement de l'histoire et engagement des corps: naissance de l'art de l'action au début des années 1960 », in *Le Japon après la guerre, op. cit.*, p. 252.

29　Michael Lucken, in *Le Japon après la guerre, op. cit.*, p. 11.

30　Hijikata Tatsumi, « Mein Tanz ist aus den Schlamm geboren », in *Butoh: Die Rebellion des Körpers. Ein Tanz aus Japan*, Berlin : Alexander Verlag, 1998, p. 35.

31　Michael Lucken, *Le Japon après la guerre, op. cit.*, p.12. 続く引用は同典拠 p. 180 より。

32　Hervé Gauville, « Le seuil de l'entre-deux-morts », *Libération*, 27 mai 1980.

33　Marcelle Michel, « Les sources mortifères du Buto », *Le Monde*, 29 juin 1983.

34　Hervé Gauville, « Kazuo Oono : l'aube d'une agonie », *Libération*, 21 mai 1980.

35　Aline Apostolska, « Sankai Juku : la mort en direct », *Pour la danse*, n ° 123-124, avril 1986, p. 7.

36　「舞踏とは、命がけで突っ立った死体である」。論文集『共にいること（*Être ensemble*）』に収められた國吉和子による論考はこの有名な文章を解説している。「何がこの死体を立たせているのだろうか。これはもちろん理性でも、近代の合理主義でもなく、む

しろ身体の知覚であり、エネルギーを伴って呼び出されるこの知覚の力自体である。」Kuniyoshi Kazuko, « Le kabuki du Tôhoku et l'empereur », *Être ensemble : figures de la communauté en danse depuis le XXe siècle*, Pantin, CND, 2003, p. 283. 同様にオデット・アスランは、ジャン・ヴィアラとヌリート・マッソン＝セキネによって『舞踏――暗黒の陰影（*Butoh : Shades of Darkness*）』（Tokyo : Shufunotomo, 1988, p. 187）のなかで最初に英訳されたこの土方からの引用を、その編著『舞踏（*Butô(s)*）』*op. cit.*, p. 67 のなかで仏訳している。「私たちは生まれた時から打ちのめされている。私たちは存在の闇のなかに立たされた死体でしかない」。

37　Jean-Marc Adolphe, Annie Bozzini, « Le buto sans Hijikata », *Pour la danse*, n° 123-124, avril 1986, p. 14.〔『（普及版）土方巽全集Ⅱ』種村季弘、鶴岡善久、元藤燁子編、河出書房新社、二〇〇五年、一一九～一二〇頁〕

38　以下を参照。Sylviane Pagès, « Au risque de l'intime : le butô, une poétique de l'infime », *Repères : cahier de danse*, n° 29, avril 2012, p. 24-27.

39　由良部正美による土方への言及。Cécile Iwahara, « Le corps, laboratoire de soi et du monde... », *op. cit.*, p. 77 から引用。

40　クリスティーヌ・グライナーによる死者としての身体という概念については以下を参照。« Ôno Kazuo : le corps où les mots ne s'inscrivent pas », *La Danse en solo*, Pantin : CND, 2002, p. 98-99.

41　以下の著書に収録された、芦川の写真の説明文。Sylvie de Nussac, *L'Année de l'opéra et de la danse : 1979*, Paris : Calmann-Lévy, 1979, p.155.

42　Lucile Roussel, « Le Sankai Juku au Carré Silvia Monfort », *Les Saisons de la danse*, n° 126, été 1980, p. 12. 続く引用も同典拠より。

43　ＡＦＰ通信、7/124、一九八二年。国立舞踊センター（パンタン市）資料室「ジャン＝マリー・グーロー・コレクション」所蔵。

44　Simone Dupuis, « Alerte, le butô revient ! », *L'Express*, n° 2185, 20 mai 1993.

45　Luc Riolon, Geneviève Vincent, *La Danse contemporaine : l'explosion*, Paris : La Sept, Pathé télévision, Duran, Gédéon, Ostantino Sovtelexport, 1992.

46　国立舞踊センター（パンタン市）資料室「ジャン＝マリー・グーロー・コレクション」所蔵。

47　Jeanne Folly, « La Danse des Ténèbres au musée des Arts décoratifs par Hijikata Tatsumi », *Libération*, 21-22 octobre 1978.

48　Hervé Gauville, « À fleur de corps : Tanaka Min », *Libération*, 21 mai 1980.

49　Patrick De Vos, « Le temps et le corps », art. cit., p. 109.

50　通り道としての身体性ともいえるような、周辺環境との関係のなかで固定された境界を持たないこの身体を名付けるために、研究者クリスティーヌ・グライナーは動物行動学から借用した「環世界 Umwelt」という概念に依拠している。

51　Patrick De Vos, « Le temps et le corps », art. cit., p. 109.

52　Gilberte Cournand, « Sankai Juku », *Le Parisien*, 16 avril 1984.

53　Alain Foix, « Ariadone : le sel de l'amer », *Pour la danse*, n° 98, février 1984, p. 16-17.

54 Patrick Rotman, *Mai 68 raconté à ceux qui ne l'ont pas vécu*, Paris : Seuil, 2008, p. 45.

55 アメリカ映画でのヴェトナム戦争の扱いは、ヨーロッパに大々的に広がり、フランスの社会にとってより身近で問題であった戦争＝アルジェリア戦争の映画あるいはテレビでの取り扱いとは比較にならないほどであった。以下を参照せよ。Benjamin Stora, *Imaginaires de guerre : Algérie-Viêt Nam en France et aux États-Unis*, Paris : La Décourverte, 1997.

56 Philippe Moreau Defarges, « Dix ans après... : les deux guerres du Cambodge », *Politique étrangère*, n° 1, 1985, p. 216.

57 以下を参照せよ。Pascal Ory, Jean-François Sirinelli, *Les Intellectuels en France : de l'affaire Dreyfus à nos jours*, Paris : Armand Colin, 1999; Jean-François Sirinelli, *Mai 68 : l'événement Janus*, Paris : Fayard, 2008; Laurent Jalabert, « Aux origines de la génération 1968 : les étudiants français et la guerre du Vietnam », *Vingtième siècle*, vol.55, n° 1, 1997, p. 69-81.

58 ヴェトナム戦争は、フランスではアルジェリア戦争がいまだ表象不可能なものであった一九七〇年代の終わりに、戦争を想像させるイメージとして支配的なものだったと考えられる。

59 ヒロシマと舞踏が接近したことにより、批評家たちは、しばしば誤解され歪曲されてきた、テオドール・アドルノの提起した問題を舞踏に援用できるようになった。アドルノは、アウシュヴィッツ以後に詩と芸術が可能となる条件について問いかけており、この点への言及は、たとえば「原爆の後に何を踊るか？」という文章（パリ市立劇場パンフレット、二〇〇〇年一一月〜一二月）が表しているように、たびたび登場した。また他にも、舞踏の試みは「第二次世界大戦後、『アウシュヴィッツの後に詩を書くことは可能か』という問いを提起した西洋の多くの知識人たちの苦悩とも合流した。たとえばジョルジュ・バタイユは、一九四七年『詩への憎しみ』というタイトルの著作を発表している」。（Alain Foix, « Ariadone, le sel de l'amer », *Pour la danse*, n° 98, février 1984, p. 17.）

60 Georges Banu, *L'Acteur qui ne revient pas, op. cit.*, p. 194.

61 Béatrice Faillès, *Hiroshima oublié*, Paris : Édition n° 1, 1995, p. 22.

62 ハーバート・ファイスやジョセフ・アルソップ、あるいはガー・アルペロヴィッツといったアメリカの歴史家たちは、アメリカの決定に対して別の解釈を後に提案した。この解釈によると、アメリカの公的言説は、地政学的また戦略的理由、とりわけアメリカの科学技術の力を確立する意図と、旧ソ連との対立から日本を確実に掌握しようという意図を隠蔽した。

63 Jean Berthier, « Penser Hiroshima », *Lignes*, Hazan, n° 26, octobre 1995, p. 45.

64 Alain Brossat, *Le Sacre de la démocratie : tableau clinique d'une pandémie*, Paris : Anabet éditions, 2007, p. 84.

65 アルノー・ナンタによる研究、とりわけ « Histoire et mémoire dans le Japon d'après-guerre », *Études*, t.403/4, octobre 2005, p. 297-307. を参照せよ。

66 Isabelle Veyrat-Masson, *Quand la télévision explore le temps : l'histoire au petit écran*, Paris : Fayrd, 2000, p. 502.

67　イザベル・ヴェイラ＝マソンは実際、現代において、公共空間は部分的にテレビ空間と混じり合うと述べている。テレビでの歴史的な出来事の扱い方を研究する彼女は、ヒロシマがごっそり抜け落ちている点を指摘している。

68　ベアトリス・ファイエスによる著書『忘れられたヒロシマ』は一九九五年に出版された。時期を同じくして、二つの雑誌の以下の号も出された。『オトルマン（*Autrement*）』誌の「ヒロシマ五〇年。日米――核の記憶」と『リーニュ（*Lignes*）』誌の「アウシュヴィッツとヒロシマという名前（『極限の』出来事について）」である。

69　ラジオ局フランス文化放送はこの出来事のために、考察、討論、証言からなる一つのシリーズを制作し、ドキュメンタリーフィクションやテレビ映画がＴＦ１やＡｒｔｅなどのテレビ局で放映された。Paul Wilmshurst, *Hiroshima*, BBC/TF1/ZDF/Discovery Channel, 2004 ; Roger Spottiswoode, Kurahara Koreyoshi, *Hiroshima*, Canada, Japon, 1995.

70　フランスにはヒロシマの記憶に関する歴史が存在しないため、私たちは出版や映画作品リスト、報道記事によってそれが表明されたものを寄せ集める独自の作業をよりどころとせざるをえない。この迂回は、文化史を参照項としてその方法論と考察範囲を借用し、ジャック・ル・ゴフにならい、歴史の一次資料としての記憶を考察するものである。モーリス・アルヴァックスの業績以来、記憶はもはや単に個的な現象に留まらず、集団的な現象としても考えられるようになった。つまり想い出は、家族だけではなく、社会的集団やある社会によっても形成されるものとして考えられる。ポール・リクールは、ときに「社会的記憶」あるいは「記憶に関する実践」と名付けられるような、このような概念のあらゆるあいまいさを強調し、同時に研究の対象となるそのすべての範囲についても注目した。（「集合的記憶の概念がそれ固有の明証を欠いた難解な概念とみなされねばならないと同じ程度に、その概念を棄却することは、結局は、歴史学の自殺を告げることであろう」〔ポール・リクール『時間と物語Ⅲ　物語られる時間』久米博訳、新曜社、一九九〇年、二一〇頁〕）。Paul Ricœur, *Temps et récit III : le temps raconté*, Paris : Seuil, 1985, p. 174.

71　フランスでは、一九五三年に永井隆の『長崎の鐘（*Les Cloches des Nagasaki*）』、一九五六年に蜂谷道彦『ヒロシマ日記（*Journal d'Hiroshima*）』が出版され、その後、間をあけて、一九七二年に井伏鱒二の『黒い雨（*Pluie noire*）』の翻訳がガリマール社から刊行された。

72　日本文学のこの潮流のごく一部しかフランス語で読めなかったわけだが、その理由はおそらく、原爆から生き延びた人々、すなわち被爆者たちは日本においてさえ、ある意味で無視されることで苦しんだからである。

73　新藤兼人による映画『原爆の子』はたとえば一九五三年のカンヌ国際映画祭で上映されたが、ごく限られた観客の前であったため、大規模な配給や販売促進を保証するものではなかった。ただしジャン＝ルイ・ルトラは、正確なタイトルは『原爆の子どもたち（*Les Enfants de la bombe atomique*）』であり、『ヒロシマの子どもたち（*Les Enfants d'Hiroshima*）』という仏訳版で知られたために、さらに名前の象徴性に乗じることになったと語っている。以下を参照。Jean-Louis Leutrat, *Hiroshima mon amour*, Paris : Armand Colin, 2006, p. 26.

74 この点に関して新たな展開を描き出したジャン＝ルイ・ルトラの研究では以下のように書かれている。「『二十四時間の情事』は一九五九年のカンヌ国際映画祭のコンペティション部門では上映されなかった。選考委員会は、音楽もなく、多くの音響効果を欠いた状態の作業用コピー版をみたにすぎない。委員会は、広島と長崎へ原爆を投下したアメリカ人たちの気にさわると考えて、この映画を排除したのである。こうした見解の圧力のもと、映画はフェスティヴァルの外部で上映された。（……）そして国際映画批評家連盟賞（フィプレシ賞）と映画テレビ作家協会賞を受賞した。同じく一九五九年に、ベルギーで映画批評家賞最優秀賞と、もっとも素晴らしい社会派映画をたたえるシネ・クラブ社会党連盟最優秀賞に、そしてフランスでメリエス賞に輝いた。翌年、ニューヨークで映画批評家協会賞外国映画賞を授与された」。Jean-Louis Leutrat, *Hiroshima mon amour*, *op. cit.*, p. 43-44.

75 スザンヌ・リアンドラ＝ギーグは「『二十四時間の情事』は一九五九年の映画における事件であり、その結果『カイエ・デュ・シネマ』誌が、アラン・レネを『トーキー時代の最初の近代的映画作家』と評価した」と書いた。またクリストフ・カルリエによれば、論争と称賛を引き起こした『二十四時間の情事』の批評的な受容は、あらゆるヌーヴェル・ヴァーグの映画の受容に類似している。Christophe Carlier, *Hiroshima mon amour*, Paris : PUF, coll. « Études littéraires », 1994, p. 117.

76 この街への旅行を詳述した作家イヴ・シモンによる文章は、象徴的・換喩的・遍在的なその街の名を端緒として構築された、この集合的記憶の代表例である。「この街の名は私の心にいつも留まっており、私はヒロシマにいる、ヒロシマで息をしている、ヒロシマで喉を潤している、そしてヒロシマで生きている、そんな自分の姿をみていると思わずにはいられない。私は自分の記憶とともに歴史の一点と遭遇しに来たのである。永遠に、本のなかで、そして記憶するのに役立つあらゆるものを通して、この街は、史上初めての原子爆弾が、空からねらいを定めて落とされた街であり続けるだろう」。Yves Simon, « À la conquête du ciel : le pays vertical », *Traverses*, « Japon Fiction », n° 38-39, novembre 1986, p. 95.

77 Alain Brossat, « Si loin, si près, Hiroshima et Auschwitz », in *La Paix barbare : essais sur la politique contemporaine*, Paris : L'Harmattan, 2001, p. 87. 続く引用は同典拠 p. 88, 222, 96 より。

78 Günther Anders, *Hiroshima est partout*, Paris : Seuil, 2008.

79 以下を参照。Michel Bernard, « Le désir de mémoire : ou les effets pervers de la nostalgie », in *De la création chorégraphique*, *op. cit.*, 2001, p. 217.

80 この仮説はすでに、カルロッタ池田に関する博士論文のなかでイヴォンヌ・テーネンバームが組み立てている。ヒロシマが果たした機能は、舞踏がもっている受け入れがたいものやとっぴな振る舞いを説明することである。以下を参照。Yvonne Tenenbaum, « Vision du monde et corporéité : la danse et le corps dansant », *op. cit.*, p. 207-226.

81 Alain Brossat, *Le Sacre de la démocratie : tableau clinique d'une pandémie*, *op. cit.*, p. 86. ジャン・ベルティエは、どれほどのヒロシマが「出来事にまつわる孤独」のなかに、そして「まずは敗者の側に、そして支持できないイデオロギーの側にあり、また一方で死の収容所の発見の近くに位置づけられるという、最悪の歴史的配置のなかに」みつかるか、ということを強調している（以下を参照。

Jean Berthier, « Penser Hiroshima », art. cit.)。ヒロシマはこうして長い間哲学において忘れられた対象であったが、それは多くの研究がユダヤ人大虐殺には言及してきたのと対照的である。それでもギュンター・アンダースやアラン・ブロサを先頭に数人の哲学者は、アウシュヴィッツとの類似性を分析しながらヒロシマへも関心を向けていた。

82　Alain Brossat, « Si loin, si près, Hiroshima et Auschwitz », art. cit., p. 86-87.

83　Alain Brossat, *Le Sacre de la démocratie...*, *op. cit.*, p. 83.

84　Michel Vovelle, « L'histoire et la longue durée », *in* Jacques Le Goff (dir.), *La Nouvelle Histoire*, Bruxelles, Paris : Complexe, 2006.

85　Philippe Pons, *Japon : d'Hiroshima à Fukushima*, Paris : Société éditrice du *Monde*, coll. « Le Monde/histoire : comprendre le monde qui change », 2013. 続く引用も同典拠 p. 5 より。

86　Ôe Kenzaburô, « Fukushima, "c'est la pire trahison de la mémoire des victimes d'Hiroshima" », *in* Philippe Pons, *Japon : d'Hiroshima à Fukushima*, *op. cit.*, p. 90.

87　たとえば二〇一一年一一月パリのカロリン・カールソンのアトリエにおける森繁哉の公演、ファビエンヌ・クルモンによる『福島のための舞踏ダンス（*Danse butô pour Fukushima*）』（二〇一一年）、岩名雅記による映画『うらぎりひめ』（二〇一二年）、財津暁平の公演（二〇一二年）、遠藤公義の『フクシマ・モナムール（*Fukushima mon amour*）』（二〇一三年）。

88　最近のメディアでの扱いにおいて、舞踏は再びヒロシマに結びつけられている。

89　Murobushi Kô, Paris, 16 juin 2011. Dossier de création d'*Un coup de don*, 2012.

90　« Danse de la bombe », Arte journal, 10 février 2012.

第五章　異国趣味への欲望

1　Anne Cauquelin, *L'Art du lieu commun : du bon usage de la doxa*, *op. cit.*, p. 109.

2　モ・アルシー、レオーヌ・カッツ＝バリル、ジャン＝ダニエル・フリッケール、フランソワーズ・ジャスマン、ケアリー・ジェフリーズ、ロルナ・ロウリ、セシル・レイモン、シンシア・マンガ、ペ・ヴェルメエルシュなど。

3　国立舞踊センター（パンタン市）資料室、「カンパニー〈アンファン・ル・ジュール〉コレクション」所蔵。

4　ダンスの人類学を研究するアンドレ・グローは、イギリスの文脈でのカタカリの実践に対して、似たような抵抗や困難があることを明らかにしている。以下を参照。André Grau, « Interculturalisme dans les arts du spectacle : réconcilier la théorie et la pratique », *in* Jean-Yves Pidoux (dir.), *La Danse : art du XXe siècle ?*, Lausanne : Payot, 1990, p. 353.

5　Jean-Marie Gourreau, « Festival Extrême Orient 2001 », *Danse danse danse*, n° 31, février 2002.

6　一九五九年生まれのフランス人ダンサー、振付家。一九九四年から二〇〇八年までレンヌの国立振付センターを率い、現在はカ

ンパニー〈カトリーヌ・ディヴェレス〉の代表である。

7　一九五七年生まれのフランス人ダンサー、振付家。一九七九年にカトリーヌ・ディヴェレスに出会う。彼らはともに〈ステュディオＤＭ〉としてアンサンブル作品を多く制作し、一九九四年からレンヌの国立振付センターのディレクターを務めたが、モンテはこの職を一九九八年に退いている。彼はその後、トゥールの国立振付センターのディレクターを二〇〇三年から二〇一一年まで務め、現在はカンパニー〈マウゲリト（Mawguerite）〉の代表である。

8　Laurence Louppe, « Tanaka Min danseur japonais », *Art Press*, n° 24, janvier 1979 ; Alain-Paul Lequeux, « La nouvelle danse japonaise », *Pour la danse*, n° 62, juillet-août 1980. Pierre Lartigue, « L'émotion pure : une nouvelle façon de danser venue du Japon », *L'Humanité*, 16 juin 1980. これらの記事のタイトルに「日本」あるいは「日本人の」という言葉を確認できる。

9　〔訳注〕室伏の言葉によれば、「イキ」という音は、息という意味のほか、粋・逝・生・行・域など文脈によりさまざまな意味を持つ。最近公開された室伏鴻アーカイヴＨＰ（http://www.ko-murobushi.com/jpn/works/view/102）参照。

10　Lucile Rossel, « Miura : danseur buto », *Les Saisons de la danse*, n° 107, octobre 1978, p. 41.

11　Marie-Françoise Christout, « Paris à l'heure Buto », *Les Saisons de la danse*, n° 248, juillet-août 1993, p. 11.

12　Marie-Françoise Christout, « *Yuragi* de Sankai Juku au Théâtre de la Ville », *Les Saisons de la danse*, n° 248, juillet-août 1993, p. 12.

13　リズ・ブリュネル『熱の型』および『縄文頌』公演パンフレット、パリ市立劇場、一九八四年四月一〇～二一日。

14　Kuniyoshi Kazuko, *in* Odette Aslan (dir.), *Butô(s)*, *op. cit.*, p. 109-110.

15　Uchino Tadashi, « Perturbations, échecs : deux moments "nationalistes" dans la culture chorégraphique du Japon », *Danses et identités : de Bombay à Tokyo*, Pantin : CND, 2009, p. 79-91.

16　Patrick De Vos, « Le temps et le corps », art. cit., p. 106-107.

17　Rosita Boisseau, « Carlotta Ikeda : l'intimité brute du butô », *Le Monde*, 14 janvier 2004.

18　Isabelle Brochard, « Butô manqué », *Les Saisons de la danse*, n° 270, juillet 1995, p. 22.

19　Jean-François Lepoultel, « Sankai Juku », *Les Saisons de la danse*, n° 185, été 1986, p. 15.

20　Jacqueline Guilloux, « Paris à l'heure buto », *Les Saisons de la danse*, n° 248, juillet-août 1993, p. 11.

21　この著者は、ステレオタイプを以下のように定義している。文化的記憶に定着した、ある一つのあらかじめ知られた抽象的図式（シェーマ）であり、それはテクストのなかで反復されることによって表され、事実上切り離し可能な論法〔メタファー、省略論法、逸話などに代表される〕や語彙を形成する。またこの著者は、紋切り型を、そうして形成されたものが表面化したもの、ステレオタイプの転成として定義している。Jean-Paul Honoré, « De la nippophilie à la nippophobie : les stéréotypes versatiles dans la vulgate de presse. 1980-1993 », *Mots : les langages du politique*, « Parler du Japon », Paris : Presses de Sciences po, n° 41, décembre 1994.

22 Pierre Lartigue, «L'émotion pure», *L'Humanité*, 16 juin 1980.

23 一九七〇年代末のこの「日本ブーム」は結局、「二面性を持つ日本」という執拗なイメージをつくりあげた、日仏関係の長い歴史の一部なのである。以下を参照。André Bourde, « Histoire de l'exotisme », *in* Jean Poirier (dir.), *Histoire des mœurs*, t. III, vol. 1, Paris : Gallimard, 1991, p. 676.

24 René Sirvin, « Effrayantes beautés », *Le Figaro*, 21 mai 1993.

25 Marie-Christine Vernay, « Tanaka Min : "Corps nu livré" », *Le Progrès Soir*, 6 juin 1980.

26 Roland Barthes, *L'Empire des signes*, Paris : Seuil, 2007, p. 142.

27 Pascal Blanchard, « L'"invention" du corps du colonisé à l'heure de l'apogée colonial », *in* Gilles Boëtsch, Dominique Chevé, *Le Corps dans tous ses états : regards anthropologiques*, Paris : CNRS, 2000, p. 28

28 Nicolas Bancel, Pascal Blanchard, Gilles Boëtsch, Éric Deroo, Sandrine Lemaire (dir.), *Zoos humains : au temps des exhibitions humaines*, Paris : La Découverte, 2004, p. 6.

29 Pascal Blanchard, « Les zoos humains aujourd'hui ? », in *Zoos humains..., op. cit.*, p. 420. 続く引用は同典拠 p. 417 より。

30 Anne Portier-Lehmans, « La vision américaine du Japon et ses effets de miroir : l'État des choses », *in* Patrick Beillevaire, Anne Gossot (dir.), *Japon pluriel : actes du 1er colloque de la société française des études japonaises*, Arles : Philippe Picquier, 1995, p. 159.

31 Philippe Pelletier, *Le Japon*, Paris : Le Cavalier bleu, coll. « Idées reçues », 2007, p. 22.

32 たとえば地歴史学者クリスティアン・グラタルーによる研究は、この見方を逆転させ、日本は一六世紀以降ヨーロッパや中国とつながりを持ち、世界システムの一部を担っていたということを示す、非常に長い歴史の様相を描き出している。これは、何世紀もの間、孤立し閉ざされた日本として、広く伝えられたイメージとは隔たったものである。いくつもの大発見の前から、またそれより時代を下って、明治時代の日本開国とみなされている時期よりも前から、多くの経済的そして社会的特徴が日本とヨーロッパを接近させている。クリスティアン・グラタルーはこの考えを、彼が書いた記事のタイトルともなった、ある決まり文句によって要約している。「もはや遠国はない」。Christian Grataloup, « Nous n'avons plus d'antipodes. » Christian Grataloup, *Géohistoire de la mondialisation* (*Le temps long du monde*), Paris : Armand Colin, collection « U », 2007; « Nous n'avons plus d'antipodes », *Sciences humaines*, août-septembre 2007, nº 185, p. 42-46.

33 Jean Jacquot, *Les Théâtres d'Asie*, Paris : CNRS, 1968, p. 134. 以下を参照。Stanca Scholz-Cionca, Samuel L. Leiter, *Japanese Theatre and the International Stage*, *op. cit.*, p. 3.

34 複数の著者が、この概念の登場とその使用についての歴史を記述し、現在のかたちでこの概念が用いられた、ゴンクール兄弟による一八七七年の『日記（*le Journal*）』を引き合いに出している。ただし「極」と「東洋」の語の接続は、一八六〇年代に登場し

ていたと考えられる。この概念は「東洋にあって、とても離れているもので、(地理的にも心理的にも)簡単には手の届かないもの」を意味した。Muriel Détrié, Jean- Marc Moura, « Introduction », *Revue de littérature comparée*, n° 297, janvier 2001, p. 6. 以下も参照のこと。Gérard Siary, « Images et contre-images de l'extrême-orient au Japon et en Occident », *Revue de littérature comparée*, n° 297, janvier 2001, p. 67-77 ; Philippe Pelletier, *L'Extrême-Orient : l'invention d'une histoire et d'une géographie*, Paris : Folio, 2011.

35 Marie-Françoise Christout, « La lumière des ténèbres : Ariadone au Théâtre de Paris », *Les Saisons de la danse*, n° 161, février 1984, p. 14.

36 Jean-Marc Moura, *La Littérature des lointains : histoire de l'exotisme européen au XXe siècle*, Paris : H. Champion, 1998, p. 10.

37 Gilles Ferréol, Guy Jucquois (dir.), *Dictionnaire de l'altérité et des relations interculturelles*, Paris : Armand Colin, 2003, p. 133.

38 Brigitte Hernandez, « L'espace Kiron à la mode buto », *Les Saisons de la danse*, n° 174, mai 1985, p. 17.

39 これはジュリー・ペランが、『素材のための計画(*Projet de la matière*)』という作品に関して用いた概念である。Julie Perrin, *Projet de la matière : Odile Duboc, mémoire(s) d'une œuvre chorégraphique*, Pantin : CND, Presses du réel, 2007, p. 39.

40 Colette Godard, « Kazuo Ohno au-delà du temps », *Le Monde*, 22 novembre 1990.

41 大野は二〇〇二年にパリのアベス劇場で公演予定であったが、健康上の理由によって中止された。

42 Colette Godard, « *Graine de cumquat* : Sankai Juku », *Le Monde*, 30 mai 1980.

43 一九九七年六月一六日、在フランス日本大使館での公演パンフレット。略歴紹介では「彼女が六五歳だというのはぶしつけかもしれないが、舞踏には年齢はないということを強調すべきであろう」と表記されている。

44 Alain-Paul Lequeux, « *Lotus-cabaret* par la Cie Ariadone », *Pour la danse*, n° 77, février 1982, p. 17.

45 François Cohendy, «Tanaka Min ou l'heure de la sensation vraie», *Le Progrès*, 6 juin 1980.

46 Colette Godard, « La planète Buto », *Le Monde*, 26 septembre 1986.

47 *Ibid.*

48 René Sirvin, « Un maître du butô aux Halles : Akaji Maro », *Le Figaro*, 26 février 1997 ; Philippe Verrièle, « Maître Kazuo Ohno », *Les Saisons de la danse*, n° 261, octobre 1994, p. 39-40.

49 歴史に残り、公的言説のなかに繰り返し登場する作品名は、〈アリアドーネの會〉の作品が主で、とりわけ『最後の楽園』と『ツァラトゥストラ』を挙げることができる。しかしこれらに対しても、作者の紹介はあいまいである。『最後の楽園』の公演パンフレットでは、誰が作品の振付家あるいは立案者なのか明らかにされていない。ところが二年後には、室伏鴻が『ツァラトゥストラ』の振付家としてはっきりと紹介された。

50 François-Marie Ribadeau, *Le Butô japonais ou la danse des ténèbres*, coll. « Repères sur la *modern dance* », Paris, Antenne 2, Thilda productions, ministère de la Culture, 1982.

51 踊り手たちと振付家はみな、白い稽古着を身につけ、訓練はカメラのために入念に準備されているように見受けられる。カンパニーでの作業についての天児の言葉は、報道記事での他の多くのインタビューや天児自身の著書『重力との対話』に見出せる。

52 Ernst Kris, Otto Kurz, *L'Image de l'artiste : légende, mythe et magie*, Paris : Rivages, 1987, p. 81.

53 Jean-Marc Adolphe, « Le pas migratoire : Christine Quoiraud », *Mouvement*, n° 12, avril-juin 2001, p. 22-28.

54 Nathalie Heinich, *La Gloire de Van Gogh : essai d'anthropologie de l'admiration*, Paris : Minuit, coll. « Critique », 1992.

55 パリ市立劇場公演パンフレット、二〇〇〇〜二〇〇一年。強調は引用者による。

56 「まだ長い間瞑想する公演……」。〈山海塾〉公演パンフレット、レ・ジェモ国立舞台（ソ市）、二〇〇〇年。

57 「静寂を当然とする上演。緊張と精神的集中を惑わせ、雰囲気を断ち切る無作法な拍手喝采もブラヴォーもふさわしくない」。Marie-Françoise Christout, « Paris à l'heure buto », *Les Saisons de la danse*, n° 248, juillet-août 1993, p. 10-12.

58 Jean-Claude Diénis, « *Le Dernier Éden* », *Les Saisons de la danse*, n° 102, mars 1978, p.16-17.

59 パリ市立劇場パンフレット、二〇〇〇〜二〇〇一年。

60 Jean-Marie Gourreau, « À propos des spectacles de Saporta et Shusaku : à la recherche du subconscient », *Pour la danse*, n° 54, novembre 1979, p. 19.

61 ラン国立オペラ劇場パンフレット、二〇〇〇年。

62 ノルマンディー国立演劇センター・カン劇場の公演パンフレット、一九八二年。

63 この点については次章で再び言及する。

64 フランス語および英語で一七世紀以降に書かれた東洋についてのテクストを資料体として、学術的な言説の生産についてフーコーに依拠した分析を行ったサイードは、東洋にまつわる蓄積された知識は、植民地支配の政治システムと切り離すことのできない名付けと指定の力に連関しているという学説を展開した。これらの植民地主義的言説は、東洋趣味的な知識の生産者であると同時に、世界のこれらの地域に対する権力の装置あるいは科学技術でもある。この観点からすると、東洋趣味の言説は、植民地化という出来事の起源であると同時に装置であり、そして結果として、ヨーロッパが世界の他地域を支配しようとする企てと同等の性質を帯びていると言える。Edward W. Said, *L'Orientalisme : l'Orient créé par l'Occident*, Paris : Seuil, 1997.

65 民族舞台学が目指すものの一つは、演劇と舞踊の研究を脱異国趣味化することである。これは「一般的な舞台芸術研究、つまり文化的であろうと学術的であろうとあらゆる自民族中心主義を取り払った、人間の行為や舞台の実践に特化した領域へと民族舞台学」を発展させるなかで試みられる。Jean-Marie Pradier, « Ethnoscénologie. Les incarnations de l'imaginaire », art. cit., p. c-31.

66 Roland Barthes, *L'Empire des signes*, *op. cit.*, p. 73.

67 男性によって演じられる女性の役。

68 Odette Aslan, « Du butô masculin au féminin », in *Butô(s)*, *op. cit.*, p. 79.

69 研究者リンダ・J・トムコは、ジェンダー・スタディーズの概念を用いながら大野の活動を研究している。とりわけここで下地とされているのは、マーク・フランコによる分析で、それによれば大野の女性らしさのパフォーマンスは、身体性の第三の空間、第三のジャンルをつくっている。以下を参照。Linda J. Tomko, « Feminine/Masculine », *in* Suzanne Franco, Marina Nordera, *Dance Discourses : Keywords in Dance Research*, Londres, New York : Routledge, 2007, p. 106, また Mark Franko, « Ohno's *Water Lilies* », in *Dancing Modernism : Performing Politics*, Indianapolis : Indiana University Press, 1995, p. 100-107.

70 Eric Hobsbawm, « Inventer des traditions », *Enquête*, n° 2, 1995, p. 171-189.

71 Anne Décoret, « Les danses exotiques en France », thèse de 3e cycle, p. 43. この一節は、この博士論文に基づいて国立舞踊センターより出版された著書には再録されていない。

72 André Levinson, *La Danse d'aujourd'hui*, Paris : Duchartre, 1929, p. 299.

73 Anne Décoret, *Les Danses exotiques en France*, *op. cit.*, p. 216.

74 Gilberte Cournand, « Butoh Sankai Juku », *Le Parisien*, 14-15 juin 1980.

75 Dominique Frétard, « Le butô, une avant-garde archaïque », *Le Monde des livres*, 12 juillet 2002, p. IV.

76 美術史研究家ベルナール・セイソンは、この現象を、一九八六年にポンピドゥー・センターで開催された「アヴァンギャルドの日本」展に際して次のように指摘している。「この展覧会に至ってようやく、『遁走すべき他所』として夢想された日本のイメージは呈されなくなった。ヨーロッパ人の妄想と親和性の高かった異国趣味により、日本人芸術家のモデルニテへのたゆまぬ探究は、あまりにも覆いかくされてきた。というのもそれらの妄想は、厚かましくも、自分たちのバラ色あるいは暗黒の幻想を東洋のシナリオがもつ異国性のなかに移し替えたり、あるいはその異国性を新しい方向に導くことで、ヨーロッパの創造活力の再活性化を期待する性質のものだったからである」。Bernard Ceysson, « Avant-propos », *Japon des avant-gardes*, Paris : Centre Georges Pompidou, 1986, p. 21.

77 この事例はとりわけアンヌ・デコレとラムゼイ・バートによって研究されている。以下を参照。Ramsay Burt, *Alien Bodies : Representations of Modernity, « Race », and Gender in Early Modern Dance*, Londres, New York : Routledge, 1998.

78 ジャン＝ルー・アムセルは、どれほど多くの主要な歴史記述が、長い間「モデルニテは純粋に西洋の現象であるという考え」の影響を受けたまま、「(「原始的」「歴史のない」「書字のない」といった) 欠如によって非ヨーロッパ文化」を特徴づけてきたかという点を強調している。Jean-Loup Amselle, *L'Occident décroché : enquête sur les postcolonialismes*, Paris : Stock, 2008, p. 32-34.

79 たとえば黒人に対する西洋の視線は、今日でもなお、植民地主義の偏見と想像の産物にあふれ、あらゆるあいまいさを残している。シルヴィ・シャライエは『イメージの中の黒ん坊たち (*Nègres en images*)』という著書のなかで、「植民地の黒人」というイメ

ージは想像の産物をつくりだし、そこから私たちの精神構造に取り付いているクリシェの多くが登場したと論証している。黒人は、「黒ん坊（ネーグル）」のステレオタイプに閉じ込められたままである。つまり黒人は、私たちが彼らを正しく見出す代わりに発明した、苦悩や欲求不満、欲望が結晶化した「他者」であり続けている。ネガティヴな表象から黒人のポジティヴな表象へという変化は行われているとしても、いまだに「他者」であることには変わりない。肌の色が基本的な属性となっている黒人の身体は、魅惑や逸脱、そしてとりわけ幻想が投影される対象となっている。Sylvie Chalaye, *Nègres en images*, Paris : L'Harmattan, 2002.

80　フランスでの舞踏の受容研究に関して、日仏関係はもちろん直接的な植民地支配の歴史に属してはいない。第二次世界大戦後のアメリカによる占領以前は、日本はアジアの植民地開拓者であったため、日本と植民地開発は複雑な関係にある。一方でこの関係性のなかにもフランスは一度も直接的には巻き込まれていない。

81　「演劇はとりわけ、自己中心主義と自民族中心主義が最も暴力的に展開する場である。まるで私たちの文化において演劇性の領域を構成している意味の核が、普遍的な価値に符合するかのように、まずは演劇というその言葉自体を既得権として保とうとするのである」。Jean-Marie Pradier, «Théâtre et sociétés», *Encyclopédie Universalis*, p. 3. またマーリア・ラッシビユは、民族学者による「ダンス」という語の自民族中心主義的な用法に関して、非常に近い指摘をしている。以下を参照。Mahalia Lassibille, « "La danse africaine", une catégorie à déconstruire : une étude des danses des WoDaaBe du Niger », *Cahiers d'études africaines*, nº 175, 2004. http://etudesafricaines.revues.org

82　Ayoko Mensah, « Corps noirs, regards blancs : retour sur la danse africaine contemporaine », *Africultures*, « Métissages : un alibi culturel ? », nº 62, janvier-mars 2005. www.africultures.com. Consulté le 25 mars 2005.

83　とりわけ、のちにキュルチュール・フランスを経てアンスティチュ・フランセとなるフランス芸術活動協会（AFAA = Association française d'action artistique）や、作品制作へのアフリカ対象プログラムといった制度的介入の歴史を除いては理解できない。

84　「アフリカのダンス」や「アフリカの伝統舞踊」というカテゴリーは、人類学者マーリア・ラッシビユによれば、「複雑な歴史の結果である社会的そして文化的構造」に符合する。これらのカテゴリーは、西洋の言説による定義や西洋の視線がもたらす強要、相互作用、そして共同構築に由来する現象であると同時に、その反動としてさまざまな要因を取り込むことでもたらされた結果でもある。Mahalia Lassibille, « "La danse africaine", une catégorie à déconstruire : une étude des danses des WoDaaBe du Niger », art. cit.

85　Anne Décoret, *Les Danses exotiques en France*, *op. cit.*, p. 23. エドワード・サイードによれば、この点でオリエンタリズムは、西洋による世界の他の地域に対する象徴的な支配形式であり、自民族中心主義と帝国主義の装置なのである。

86　ミシェル・フーコーによれば、「ひとは、境界（リミット）＝極限の歴史学を試みることができる。それは、成就されるやいなや必然的に忘却されることになる一連の怪しげな身ぶり、文化が自身にとってはそれ以後大文字の〈外部〉となるような何かを排除するような一連の身ぶりの歴史学である。文化の歴史の全行程にわたって、この穿たれた空白、文化が自らを分離するその白い空間が、文化とその諸価値とを指さすのだ」。〔「『狂気の歴史』初版への序」石田英敬訳、『ミシェル・フーコー思考集成Ⅰ　狂気／精神分析／

精神医学』蓮實重彦、渡辺守章監修、小林康夫、石田英敬、松浦寿輝編集、一九九八年、一九六頁〕Michel Foucault, Préface à *Folie et déraison : histoire de la folie à l'âge classique*, in *Dits et écrits*, t. I, Paris : Gallimard, coll. « Quarto », 2001, p. 189.

87 「狂気の歴史は、『他者』の歴史となるであろう。つまり、ある一つの文化にとって、内部にありながらよそものでもあり、したがって（内部にある危険を避けるために）排除されるべきものであるが、同時に（他者性を減じるために）それを入れ込んでしまうなかで行われる、そのようなものの歴史である。一方で物事の秩序の歴史は『同一者』の歴史となるであろう。それはある文化のなかに散らばったものであると同時に似通ったものであるために、印によって区別され、同一性のなかに集められるものの歴史である。」Michel Foucault, *Les Mots et les choses*, Paris : Gallimard, 1996, p. 15.〔ミシェル・フーコー『言葉と物――人文科学の考古学』渡辺一民、佐々木明訳、新潮社、一九七四（二〇〇九）年、二三頁も参照〕

88 国立舞踊センターの主催で二〇〇六年一月に開催された「文化的アイデンティティ、美学的アイデンティティ――ボンベイから東京まで」と題された研究会は、研究方法や視点の多様化の発展を表している。以下を参照。Claire Rousier (dir.), *Danses et identités : de Bombay à Tokyo*, Pantin : CND, 2009. またフォスターによる以下の章も参照のこと。Susan Leigh Foster, « Choreography », *Choreographing Empathy: Kinesthesia in Performance*, *op. cit.*, p.43-60.

89 Endymion Wilkinson, *Le Japon face à l'Occident : images et réalités*, Bruxelles : Complexe, 1992, p. 141.

90 パトリック・ドゥヴォスによれば、ネオジャポニスムとして最も多量に輸出された文化的生産物を載せたカタログに、「二〇世紀の終わりに、躊躇なく舞踏を入れることができる」。Patrick De Vos, « Hijikata Tatsumi et les mots de la danse », art. cit., p. 87.

91 「舞踏は日本において、観客はそれ以来増えているにもかかわらず、『いつも異端の匂いがした』」（Alain-Paul Lequeux, « La nouvelle danse japonaise », *Pour la danse*, nº 62, juillet-août 1980, p. 19.）。「経済競争と発展に軸足をおく今日の日本では、舞踏は硫黄のような悪臭を放っている。この国では訓練された大勢のダンサーたちが、機械仕掛けの人形のように西洋の型通りのバレエを再生産している。〈アリアドーネの會〉は、学生や知識人たちの中核からは周縁に追いやられている……」（Marcelle Michel, « Carlotta Ikeda : l'embellie », art. cit., p. 14.）。

92 Alain-Paul Lequeux, « La nouvelle danse japonaise », art. cit., p. 20.

93 Jean Viala, « Le buto », in Jean-François Sabouret (dir.), *Invitation à la culture japonaise*, Paris : La Découverte, 1991, p. 94.

94 Cécile Iwahara, « Le corps, laboratoire de soi et du monde... », *op. cit.*, p.48. *Ibid.*, p. 54. 続く引用も同典拠より。

95 Plan B（東京）、BankART1929（横浜）など。

96 雑誌『コルプス』、ウェブマガジン『舞踏批評』（www.geocities.jp/butohart）。

97 Cécile Iwahara, « Le corps, laboratoire de soi et du monde... », *op. cit.*, p. 52.

98 「大野一雄は多くの賞を受賞している。彼は西洋だけではなく日本でも大きな成功を収めた『ラ・アルヘンチーナ頌』の上演に

対して、舞踊批評家協会賞を受賞している。一九九三年には、神奈川文化賞を、一九九八年には横浜文化賞を、一九九九年にはミケランジェロ・アントニオーニ芸術賞、そして二〇〇二年に朝日舞台芸術賞を受賞している」（*Ibid.*, p. 52.）。

99 『土方巽全集』は一九九八年に出版された〔普及版二〇〇五年刊〕。

100 川崎市岡本太郎美術館、二〇〇三年一一月～二〇〇四年一月。

101 「文化庁からの支援を受けた研究と資料保存の作業が、一九九八年に設立された土方巽アーカイヴで、二〇〇三年頃からは、慶應義塾大学の舞踏研究のためのセンターで行われている」。以下を参照。Cécile Iwahara, « Le corps, laboratoire de soi et du monde... », *op. cit.*, p. 51.〔正確にいうと、慶應義塾大学アート・センターにおいて、文部省（現・文科省）の研究助成をもって、デジタル・アーカイヴのプロジェクトが展開され、その実践として土方巽アーカイヴが設置された。二〇〇三年頃からは、新たな資金や人的支援を得て、研究が進捗し、アーカイヴも広く公開されるところとなった。〕

第六章　感覚のなかの他所（よそ）

1 この録音は、国立舞踊センター資料室の「リズ・ブリュネル・コレクション」に所蔵されている。

2 一九四四年生まれのフランス人ダンサー、振付家。

3 Isabelle Launay (dir.), *Les Carnets Bagouet : la passe d'une œuvre*, Besançon : Les Solitaires intempestifs, 2007, p. 275.

4 Laurent Goumarre, « Catherine Diverrès la consumée », *À voix nue*, France Culture, juin 2005.

5 カトリーヌ・ディヴェレスの口頭発表。Colloque « Notre Japon », Maison des cultures du monde, 2004.

6 Laurent Goumarre, « Catherine Diverrès la consumée », *op. cit.* 次の引用も同典拠より。

7 Catherine Diverrès, colloque « Notre Japon », *op. cit.*

8 〔訳注〕近代に在ローマのアカデミー・ドゥ・フランスが移され芸術家のレジデンス施設となっていた、ローマのメディチ家別荘（ヴィラ・メディシス）の「壁の外（オール・デ・ミュール）」、さまざまな国で展開される滞在型アーティスト支援プログラムである。一九八〇年にフランス外務省が創設し、現在は文化省と外務省の支援を受けるアンスティチュ・フランセが運営しており、名称は「オール・デ・ミュール」となっている。

9 〔訳注〕ローマのヴィラ・メディシスにならって、関西日仏学館（現・アンスティチュ・フランセ関西）の旧敷地内に一九九二年に建てられた、アンスティチュ・フランセの運営する芸術家レジデンス施設。

10 フランス人ダンサー、振付家（一九五八～二〇一三年）。一九八三年にイザベル・デュブロズとともにカンパニーを設立。彼らは一九八五年にともにバニョレ国際振付コンクールの振付一等賞を獲得し、次いでヴィラ・メディシス・オール・レ・ミュールの賞を得て、大野のもとで学ぶために日本へ渡った。二人は一九八八年に創作した『花々の美しさ（*La Beauté des fleurs*）』を一九九一年にパリ市立劇場で上演。この作品について彼らは、大野の影響とともに、大野を経由した土方、またジャン・ジュネの『花のノ

ートルダム（*Notre-Dame des fleurs*）』にインスピレーションを受けて土方が創作した作品からの影響を主張している。

11　アレクサンドル・ヴィツマン＝アナヤ、カンタン・ルイエ、スーザン・バージュの作品に出演したダンサーで、一九八一年に〈ロリータ（Lolita）〉という集団の共同創立者の一人となるが、一九八五年に自身のカンパニーを創立する。

12　一九四九年生まれのフランス人ダンサー、振付家。

13　フランス人ダンサー、振付家。パリ・オペラ座のシュジェとしてパリ・オペラ座舞踊研究グループ（GRCOP）に参加。一九八七年に大野のもとで学ぶため来日、翌年オペラ座を辞職。その後、カトリーヌ・ディヴェレス、ベルナルド・モンテ、ロイック・トゥゼとともに踊り、自身のプロジェクトを展開する。

14　ダンサー、振付家。多くの日仏プロジェクトを展開し、病院でも活動している。

15　オリヴィエ・ジェルプは一九七三年から二〇〇五年にかけて、とりわけカトリーヌ・ディヴェレスとベルナルド・モンテのカンパニーに出演したダンサーで、振付家でもある。上杉満代と共同し、〈アンサンブルW〉に参加。二〇年以上にわたり、太極拳と気功を実践しており、今日ではそれらの武道を教えている。

16　フランソワおよびドミニク・デュピュイの現代舞踊国際集会（RIDC）、またアンジェの国立現代舞踊センター（CNDC）で学んだ一九七三年生まれのフランス人ダンサー、振付家。カンパニー〈ファトゥミ＝ラムルー〉、カトリーヌ・ディヴェレス、カリーヌ・ポンティエス、ジョセフ・ナジのもとで踊り、二〇〇〇年以降は自作を発表している。

17　Isabelle Launay, « Entre l'Inde et le Japon : entretien avec Santiago Sempere », *Mouvement*, 1995, p. 16.

18　たとえ、日本へ旅立つ際の彼女の目的が、土方にインスピレーションを与えた民衆の祝祭、「祭り」を発見することであったにせよ。

19　Karine Morand, « Sidonie Rochon, artiste comme seule place possible : entretien avec Sidonie Rochon », *Telex danse*, décembre 1995, p. 3.

20　外務省の多くの奨学金（ヴィラ・メディシス・オール・レ・ミュール、レオナルド・ダ・ヴィンチ賞、ヴィラ九条山でのレジデンスなど）が次のアーティストたちに与えられた。アンジュラン・プレルジョカージュ（一九八七年）、ピエール・ドゥサンおよびイザベル・デュブロズ（一九八八年）、ダニエル・ラリュー（一九八八年）、シドニ・ロション（一九八八年）、スーザン・バージュ（一九九二〜一九九三年）、サンティアゴ・サンペレ（一九九二年）、セシル・プルースト（一九九五年）、ディディエ・テロン（一九九五〜一九九六年）、パル・フレナク（一九九八年）、フランチェスカ・ラットゥアーダ（一九九八年）、エリック・ラムルーおよびエラ・ファトゥミ（一九九九年）、アラン・リグおよびサチー・ノロ（一九九九年）、アラン・ミシャール（二〇〇一年）、ジョエル・ボルジュス（二〇〇一年）、エマニュエル・ユイン（二〇〇一年）、ミエ・コカンポ（二〇〇二年）、ナディア・ロロおよびジェニフェール・ラセ（二〇〇三年）、クローディア・トリオッジ（二〇〇四年）、ジゼル・ヴィエンヌ（二〇〇七年）……。日本的なものに対する欲望は、アンジュラン・プレルジョカージュにとっての能と歌舞伎、セシル・プルーストにとっての

地唄舞、フランチェスカ・ラットゥアーダにとっての歌舞伎、エマニュエル・ユインの出会った生花や建築、料理の専門家、ジゼル・ヴィエンヌにとっての文楽など、さまざまな形態をとる。

21　この経験に関しては、国立舞踊センター（パンタン市）資料室所蔵「クリスティーヌ・クワロ・コレクション」を参照せよ。

22　多くの旅行話は、主にパトリック・ベイユヴェールが一九世紀後半に集めたものであり、日本旅行の重要性とそれが引き起こす衝撃を証言している。その実践は二〇世紀にも引き継がれ、一九二一年から一九二七年にかけて東京で駐日フランス大使を務めたポール・クローデルの例もある。以下を参照。Patrick Beillevaire, *Le Voyage au Japon : anthologie de textes français 1858-1908*, Paris : Robert Laffont, 2001.

23　Laurent Goumarre, « Catherine Diverrès la consumée », *op. cit.*

24　ロラン・バレ、一九九八年にフェスティヴァル「ル・コレグラフィック」で上演された『二人っきりでどうやって世界を夢見よう（*Comment rêver le monde quand on n'est que deux ?*）』の公演パンフレット。

25　Karine Morand, « Sidonie Rochon, artiste comme seule place possible : entretien avec Sidonie Rochon », art. cit., p. 3.

26　Isabelle Launay, « Entre l'Inde et le Japon : entretien avec Santiago Sempere », art. cit., p. 16.

27　セシル・ロワイエの文章「日本から戻って（Retour du Japon）」は二〇〇〇年五月二一日に www.cloy.jb-ba.com 上で公開された。二〇〇四年閲覧（現在すでに閉鎖されている）。続く二つの引用も同典拠より。

28　Isabelle Launay, « Danseurs voyageurs : l'art des liaisons chorégraphiques », *Mouvement*, n° 9, janvier-mars 1995, p. 12-13.

29　大野一雄は頻繁に自身のカトリシズムへの信仰に言及していた。

30　Irena Filiberti, « Entrée dans un être vivant : entretien avec Catherine Diverrès », *Révolution*, p. 45. 国立舞踊センター（パンタン市）資料室「カトリーヌ・ディヴェレス関連ファイル」所蔵。

31　Michèle Dardy-Cretin, « Annexe VI : la danse contemporaine en France dans les années 1970 », in *Michel Guy : secrétaire d'État à la culture 1974-1976, op. cit.*, p. 229.

32　以下を参照。Amélie Clisson-De Macedo, « Petite chronique des Fêtes musicales de la Sainte-Baume (1976-1980) », art. cit.

33　サンティアゴ・サンペレの文章「書くこと……踊ること（Écrire… danser）」(htpp://santiagosempere.chez-alice.fr)。二〇〇八年閲覧（現在すでに閉鎖されている）。

34　Conférence-rencontre « Voyage au travers de l'univers du studio Diverrès-Montret », 18 juin 1992. 国立舞踊センター（パンタン市）資料室「カトリーヌ・ディヴェレス関連ファイル」所蔵。続く引用も同典拠より。

35　Laurent Goumarre, « Catherine Diverrès la consumée », *op. cit.*

36　Ôno Kazuo, Ôno Yoshito, *Kazuo Ohno's World from without and within, op. cit.*, chap. 2.

37 Jean-Marc Adolphe, « Le pas migratoire : Christine Quoiraud », *Mouvement*, nº 12, avril-juin 2001, p. 22-28. また以下も参照せよ。« Sortir du studio : rencontre avec Christine Quoiraud et Marion Éven », *Repères : cahier de danse*, nº 31, 2013, p. 24-26.

38 Kurihara Nanako, *The Most Remote Thing in the Universe...*, *op. cit.*, p. 174.

39 Cécile Loyer, « Retour du Japon », art. cit. *Ibid.* 続く引用も同典拠より。

40 Catherine Diverrès, « De la vie concrète à l'épreuve de la danse-désir », *Telex danse*, janvier 1994, p. 5.

41 Catherine Diverrès, « Un jour avec Kazuo Ohno », *Mouvement*, nº 26, janvier 2004, p. 31.

42 Victor Segalen, *Essai sur l'exotisme : une esthétique du divers*, Montpellier : Fata Morgana, 1978.〔ヴィクトル・セガレン『〈エグゾティスム〉に関する試論・羈旅』木下誠訳、現代企画室、一九九五年。〕

43 「セガレンは、他性（アルテリテ）の別名であるエグゾティスムを、感覚の一つの源泉、さもなくば感覚の源泉すべてにしたのであり、それは一つの生き方となる感じ方、一つの美学である」。以下を参照。Jean-Marc Moura, *La Littérature des lointains...*, *op. cit.*, p. 55.

44 Henri Bouillier, *Victor Segalen*, Paris : Mercure de France, 1961, p. 131.

45 Marc Gontard, « La relation de voyage chez Victor Segalen », in Yves-Alain Favre (dir.), *Victor Sagan*, t. 1, Pau : université de Pau et des pays de l'Adour, 1985, p. 52.

46 Jean-Louis Cornille, « L'Orient de l'écriture : l'initiation », *in* Yves-Alain Favre (dir.), *Victor Segalen*, *op. cit.*, p. 297.

47 カトリーヌ・ディヴェレスとベルナルド・モンテ、ピエール・ドゥサンとイサベル・デュブロズ、シドニ・ロション、スーザン・バージュ、サンティアゴ・サンペレ、オリヴィエ・ジェルプ、セシル・ロワイエといった振付家はみな、日本滞在中もしくは日本から帰国した際に作品を発表している。

48 Isabelle Launay, « Entre l'Inde et le Japon : entretien avec Santiago Sempere », art. cit., p. 17.

49 以下を参照。Marion Éven, « Marcher dans le paysage avec Christine Quoiraud : une expérience dansée sensorielle et politique », mémoire de master, université Paris-8, 2012.

50 « Portrait de Christine Quoiraud »（http://antipodesarchives.lequartz.com/antipodes/2004/quoiraud.asp#entretien）

51 Jean-Marc Adolphe, « Le pas migratoire : Christine Quoiraud », art. cit., p. 22-28.

52 Antonin Artaud, *Le Théâtre et son double*, Paris : Gallimard, 1971.

53 Isabelle Launay, « Danseur voyageur », art. cit., p. 13.

54 Isabelle Launay, *Les Carnets Bagouet...*, *op. cit.*, p. 61.

55 私たちはこのフランスでの舞踏実践からその構図を描き出す線を導びこうとするのだが、とはいえ一つの網羅的な歴史パノラマを作成しようとうそぶきはしない。というのもダンサー養成とダンス・スタジオの歴史に関しては、作品上演よりさらにいっそう、

資料保存や歴史研究が不足した状態にあるからだ。ダンスの研修会や課程の歴史をたどる現在最も効果的な方法の一つは、専門誌に掲載された宣伝広告の分析という昔ながらのものである。そして、アーティストたちの関連資料、インタビューしたダンサーたちの回想、ワークショップでの観察、そして私たち自身の実践経験がこれらを補完する。

56 Alain-Paul Lequeux, « *Stage de danse Butoh, Paris : avec U. Amagatsu* », *Pour la danse*, nº 64, novembre 1980, p. 30.

57 たとえば、一九八三年に〈アール・エ・ムヴマン協会（Art & mouvement）〉によって開催されたニーム市のパブロ・ネルーダ・センターの第九回ダンス研修会。

58 アンジェ市の国立現代舞踊センターには、一九九〇年代にカルロッタ池田が、そしてエマニュエル・ユインがディレクターを務めた二〇〇六年から二〇一二年には室伏鴻が定期的に招聘され、また一時的に笠井叡と田中泯も招かれた。リヨン市の国立高等音楽院（CNSM = Conservatoire national supérieur de musique）には一九九七年度にカンパニー〈アンファン・ル・ジュール〉が舞踏の教授および生徒との創作のために招かれ、また田中泯は現代舞踊国際集会（RIDC）で講習会を行うために何度も招聘されている。

59 国立舞踊センター（CND）には二〇〇〇年代に、カロリン・カールソンのアトリエ・ドゥ・パリとの結びつきで上杉満代、田中泯が招聘された。またアトリエ・ドゥ・パリでは、天児牛大と大野慶人とともに、いくつかのマスター・クラスが開催されている。

60 このアーティストは自身の企画『世紀を跨ぐ――九六〜〇六』として、一〇年間、毎春・毎夏に一ヶ月にわたる研修会を開いていた。その後、別の新たなワークショップのサイクルを展開し、定期的な研修会を行っている。

61 とりわけ、有科珠々、渡辺真希、財津暁平、レオーヌ・カッツ＝バリル、ロルナ・ロウリ、セヴリーヌ・デルボスク、藤谷由美、フランソワーズ・ジャスマン、大田佑子など。

62 とりわけ、ポ市のリシャール・カイール、ティエリ・エスカルマン、ボルドー市のレア・コルネッティ、マルセイユ市のカンパニー〈サガ・サワ（Saga Sawa）〉のフロランス・メナール、トゥールーズ地方のマリー＝ピエール・コヴェル、マルティグのファビエンヌ・ブリウド、グルノーブル市のアデリ・モチャン、ジェール県の〈グループ風（Groupe du Vent）〉とソフィー・クルネード、ドローム県のファビエンヌ・クルモン、マルティニーク島のジョセ・シャロン、ヴァンヌ市のカンパニー〈以上でも以下でもない（Ni plus ni moins）〉、ガール県のカンパニー〈言い換えれば（Autrement dit）〉。

63 ここで「日本の体操」として紹介される野口体操は、野口三千三（一九一四〜一九九八年）によって創始された。

64 日本人ダンサー、振付家で、一九七九年から一九八一年にかけてカンパニー〈白虎社〉で踊り、その後一九八六年に自身のカンパニーを設立した。

65 二〇〇四年八〜九月にベルタン・ポワレの文化スペースで行われた桂勘の研修会パンフレット。

66 Cécile Iwahara, « *Le corps, laboratoire de soi et du monde...* », *op. cit.*, p. 315.

67 一九六二年松阪市生まれの日本人ダンサー、振付家。一九八〇年に〈北方舞踏派〉で踊る。独自のダンスを展開し、一九八六年以降それを「じねん舞踏」と名付けている。

68 二〇〇五年のアヴィニョン演劇祭での竹之内淳志の研修会パンフレット。

69 二〇〇三年一月二〇~二四日にカロリン・カールソンのアトリエ・ドゥ・パリと国立舞踊センターが共催した研修会「田中泯の舞踊世界（L'univers chorégraphique de Tanaka Min）」のパンフレット。

70 二〇〇八年九月にアヴェロン県で開かれた竹之内淳志の研修会パンフレット。

71 二〇〇五年のクラス「舞踏――有科珠々と踊る日本の現代・伝統舞踊（Buto : danse japonaise contemporaine et traditionnelle avec Juju Alishina）」のパンフレット。

72 カンパニーのホームページ（http://chorambutodanse.sosblog.fr）。二〇〇八年閲覧（現在すでに閉鎖）。現在のホームページ（http://www.lessoinsalame.com）は二〇一四年に閲覧した。

73 これは、田中泯のような名の知れたアーティストの研修会にも共通することである。フランソワーズ・ジャスマンがパリで開催する子どものための舞踏ワークショップも存在する。

74 床に両足をすりながらゆっくりとなされる歩行で、重心を縦移動させないように場所を移動することを目的とする。

75 Isabelle Launay, « Laban ou l'expérience de danse », *& la danse : revue d'esthétique*, n° 22, 1992, p. 69.

76 Anne-Laure Lamarque, « Butô(s) entre France et Japon », *La Page Blanche, revue de poésie et littérature*, n° 44, 2011.

77 より詳しい説明は、国立舞踊センター資料室のサイトにある資料ポータル上の上杉満代に関する文章を参照せよ。

78 一九九一年四月六~七日にカン市の国立振付センターで行われた研修会「舞踏ダンス（Buto Dance）」のパンフレット。

79 苦しみに対するこの独特な関係は、日本人ダンサーとヨーロッパ人ダンサーとの間に理解の相違がみられる点であり、田中泯のワークショップの際に起きた次のような衝突を生じさせる可能性もあった。「それは精神分析に近いものです。たとえば、稽古が身体的にあまりに辛く、苦しみを引き起こすものであった場合。その点についてヨーロッパ人は、それが正しくないと考えます。多くの日本人は、それが鍛錬であり、新境地へ達するのには身体的苦痛がつきものと考えるので、当然のこととみなします。（……）ヨーロッパ人が苦痛の強まる前に止めるのをみて、日本人は驚き、どうして我慢できる苦痛の限界のさらに先へと行こうとしないのかと訝しがります。話し合いは永遠と続きます」。Kobata Kazue, Bertrand Raison, « Jeux de pistes », *Autrement*, n° 51, 1983, p. 221.

80 Claudia Flammin, « Le Body Weather Laboratory », *in* Odette Aslan (dir.), *Butô(s)*, *op. cit.*, p. 330.

81 Claudia Flammin, « Un lieu, une danse : Min Tanaka et la météorologie du corps », mémoire de DEA en danse, université Paris-8, 1996, p. 75.

82 Anne-Laure Lamarque, « Butô(s) entre France et Japon », art. cit.

83 以下を参照。Maurice Merleau-Ponty, *Le Visible et l'invisible*, chap. « L'entrelacs-le chiasme », Paris : Gallimard, 1995, p. 172-204.

84 Michel Bernard, *De la création chorégraphique*, *op. cit.*, p. 95-100.

85 財津暁平のエクササイズ。

86 〔訳注〕「断頭台に向かって歩かされる死刑囚」についての一節で土方は、「歩いているのではなく、歩かされている人間、生きているのではなく、生かされている人間、死んでいるのではなく、死なされている人間……この完全な受動性には、にもかかわらず人間的自然の根源的なヴァイタリティが逆説的にあらわれているにちがいない」と述べ、「かかる状態こそ舞踊の原形であり、かかる状態を舞台の上につくり出すことこそ、ぼくの仕事でなければならない」としている。『（普及版）土方巽全集Ⅰ』種村季弘、鶴岡善久、元藤燁子編、河出書房新社、二〇〇五年、二〇〇〜二〇一頁。

87 Amagatsu Ushio, *Dialogue avec la gravité*, *op. cit.*, p. 29-30.〔天児牛大『重力との対話』、八七頁〕

88 Odette Aslan (dir.), *Butô(s)*, *op. cit.*, p. 321.

89 二〇一二年のパリ第八大学でのセミナー。

90 ミシェル・ベルナールは、ダンス創作に関する彼のあらゆる研究において、想像力は感覚のなかにあるとしている。この想像力は、私たちの感じる機能の根源に遡る一つのダイナミックなプロセスであり、「脳内に固定されそこに位置している心的表象の記憶痕跡」と常識的にとらえられる「視覚」イメージの一種の寄せ集めのように単純化されるものではない。パリ第八大学でのセミナー「身体のイメージ（*Images du corps*）」のクリスティーヌ・ロケの講義ノート参照。Isabelle Ginot, Gabrielle Mallet, Julie Nioche, Christine Roquet, « De l'image à l'imaginaire », *Repères, cahier de danse*, n° 17, mars 2006, p. 5-6.

91 ほかの舞踏家のなかには、筋肉の強いホールディングを要求するトレーニングによる別の伝達方式や、身振りの実現に対して明確で定まった指示や修正を与えることを試みる者もいるが、彼らの稽古の基礎も、身振りの原動力として想像力を用いるという点では違いがない。しかし、身体能力の極限に挑戦するそうした投入においては、意図することの一種の放棄に至ることもまた可能であり、それは、最も解き放たれた想像力との取り組みのなかで身振りを出現させるのに適している。

92 二〇〇六年にカロリン・カールソンのアトリエ・ドゥ・パリで開催されたマスター・クラスで大野慶人が与えた指示。

93 Basile Doganis, « La pensée du corps : pratiques corporelles et arts gestuels japonais (arts martiaux, danses, théâtres). Philosophie immanente et esthétique incarnée du corps polyphonique », thèse en philosophie, université. Paris-8, 2006, p. 59.

94 Michel Bernard, *De la création chorégraphique*, *op. cit.*, p. 91.

95 Cécile Raymond, « La question de la transmission à travers les stages butô de Masaki Iwana », *op. cit.* 続く引用も同典拠より。

96 Basile Doganis, « La pensée du corps : pratiques corporelles et arts gestuels japonais... », *op. cit.*, p. 241. 続く引用も同典拠より。

97 Isabelle Launay, Boris Charmatz, *Entretenir : à propos d'une danse contemporaine*, Pantin : CND Presses du réel, 2002, p. 31.

98 Michel Bernard, *De la création chorégraphique, op. cit.*, p. 100.

99 Basile Doganis, « La pensée du corps : pratiques corporelles et arts gestuels japonais... », *op. cit.*, p. 254.

100 『春（*Le Printemps*）』（一九八八年）、『断片（*Fragment*）』（一九八九年）、『小協奏曲（*Concertino*）』（一九九〇年）。

101 Alexandra Baudelot, « *Dissection de la matière* : Bernardo Montet », *Mouvement*, nº 9, juillet-septembre 2000, p. 142. 続く引用も同典拠より。

102 『遊＊ASOBU』（二〇〇六年）。

103 フィリップ・レオタールおよびパトリス・ムレと協働したベルナール・ノエルの『聖餐の城』、カトリーヌ・セレールスとロン＝ポワン劇場で協働したアンリ・ミショーの『影の空間』、アデル・アキムとイヴリ劇場で上演した『体（*Corps*）』、フランソワーズおよびドミニク・デュピュイの『峠の向こうにみた世界』。

104 彼女はとりわけ、フレッド・バンドンゲおよびサミール・アシシとともにヒップホップ・グループ〈前輪駆動（Traction Avant）〉と共同した。

105 『ケンタウロスとアニマル（*Le Centaure et l'animal*）』（二〇一〇年）。

106 上杉満代、オリヴィエ・ジェルプ、カティヤ・フレグ。

107 中沢英二。

108 上杉満代、秀島実、中沢英二。

109 作品関連資料（www.cecileloyer.com）。二〇一四年閲覧。

110 田中泯、堀川久子、ファン＝アントニオ・モラル、アンドレス・コルシエロ、フランク・ヴァン・ドゥ・ヴェン、フランソワ・エヴァンジェリスティ。

111 田中泯、堀川久子、アンドレス・コルシエロ、フランク・ヴァン・デ・ヴェン、アラン・シャシエール、玉井康成、ナガツカ・セイ、コダマ・フユキ、テス・ドゥクインシー、カタリナ・バカツァキ、ジョスリーヌ・モンプティ、エア・ソラ、クリスティーヌ・クワロ、クリスティーヌ・ルルノディ、ミシュリーヌ・プラカン、アンヌ・ソフィー・アンジェロ、コレット・カシディ。

112 ヴァンサン・ボロニーニ、アンヌ＝マリー・リヴァラン、ヴェロニク・シャタール、リシャール・カイール、ピエール・フィリップ。

113 多くの出演者のうち、レオーヌ・カッツ＝バリル、ザビーナ・ゾイム、マチルド・ラポストル、アンナ・ヴァンテュラ、メリッサ・ヴォン・ヴェピ、ナディーヌ・ミルズネール、エステール・ウロベル、エマニュエラ・ネリ、クリスティーヌ・シュ、ヴァレリー・ピュジョル、アンヌ＝ロール・ラマルクなどが挙げられる。

114 たとえばセシル・レイモン、カミーユ・ミュテルなど。

115 Catherine Diverrès, « De la vie concrète à l'épreuve de la danse-désir », art. cit., p. 6.

116 シャンタル・オブリは、シドニ・ロションがどれほど「『日本人と活動したダンサー』として舞踊界では知られているか」念を押している。以下を参照。Chantal Aubry, *Yano : un artiste japonais à Paris*, *op. cit.*, p. 143.

117 Marie-Christine Vernay, « La stance japonaise de Catherine Diverrès », *Libération*, 24 février 1997.

118 Chantal Aubry, « Sidonie Rochon sort de l'ombre », *La Croix*, 6 janvier 1990.

119 Hubert Godard, « Le geste et sa perception », art. cit., p. 236.

120 Catherine Diverrès, colloque « Notre Japon », *op. cit.*

121 イザベル・ジノ、一九九四年上演の『身体のちょっとした部分（*Les Petits Endroits du corps*）』の創作資料（国立舞踊センター資料室、パンタン市、「サンティアゴ・サンペレ関連ファイル」所蔵）。

122 二〇〇八年のシドニ・ロションとの会談。また、Catherine Diverrès, colloque « Notre Japon », *op. cit.* も参照せよ。

123 この作品は、九人の踊り手による『スタンスⅠ』と、カトリーヌ・ディヴェレスのソロによる『スタンスⅡ』からなり、後者はリタ・カグリアおよびカロル・ゴメスに伝承されている。

124 二〇〇三年に創作されたクインテット。

125 Jean-Marc Adolphe, « Ravageuse séduction », *L'Humanité*, 26 janvier 1990.

126 Séverine Pradier, « Annexe : entretien avec S. Rochon », *in* « Le concept d'énergie en danse contemporaine », thèse en sciences et techniques des activités physiques et sportives, université Paris-V-René Descartes, 1996, p. 153. 続く引用は同典拠 p. 161 より。

127 Isabelle Launay, « Danseurs voyageurs », art. cit. 続く引用も同典拠より。

128 シドニ・ロション、『二人っきりでどうやって世界を夢見よう』の公演パンフレット（前掲）。

129 Laurent Goumarre, « Catherine Diverres la consumée », *op. cit.*

130 Marie-Christine Vernay, « La stance japonaise de Catherine Diverrès », art. cit.

131 Christophe Wavelet, « Kazuo Ohno ou les ressources de l'épuisement », art. cit. 続く引用も同典拠より。

132 Isabelle Ginot, « Fissures », *Révolution*, 12-18 janvier 1990. 続く引用も同典拠より。

133 Christophe Wavelet, « Kazuo Ohno ou les ressources de l'épuisement », art. cit.

134 Isabelle Launay, « Danseurs voyageurs », art. cit.

135 Catherine Diverrès, « Sur quelques invariants dans le parcours d'une chorégraphe », *Quant à la danse*, n° 4, octobre 2006, p. 10.

136 二〇〇八年に行ったシドニ・ロションとの会談。

137 Basile Doganis, « La pensée du corps : pratiques corporelles et arts gestuels japonais... », *op. cit.*, p. 106.

138 Michèle Febvre, Isabelle Ginot, *Protée*, « Danse et altérité », présentation, vol. 29, n° 2, automne 2001, p. 4.

第七章　ひそかな欲望

1　以下を参照。Sylviane Pagès, « Le moment Cuningham : l'émergence d'une référence incontournable de la danse en France... », *Repères : cahier de danse*, avril 2009, p. 3-6.

2　Catherine Diverrès, « De la vie concrète à l'épreuve de la danse-désir », art. cit., p. 5. 続く引用も同典拠より。

3　カトリーヌ・ディヴェレスの口頭発表。Colloque « Notre Japon », *op. cit.* 続く引用も同典拠より。

4　同右。

5　Catherine Diverrès, « Un jour avec Kazuo Ohno », art. cit., p. 32.

6　Jean Pomarès, « Parcours du danseur : de la formation à la création », *Positions : cahiers de la DRAC PACA*, Aix-en-Provence, 50-9, 1994 ; Georgiana Gore, Laurence Louppe, Wilfirde Piollet, « Effervescence and Tradition in French Dance » *in* Andrée Grau, Stephanie Jordan, *Europe Dancing : Perspectives on Theatre Dance and Cultural Identity*, Londres : Routledge, 2000, p. 28-54.

7　Georgiana Gore, Laurence Louppe, Wilfirde Piollet, « Effervescence and Tradition in French Dance », art. cit., p. 37.

8　Gérard Mauger, *L'Accès à la vie d'artiste*, Broissieux : Éditions du Croquant, 2006, p. 238.

9　演劇ではタデウシュ・カントール、ボブ・ウィルソン、そして文学、映画にと、舞踊分野における外部の参照項の探求は、「フランス文化の特徴」の一つである。Georgiana Gore, Laurence Louppe, Wilfirde Piollet, « Effervescence and Tradition in French Dance », art. cit., p. 36.

10　Claire Delcroix, « Jacqueline Robinson », « Atelier de la danse », « Les RIDC ». 国立舞踊センター（パンタン市）資料室「資料ポータル」所蔵。

11　Isabelle Ginot, *Dominique Bagouet : un labyrinthe dansé*, Pantin : CND, 1999. p. 13. 続く引用も同典拠より。

12　Isabelle Launay, « Réinventer l'héritage chorégraphique. La passe des Carnets Bagouet : dénouer, démonter, interpréter », *Revue filgrane*, n° 3, 2006.

13　Jacqueline Robinson, *L'Aventure de la danse moderne en France*, Paris : Bougé, 1990.

14　彼らより先んじていた者として、ジャン・ヴァイト、ルドルフ・シルト、ハインツ・フィンケルなども挙げておく。

15　*Ibid.*, p. 168. また以下も参照せよ。Marianthi Psomataki, « L'héritage de Mary Wigman en France : Karin Waehner et Jacqueline Robinson », mémoire de DEA, université Paris-8, 1996.

16　*Où va la danse? L'aventure de la danse par ceux qui l'ont vécue*, Paris : Seuil, 2005, p.27. 続く引用は同典拠 p. 17 より。

17　パリ第八大学で執筆中の以下の博士論文を参照。Ninon Prouteau-Steinhausser, « Description, style kinésique et outils chorégraphiques dans les pratiques journalistiques en danse. Les pratiques critiques d'André Levinson, Dinah Maggie, Lise Brunel et Laurence Louppe », dirigée par Isabelle Ginot à l'université Paris-8.

18　パリ第八大学に学位を請求予定の以下の博士論文を参照。Mélanie Papin « 1968-1978 : construction du champ chorégraphique contemporain en France », dirigé par Isabelle Launay à l'université Paris-8.

19　リズ・ブリュネルが作成した年譜を参照。Lise Brunel, *Nouvelle danse française*, Paris : Albin Michel, 1980.

20　Dominique Dupuy, « Les autels du sacrifice », *in* Amélie Grand, Philippe Verrièle (dir.), *Où va la danse?*, *op. cit.*, p. 22-40. 続く引用も同典拠 p. 24 より。

21　Jacques Cottias, « La venue de la *modern dance* américaine en France (1960-1970) », *La Recherche en danse*, 1984, n° 3, p. 56.

22　Jacques Cottias, *Ibid.*, p.55. *La Croix*, 7 mai 1954.

23　Jacques Cottias, *Ibid. L'Express*, 8 mai 1954.

24　Dominique Dupuy, « Les autels du sacrifice », art. cit., p. 34. 続く引用は同典拠 p. 38 より。

25　一九七四年にダンスは、オペラ座バレエ団を除くと、音楽・オペラ・舞踊局（Direction de la musique, de l'art lyrique et de la danse）の予算のおよそ二・五％であった。Michèle Dardy-Cretin, « Annexe VI : la danse contemporaine en France dans les années 1970 », *op. cit.*, p. 222.

26　Dominique Dupuy, « Les autels du sacrifice », art. cit., p.35-36. 次の引用は同典拠 p. 38 より。

27　Françoise Dupuy, « Les rendez-vous manqué », *in* Amélie Grand, Philippe Verrièle (dir.), *Où va la danse?*, *op. cit.*, p. 21.

28　俳優、演出家（一八八五〜一九四九年）。

29　ドイツ人ダンサー、振付家（一九〇四〜一九八八年）。

30　〈国際舞踊アーカイヴ〉（一九三一〜一九五二年）は、あらゆる踊りの形式に関する研究、出版、展示活動を精力的に展開した。以下を参照。Inge Baxmann, Claire Rousier, Patrizia Veroli, *Les Archives internationales de la danse*, Pantin : CND, 2006. Sanja Andus, *Les Archives internationales de la danse : un projet inachevé 1931-1952*, Cœuvres-et-Valsery : Ressouvenances, 2012.

31　Françoise Dupuy, « Les rendez-vous manqué », art. cit., p. 21.

32　Marion Kant, Lilian Karina, *Tanz unter Hakenkreuz*, Berlin : Henschel, 1996.

33　Laure Guilbert, *Danser avec le IIIe Reich : les danseurs modernes sous le nazisme*, Paris : Complexe, 2000.

34　Laure Guilbert, « Danses macabres », thèse d'histoire, Institut universitaire européen, 1996, p. 31.

35　Henry Rousso, *Le Syndrome de Vichy*, Paris : Seuil, 1987 ; Henry Rousso, Éric Conan, *Vichy : un passé qui ne passe pas*, Paris : Gallimard, coll. « Folio », 2001.

36　アニエス・イズリーヌの著作『ダンスは国家と踊る（*La Danse dans tous ses états*）』、ジェヌヴィエーヴ・ヴァンサンのドキュメンタリー映画『コンテンポラリーダンスの爆発（*L'Explosion de la danse contemporaine*）』（『ダンスの世紀』シリーズ）。「爆発によってコ

ンテンポラリーダンスは、財源に乏しく、高潔で、借金まみれの状態から、旬でメディア露出の多いものとなり、多様な演劇シーンで存在感を示すようになったが、その爆発は、多数の仲介者、協力援助、文化活動領域の財政および法的機構のおかげで可能となった」。Claudine Guerrier, *Presse écrite et danse contemporaine*, *op. cit.*, p. 36.

37 Georgiana Gore, Laurence Louppe, Wilfride Piollet, « Effervescence and Tradition in French Dance », art. cit., p. 31.

38 Diminique Dupuy, « Les autels du sacrifice », art. cit., p. 26.

39 Isabelle Ginot, « À propose de la danse contemporaine française », in *Dominique Bagouet : un labyrinthe dansé*, *op. cit.*, p. 293-294.

40 Georgiana Gore, Laurence Louppe, Wilfride Piollet, « Effervescence and Tradition in French Dance », art. cit., p. 32.

41 Agnès Izrine, « L'acte chorégraphique, un art politique », *in* « Association des centres chorégraphiques nationaux », *L'Art en présence : les centres chorégraphiques nationaux, lieux ressources pour la danse*, Belfort : ACCN, 2006, p. 12.

42 同典拠 p. 10.

43 Isabelle Ginot, *Dominique Bagouet : un labyrinthe dansé*, *op. cit.*, p. 11.

44 爆発の意味論的範囲が終始一貫してこのダンスに結びつけられていたのだから、私たちはここで、舞踏の「爆発」と言うことができるだろう。とはいえ、「舞踏の爆発」そのままの成句として用いられることはなかったが。

45 ジャクリーン・ロビンソンは著作『フランスにおけるモダンダンスの冒険』のなかで、マーサ・グレアムのもとで踊りを習得したアルレ・ボンのような、来仏した数多くの南米出身のダンサーたちに一章（「ラテン・アメリカの爪跡」）を割いている。Jacqueline Robinson, *op. cit.*, Paris : Bougé, 1990.

46 以下を参照。Chantal Aubry, *Yano : un artiste japonais à Paris*, *op. cit.*

47 アルヴィン・ニコライとヴィオラ・ファーバーが国立現代舞踊センターのディレクターに就任し、カロリン・カールソンがパリ・オペラ座内に迎えられたことはすでに述べた。

48 Colloque « Destruction, création, rythme : l'expressionnisme, une esthétique du conflit », INHA/EDESTA, 9-10 mars 2007, université Paris-8.

49 エルンスト・ブロッホ、下記より引用。Daniel Dobbels, « Expressionnisme », *in* Philippe Le Moal, *Dictionnaire de la danse*, *op. cit.*, p. 734.

50 Isabelle Launay, « Les danses d'après : pour une poétique de la mémoire en danse », habilitation à diriger les recherches, université Paris-8, 2007, inédit, p. 191. 続く引用も同典拠より。

51 ジョルジュ・ブルスの口頭発表。Colloque, « Destruction, création, rythme : l'expressionnisme, une esthétique du conflit », *op. cit.*

52 ビル・ヴィオラの映像作品『歯間（*The Space between the Teeth*）』（一九七六年）まで。

53 Régis Michel, musée du Louvre, *La Peinture comme crime*, Paris : RMN, 2001, p. 50.

54 Jean-Michel Palmier, *L'Expressionnisme et les arts*, t. 2, Paris : Payot, 1979, p. 91.

55 一九七九年作。

56 Guy Delahaye, Amagatsu Ushio, *Sankai Juku*, *op. cit.*

57 Isabelle Launay, « Les danses d'après... », *op. cit.*, p. 191.

58 Jean-Michel Palmier, *L'Expressionnisme et les arts*, *op. cit.*, p. 92.

59 Cathrine Perret, *Les Porteurs d'ombre : mimésis et modernité*, Paris : Belin, 2004, p. 246. 続く二つの引用は同典拠 p. 247, 248 より。

60 Isabelle Launay, « Portrait d'une danseuse en sorcière : *Hexentanz* de Mary Wigman », *Théâtre/Public*, nº 154-155, octobre 2000, p. 89.

61 Isabelle Launay, « Les danses d'après... », *op. cit.*, p. 182.

62 〔訳注〕「白い狂気」とは、「落ち着いた状態の狂気」、「ニュートラルな状態の狂気」と解釈できよう。そのことは、このダンサーが、彼女自身トランス状態にありながら、その目撃者であると表現する考え方とつじつまが合う。

63 イヴォンヌ・テーネンバームによって引用されたカルロッタ池田の言葉。Yvonne Tenenbaum, *in* Odette Aslan（dir.）, *Butô(s)*, *op. cit.*, p.215.

64 イヴォンヌ・テーネンバームによって引用された芦川羊子の言葉。*Ibid.*, p. 216.

65 二〇一二年に行った財津暁平との会談。以下も参照せよ。Sylviane Pagès, « Au risque de l'intime... », art. cit., p. 24-27.

66 Basile Doganis, « La pensée du corps : pratiques corporelles et arts gestuels japonais... », *op. cit.*, p. 101-102.

67 Yvonne Tenenbaum, *in* Odette Aslan（dir.）, *Butô(s)*, *op. cit.*, p. 215.

68 以下を参照。Sylvian Prunence et Julie Perrin, « Le geste dansé et la déprise », *Recherches en danse*, nº 2, 2014, http://danse.revues.org/457.「踊りを忘れること、踊りをコントロールしようとする意志を放棄すること、それはおそらくダンスによって働きかけられる絶好の機会を自らに与えることになるだろう」。

69 Anne-Laure Lamarque, « Le dansé, étude critique sur les notions de danse, corps et spiritualité », *La Page Blanche, revue de poésie et littérature*, nº 43, 2010.

70 Isabelle Launay, « Les danses d'après... », *op. cit.*, p. 245.

71 フランスの舞台ではかなり変わったものと映るこの瞬間は、『レ・セゾン・ドゥ・ラ・ダンス』誌上で一度、記事のトピックになったことさえある。以下を参照。Martin C., « Le salut de Sankai Juku », *Les Saisons de la danse*, nº 275, décembre 1995, p. 45.

72 フィリップ・イヴェルネルの発表で用いられた表現。Colloque, « Destruction, création, rythme : l'expressionnisme, une esthétique du conflit », *op. cit.*

73 « En écho au butô », *Théâtre/Public*, nº 164, mars-avril 2002, p. 42. 続く二つの引用も同典拠より。

74 Dominique Dupuy, « Les autels du sacrifice », art. cit., p. 34. 続く引用も同典拠より。

75 Françoise et Dominique Dupuy, *Une danse à l'œuvre*, Pantin : Centre national de la danse, 2002.

76 Domnique Dupuy, « En écho au butô », *art. cit.*, p. 42.

77 Florence de Mèredieu, *Le Japon d'Antonin Artaud*, Paris : Blusson, 2006, p. 10.

78 二〇〇二年三月二七～三〇日にパリ第四大学・パリ第七大学共催で開かれたシンポジウム。この記録は出版されている。Françoise Lavocat, François Lecercle, *Dramaturgies de l'ombre*, Rennes : Presses Universitaires de Rennes, 2005.

79 François Lecercle, « Avant-propos », *Ibid.*, p. 11.

80 Pierre-Oliver Toulza, « Le corps spectralisé dans le cinéma fantastique : l'exemple des films de Clint Eastwood », *in* Françoise Dupeyron-Lafay, *Les Représentations du corps dans les œuvres fantastiques et de science-fiction*, Paris : Michel Houdiard, 2006, p. 308.

81 Julia Kristeva, *Étrangers à nous-mêmes*, Paris : Fayard, 1988, p. 273. 続く引用は同典拠 p. 170 より。

82 Mchèle Dardy-Cretin, « Annexe VI : la danse contemporaine en France dans les années 1970 », *op. cit.*, p. 230.

83 Dominique Dupuy, « Les autels du sacrifice », art. cit., p. 37.

84 以下を参照。« Scènes françaises, scènes japonaises : allers-retours », *Théâtre/Public*, décembre 2010.

85 Marie-Christine Vernay, « Boivin : grands écarts dans l'histoire », *Libération*, 3 novembre 1994.

86 二〇〇五年九月二六日に開かれた、国際都市劇場（Théâtre de la Cité internationale）でのジュリア・シマの公開トーク。

87 二〇〇五年九月二六日に国際都市劇場で上演。公開リハーサルは二〇〇五年六月にパリ第八大学で行われた。

88 Rosita Boisseau, *Panorama de la danse contemporaine*, Paris : Textuel, 2006. p. 13-20, 271-278.

89 Dominique Frétard, *Danse contemporaine : danse et non-danse*, Paris : Cercle d'Art, 2004, p. 96-97.

90 シネマテーク・ドゥ・ラ・ダンスおよび、ポンピドゥー・センター開催のヴィデオダンス・フェスティヴァルにて。

91 Odette Aslan (dir.), *Butô(s)*, *op. cit.*

92 オデット・アスランによって集められた研究、パトリック・ドゥヴォスによるアーティストたちとの執筆およびコラボレーションを参照。また、以下にいくつかの修士論文も挙げておく。Murata Yukiko, « Signes, symboles et représentations des corps féminins dans le *Yameru Maihime* de Hijikata Tatsumi », mémoire de master en danse, université Paris-8, 2009 ; Loredana Costanza, « Une lecture de *Yameru maihime* de Hijikata Tatsumi : à la recherche d'un langage physique », mémoire de master, université de Genève, 2011.

93 Bojana Cvejic, *« Rétrospective » par Xavier Le Roy*, Dijon : Presses du réel, 2014, p. 246.

94 イザベル・ロネは、コンテンポラリーダンスのこの反省的、歴史的活動の布石を、とりわけカルネ・バグエ協会（Carnets Bagouet）と〈クアトゥオール・クヌスト（Quatuor Knust）〉からたどっている。以下を参照。Isabelle Launay, « Un laboratoire de pratiques historiques », in *Les Carnets Bagouet…*, *op. cit.*, p. 29-38.

95 以下を参照。Julie Perrin, « Une filiation déliée », in *Histoire(s) et lectures : Trisha Brown/Emmanuelle Huynh*, Paris : Les Presses du réel, CNDC, 2012, p. 229-292.

96 Isabelle Ginot, « Un lieu commun », art. cit.

97 Laurence Louppe, *Poétique de la danse contemporaine : la suite*, Bruxelles : Contredanse, 2008, p. 15.

98 Jean-Marc Adolphe, Gérard Mayen, « La danse émancipée », *Mouvement*, n° 28, mai-juin 2004, p. 72.

99 Federica Fratagnoli, « La danse contemporaine comme expérience ʻenstatiqueʼ : l'étude de cas de Myriam Gourfink », in *Anthropologies du corps en transes*, Paris : Connaissances et Savoirs, 2016. 続く引用も同典拠より。

100 Isabelle Launay, « Les danses d'après... », *op. cit.*, p. 246.

101 Julie Perrin, « Une filiation déliée », art. cit., p. 235.

102 Laurent Goumarre, « Histoires de fantômes, pendus, et autres vanités », *Art Press*, n° 325, juillet-août 2006, p. 58.

103 Isabelle Launay, « Les danses d'après », *op. cit.*, p. 243.

104 Bojana Cvejic, *« Rétrospective », par Xavier Le Roy*, *op. cit.*, p. 257.

105 Isabelle Launay, « Voler, doubler, démasquer, distendre, relier, intoxiquer une image-danse : de *Hexentanz* de Mary Wigman（1930）à *Écran somnambule* de Latifa Laâbissi（2012）», *in* Anne Bénchou（dir.）, *Recréer/Scripter : mémoires et transmissions des œuvres performatives et chorégraphiques contemporaines*, Dijon : Les Presses du réel, 2015. 次の引用も同典拠より。

106 Julie Perrin, « Une filiation déliée », art. cit.

107 Laurence Louppe, *Poétique de la danse contemporaine*, *op. cit.*, p. 36. 次の引用も同典拠より。

結論　国を越え、断続的に形成される身振りの歴史

1 Pierre Vaisse, « Du rôle de la réception dans l'histoire de l'art », *Histoire de l'art*, n° 35-36, octobre 1996, p. 5.

2 François Laplantine, Alexis Nouss, *Métissage : de Arcimboldo à Zombi*, Montréal : Pauvert, 2001.

3 Jean-Marc Adolphe, « La contagion insolite du mouvement », *in* Jean-Marc Lachaud（dir.）, *La Mise en scène du geste*, Bordeaux : Publications du service culturel de l'université Michel de Montaigne-Bordeaux-3, 1994, p. 69. 続く引用も同典拠より。

4 Julie Perrin, « Une filiation déliée », art. cit., p. 229.

5 Hubert Godard, « Le geste et sa perception », art. cit., p. 236.

6 Laurence Louppe, « États de corps perdus : le voyage historique », *Revue Io*, n° 5, 1994, p. 60.

7 Laurence Louppe, *Poétique de la danse contemporaine, op. cit.*, p. 36.

解説

パトリック・ドゥヴォス

これは、舞踏についての本ではない。

私がこう言うのは、パラドクスが好きだからとか、修辞的な意表をつきたいから、というわけではない。だとすればこの本は、何についての本なのだろう。あらゆる文化がたどる運命、その道程、移り変わり、混ざり合い、濁り、変貌してゆく過程についての本なのか。外部からものを借りたり、盗まれたりして文化が発展し、再創造を経るという、つまりは文化のそうした在り方を論じたものなのだろうか。モリエールを筆頭とするフランス古典劇は、イタリア人俳優の「コメディ＝イタリエンヌ劇団」なしには存在しえなかっただろう。よく知られていることだ。キューバ音楽とティノ・ロッシなしでは、コンゴのルンバだって存在しなかっただろうし、アフリカ人の語り部の伝統抜きには、ピーター・ブルックの演劇も存在しなかっただろう。例を挙げればきりがなさそうだ。

この本は、何についての本かとあえて言えば、Butô あるいは Butoh、呼び名も実はいまだに一定していない、内容もこれからも変化しながら、多様化していく、ダンスに還元できなくなった、ある「身体実践」についてだと言える。

ただ、シルヴィアーヌ・パジェス氏の原書のタイトル「le butô en France」は直訳すると「フランスにおける舞踏」で、非常にはっきりとした主題がみえてくる。つまり、そこで問題になっているのは舞踏以外の何ものでもなく、確かにその歴史の特異な一ページ、もしくはそのさまざまな側面のうちのたった一つだけかもしれないが、やはり舞踏がテーマである、ということだ。冒頭のパラドクスより、こちらの定理を証明するのは、かなり容易なことだろう。

「フランスにおける舞踏」、この単純明快なタイトルは、即座に私の注意を引いた。というのもそれは、同じフランスのダンス研究分野ですでに知られていた一冊の本を、必然的に思い出させるからである。その本とは、舞踏を

歴史的・テーマ的視点からとらえ、一つのパノラマを描き出した論集『舞踏（*Buto(s)*）』であり、オデット・アスランの声掛けにより、彼女とベアトリス・ピコン＝バランの編集で、フランス国立科学研究センター（CNRS）出版より二〇〇二年に世に出されたものだ。それより以前に、確かにいくつかの大学の枠内での研究があったが、それらは内輪にとどまっていたので、「舞踏」に関する研究の道をフランス人にひらいたのがこの本であったことは、ここで再び強調しておいてもよいだろう。そういう意味で、この本には賛辞をいくら尽くしても、尽くしすぎることはないと思う。この本がなければ、パジェス氏による本書も生まれることはなかっただろう。およそ四半世紀前にこの論集のプロジェクトが着想されたことは、フランスにおいて当時すでに、この「ジャンル」に対する非常にはっきりとした関心があったことを証言し、一九七〇年代の終わりに舞踏の前途を決することになる新たな運命に、フランスという国が果たした支配的な役割について立証している。その運命とは、舞踏の国際化、パジェス氏の用いた言葉でいうなら、「世界化（グローバル）」である。

*Buto(s)*は、本書同様にあっさりしたタイトルであるが、括弧に入れた「*s*」（フランス語で複数形を示す）がみせる、印字上のちょっとした効果が、数の上でのどっちつかずによって目を引いた。

この複数形は何を示しているのだろう。その理由は単純に考えて、遠方よりみた場合、総称をあらわす単数形定冠詞のleをつけて「舞踏」と語ること、フランスに次々と上陸したこのジャンルのさまざまな現れを包括することが可能な十分に一般的な一つの概念を与えることが、容易ではなさそうに思えたからだろう。*Buto(s)*への寄稿者たちの目には、舞踏はあまりに多種多様で雑多なものに映ったため、いくつかの記号（剃髪、白塗り、裸体）の共通点さえも、あきらかな差異や根深い対立を解消するにはいたらなかったのである。室伏鴻の「引きつりの演劇（théâtre de la révulsion）」（ジャン・ボードリヤール）と、〈山海塾〉の「形而上学的な作品」の「骨子図（エピュール）」（批評家ロジタ・ボワソの言葉）の間に、共通するものなどあるのだろうか。幾人かの舞踏家がときに示す稀有な暴力のイメージと、スペクタクル性の強い方向性を超えようとする、もしくはイメージそのものを否定しようとする意欲の間に、比較可能なものなどあるのだろうか。表現形成や身体技法の観点から、いくつかの象徴的な身振り——痙攣、落下、胎児の姿勢、苦虫をかみつぶしたような表情——が浮かび上がるが、それらは厳密な意味において、たとえば、モデルニテの名に相応しい最後の芸術運動の一つであった——そしていわゆる「舞踏」にも多くのインスピレーショ

ンを与えた——シュルレアリスムがそうであったように、一つの芸術運動として語るのに十分であったのだろうか。いかなる概念によっても、「舞踏」という言葉を通じてあらわされたさまざまな表現活動の総体を包括することはできない。複数性、さらに多数性は、その時から、舞踏の条件にさえなったように思う。ここで「その時から」というのは、舞踏が地球のいたるところに散らばり、「世界化」された決定的な契機以降を指し、その重要な段階がフランスであったのだ。

本書の原型だった博論の題目では前述の複数形を踏襲したパジェス氏が自著のタイトルに単数形（le butô）を採用したのは、ただすわりがよいという理由からだと考えられる。ただし、こう読むこともできる。「舞踏」にあてられたこの単数形は、フランスにおけるその受容プロセスにおいて、この踊りの最低限の普遍性、一種のコモンセンスを打ち立てるために、「ドクサ」が大いに努力してつくりあげた単数形なのではないか。

そこにこそ、本書の著者が身をささげたこの巨大な仕事の、最初の功績の一つがあらわれる。すなわち、ばらばらに散らばっていた膨大な量の言説、批評文、公演パンフレットの文章、視聴覚ルポルタージュ、研修会の広告、宣伝資料、つまりは舞踏のイベント活動をめぐって編み上げられた一つの資料体を調査、分類整理し、それらから、一つのドクサがつくりあげられたプロセスを分析し、どのようにそのドクサが、最初はまったくもって特定されず、それゆえに文字通り啞然とさせるにいたったある対象について、一つのコモンセンスを徐々に構築していったのかを観察したことである。したがって「ドクサ」はここでは、プラトンからバルトにいたる哲学によって、下位の知、思考の不足と断罪されたもののようには理解されえない。逆に、それを真剣に捉えることに重きを置いたのだ。つまり、頭からドクサを、評判の悪い単なる世論やイデオロギーの小片のように非難するのではなく、その効力、つまりは機能の仕方、特有のダイナミズムとレトリックについて考えることを意味していた。

三〇年以上の時間的な隔たりを経て、当時の批評文に目を通し、もしくは読み返すならば、一九七〇年代末から一九八〇年代初頭にかけてフランスで上演された「舞踏」の最初の作品が与えた、インパクトの巨大さをもう一度おしはかることができるだろう。その強いショックがつくりだした波は、共有されていた諸概念に激しい揺さぶりをかけるものだった。それは何よりもまず、「踊らないダンス」という踊りの衝撃、かと言って演劇と整理して安心もできない、おそらくより深いところでは、未知の身体の到来という衝撃であったのだ。それは、あらゆる側面

を刺激した身体であった。というのも、パジェス氏が私たちに念を押したように、最初の舞踏の登場は医療の世界の関心さえも引いたらしいというのだから（革新的なラボルドの精神病院がその患者たちの間で田中泯を躍らせる以前に、すでに『医師日刊』はその紙面で『最後の楽園』を報じていた）。

舞踏家がパリやフランスの地に初めて闖入（ちんにゅう）してきたとき、私はそれらのいくつかに立ち会う機会を得たが、その時の体験は、パジェス氏が描き出した「言葉を失う状態」と矛盾するものではない。唖然とした観客、唖然とした批評家、本書で紹介されている多くの批評文は、分類不可能なこれらの上演の言語に絶する状態を表現するために、どれほどの努力や試行錯誤がなされたのかを明らかにしている。そうして舞踏は、思考を余儀なくさせ、既得のものを棄却させ、自らの再創造を促したのである。

しかしドクサはその後、この「野獣」を飼いならす手立てを素早くみつけだし、よりよく知られたカテゴリーにあてはめてしまった。ドクサはそこでいくつもの方法を用いたが、それらはやはり互いに通じ合っていたのである。たとえばドクサは、私たちになじみの深い主に二つの顔をもつ、効果の高いあるレトリックを作動させた。つまり、ヒロシマ、そして新たな日本性（ニポニテ）の強調である。後者の方がより真正で真実らしいものと認識された。というのもそれは、奇跡的な経済成長をとげた日本の、周縁、隠れた側面に由来するものだったからである。また、たとえば八一年に始まった太陽劇団の「歌舞伎風」シェークスピアシリーズがその一例であったように、ロラン・バルトをまたずに戦前からヨーロッパの少なくない演劇人にとっては、舞台の美的な理想を示す伝統の「日本演劇」とは相いれないように現れただけに、舞踏が現代の日本文化のより確かな深層に根を降ろしているようにも認識されたとも言える。一方、一つ目の隠喩は、初期の批評家たちが捉えようのないこの踊りを理解しようと並べ立てた想像力の賜物を、ただ使い減らしていくだけであった。ドクサはかなり迅速に、本質的に既存の価値観に揺さぶりをかけるこの美的試みに覆いをかけ、それをよく知られたいくつかの語の枠組みに押し入れることに成功したのである。

「原子爆弾の灰の中で生まれた舞踏」というステレオタイプがもてはやされ、非常に長きにわたって継続した（そうして現在でもまだ継続している）ことは、私たちの周知するところである。パジェス氏は、この隠喩を驚くべきほどに執拗なものにし、そのもとで無意識的にも働く力について、仮説を並び立てざるをえなかった。私に印象的だった仮説の一つをほんの少しわかりやすく表現しなおすが、つまり、「ヒロシマ」という比喩は二重に記憶の覆

いをつくりだしたのではないかというものである。それが、規範を侵犯する舞踏の力から身を守ることを可能にさせる一方で、現代のデモクラシー（フランスの、ただしそれだけではない）につきまとうこの思考の欠如、すなわち核＝原子力の問題（パジェス氏はここでアラン・ブロサの説を引用している）を、名前のない亡霊のように、出現させることを可能にしたのではないか。

そういうわけで、フランスにおける舞踏受容にあらわれたステレオタイプからなる修辞学の分析は、ある逆説的な命題に至る。すなわち、舞踏アーティストの意図とは関係なく、舞踏はその受容においては、ヒロシマという歴史の記憶の構築に貢献したという意外な効果があった。ドクサは矛盾を問わず表象の変容に働きかけるというのはそれである。しかしそれだけではない。「ヒロシマ」のイメージが最終的に、単数形の「舞踏」をつくりだす言説に繰り返し現れるもう一つのモチーフ、つまり、「日本的なもの」あるいは「日本」という概念（トポス）と結びつけられるにいたったことは、これも奇妙と言うほかない。根本から異なるもの、非時間的な他所（よそ）、つまり、「歴史的厚み」を切り詰められ、ゆえにモダンであると同時にアルカイックなそれとして本質化されてしまった「日本」と、ヒロシマという歴史を容易に混同できるのはまさにドクサである。パジェス氏が借用したアンヌ・コクランの理論によれば、パラドクスを育むことはドクサの論理にかなっている。

舞踏の魅力は、一九七〇年代を通して台頭してきた新たな日本趣味（ジャポニスム）からは十分な説明ができないのだが、無縁のものではないことは確かである。舞踏作品を彩ったアジア的プリミティヴィズム、あるいは洗練された東洋的儀式主義など、エグゾティスムの欲望を促すとてもあいまいなジャポニスムのさまざまなあり方については省略するが、時々耳にする解釈を払いのけるために、一つの指摘をしておく。ここでいうジャポニスムは、サイードが暴露し、一つの支配文化によるポスト・コロニアル型の文化の取り込み（アプロプリアシオン）を露呈するものとしてのオリエンタリズムだと、端的に語ることはあまり妥当とは思えない。社会・歴史的な文脈や力関係は、本書が明らかにしようとしているケースでは、まったく別のものである。このジャポニスムにおいて、ことに舞踏の一方的ではなく複雑な受容プロセスにおいては、文化的な構築と再構築といった方が適切であろう。もっとも、「構築」について語る必要はあるだろうか。もしくはよりばっさりと、アメリカのポストモダン・ダンスと一九七〇年代のフランスにおけるそのビッグウェーブに関して、躊躇なく（パリ人たちによる）「でっちあげ（アンヴァンシオン）」と述べた著名な批評家の言葉を借りて、「でっ

ちあげ」について語るべきだろうかと、パジェス氏は自問している。

ここに、私はおそらくしないであろう一歩の踏み込みがある。いずれにせよ、舞踏のこの受容－再構築は多数の要素を含む込み入ったプロセスであったため、一方通行でなされたものではない。歪曲や無知の影響、その結果としての種々の「誤解」がともなっていたことは、この受容が、観客や作品配給側からの反応、批評が提示した読解と解釈に限られたものでもなかったからである。

これらすべての作品についての応答形式は、多くの日本人舞踏家の発展に確かな影響を及ぼした。アルヘンチーナによって再び火のついた大野一雄のキャリアとその仕事の強力なインパクトは、この「年齢不詳の」ダンサーが日本から出ることがなければ、明らかにありえなかっただろう。それは大部分のbutôkaにとっても同じことで、彼らが実践を海外へ移すことに乗じなければ、長期にわたって業績を重ねていくことはできなかっただろう（その観点から、土方は例外といえよう）。そうしたダンサーたちはみな、新たな観客の意見に耳を傾け、自らの芸術を再考し、自身の脱コンテクスト化と、雑多な諸文化との絶え間ない対峙に応じてそれを発展させていったのである。文化の対話という言葉を口にすることは、非常に容易く、そして響きがいい。けれどそれは、「文化」というものが創り出され再創造されるのが、まさに「種々の誤解」（これが本書のキーワードである）に明らかに満ち溢れているそうした対話においてなのだ。そのことをきちんとみつめない限り、真に意味あることではない。

したがって私は、このパジェス氏の本のもっとも興味深い主張は、最終部である第三部にあると結論する。どのようにして、そしてなぜこの対話は、他所（よそ）から来たある踊りの単なる紹介という幅を大きく越えてしまったのか。どのようにして舞踏の受容は、言説や批評文、舞踏を語るその他の媒体にとどまらず、それらをはるかに超えて広がっていったのだろうか。どのようにして舞踏はフランスにおいて、自らを再創造する新たな土壌を見出し、そうして、芸術的な実践をはじめとする、さまざまな実践レベルへと組み込まれることになったのだろうか。言い換えれば、どのようにして舞踏の魅了が、取り込み（アプロプリアシオン）の一つの推進力の口火を切り、さまざまな欲望に火をつけたのか、ということである。確かにその契機において、誤解は避けようのない悲運ではもはやなく、実に生産的で、創造の領域に属するものであった。ここに一つの共通の歴史——一九八〇年代には最初の舞踏のワークショップがすでに開催されたという、非常に早い時期にさかのぼる——が始まり、それを愛の物語として語ることもできるかもしれ

ない。もちろん、ある特殊な契機において二つの存在の間に、成功した誤解以外の何ものでもない互いへの理解が生まれるとする、ラカンの愛の定義を借用した場合だが。

そもそも、このラカンの逆説的な言語使用域内でさらに追究すれば、こう言うこともできそうだ。舞踏は当時、フランスのダンスが欲していなかったもの、そして自分ももっていなかったものを差し出そうとしたのだ、と。というのも、その「何か」とは、ある一つのモデルニテであり、その（見かけ上の）不在が人々を不安にさせ、フランスのダンスが当時アメリカのダンスだけに目を向けていたがゆえに、とにかく両方の欲望がかみ合うことのなかったものだからである。一つの力強い媒介物がそこに無意識に働きかけたことを、パジェス氏は説得力のある分析で明らかにしている。彼女の追究は全体を通して、フランスにおけるモダンダンスの最も重要な潮流の一つである「ヌーヴェル・ダンス」が出現しつつあったこの特殊な歴史的契機に、ダンスの欲望において働いていたメカニズムを理解することにあてられている。そこではもはや、解読——ヒロシマ、大量殺戮など——することにドクサが自らを消耗した、驚かせ怯えさせる「記号」について長々と話すことや、身体や表象の記号にあてはめて歪曲するという戦略、とっぴなものの寄せ集め、不合理の積み重ね、ある種のグロテスクの美学を支持する幾人かのアーティストによって実践されるパロディやキッチュの誇張表現について、長々述べることは問題ではないのだ。パジェス氏が、舞踏受容における負の部分、その否‐受容という欠けた部分について指摘したのは正しい。それは受容を構成する一つの要素であり、長きにわたって〈大駱駝艦〉のような著名なカンパニーを遠ざけてしまったのだから。鏡の向こう側の世界に目をやり、皮相の壁の向こう側に行くこと、記号や意味の駆け引きから解放されること、つまり、踊りの動きの深いところに働く力に関心を払うことによって、舞踏はフランスのダンスとその観客の目に、また別の新たな様相、新たな潜在力をあらわにする。つまり、フランスのダンスをその無意識へとつなぎ合わせ、その歴史、抑制されていた過去へと目覚めさせることができるという潜在性である。

パジェス氏の主張は次のように難なく要約できる。舞踏がこのように深くフランスを魅了しえたのは、舞踏がこの国で自らの「伝えようとしたこと」、もしくはその「独自の」探究、または彼らがインスピレーションを受けたシュルレアリスムやフランスの呪われた文学（ロートレアモン、ジュネ、バタイユ、アルトー）の独創的な読解法を広めることに成功したからではない。また、新たな形式を通して、イマジネーションへ大きな影響を残しえたとい

う理由でもない。それは何よりも、このフランスのダンスを、その無意識へ、その抑圧された欲望へと連れていくのに成功したからである。五感（いや、運動感覚も入れて六感と言った方が正しい）の探究、身体の固有感覚、そして、抽象へ重きを置いたアメリカのポストモダン・ダンスが追い払ってしまった感情（エモシオン）というものに、再び結びつけることに成功したからである。こうした過去、もしくは忘却された欲望を、パジェス氏は突き止め、非常に明快に指し示した。それは、表現主義の身振りであった。

もちろん、フランス人が他の国とくらべて、歴史的に重要な舞踏のこの根源（大野一雄と土方巽の師たち）へ、より多くの注意を払っていたということを主張したいのではない。ある身振りへと立ち戻ることが重要なのだ。その身振りを引き継ぐダンサーたちの一つの系譜（ジャン・ヴェイト、ドミニク・デュピュイ）は、フランスにおけるその遺物（シュルヴィヴァンス）を確かなものにしようと努めたのであった（対してドイツでは、ナチズムと持った妥協関係を背負わされ、この身振りは消し去られていった）。

私はオデット・アスランとした会話を今でも憶えている。当時彼女は、前述の*Butô(s)*出版に向けた構想の第一歩をまさしく踏み出したところであった。彼女の最初の考え——それはまったく直感的なものであり、のちに彼女はそれを断念せざるをえなくなるのだが——では、実はこの本を、舞踏とピナ・バウシュを同時に対象にして、その二つの関係を、並置した上で問うというものであった。彼女は、このドイツ人振付家と舞踏家たちの間に、深い共鳴を感じ取り、とりわけ「タンツ＝テアター」という概念のなかに彼らの踊りの試みにおける共通分母を引き出せるのではないか、と関心を抱いていたのだ。このカテゴリーが表現主義の身振りと深い絆でつながっていることは、ほとんど疑いの余地はない。とはいえ結局、アスランはこの企画を断念し、舞踏に特化した一冊にせざるをえなかった。その序文（ベアトリス・ピコン＝バランが執筆した）は、舞踏をより古典的なやり方で、ヨーロッパの舞台芸術に対して日本人が与えた影響の系譜のなかに位置づけている。このような経緯をまったく知らなかったにもかかわらず、パジェス氏は同じ直観を引き継ぎ、さらにそれをより深く押し進めたのである。舞踏の潮流を主張するフランス人（もしくはフランスに拠点を置いている）アーティストたちの仕事の中心にある、行為としての、つまり身体実践のなかの舞踏受容を観察し、その動きについての実験、感覚的な他所の探究、想像の領域の並外れた投入といったものを分析することで、静かな叫び、両手の積極的な参加、内的な眼差し、幽霊もしくは夢遊病者のよ

うな身体の状態といったいくつかの象徴的なフィギュールを通して、彼女はこの表現主義の身振りを突き止めたのだ。

これらの分析に支えられたパジェス氏だからこそ、自称国家的な精髄の賜物である前述のヌーヴェル・ダンスのうえに抱えられた神話を解体しながら、ここ半世紀のフランスのダンスの歴史記述を新たに位置づけることができるのである。使い古され堕落した「影響」という概念で本書を結論づける代わりに、彼女は再検討という選択をしたが、その成果がもたらした貢献は、断じて単なる付随的なものではない。彼女の論証のすべては、次のことを私たちに納得させるに十分なものである。つまり、身振りの伝達や記憶というものは、必ずしも線的で単純なメカニズム、直系の伝承から生じるわけではなく、噂や予想外の湧出（ゆうしゅつ）といったかたちで、表面化しない、紆余曲折した、散漫な複数の道をたどって作用するということだ。パジェス氏は本書で言及していないが、おそらく彼女は自らの説をより強化するために、一九七六年のとある日、大野一雄が中西夏之の抽象画『絵の形 13-h』に感嘆しながら、その絵に描かれた上部を切り取られた曲線を見て、半世紀も前に目にしたスペイン人女性舞踊家の姿を急に思い出したというエピソードを引用することができたに違いない。というのも、この著名なアルヘンチーナは、大野の記憶の地（じ）より突如浮かび上がり、ほどなくして、舞踏の最も知られた舞台の主題となったのだから。フランスのナンシーで旅の第一歩を踏んだこの舞姫は、たぶん多くの人々の記憶のなかでまだ生きて、いつ姿を変えて再びどこかの板の上に立つことか、それは予想できないが、その日が来ないことは誰も断定できない。

二〇一七年六月一五日

索　引

ア行

カ行

サ行

タ行

ナ行

ハ行

マ行

ヤ行

ラ行

ワ行

フランスの舞踏　年表

これは2009年に完了した本研究のために作成した年表であり、1978 〜 2008年の期間について参照可能な資料——文献一覧に載せたプレス記事の資料体と閲覧したアーカイヴのコレクションを、相互に照らし合わせた一次資料——の現状を明らかにしている。その目的は、とりわけ創作活動と上演の広がりについて指標を与えることにある。

2000年以降のこれらの資料は、パリの舞踏の場に筆者自身が身を置いて直接収集したものである。この期間は、より最近であるために資料も豊富だが、アーティストの数も増加し、オルタナティヴな上演場所や教育の場も増えたため、すべてを網羅できてはいない。

年表というのは常に選択と範囲指定を前提とするもので、たとえば「舞踏」という呼称が付されているか否かということがあげられるが、ここでは自ら「舞踏」を名乗るアーティストはもちろんのこと、田中泯のように長きにわたりその呼称と結びつけられてきたアーティストも、このカテゴリーに含めることにした。

すべての上演を記載することは不可能なので、本文中で言及した出来事を優先した。また可能な限り、作品の初演年、各作品のフランスでの初演、そして場合によっては再演の多さ、公演場所の重要性、あるいは批評家の評価から、より際立つ上演を採り上げた。

さらに教育面に関するいくつかの目印となる出来事で全体を補った（記録が残っている範囲で、各アーティストの最初の研修会もしくはクラスを記載した）。そして最後に、舞踏の国際的な広がりを示すいくつかの指標を、フランスでの舞踏受容を位置付けるために付け加えた。

本年表は、広大な現象を網羅的に描き出すパノラマとして企てられるものではないが、全体の構図をおおまかに把握する線を描きつつ、本文中では言及しなかった作品やアーティストの存在を指摘することで、数十年にわたる舞踏現象の豊かさを伝えている。

年	日付	振付家／カンパニー	作品名	場所	その他の出来事
1972-1974					石井満隆，オランダとドイツを旅行
1972-1974					〈エイコ＆コマ〉，ドイツとオランダを旅行，タバルカ・フェスティヴァル参加
1977					
					〈エイコ＆コマ〉アメリカに拠点を移す
	5月	〈舞踏舎〉：（出演：三浦一壮，古関すま子他4名）	『門（*Gate*）』	ナンシー国際演劇祭	
	6月	竹内秀策（Shûsaku）	『童夢 II（*Dormu II*）』	マレ文化センター（パリ）	
1978					
	1月25日–2月20日	室伏鴻，カルロッタ池田	『最後の楽園』	シルヴィア・モンフォール座（パリ）	
	2月27日	室伏鴻，カルロッタ池田	『最後の楽園』	ブルゴーニュ大学文学部ルプネル講堂，グルニエ・ドゥ・ブルゴーニュ（ディジョン）	
		三浦一壮		ポッシュ劇場（パリ）	
	10月11–26日	土方巽（出演：芦川羊子）	『闇の舞姫十二態』	パリ秋季フェスティヴァル	
	10月27日–11月13日	田中泯	「ドライブ」シリーズ	パリ秋季フェスティヴァル	
	11月22日–12月2日	佐々木満とカンパニー〈三つ目（Mitsumé）〉	『最後の世紀――倶利伽羅（*Le Dernier siècle - Kurikara*）』	カンパーニュ・プルミエール劇場（パリ）	
1979					
	2月–3月	グループ〈踏族〉	『風穴記』	ラ・タニエール（パリ）	
	4月	石井満隆		アントルポ・レネ（ボルドー）	
	6月	田中泯		ル・パラス，ラ・フォルジュ（パリ）	ワークショップ開催（フランス），パフォーマンス（ニューヨーク）
	6月9日，10日	石井満隆	『ム・ダンス（*Mu dance*）』	アン・ファス劇場（パリ）	
	10月	竹内秀策	『ガーデン（*Garden*）』	マレ文化センター（パリ）	
	11月14日–12月8日	竹内秀策	『マグナム（*Magnum*）』	マレ文化センター（パリ）	

年	日付	振付家／カンパニー	作品名	場所	その他の出来事
1980					
	4月-7月	田中泯	『ハイパー・ダンス』	ナンシー国際演劇祭, パラス座, ラ・フォルジュ, FNAC(パリ), アントルポ・レネ(ボルドー), ポ, アヴィニョン冬季フェスティヴァル, リヨン, ブール・カン・ブレス	ワークショップ開催(パリ, ボルドー), RIDC主催「エテ・ドゥ・ラ・ダンス」(ブール・カン・ブレス)
	5月, 6月5日-7日	大野一雄	『ラ・アルヘンチーナ頌』,『お膳または胎児の夢』	ナンシー国際演劇祭, サン＝ジャック教会(パリ), キャトル＝タン(ラ・デファンス), カン劇場, ストラスブール国立劇場	ロンドン, ストックホルム巡業
	5月	笠井叡	『シュトゥットガルト(*Stuttgart*)』	ナンシー国際演劇祭	
	5月7日-10日, 5月末, 6月	〈山海塾〉	パフォーマンス,『金柑少年』	レ・アルのフォーラム(パリ), ナンシー国際演劇祭, シルヴィア・モンフォール座(パリ)	ヨーロッパ(イタリア, スイス, ベルギー), メキシコ巡業
	9月	〈山海塾〉		パリ	研修会開催
	11月-12月	〈山海塾〉	『金柑少年』	シグマ・フェスティヴァル(ボルドー), アヴィニョン冬季フェスティヴァル, カン	
1981					
	2月	竹内秀策	『エンジェルコア(*Angel Core*)』	マレ文化センター(パリ)	
	3月-7月	〈山海塾〉	『漠記』(新作)	アヴィニョン演劇祭, アングレーム, ポワティエ, リヨン, レンヌ, ラ・ロシェルを巡業	スペイン, ポーランド, 中央アメリカ巡業
	5月4日, 5日, 5月14日	田中泯	パフォーマンス	アラン・ウダン・ギャラリー(パリ), ポ	カイシアター・フェスティヴァル(ブリュッセル)
	6月4日-11日	古関すま子	YAMADA(山田正好)の展覧会で上演するための新作,『生きさせて!(*Laissez-moi vivre!*)』	アラン・ウダン・ギャラリー	
	7月	大野一雄	『ラ・アルヘンチーナ頌』,『わたしのお母さん』		ニューヨーク, カラカスで初公演
	7月14日-30日	田中泯		RIDC主催「エテ・ドゥ・ラ・ダンス」(ブール・カン・ブレス)	ワークショップ開催
	11月17日	〈エイコ＆コマ〉	『トリロジー(*Trilogy*)』	アメリカン・センター(パリ)	
	11月-12月	室伏鴻, カルロッタ池田	『Lotus Cabaret』(新作),『ツァラトゥストラ』(フランス初演)	ポンピドゥー・センター(パリ), メゾン・ドゥ・ラ・ダンス(リヨン)	〈アリアドーネの會〉ヨーロッパを拠点にする

年	日付	振付家／カンパニー	作品名	場所	その他の出来事
1982					
	1月-3月	カルロッタ池田, 室伏鴻	A・P・ルクーによるイヴェント「カルト・ブランシュ（Carte blanche）」で即興,『Lotus Cabaret』,『ツァラトゥストラ』ツアー	パレ・デ・グラス劇場, シルヴィア・モンフォール座（パリ）, カン劇場, フェスティヴァル「シグマ17」（ボルドー）, ミュルーズ	
	1月21日-23日, 28日-30日	キジマ・サイ（Saï）	『自画像の間を行き交う身体（*Passages corporels parmi les autoportraits*）』	アラン・ウダン・ギャラリー（パリ）	
	4月	〈山海塾〉	『縄文頌』（新作）	パリ市立劇場	
	6月16日-20日	ウチヤマ・ヒロ（Uchiyama Hiro）	『身体言語　作品番号5（*Langage du corps opus5*）』	エスパス・ジャポン（パリ）	
	7月	〈山海塾〉	公演キャンセル	モンペリエ舞踊フェスティヴァル	
	7月15日, 16日	古関すま子	『ナヤラマ（*Nayarama*）』	モンペリエ舞踊フェスティヴァル	
	7月20日-25日	大野一雄	『ラ・アルヘンチーナ頌』,『わたしのお母さん』	セレスタン教会（アヴィニョン演劇祭）	ミュンヘン, ジュネーヴ, コペンハーゲン, バルセロナ巡業
	7月	〈大駱駝艦〉: 麿赤兒	『海印の馬』	ラ・シャルトゥルーズ（アヴィニョン演劇祭）	ヨーロッパおよびアメリカ巡業
	10月	〈山海塾〉		レ・キャトル＝タン・スタジオ（ラ・デファンス）	興行職業教育団体保険（AFDAS）での研修会（4セッションの第1回目）
	6月5日-11日, 11月-12月	田中泯	『感情』	ラ・フォルジュ（パリ）	研修会開催
1983					
	1月-2月	室伏鴻	『ツァラトゥストラ』	オルレアン, アヌシー, レンヌ	
	4月10日	古関すま子	『リベルタンゴ（*Libertango*）』	ラ・フォルジュ（パリ）	
	6月25日, 26日	土方巽（出演：芦川羊子）	『日本の乳房』	世界文化会館（パリ）, ラ・シャルトゥルーズ・ドゥ・ヴィルヌーヴ＝レ＝ザヴィニョン	
	6月29日	室伏鴻	『iki』	世界文化会館（パリ）	
	7月27日	岩名雅記 山田せつ子 ヨシダ・ミツオ（Yoshida Mitsuo）	『蓮の国』 『水晶の膣（*Le Vagin de Cristal*）』 『あしなえの船（*La Nef du boiteux*）』	ランコントル・ドゥ・ラ・シャルトゥルーズ・ドゥ・ヴィルヌーヴ＝レ＝ザヴィニョン	

年	日付	振付家／カンパニー	作品名	場所	その他の出来事
		上杉満代	『エヴァの庭(*Le Jardin d'Eve*)』,『鳥(*Oiseaux*)』		
	10月18日	古関すま子	『パ・ドゥ・ドゥー(*Pas de deux*)』	18劇場(パリ)	
	11月1日–5日	〈山海塾〉		メナジュリ・ドゥ・ヴェール(パリ)	開館記念の研修会を開催
		カルロッタ池田,室伏鴻		パブロ・ネルーダ・センター(ニーム)	〈アール・エ・ムヴマン協会〉主催「第9回ダンス研修会」開催
1984					
	1月	カルロッタ池田,室伏鴻	『うッ』(フランス初演),『ツァラトゥストラ』	パリ劇場, リヨン	
	4月,5月	〈山海塾〉	『熱の型』(新作)	パリ市立劇場, カン, グルノーブル文化会館を巡業	第1回北アメリカ巡業:オリンピック・アーツ・フェスティヴァル, パーチェス・カレッジ(ニューヨーク)
	6月26日–30日	田中泯	『感情』	バスティーユ劇場(パリ)	
		古関すま子		アメリカン・センター, メナジュリ・ドゥ・ヴェール, マレ・センター(パリ)	1984年から定期クラス開催
	7月	〈エイコ&コマ〉	『グレイン/エレジー(*Grain/Elegy*)』	アヴィニョン演劇祭	
	7月23日	山田せつ子,神領國資	『REBIS』	シャトーヴァロン・フェスティヴァル	
	11月	カルロッタ池田,室伏鴻	『うッ』	バスティーユ劇場(パリ)	
	11月	室伏鴻	『儀式の夜(*Nuit cérémoniale*)』	シルク・ディヴェール(パリ)	
1985					
					日本文化財団主催「第1回舞踏フェスティヴァル」開催(日本)
	1月6日–27日	〈山海塾〉		メナジュリ・ドゥ・ヴェール(パリ)	AFDASで研修会開催
					R・カイルによる舞踏教育スタート
	2月2日	古関すま子	『影の無い女(*Femmes sans ombre*)』	現代アート国際フェア(FIAC)(パリ)	

年	日付	振付家／カンパニー	作品名	場所	その他の出来事
	3月29日–4月20日	室伏鴻, カルロッタ池田 キジマ・サイ〈M・ブリュエル・バレエ(M. Bruel Ballet)〉	『EN』,『うッ』 『カラドー(*Kalado*)』 『儀式的遊戯(*Jeux cérémoniaux*)』	キロン・スペース(パリ):フランス初の舞踏フェスティヴァル	
	3月–4月	室伏鴻, カルロッタ池田	『うッ』	アヴィニョン, カン, レンヌ, ストラスブール, ナンシー, ヴァルボンヌ, サン＝カンタン・アン・イヴリーヌ, サン＝ブリユー	
	3月				『セーヌ――キロン・スペースの刊行誌』が舞踏特集号発行
	4月, 5月				『アルテルナティヴ・テアトラル』が舞踏特集号発行
	5月21日–6月1日	上杉満代	『月光虫(*Esprit de clair de lune*)』	バスティーユ劇場(パリ)	
	6月	室伏鴻, カルロッタ池田	『ヒメ――非女』(新作)	モンペリエ舞踊フェスティヴァル, エヴリ	
	6月20日	エジ・イクヨ(Eji Ikuyo)	『魂の歌(*Le Chant des âmes*)』	ドゥジャゼ劇場(パリ)	
	7月23日–25日	〈白虎社〉:大須賀勇	最新作上演	シャトーヴァロン・フェスティヴァル	
		田中泯	オペラ『オイディプス』	ボリス・ヴィアン財団(パリ)	
		岩名雅記	『生成』	パリ	フランスで初の研修会開催
1986					
	1月				土方巽, 東京で死去
	4月1日–12日	〈山海塾〉	『卵を立てることから――卵熱』(新作)	パリ市立劇場	
	4月	岩名雅記	『雨月』	ボリス・ヴィアン財団(パリ)	
	5月	大野一雄, 田中泯, 石井満隆			「舞踏フェスティヴァル」開催(ベルリン)
	6月	室伏鴻	『パンタ・レイ――万物流転』	ユネスコ40周年記念祭(パリ)	

年	日付	振付家／カンパニー	作品名	場所	その他の出来事
	6月–10月	大野一雄	『ラ・アルヘンチーナ頌』,『死海』	パリ市立劇場, バスティーユ劇場（パリ）, リヨン・ビエンナーレ, グルノーブル文化会館	世界ツアー
	7月	古関すま子	『アルトー, 堕天使（*Artaud Ange Déçu*）』	パリ, アヴィニョン演劇祭オフ	ドイツ, スイス, スペイン巡業
1987					
	2月12日–28日, 12月10日–20日	カルロッタ池田, 麿赤兒	『小さ子』	バスティーユ劇場（パリ）	
	4月, 8月	室伏鴻	『EN——縁』	ルーアン, サン・ブリユー, ミモス（ペリグー）	
	2月, 5月	室伏鴻	『エロスの涙』	パレ・デ・ザール（ブレスト）, エクス冬季舞踊フェスティヴァル, パブロ・ネルーダ劇場（コルベイユ）, ブロワ, ランス	
	5月12日	田中泯	『我々は風景を踊れるか』	オペラ・コミック座（パリ）	
	12月3日–4日	岩名雅記	『喉に虹（*Arc en ciel dans la gorge*）』	ボリス・ヴィアン財団（パリ）	バルセロナ巡業
		田中泯		「現在する日本の過去」展（「日本の上演芸術」, マルセイユ）, カフェ・ドゥ・ラ・ダンス（パリ）	
		田中泯	パフォーマンス	ラ・ボルド病院	
1988					
	5月17日–18日	岩名雅記	『朦朧』	カフェ・ドゥ・ラ・ダンス（パリ）	岩名, フランスへ拠点を移す
	7月5日, 11月18日–26日	室伏鴻	『エフェメール（*Éphémère*）』	エクス舞踊フェスティヴァル, カフェ・ドゥ・ラ・ダンス（パリ）	「日本イヴェント」にて土方の映像上映
	10月	〈山海塾〉	『闇に沈む静寂——しじま』（新作）	パリ市立劇場	
	11月29日	カルロッタ池田	『ブラックグレイホワイト（*Blackgreywhite*）』（新作）	ル・マイヨン（ストラスブール）	
1989					
	5月23日–31日	室伏鴻		エスパス・ジュマップ（パリ）	舞踊活動・交流グループが舞踏研修会開催

年	日付	振付家／カンパニー	作品名	場所	その他の出来事
	6月29日–7月2日	古関すま子	『へその歌(*Chant du nombril*)』	J・タファネルの企画(モンペリエ舞踊フェスティヴァル・オフ), プリヴァ, オーバーニュ	
	11月16日–19日	田中泯	『秋の水』	「ユーロパリア89ジャパン」フェスティヴァル(アマンディエ劇場, ナンテール)	
	11月, 12月	室伏鴻	『自失のサイクル(*Le Cycle des stupeurs*)』	リール, メッス	
1990					
	1月	岩名雅記	『神の旋律』	カフェ・ドゥ・ラ・ダンス(パリ)	
	2月	田中泯		シャラント	研修会開催
	4月, 7月	古関すま子	『人形』	マンダパ・センター(パリ), アヴィニョン	スイス, ドイツ, ギリシャ巡業
	6月	岩名雅記	『冷曲』	白踏館, プロクレアール(パリ)	
	10月	田中泯	『春の祭典』	オペラ・コミック座(パリ)	
	11月	大野一雄	『睡蓮』,『花鳥風月』,『ラ・アルヘンチーナ頌』	フェスティヴァル「イル・ドゥ・ダンス」(リエール劇場, パリ), エスパス・ジャック・プレヴェール(オルネ＝スー＝ボワ), ミモス(ペリグー)	トロント, ゲッティンゲン, プラハ巡業
	11月	セヌマ・アキコ(Senuma Akiko) イシデタクヤ 岩名雅記 福原哲郎 ヒトツヤナギ・ヤスヒコ(Hitotsuyanagi Yasuhiko)	『ダンス・シアター・エキシビション(*Dance Theatre Exhibition*)』 『静かなる落石』 『生成』 『タルコフスキーの木(*L'Arbre de Tarkovsky*)』 『再生(*Régénération*)』	メナジュリ・ドゥ・ヴェール(パリ)	
	11月	カルロッタ池田, H・ディアナス	『白い一日(*Une journée blanche*)』	カンペール, コンピエーニュ, シグマ・フェスティヴァル(ボルドー)	
		〈アンファン・ル・ジュール〉: R・カイル, T・エスカルマン		ポ	カンパニー設立

年	日付	振付家／カンパニー	作品名	場所	その他の出来事
1991					
	2月20日–21日	カルロッタ池田, 室伏鴻	『うッ』	ポンピドゥー・センター(パリ)	「カルロッタ池田へのまなざし」展
	2月25日–26日	古関すまこ	『バラの涙(*Les Larmes des roses*)』	日本大使館(パリ), リール, ナンシー	
	4月	室伏鴻		CCN(カン), エランクール	ワークショップ開催
	4月–8月	カルロッタ池田, H・ディアナス	『白い一日』	パリ市立劇場, ミモス(ペリグー), アグド	
	5月7日–25日	〈山海塾〉	『そっと触れられた表面——おもて』(新作)	パリ市立劇場	
	8月	岩名雅記	『冷曲』	ミモス(ペリグー)	
1992					
	1月25日, 26日	玉野黄市	『四季(*Les Quatre Saisons*)』	フェスティヴァル「ダンス・エモワ」(リモージュ)	
	2月–4月	カルロッタ池田	『スフィンクス語(*Le Langage du sphinx*)』(新作)	県立芸術文化発展研究所(IDDAC)(サン＝メダール＝アン＝ジャル), スタジオ・ベルトロ(モントルイユ)	
	5月		イヴォンヌ・テーネンバーム主催のフェスティヴァル「舞踏の飛躍」	マンダパ・センター(パリ)	
	6月	天児牛大		バニョレ国際振付コンクール	審査委員長を務める
	7月11日	玉野黄市	『明暗(*Clair obscur*)』	エクス舞踊フェスティヴァル	
	10月18日	セヌマ・アキコ	『フォークソング・プロジェクト92(*Folk Song Project 92*)』	ボリス・ヴィアン財団(パリ)	
	10月19日, 23日	藤條虫丸	『陰陽河・イシヅチ』	日本大使館, マンダパ・センター(パリ)	
1993					
		L・カッツ＝パリル		パリ	第1回研修会と定期クラス開催
	5月14日–23日	玉野黄市	『果実の記憶(*Mémoire du fruit*)』	ロン＝ポワン劇場(パリ)	
	6月10日–30日	カルロッタ池田, 室伏鴻	『アイ-アムール』(フランス初演)	バスティーユ劇場(パリ), ボルドー	デンマーク, オランダ, ベルギー, イタリア, スイス, オーストリア, イギリス巡業
	6月	〈山海塾〉	『常に揺れている場のなかで——ゆらぎ』(新作)	パリ市立劇場	

年	日付	振付家／カンパニー	作品名	場所	その他の出来事
	6月	岩名雅記, L・カッツ, L・フィリップ	イヴォンヌ・テーネンバーム主催のフェスティヴァル「舞踏の飛躍」	アート・スペース「ラヴォワール・モデルヌ・パリジャン」	
1994					
	5月	岩名雅記	『ジゼル傳』	クラヴェル劇場(パリ)	
	7月	大野一雄, 大野慶人	『睡蓮』,『花鳥風月』	フェスティヴァル「カルティエ・デテ」(パレ・ロワイヤル, パリ), セレスタン教会(アヴィニョン演劇祭)	シンガポール, 台北, リスボン巡業
	10月15日	玉野黄市	『氷の大地のタピスリー(*Les Gobelins des terres de glace*)』	シャトー＝ヴァロン・フェスティヴァル	
		上杉満代, O・ジェルプ	『子どもたち』		
	11月	上杉満代	『彼女』	マンダパ・センター(パリ)	
1995					
	1月27日–4月	カルロッタ池田	『狩り(*En chasse*)』(新作)	県立芸術文化発展研究所(IDDAC)(サン＝メダール＝アン＝ジャル), スタジオ・ベルトロ(モントルイユ)	
	5月, 6月	岩名雅記	『物質との密約(*The Secret Agreement*)』	クラヴェル劇場, ラ・フォルジュ(パリ)	
	12月15日–30日	〈山海塾〉	『ゆるやかな振動と動揺のうちに——ひよめき』	パリ市立劇場	
		武藤直美			教育活動開始
					ドイツのシュロス・ブルリンにて,「Ex... it!–1」(舞踏ワークショップとフェスティヴァル)開催
1996					
	4月20日	カルロッタ池田	『待つ(*Waiting*)』(新作)	シャトー＝ヴァロン・フェスティヴァル, 十月祭(ノルマンディー)	
	8月	岩名雅記		白踏館(レヴェイヨン)	連続ワークショップ「世紀を跨ぐ96–2006」第一期開催
1997					
	2月28日	〈大駱駝艦〉: 麿赤兒	『トナリは何をする人ぞ』	レ・アルのオーディトリウム(パリ)／国際交流基金	高等演劇学校でのアトリエ開催
	3月	有科珠々	『盲人の瞬き(*Blind Blink*)』	世界文化会館(パリ)	
	4月9日	室野井洋子	『山姥(*Yamamba*)』	日本大使館(パリ)	
	6月16日	高井富子	『野花の露』	日本大使館(パリ)	

年	日付	振付家／カンパニー	作品名	場所	その他の出来事
		〈アンファン・ル・ジュール〉		リヨン国立高等音楽院	研修会開催
		岩名雅記	『おおあざあるあんじゅういざなぎ』	マンダパ・センター, ラ・フォルジュ(パリ)	
1998					
		岩名雅記			白踏館にてフェスティヴァル「ダンス・ディレクト」第1回開催(ノルマンディーのレヴェイヨン)
	4月	岩名雅記	ソロ舞踏ダンス『ヨカナーン・虚無の強度』	デュノワ劇場(パリ)	
	6月	カルロッタ池田	『待つ(*Waiting*)』	バスティーユ劇場(パリ)	
	7月1日–3日	カルロッタ池田	『*7+7Yo-Choo*』(アンジェCNDC「レスキス」高等学院公演)	バスティーユ劇場(パリ)	
	7月	古関すま子	『森のフシギの物語』	エクス＝アン＝プロヴァンス	
	10月7日	武藤直美	『乳／かの胸の水(*Le Lait/L'Eau de son sein*)』	日本大使館(パリ), ヴァル＝ドゥ＝マルヌ舞踊ビエンナーレ	
	11月	岩名雅記	『ローリーゴッド』	サルペトリエールのサン＝ルイ礼拝堂(パリ)	
	12月16日–29日	〈山海塾〉	『遥か彼方からの——ひびき』(新作)	パリ市立劇場	
		有科珠々			フランスに拠点を移し, 定期クラスを開始。マレ・センター, アルモニック・スタジオ, リラの体育館などでも開催。
1999					
	1月7日–17日	カルロッタ池田, 室伏鴻	『春の祭典(*Un sacre du printemps*)』(新作)	バスティーユ劇場(パリ)	
	3月–6月	〈山海塾〉	『闇に沈む静寂——しじま』,『ゆるやかな振動と動揺のうちに——ひよめき』,『卵を立てることから——卵熱』,『遥か彼方からの——ひびき』ツアー	ディジョン, ナント, モンペリエ舞踊フェスティヴァル, レ・ジェモー国立劇場(ソー), ル・マン	

年	日付	振付家／カンパニー	作品名	場所	その他の出来事
	7月	カルロッタ池田	『待つ』,『春の祭典』	ヴァンドゥーヴル＝レ＝ナンシー, マルセイユ, アヌシー	
	12月	大野一雄	『20世紀への鎮魂』		日本国外での最後の公演(ニューヨーク)
2000					
					身体気象研究所のクローディア・フラマンが教育活動開始
					アッシュヴィル(ノースカロライナ州)で最初の舞踏フェスティヴァル開催
	2月–3月	カルロッタ池田	『春の祭典』	ポワティエ, シャロン＝シュル＝ソーヌ	
	3月8日	古関すま子	『時の色(*Couleurs du temps*)』	日本大使館(パリ)	
	5月, 7月	財津暁平, 渡辺真希	『ここにいる(*Être-là*)』	ベルタン・ポワレ文化スペース(パリ)	
	6月	宍戸智子 武藤直美 古関すま子	『燐光(*Phosphorescence*)』 『かの胸の水(*L'Eau de son sein*)』 『蝶々(*Les Papillons*)』 『マッド＝アーム(*Mad-âme*)』	ベルタン・ポワレ文化スペース「第一回舞踏フェスティヴァル」(パリ)	武藤直美, 古関すま子による研修会開催
	7月	古関すま子	『マッド＝アーム』	アヴィニョン演劇祭オフ	
	8月	古関すま子	『自分の路(*Route de soi*)』	ミモス・フェスティヴァル(ペリグー)	セヴェンヌ地域コル・ドゥ・ムズールで第1回研修会開催
	9月	財津暁平			パリでの定期クラス「舞踏ダンス探究ワークショップ」開始
	9月16日–17日	伊藤キム	『少年〜少女』	パリ日本文化スペース, リヨン舞踊ビエンナーレ	
	10月	有科珠々 竹之内淳志 福原隆造 財津暁平 渡辺真希		ベルタン・ポワレ文化スペース「極東フェスティヴァル」(パリ)	福原隆造, フランスでの初公演および研修会開催
	10月25日	竹之内淳志		日本大使館(パリ)	

年	日付	振付家／カンパニー	作品名	場所	その他の出来事
	11月1日–3日	財津暁平 高井富子	『非論理的体(*Le corps illogique*)』 『野花の露』	イベント「東京ゾーン」(カフェ・ドゥ・ラ・ダンス, パリ)	
	12月20日	渡辺真希	舞踏ダンス(J＝F・ポヴロン, J＝M・フーサ, M・佐藤らのミュージシャンとの即興)	ラ・フネートル(パリ)	
	12月15日–30日	〈山海塾〉	『かがみの隠喩の彼方へ——かげみ』(新作)	パリ市立劇場	
	12月	有科珠々	『微笑する手(*La main qui sourit*)』	日本大使館(パリ)	
	12月29日–30日	大野一雄	公演キャンセル	アベス劇場(パリ)	
2001					
	2月–3月	〈山海塾〉	『ゆるやかな振動と動揺のうちに——ひよめき』『遥か彼方からのひびき』『闇に沈む静寂——しじま』『卵を立てることから——卵熱』ツアー	ブラニャック, マルティーグ, ヴァンヌ, ポントワーズ	
	2月	工藤丈輝		シルヴィア・モンフォール座(パリ)	
	3月	岩名雅記	『感覚の振り子』	ベルタン・ポワレ文化スペース, ボリス・ヴィアン財団(パリ)	
	3月	福原隆造		日本大使館(パリ)	
	3月–4月	古関すま子	『ツィガーヌ・ジャパン(*Tzigane Japan*)』	「フェスティヴァル・イマジネール」(世界文化会館, パリ)	
	4月	〈山海塾〉		カロリン・カールソンのアトリエ・ドゥ・パリ	研修会開催
	4月–11月	財津暁平 渡辺真希		ラ・ギロチン(モントルイユ), 347劇場, アトリエ・タンポン(パリ)	
	4月	財津暁平 渡辺真希 福原隆造 宍戸智子		ベルタン・ポワレ文化スペース「フェスティヴァル・ダンス・ボックス」(パリ)	
	6月	岩名雅記 藤條虫丸 福原隆造 財津暁平	『あさじふ・忘れられた部屋』 『をみなにて』 『天然肉体詩』 『徴候を聞く(*Écouter le signe*)』 『再生のプロセス(*Le Processus de la renaissance*)』	ベルタン・ポワレ文化スペース「第2回舞踏フェスティヴァル」(パリ)	

年	日付	振付家／カンパニー	作品名	場所	その他の出来事
		宍戸智子 有科珠々	『沼地の夢(*Un rêve de marais*)』 『砂糖まみれの手(*La Main sucrée*)』		
	7月17日	カルロッタ池田	『たんぽぽ(*Tampopo*)』(新作)	「ル・ヴィフ・デュ・スジェ」(アヴィニョン演劇祭)	
	8月	財津暁平, 福原隆造		ミモス・フェスティヴァル(ペリグー)	
	10月	岩名雅記	『不可視の家族』	ベルタン・ポワレ文化スペース(パリ), ナンシー, レヴェイヨン	
	11月	紅玉／千日前青空ダンス倶楽部	『夏の器』	ベルタン・ポワレ文化スペース「極東フェスティヴァル」(パリ)	
2002					
	1月	福原隆造	『感情の膜(*La Membrane de l'émotion*)』	ベルタン・ポワレ文化スペース(パリ)	舞踏ダンス研修会開催
	3月28日	財津暁平	『いのちはおどる(*La Vie-Danse*)』	ラ・フネートル(パリ)	
	3月30日	R・ゴエルジェール	舞踏ダンスパフォーマンス	モンスリ公園(パリ)	
	4月15日			シネマテーク・ドゥ・ラ・ダンス(パリ)	『舞踏(*Butô(s)*)』出版を記念して, アーカイヴ映像から抜粋を上映
	4月19日–20日	工藤丈輝 シミズ・ケンジ(Shimizu Kenji)	『妖炎犠』 『アリスとともに(*Alice with*)』	ベルタン・ポワレ文化スペース(パリ)	
	4月24日	武藤直美, D・ジルデ	『ソフト, ハード, スウィート(*Soft, Hard and Sweet*)』	マン・ドゥーヴル(サン＝トゥアン)	
	4月–5月	上杉満代, C・ロワイエ		CCN(オルレアン), メナジュリ・ドゥ・ヴェール(パリ), レンヌ	研修会開催
	5月3日–5日	渡辺真希	『舞踏ソロ(Danse butô solo)』	ラ・ギロチン(モントルイユ)	
	6月	岩名雅記 有科珠々 吉岡由美子 佐々木博康	『エレジー(*Élégie*)』,『絢爛――悲歌』 『暗中の無(*Rien à casser dans le noir*)』 『夜明け前(*Avant l'aube*)』 『夢の旅行者(*Le Voyageur des songes*)』	ベルタン・ポワレ文化スペース「第3回舞踏フェスティヴァル」(パリ)	福原哲郎, 吉岡由美子, 有科珠々による研修会開催

年	日付	振付家／カンパニー	作品名	場所	その他の出来事
		福原哲郎 竹之内淳志	『スペース・ダンス〜記憶ノ広場』 『点紋』		
	7月25日	カルロッタ池田	『トゲ(*Togué*)』(新作)	フェスティヴァル・ドゥ・マルセイユ	
	8月26日–31日	藤谷由美		演劇学校ル・サモヴァール(バニョレ)	舞踏ダンス研修会開催
	9月16日	工藤丈輝		日本大使館(パリ)	
	9月25日–27日	武藤直美		プラトー・ドゥ・ラ・ビエンナーレ(ヴァル＝ドゥ＝マルヌ)	
	9月	カルロッタ池田	『春の祭典』	フェスティヴァル「ル・タン・デメ」(ビアリッツ)	
	10月11日–13日	渡辺真希	『素晴らしい時間――音楽と舞踏(*Quel joli temps – musique et butô*)』	スタジオ・シャラ(モントルイユ)	
	11月	福原隆造	『貝に住む兄弟(*Frères de coquille*)』	ベルタン・ポワレ文化スペース(パリ)	
2003					
					『舞踏の傾向(*Tendances Buto*)』誌創刊(2007年まで継続)
	1月9日	上杉満代, C・ロワイエ	『ピュピ(*Pupi*)』	ギメ美術館のオーディトリウム(パリ)	
	1月	田中泯	『関節の外れた幼児の身体(*Infant Body out of Joint*)』	アクアリウム劇場(カルトゥシュリー, パリ)	CNDとアトリエ・ドゥ・パリで研修会開催
	4月4日–5日	財津暁平 財津暁平, C・マンガ	『シ・タ・ワ(*IOM*)』 『*AI di là delle nuvole*』	日仏文化協会(パリ)	
	4月10日–11日	武藤直美	『砂漠のようなカントスIII(*Les Cantos désertiques III*)』	ベルタン・ポワレ文化スペース「フェスティヴァル・ダンス・ボックス」(パリ)	
	4月22日–5月4日	〈山海塾〉	『仮想の庭――うつり』(新作)	パリ市立劇場	
	6月	藤谷由美 財津暁平 藤條虫丸	『ちょうちょう(*Téfu Téfu*)』 『名前の無い花(*Une fleur sans nom*)』 『タタール・ファンタジア(*Tartar Fantasia*)』	ベルタン・ポワレ文化スペース「第4回舞踏フェスティヴァル」(パリ)	室伏鴻, 藤谷由美の研修会開催

年	日付	振付家／カンパニー	作品名	場所	その他の出来事
		室伏鴻 古関すま子	『bpのための即興二晩(*Deux soirs d'improvisation pour bp*)』 『アルケ　ドリームス(*Arché Dreams*)』		
	6月	岩名雅記 竹之内淳志	『ためらう心のいただきに浮かぶ』 『KOE』,『点紋』,『月海』	「第4回舞踏フェスティヴァル」(リエール劇場, パリ)	
	6月	渡辺真希, C・レイモンド, C・マンガ, H＝K・パーク, 財津暁平, M・アルシー		日仏文化協会(パリ)	
	10月				第1回「ニューヨーク舞踏フェスティヴァル」開催
	10月31日–11月2日	渡辺真希	『収穫の時(*Le Moment de récolter*)』	スタジオ・シャラ(モントルイユ)	
	11月	有科珠々 福原哲郎	『枕刀(*L'Epée de chevet*)』 『スペース・ダンス』	ベルタン・ポワレ文化スペースフェスティヴァル(パリ)	
	11月22日–23日	M・アルシー, C・マンガ, C・レイモンド	『彷徨の香り(*Fragrance d'une errance*)』	スタジオ・シャラ(モントルイユ)	
	12月2日	財津暁平 室野井洋子	『舞踏の一夜——アノヨノデキゴト(*Une nuit Butô – anoyonodekigoto*)』	レ・ヴート(パリ)	
	12月7日	カルロッタ池田	『たんぽぽ』	CCN(オルレアン)	
2004					
	1月16日, 17日	カルロッタ池田	『トゲ(*Togué*)』	シルヴィア・モンフォール座(パリ)	
	2月9日–13日	上杉満代, C・ロワイエ		CCN(レンヌ)	クラスとワークショップ
	3月–4月	C・マンガ C・レイモンド 藤谷由美 若松萌野	『カスティーゴ(*Castigo*)』 『ラ・ディス＝コール＝ダンス(*La Dis-corps-danse*)』 『顔－カオス』 『受胎告知3(*Jutaikokuchi 3*)』	ベルタン・ポワレ文化スペースフェスティヴァル(パリ)	
	5月7日–8日	C・マンガ	『体の鱗片(*Les Écailles du corps*)』	ラ・セーヌ・ケ・エスト(イヴリー)	
	5月15日	竹之内淳志	『舞踏パフォーマンス』	ル・テュネル(パリ)	

年	日付	振付家／カンパニー	作品名	場所	その他の出来事
	6月	渡辺真希 七感弥広彰 長岡ゆり 正朔 藤谷由美 竹之内淳志 若松萌野 岩名雅記 遠藤公義	『風に転がる』 『白の野生』 『Madame D. の部屋』 『歩く』,『桜の森の満開の下』 『顔－カオス』 『感情の芽(*EMOTION SEED*)』 『許して, 私はこれより大きな声では喋れない』 『他界より眺めてあらば静かなる的となるべき夕暮れの水』 『間』	ベルタン・ポワレ文化スペース「第5回舞踏フェスティヴァル」(パリ)	遠藤公義, 竹之内淳志, 長岡ゆり, 正朔, 藤谷由美の研修会開催
	6月	紅玉 福原隆造	『青空(*Aozora*)』 『オルギーへの片道切符(*One Way to the Orgy*)』	「日本ダンス・フェスティヴァル」(リエール劇場, パリ)	
	10月12日	古関すま子	『マッド＝アーム・ディ……(*Mad-âme dit…*)』	ベルタン・ポワレ文化スペースフェスティヴァル(パリ)	
2005					
	1月–2月	竹之内淳志 七感弥広彰	『GEN—源』 『*HANJYUSAN*』	ベルタン・ポワレ文化スペース「舞踏——冬の体 II」(パリ)	
	2月	グループ〈L. A. M〉	『舞踏スペース(*Butô Space*)』	パリ	
	2月	室伏鴻	『Edge』	アヴィニョン冬季フェスティヴァル	マレーシア, フィリピンを巡業し, 研修会開催
	3月–4月	福原隆造 雪雄子 原田伸雄	『層を越えて(*À travers strates*)』 『瞽女・白鳥の歌』 『くがたち(*Ordalie*)』 『迸り水(*L'Eau vive*)』	ベルタン・ポワレ文化スペース(パリ)	
	4月	〈Yamatonatto〉	『蜘蛛の糸(*Le fil de l'araigrée*)』	スタジオ・ル・ルガール・デュ・シーニュ(パリ)	
	5月	大野慶人, 上杉満代		カロリン・カールソンのアトリエ・ドゥ・パリ	マスター・クラス開講
	6月	東陽子	『腐った肉は蠅を寄せ付ける(*Viande avariée attire les mouches*)』	シテ・ダンス(グルノーブル)	
	6月	今貂子 正朔 有科珠々	『石からでてくるもの』 『廃人倶楽部参, 黒い風』 『不在(*Absence*)』	ベルタン・ポワレ文化スペース「第6回舞踏フェスティヴァル」(パリ)	桂勘, 今貂子, 正朔, 玉野黄市による研修会開催

年	日付	振付家／カンパニー	作品名	場所	その他の出来事
		桂勘 古関すま子 玉野黄市	『アダムの断片(*Fragments of Adam*)／森のジョーカー(*The Joker in the Forest*)』 『解剖学的・感情的(*Anatomique/Sentimental*)』 『私の心の中の小さな神は，時おり私の魂を揺るがす(*Le petit dieu en mon esprit parfois me fait vaciller l'âme*)』		
	6月2日，3日 6月16日-18日	七感弥広彰 福原隆造 渡辺真希，財津暁平	『風の野蛮さ(*Sauvagerie du vent*)』 『野性的な白さ(*Blancheur sauvage*)』 『盲目のロバ(*L'Âne aveugle*)』 『ヒトリ＋ヒトリ(*Seuls*)』	ベルタン・ポワレ文化スペース「第6回舞踏フェスティヴァル」，リエール劇場「日本のダンス・フェスティヴァル」(パリ)	
	6月10日	カルロッタ池田	『幽霊の言葉――白墨の身体(*Youlei no kotoba: Corps de craie*)』	リール・ダンスフェスティヴァル	
	7月	竹之内淳志 古関すま子 遠藤公義 桂勘	『STONE』 『解剖学的・感情的』 『マ(*MA*)』 『奇妙な魚たち(*Poissons étranges*)』	ゴロヴィン劇場(アヴィニョン演劇祭オフ)	
	3月12日，8月2日	カルロッタ池田，室伏鴻	『ツァラトゥストラ・ヴァリエーションズ』(改作)	フェスティヴァル「タンダンス」(ランゴン)，ミモス・フェスティヴァル(ペリグー)	
	10月14日-15日	桂勘	『エンペドクレスのヴァリエーション(*Variations Empédocle*)』	ル・ブラン＝メニル文化フォーラム	
	10月21日-22日	東雲舞踏	『どうなのよ？(*Mais quesquecèk'ça?*)』	ベルタン・ポワレ文化スペース(パリ)	
	10月22日-23日	〈Yamatonatto〉	『オルゴール(*Orgel*)』	スタジオ・アルバトロス(モントルイユ)	
	10月27日-11月13日	財津暁平	パフォーマンス	レ・ヴート(パリ)	
	11月3日-5日	岩名雅記	『草獣(*Beast of Grass*)』	ベルタン・ポワレ文化スペース(パリ)	
	12月	〈山海塾〉	『時のなかの時――とき』(新作)，『金柑少年』(改作)	パリ市立劇場	

年	日付	振付家／カンパニー	作品名	場所	その他の出来事
2006					
	1月15日–19日	カルロッタ池田		ミカダンス(パリ)	ワークショップ「舞踏の家(Une maison de butô)」開催
	1月19日,20日	竹之内淳志	『舞踏病』	ベルタン・ポワレ文化スペース(パリ)	
	1月20日,21日	カルロッタ池田,室伏鴻	『ツァラトゥストラ・ヴァリエーションズ』	シルヴィア・モンフォール座(パリ)	
	2月12日,15日	若松萌野		ミカダンス(パリ)	ワークショップ「舞踏の魂への加入(Inscription de l'âme-inspirée butô)」開催
	2月21日	〈Yamatonatto〉	『異質(*Hétérogène*)』	パリ第8大学図書館	
	3月	C・ジェフリーズ S・デルボスク 由良部正美 I・フィッチマン 原田伸雄	『ハート・ノー・ハヴ(*Heart no have*)』 『罠の嶋(*L'Île piège*)』 『白い顔』 『わたしは日本人!(*Je suis japonaise!*)』 『迸り水(*L'eau jaillit*)』	ベルタン・ポワレ文化スペース「フェスティヴァル・ダンス・ボックス」(パリ)	原田伸雄の研修会開催
	4月7日–8日	大野慶人	『心の心　結ぶ魂　春の花　秋の月(*Cœur des cœurs, âmes réunies, Fleur de printemps, lune d'automne*)』	パリ日本文化会館	
	4月20日,27日,5月25日	大田佑子		ル・テュネル(パリ)	舞踏ワークショップ開催
	4月26日–27日	カルロッタ池田,室伏鴻	『ツァラトゥストラ・ヴァリエーション』	オペラ座(ボルドー)	
	5月18日–19日	藤谷由美	『顔－カオス』	アクテオン劇場(パリ)	
	6月	若松萌野 財津暁平 J・シャロン 藤谷由美 J・ラーグ 有科珠々 竹之内淳志	『お告げ(*Annonciation*)』 『アイハアル(*Il y a de l'amour*)』 『パサージュ(*Passage*)』 『花子——花の子供(*Hanako-l'enfant des fleurs*)』 『恐ろしき情熱(*Terrible Passion*)』,『ドラミング・アップ・オスカー(*Drumming Up Oskar*)』 『黄金の空(*Tout l'or du ciel*)』 『KIZAMU』	ベルタン・ポワレ文化スペース「第7回舞踏フェスティヴァル」(パリ)	遠藤公義の研修会開催

年	日付	振付家／カンパニー	作品名	場所	その他の出来事
		R・ゴエルジェール 岩名雅記 遠藤公義	舞踏ダンスパフォーマンス 『光の関節――フロベール「聖ジュリアン伝説」より』 『黄昏(*Tasogare*)』		
	6月18日	七感弥広彰	『ブロークン・ウィンド――即興舞踏と自由なフリー・ロック(*Broken Wind-Improvisation Butô&Free Free-Rock*)』	レ・ヴート(パリ)	
	6月22日–24日	藤谷由美	『顔－カオス(*Kao/Chaos*)』	リエール劇場(パリ)	
	7月31日–8月27日	岩名雅記		白踏館(レヴェイヨン)	国際舞踏ワークショップ「ヴェルダ・ユートピオ 06–11(Verda Utopio 06–11)」開催
	7月31日–8月27日	竹之内淳志		ベルタン・ポワレ文化スペース(パリ)	舞踏研修会開催
	8月7日–12日	有科珠々	舞踏ダンス	フェルム・ドゥ・トリエル(ティエザック)	
	8月	岩名雅記		白踏館(レヴェイヨン)	連続ワークショップ「世紀を跨ぐ」最終研修会開催
	10月	伊藤キム	『禁色』	リヨン・ダンス・ビエンナーレ	
	10月–翌1月			ルーヴル美術館(パリ)	「奇妙な身体(*Corps étrangers*)」展にて，映画『O氏の肖像』上映
	10月4日	岩名雅記	『絢爛』	ボリス・ヴィアン財団(パリ)	
	10月4日，11日，18日，25日	若松萌野	『オウィディウス・プロジェクト(*Project Ovid*)』	ボリス・ヴィアン財団，カナルダンス(パリ)	
	10月19日–11月19日	I・フィッチマン	『わたしは日本人――身体演劇と舞踏マイム(*Je suis japonaise-Théâtre corporel et butômime*)』	エール・ファルギエール劇場(パリ)	
	10月28日–11月1日	J・D・フリッケール		アリエージュ	舞踏ダンス研修会開催
	11月	M・アルシー		風のフェスティヴァル(カルヴィ)	

年	日付	振付家／カンパニー	作品名	場所	その他の出来事
	11月	大野慶人, カルロッタ池田		カロリン・カールソンのアトリエ・ドゥ・パリ	マスター・クラス開講
	11月26日			日本文化会館(パリ)	大野一雄百歳を記念して映像上映,『O氏の肖像』,『Kazuo Ohno』,『イエス　花　死　生』
	11月29日, 30日	保坂一平	『パースペクティヴ・エモーション・パリ＃2(*Perspective Émotion Paris#2*)』	レ・ヴート(パリ)	
		室伏鴻	『quick silver』	CNDC(アンジェ)	5週間にわたるワークショップを開く
		F・ジャスマン		レ・コロンヌ・センター(パリ)	大人と子どもを対象とした舞踏ダンスのアトリエ開催
		C・レイモン, C・マンガ		アンナム・センター, ムーヴマン劇場(パリ)	舞踏ダンスのワークショップ開催
2007					
	1月20日–21日	ナカムラ・ユキコ(Nakamura Yukiko)	『ここからどこへ……方向転換(*D'ici vers... volte-face*)』	キロン・スペース「プルミエール・ジェスト」(パリ)	
	1月26日–27日	財津暁平	『ここにいる(*Être-là*)』	ベルタン・ポワレ文化スペース(パリ)	
	3月4日	古関すま子	『百の顔を持つ女(*Femme 100 visages*)』	ゴロヴィン劇場(アヴィニョン)	
	3月9日	〈Yamatonatto〉	『ヌフ(*N'œuf*)』	レ・ブート(パリ)	
	3月15日–16日	渡辺真希	『スイカの香り(*L'Odeur de la pastèque*)』	ベルタン・ポワレ文化スペース(パリ)	
	3月27日, 29日, 30日	原田伸雄	『花嵐(*Ouragan de fleurs*)』	ベルタン・ポワレ文化スペース(パリ)	研修会開催
	4月3日–26日	藤谷由美		ル・プロセニウム劇場(パリ)	「舞踏祭」を主催し, 5作品を上演。
	5月	保坂一平	『むしのおんな(*Femme insecte*)』	ポワン・エフェメール(パリ)	
	5月9日	岩名雅記	『永遠に立つ』	ボリス・ヴィアン財団(パリ)	
	5月–6月	若松萌野	『ガラスの暗さ(*L'Obscurité de verre*)』	ボリス・ヴィアン財団(パリ)	
	6月20日	J・ラーグ	『燃える炭についての思考(*Pensées sur des charbons ardents*)』	ボリス・ヴィアン財団(パリ)	

年	日付	振付家／カンパニー	作品名	場所	その他の出来事
	6月	岩名雅記 E・ゼヌロ 財津暁平 貞森裕児 七感弥広彰 竹之内淳志 喜多尾浩代 C・ジェフリーズ 桂勘 J・ラーグ 長岡ゆり 正朔	『水引に胡蝶』 『林間の空き地（*Clairière*）』 『案山子（*L'Épouvantail*）』 『太陽の台（*Une sole au soleil*）』 『月面のような風景』 『花のみどり児 （*Fleur de midorigo*）』 『Edge of Nougat vol.3』 『ナース・ナン（*Nurse Nun*）』 『現存在（*Dasein*）』 『蓮（*Lotus*）』 『荒野』 『廃人倶楽部五, 夕空の皮膜』 『風林図』	ベルタン・ポワレ文化スペース「第8回舞踏フェスティヴァル」（パリ）	
	6月	カルロッタ池田		CCN（レンヌ）	研修会開催
	9月17日–18日	I・フィッチマン		ミカダンス（パリ）	舞踏マイム研修会開催
	10月4日–6日	〈大駱駝艦〉: 向雲太郎	『2001年壺中の旅』	日本文化会館（パリ）	
	11月30日, 12月1日, 7日, 8日	笠井叡	Jダンス・スペシャル・ソロ『金平糖』	日本文化会館（パリ）	
	12月4日	〈山海塾〉	『金柑少年』	ル・コルム劇場（モンペリエ・ダンス・シーズン）	
		J=S・ブルーワー		レッド・アース・センター（パリ）	ワークショップ「禅と舞踏: 心と踊り（zen & butoh: Heart & Dance）」開催
	9月–12月	D・ブリュアル		ネメシス・スペース（パリ）	ワークショップ「舞踏の歌（Uu chant de butô）」開催
		グループ〈マ〉: T・カステル, S・イシカワ, C・ジェフリーズ		スタジオ・ミュルティテュード（パリ）	舞踏ダンスのワークショップ開催（週ごとに3ヶ月間行う）
2008					
	5月5日–10日	〈山海塾〉	『降りくるもののなかで――とばり』（新作）	パリ市立劇場	
	5月20日	岩下徹	『即興』	アトリエ・タンポン（パリ）	
	5月22日–25日	竹之内淳志	『Seasons』	ラ・レーヌ・ブランシュ劇場（パリ）	

年	日付	振付家／カンパニー	作品名	場所	その他の出来事
	5月–6月	古関すま子 桂勘 岩名雅記 竹之内淳志 藤谷由美 七感弥広彰 財津暁平 渡辺真希	『百の顔を持つ女(*Femme 100 visages*)』 『勘のポスト＝ブトー＝イング 08(*Kan's Post-Butoh-ing 08*)』 『生成』,「カルト・ブランシュ」出演 『抱擁(*Étreinte*)』 『ブトーチック——舞踏のように(*Butôtic- comme Butô*)』 『月面のような風景 08』 『不思議(*Émerveillement*)』 『灰の空(*Ciel de cendre*)』	ベルタン・ポワレ文化スペース「第9回舞踏フェスティヴァル」(パリ)	古関すま子, 七感弥広彰, 藤谷由美, 竹之内淳志の研修会開催
	8月9日–15日	C・ジェフリーズ, F・マンジュック		アヴェロン	研修会「自然の中での即興」開催
	8月18日–23日	古関すま子		フェルム・ドゥ・トリエル(ティエザック)	舞踏研修会「身体の記憶」開催
	10月25日–26日	武藤直美	『根源(*Radix*)』	ル・キュヴィエール(アルティーグ＝プレ＝ボルドー)	
	11月20日	カルロッタ池田	『宇宙キャバレー(*Uchuu-Cabaret*)』	レスティーヴ国立舞台(フォワ)	
	11月3日				シネマテーク・フランセーズにて土方作品『疱瘡譚』の映像上映
	11月	カルロッタ池田		国立舞踊センター(パンタン)	研修会開催

参考文献・資料一覧

舞踏に関する参考文献と資料は年代順に，一般参考文献はアルファベット順に並べられている。本書で使用した資料のより詳細なリストがほしい読者は，パリ第8大学付属図書館および国立舞踊センター資料室に所蔵されている筆者の博士論文を参照されたい。

舞踏関連資料

文献

書籍と雑誌

De Bruycker, Daniel, « Le buto et ses fantômes », *Alternatives théâtrales*, n° 22-23, 1985.

« Butô », *Scènes : revue de l'Espace Kiron*, n° 1, mars 1985.

The Drama Review, vol. 30, t. 110, n° 2, été 1986.

Collini Sartor, Gustavo, *Kazuo Ohno : El ultimo Emperador de la danza*, Buenos Aires : Vinciguerra, 1995.

『にくたえも（Revue *Nikutaemo*, « Butoh, Dance Bilingual Journal »)』第2号，ユリストシステム，1996年7月（夏）

大野一雄『大野一雄　稽古の言葉』フィルムアート社，1997年；大野慶人＋大野一雄舞踏研究所編『大野一雄　魂の糧』フィルムアート社，1999年〔Ôno, Kazuo, Ôno, Yoshito, *Kazuo Ohno's World from Without and Within*, trad. John Barrett, Middletown, Conn. : Wesleyan University Press, 2004〕

Haerdter, Michael, Kawai, Sumie (dir.), *Die Rebellion des Körpers. Ein Tanz aus Japan: Butoh*, Berlin : Alexander Verlag, 1998 [1986].

Fraleigh, Sondra Horton, *Dancing into Darkness: Butoh, Zen and Japan*, Pittsburgh : University of Pittsburgh Press, 1999.

Amagatsu, Ushio, *Dialogue avec la gravité*, trad. Patrick De Vos, Arles : Actes Sud, 2000.〔天児牛大『重力との対話——記憶の海辺から山海塾の舞踏へ』岩波書店，2015年。〕

The Drama Review, t. 165, printemps 2000.

D'orazi, Maria Pia, *Kazuo Ôno*, Palermo : L'Epos, 2001.

Aslan, Odette (dir.), *Butô(s)*, Paris : CNRS, 2002.

Iwana, Masaki, *The Intensity of Nothingness: The Dance and Thoughts of Masaki Iwana*, éd. bilingue anglais-japonais, Réveillon : Maison du butô blanc, 2002.

Nichols-Schweiger, *Herbert, Butoh: Klärende Rebellion*, Wien : Bohlau, 2003.

Lussac, Olivier, *Happening et fluxus : polyexpressivité et pratique concrète des arts*, Paris : L'Harmattan, coll. « Arts et sciences de l'art », 2004.

川崎市岡本太郎美術館・慶應義塾大学アート・センター編『土方巽の舞踏——肉体のシュルレアリスム身体のオントロジー』慶應義塾大学出版会，2004年

Fraleigh, Sondra Horton, Nakamura, Tamah, *Hijikata Tatsumi and Ohno Kazuo*, New York : Routledge, 2006.

Barber, Stephen, *Hijikata : Revolt of the Body*, U.K. : Creation Books, 2007.

Centonze, Katja, *Avant-gardes in Japan: Anniversary of Futurism and Butô : Performing Arts and Cultural Practices between Contemporariness and Tradition*, Venise : Cafoscarina, 2010.

Fraleigh, Sondra Horton, *Butoh: Metamorphic Dance and Global Alchemy*, Urbane, Chicago, Springfield : University of

Illinois Press, 2010.

Doganis, Basile, *La Philosophie à l'épreuve des arts gestuels japonais (danse, théâtre, arts martiaux)*, Paris : Les Belles Lettres, coll. « Japon », 2012.

Baird, Bruce, *Hijikata Tatsumi and Butoh: Dancing in a Pool of Gray Grits*, New York : Palgrave Macmillan, 2012.

Amagatsu, Ushio, Iwaki, Kyoko, Dumais-Lvowski, Christian, *Ushio Amagatsu : des rivages d'enfance au butô de Sankai Juku*, trad. Anne Regaud-Wildenstein, Arles : Actes Sud, 2013.

Quignard, Pascal, *L'Origine de la danse*, Paris : Galilée, 2013.

論文

Dobbels, Daniel, « Kazuo Ohno : hommage à la Argentina », *Empreintes*, n° 5, mars 1983, p. 32-36.

Raison, Bertrand, « Jeux de pistes », *Autrement*, « Fous de danse », n° 51, juin 1983, p. 213-230.

Banu, Georges, « Le Buto ou l'envers du Japon », *Traverses*, « Japon fiction », revue du centre de création industrielle, Centre Georges Pompidou, n° 38-39, novembre 1986, p. 114-119.

Banu, Georges, « Le butô ou la subversion », *L'acteur qui ne revient pas*, Paris : Gallimard, 1993 [1986], p. 192-196.

Slater, Lizzie, « Kazuo Ohno and Butoh Dance », *Dance Theatre Journal*, vol. 4, n° 4, hiver 1986, p. 6-10.

Richie, Donald, « Tatsumi Hijikata », in *Different People, Pictures of some Japanese*, Tokyo, New York : Kodansha International, 1987, p. 98-101.

Dobbels, Daniel, « Ses jambes sont grises d'après le fi lm de Joséphine Guattari sur Min Tanaka », in *La Danse : naissance d'un mouvement de pensée. Biennale nationale du Val-de-Marne*, Paris : Armand Colin, 1989, p. 140-141.

Schaik, Eva Van, « Das Misstrauen dem Leben gegenüber. Beziehungen im Tanz: Verbindungen zwischen Butoh, Ausdruckstanz und Tanztheater im zeitgenössischen experimentellen Tanz », *Ballet International*, mai 1990, p. 11-14.

Hamera, Judith, « Silence that Reflects: Butoh, Ma, and a Crosscultural Gaze », *Text and Performance Quarterly*, n° 10, 1990, p. 53-60.

Viala, Jean, « Le buto », *in* Jean-François Sabouret (dir.), *Invitation à la culture japonaise*, Paris : La Découverte, 1991, p. 93-94.

Munroe, Alexandra, « Revolt of the Flesh: Ankoku Butoh and Obsessional Art », in *Japanese Art after 1945: Scream against the Sky*, New York : H. N. Abrams Yokohama Museum of Art, 1994, p. 189-201.

Viatte, Germain, « Mavo, Gutai, Buto : au-delà de Dada », *in* Jean de Loisy, *Hors limites : l'art et la vie, 1952-1994* (catalogue d'exposition, musée national d'Art moderne, Paris), Paris : Centre Georges Pompidou, 1994.

Franko, Mark, « Ohno's *Water Lilies* », in *Dancing modernism/Performing Politics*, Indianapolis: Indiana University Press, 1995, p. 100-107.

Pavis, Patrice, « Au-delà de l'identification/distance : l'exemple du butô », in *L'Analyse des spectacles*, Paris : Nathan, 1996, p. 214-219.

Strazzacappa, Marcia, « Un regard sur les notations d'Hijikata », *Notes Funambule*, n° 5, mars 1997, p. 43-45.

Wavelet, Christophe, « Kazuo Ohno ou les ressources de l'épuisement », *Vacarme*, n° 1, hiver 1997, p. 52-53.

Greiner, Christine, « Memes and the Creation of New Patterns of Movement in Dance », *Principia Cybernetic Web*, 1998, http://cleamc11.vub.ac.be/Conf/Meme-Pap/Greiner.html

Pavis, Patrice, « Du butô considéré comme du grand-guignol qui a mal tourné », *Europe*, n° 835-836, novembre-décembre 1998, p. 200-219.

Kurihara, Nanako, « Hijikata Tatsumi: the Words of Butoh », *The Drama Review*, New York, vol. 44, t. 165, n° 1, été 2000, p. 12-82.

Aslan, Odette, « Voir ou ne pas voir, ou les avatars de la frontalité : danseurs de butô/artistes occidentaux », *Théâtre/Public*, n° 162, novembre-décembre 2001, p. 4-26.

Bernard, Michel, « Quelques réflexions sur le butô », in *De la création chorégraphique*, Paris : Centre national de la danse, 2001, p. 247-261.

De Vos, Patrick, « Le temps et le corps : dedans/dehors. Sur la pensée du buto chez Hijikata Tatsumi », *in* Jacques Neefs (dir.), *Le Temps des œuvres : mémoire et préfiguration*, Saint-Denis : PUV, 2001, p. 101-115.

Stein, Bonnie Sue, « Butoh: "Twenty Years ago we Were Crazy, Dirty and Mad" », *in* Ann Dils, Ann Cooper Albright (dir.), *Moving history/Dancing Cultures: A Dance History Reader*, Middletown, CT : Wesleyan University Press, 2001, p. 376-383.

Aslan, Odette, « En écho au butô », *Théâtre/Public*, n° 164, mars-avril 2002, p. 37-48.

Greiner, Christine, « Ono Kazuo : le corps où les mots ne s'inscrivent pas », *in* Claire Rousier (dir.), *La Danse en solo*, Pantin : Centre national de la danse, 2002, p. 95-104.

Kuniyoshi, Kazuko, « Le kabuki du Tohoku et l'empereur », *in* Claire Rousier (dir.), *Être ensemble : figures de la communauté en danse au XXe siècle*, Pantin : Centre national de la danse, 2003, p. 275-284.

« Hiroshima et le mouvement butô », in *Danse et politique : démarche artistique et contexte historique*. Synthèse du séminaire organisé par le Centre national de la danse et le Mas de la danse les 8-12 décembre 2001, Pantin : Centre national de la danse, 2003, p. 26-29.

De Vos, Patrick, « Danser après la bombe », *Europe*, juin-juillet 2006, p. 141-154.

—, « Hijikata Tatsumi et les mots de la danse », *Japon Pluriel 6*, Arles : Philippe Picquier, 2006, p. 87-99.

Crump, Juliette T., « "One who hears their Cries": The Buddhist Ethic of Compassion in Japanese Butoh », *Dance Research Journal*, vol. 38, n° 1-2, été-hiver 2006, p. 61-73.

Greiner, Christine, « Researching Dance in the Wild », *The Drama Review*, vol. 51, n° 3, automne 2007, p. 140-155.

Iwahara, Cécile, « L'implication des réseaux de production dans le processus de recréation du butô : l'exemple d'une compagnie féminine à Kyotô, Japon », actes du 3e congrès Réseau Asie, 2007, www.reseau-asie.com

—, « Les destins renouvelés d'un principe du mouvement, du shintaidô à la création chorégraphique butô », *Japon Pluriel 7*, Arles : Philippe Picquier, 2008, p. 37-46.

Rajak, Jelena, « Les états du corps du butô à l'aune de la phénoménologie », *Funambule*, n° 8, octobre 2008, p. 48-60.

Centonze, Katja, « Resistance to the Society of the Spectacle: the "nikutai" in Murobushi Kô », *Danza e Ricerca*, Laboratorio di studio, scritture, visioni, DAMS, octobre 2009, p. 163-186.

Pagès, Sylviane, « Ôno Kazuo, "le plus vieux danseur du monde". Légende d'une verticalité épuisée », *Repères, cahier de danse*, n° 24, novembre 2009, p. 12-14.

Waychoff, Brianne, « Butoh, bodies, and being », *Kaleidoscope: A Graduate Journal of Qualitative Communication Research*, vol. 8, 2009. http://opensiuc.lib.siu.edu/kaleidoscope/vol8/iss1/4

Franko, Mark, « The Dancing Gaze across Cultures: Kazuo Ohno's *Admiring La Argentina* », *Dance Chronicle*, vol. 34, n° 1, 2011, p. 106-131.

Calamoneri, Tanya, « Hijikata Tatsumi's Doubly Fantastic Life », *Dance Chronicle*, vol. 34, n° 3, 2011, p. 485-501.

Lamarque, Anne-Laure, « Le dansé, étude critique sur les notions de danse, corps et spiritualité », *La Page blanche : revue de poésie et littérature*, n° 43, 2010.

Lamarque, Anne-Laure, « Butô(s) entre France et Japon », *La Page blanche : revue de poésie et littérature*, n° 44, 2011.

Pagès, Sylviane, « Au risque de l'intime : le butô, une poétique de l'infime », *Repères, cahier de danse*, n° 29, avril 2012, p. 24-27.

Birringer, Johannes, « The Un-Seeing Eyes of the Foot: Im memoriam Kazuo Ohno », *Performance Research: A Journal of the Performing Arts*, vol. 17, n° 2, 2012, p. 132-138.

学位論文

Kurihara, Nanako, *The Most Remote Thing in the Universe: Critical Analysis of Hijikata Tatsumi's Butoh Dance*, New York University, 1996. 博士論文

Flammin, Claudia, « Un lieu, une danse : Min Tanaka et la météorologie du corps », université Paris-8, 1996. 修士論文（舞踊学）

Tenenbaum, Yvonne, « Vision du monde et corporéité : la danse et le corps dansant », université Paris-I, 1996. 博士論文（芸術学）

Boyer, Laetitia, « Danse et sexualité : le cas du butô », université Paris X-Nanterre, 1998. 修士論文（民族学）

Pagès, Sylviane, « La réception du butô en France », université Paris-8, 2002. 修士論文（舞踊学）

Rajak, Jelena, « La potentialité performative du butô », université Paris-8, 2002. 修士論文（舞台芸術学）

Polzer, Elena, « Hijikata Tatsumi's: From Being Jealous of a Dog's Vein », Berlin : Humboldt-Universität, 2004. 修士論文

Raymond, Cécile, « La question de la transmission à travers les stages butô de Masaki Iwana », université Paris-8, 2005. 修士論文（舞踊学）

Salvatierra, Violeta, « Autour d'une création inspirée de quelques solos de Ko Murobushi et de Carlotta Ikeda », université Paris-8, 2005. 修士論文（舞踊学）

Watanabe, Maki, « Poésie du corps », université Paris-8, 2005. 修士論文（演劇学）

Salvatierra, Violeta, « La performance dansée et l'intervention dans le monde social : du devenir collectif d'autres publics de danse. À propos d'une performance dansée de Min Tanaka à la clinique de La Borde et de *Chandelier* de Steven Cohen au Newtown Squatter Camp, Johannesburg », université Paris-8, 2008. 修士論文（舞踊学）

Pagès, Sylviane, « La réception des butô(s) en France : représentations, malentendus et désirs », sous la dir. d'Isabelle Launay et Jean-Marie Pradier, université Paris-8, 2009. 博士論文（舞踊学）

Murata, Yukiko, « Signes, symboles et représentations des corps féminins dans le *Yameru Maihime* de Hijikata Tatsumi », université Paris-8, 2009. 修士論文（舞踊学）

Lawrie, Lorna, « Bacon/butô : à propos des corps défigurés », université Paris-8, 2010. 修士論文（舞踊学）

Hervault, Clémentine, « L'existence actuelle de la danse butô sur le territoire français : pluralité des formes, assimilation et médiation artistique », université Paris-3, 2010. 修士前論文（文化プロジェクト学）

Costanza, Loredana, « Une lecture de *Yameru maihime* de Hijikata Tatsumi : à la recherche d'un langage physique », université de Genève, 2011. 修士論文（日本学）

Iwahara, Cécile, « Le corps, laboratoire de soi et du monde : anthropologie d'un réseau de danseurs de butô à Kyoto », sous la dir. de Laurence Caillet, université Paris X-Nanterre, 2011. 博士論文（人類学）

Éven, Marion, « Marcher dans le paysage avec Christine Quoiraud : une expérience dansée sensorielle et politique », université Paris-8, 2012. 修士論文（舞踊学）

Lamarque, Anne-Laure, « Le dansé et l'art comme véhicule : butô(s) entre France et Japon », sous la dir. de Jean-Marie Pradier, université Paris-8, 2012. 博士論文（演劇学）

写真集，展覧会カタログ

Paszkowska, Alexandra, *Butô-Tanz: U. Amagatsu und die Sankai Juku Gruppe*, München : Schirmer/Mosel, 1983.

Hoffman, Ethan, *Butoh: Dance of the Dark Soul*, New York : Aperture Foundation, 1987.

Viala, Jean, Masson-Sékiné, Nourit, *Butoh: Shades of Darkness*, Tokyo : Shufunotomo, 1988.
Chambon, Jean-Pierre, *Le corps est le vêtement de l'âme : photographies de K. Ono par Tristan Valès*, Seyssel : Comp'act, 1990.
Tahara, Keiichi, Guattari, Félix, *Keiichi Tahara : photographies de Min Tanaka*, Paris : Paris Audiovisuel, 1991.
種村季弘，鶴岡善久，元藤燁子編『土方巽舞踏大鑑　かさぶたとキャラメル（*Hijikata Tatsumi: Three Decades of Butoh Experiment*）』悠思社，1993年
Amagatsu, Ushio, Delahaye, Guy, *Sankai Juku*, Arles : Actes Sud, 1994 (rééd. 2003).
Butor, Michel, *Uchi-soto*, Frasne ; Saint-Imier : Canevas, 1995.
Inada, Takushi, *Butoh: Dancers in Shades of Darkness (photographs)*, Yunta, 1998.
鷲見洋一，前田富士男，森下隆，柳井康弘『バラ色ダンスのイコノロジー――土方巽を再構築する』慶應義塾大学アート・センター，2000年
Sadoun, Jacques, *Images de butô*, Paris : Espace culturel Bertin Poirée, 2002.
Quoiraud, Christine, Fulton, Hamish, *Walk Dance Art C°*, Trézélan : Filigranes Éditions, 2003.
Su-En, Sandberg, Maja, Kennedy, *Gilles, Butoh: Body and the World*, Upplands Väsby : Rye Förlag, 2003.
Lot, Laurencine, *Carlotta Ikeda : la danse buto et au-delà*, préface Jean-Marc Adolphe, Lausanne, Paris : Favre, 2005.
Mizohata, Toshio, Perchiazzi, Maria, *Cent'anni di danza : A Hundred Years of Dance. Kazuo Ohno icona del Buton. Posters e flyers 1949-2007*, Rimini : Guaraldi, 2007.

プレス記事

閲覧した1977年以降の主な新聞・雑誌名
専門誌――*Art Press, L'Avant-Scène Ballet, Danser, Empreintes, Mouvement, Pour la danse, Les Saisons de la danse, Télérama.*
日刊紙――*La Croix, Le Figaro, France Soir, L'Humanité, Libération, Le Matin de Paris, Le Monde, Le Parisien, Le Progrès, Le Quotidien de Paris.*

視聴覚資料

慶應義塾大学アート・センター土方巽アーカイヴ

ドナルド・リチー監督『犠牲（*Gisei (Sacrifice)*）』（1959年）
細江英公監督『へそと原爆（*Navel and A-Bomb*）』（1960年）
飯村隆彦監督『あんま（*Anma*）』（1963年）
―『バラ色ダンス（*Rose Coloured Dance*）』（1965年）
中村宏監督『肉体の叛乱（*Rebellion of the Body*）』（1968年）
石井輝男監督『恐怖奇形人間（*Horrors of Malformed Men*）』（1969年）
大内田圭弥『疱瘡譚』『*Story of Smallpox*』（1972年）
『正面の衣裳（*Costume en Face*）』（1976年）
『ひとがた（*Human Shape*）』（1976年）
大内田圭弥監督『風の景色（*Scenery of Wind*）』（1976年）
『鯨線上の奥方（*Lady on a Whale String*）』（1976年）

映画，映像資料，ドキュメンタリー

Ribadeau, François-Marie, *Le Butoh japonais ou la Danse des ténèbres*, Antenne/Thilda Productions/ministère de la

Culture, 1982.
Diserens, Jean-Claude, *Kazuo Ohno*, Genève : RTSR, 1982.
Kendall, Anna-Célia, *Carlotta Ikeda, danseuse de butô, danseuse de toute la peau*, Paris : INA, Thalie Productions, 1984.
『東北歌舞伎計画　四』（1985 年）
Blackwood, Michael, *Butoh: Body on the Edge of Crisis* [s. l.] : M. Blackwood, BBC TV, Westdeutscher Rundfunk, 1990.
Farges, Joël, *Des œufs debout par curiosité*, Paris : Centre audiovisuel de Paris, Duran, Arcanal, Images de la culture, 1986.
Pain, François, Guattari, Joséphine, *Min Tanaka, danseur de butô*, INA/CPA, 1987.
Sandrin, Éric, Hilaire, Patricia, *Tanaka et Maijuku*, UMT, Kinecolor, 1989.
Sandrin, Éric, *Le Sacre du printemps*, Froger Production, 1990.
Schoonejans, Sonia, *L'Histoire de la danse*, n° 5 : « L'explosion de la danse contemporaine », coll. « Un siècle de danse », Production La Sept, Pathé Télévision, Duran, Gédéon, 1992.
Labarthe, André S., *U. Amagatsu : éléments de doctrine*, Paris : Arts production, Arcanal, Centre G. Pompidou, ministère de la Culture, 1993.
Musale, Kamal, *Aï-amour : Carlotta Ikeda and her Butoh*, Paris : Les Films du Lotus, 1994.
Ôno, Yoshito, *Hommage à la Argentina*, The Kazuo Ohno Dance Studio Canta Co, 1994.
Rosenberg, Douglas, *Eiko and Koma/Land* [s. l.] : ADF Video, 1995.
Heazlewood, Cheryl., *Butoh and beyond* [s. l.] : Hush, Physical Theatre, 1998.
和栗由紀夫『舞踏花伝』（好善社，ジャストシステム，1998 年）
Lannoy, Didier, Grémion, Jean, *Le Festival mondial du théâtre de Nancy*, Paris, La Sept/Arte, Cie des Phares et Balises, Ina Entreprises, 1999.
Tetart, Fred, Murobushi, Kô, *2 improvisations* (Montpellier danse, 2000), 2002.
荒井美三雄『夏の嵐』（ダゲレオ出版，2003 年）
Chéhère, Philippe, *La Danse des grues*, Association Kachashi, 2004.
Sempel, Peter, *Kazuo Ohno : danser dans la lumière*, Arte, 2004.
Ledebur, Maya von, *Masaki Iwana et Yukiko Nakamura : butô en solo*, Paris : JB Drevet, 3-ca, April production, 2005.
—, *Yumiko Yoshioka danse « Avant l'aube » : butô en solo*, Paris : JB Drevet, 3-ca, April production, 2005.

テレビ番組――フランス国立視聴覚研究所（INA）アーカイヴ所蔵

「La danseuse japonaise」，ニュース番組内，TF1，1978 年 10 月 19 日，3 分 15 秒，インターネット公開（http://www.ina.fr/archivespourtous/index.php?vue=notice&id_notice=CAA7801575201）
「Sankai Juku au Forum des Halles」，FR3，1980 年 5 月 22 日
「Sankai Juku au Carré Silvia Montfort, salle des fêtes」，ニュース番組内，Antenne 2，1980 年 6 月 16 日
フランソワ＝マリー・リバドー「Le butoh japonais ou la danse des ténèbres」，50 分，アラン・プラニュとフランソワ＝マリー・リバドーの番組「*Repères sur la Modern dance 2*」内で放送，Antenne 2・Thilda Productions・フランス文化省，1982 年
アンナ＝セリア・カンダル「*Carlotta Ikeda : danseuse de butô, danseuse de toute la peau*」，パリ，INA・Thalie Productions，31 分，1984 年 7 月 18 日に FR3 で放送
「Spectacle japonais」，ニュース番組内，Antenne 2，1986 年 4 月 5 日
「La danse butô」，ニュース番組内，TF1，1986 年 4 月 6 日
「Danse japonaise」，番組「Soir 3」内，FR3，1988 年 7 月 28 日
「Danse japonaise」，ニュース番組内，TF1，1988 年 10 月 10 日

「Danse Japonaise」，ニュース番組内，TF1，1991 年 5 月 11 日
「Danseur japonais」，ニュース番組内，TF1，1994 年 7 月 26 日
「Sankai Juku」，ニュース番組内，Antenne 2，1995 年 12 月 16 日
「Sankai Juku danse japonaise」，ニュース番組内，FR3，1995 年 12 月 22 日
「Festival de Marseille : chorégraphie de Carlotta Ikeda, le buto」，番組「Soir 3」内，FR3，2002 年 7 月 18 日
「*Graines de cumquat*, extrait」，番組「*Danse*」内，Arte，2004 年 9 月 12 日
ペーター・センペル「*Kazuo Ohno : danser dans la lumière*」（Arte，60 分，2004 年），2004 年 11 月 20 日；再放送 2009 年 3 月 22 日

ラジオ番組——フランス国立視聴覚研究所（INA）アーカイヴ所蔵所蔵

「Les Japonais de Paris」，番組「*Nuits magnétiques*」内，Radio France，1980 年 7 月 8 日
「Quand le sang commence à danser. Le buto : Kazuo Ohno, Min Tanaka」，番組「*Atelier de création radiophonique*」内，フランス文化放送，1992 年 2 月 16 日
「Spécial Japon」，番組「*Le Temps de la danse*」内，フランス文化放送，1992 年 5 月 30 日
「Le néo-butô」，番組「*Studio danse*」内，フランス文化放送，2001 年 4 月 7 日
「Sexualité, nudité, performance du butô」，番組「*Studio danse*」内，フランス文化放送，2002 年 5 月 4 日

アーカイヴ／コレクション資料

フランス国立図書館　舞台芸術部門——「シルヴィア・モンフォール・コレクション」（資料番号：4 COL 66/126 ; 4° COL 66/163 ; 4° COL 66/198），「パリ秋季フェスティヴァル」（資料番号：WNG 05 1978），「キロン・スペース」（資料番号：WNA 75 Kiron Espace），「ナンシー国際演劇祭」（資料番号：WNG 124）
パリ秋季フェスティヴァル——1978 年度に関するアーカイヴ資料
世界文化会館　世界の舞台芸術に関する資料収集センター（現・フランス無形文化遺産センター）**「イブン・バットゥータ・データベース」**——1983 ～ 84 年の公演に関する説明書き（資料番号：JP.5-528 ; JP.5-545 ; ASI1984-1512 ; JP84）
パリ日本文化会館——プレス資料
国立舞踊センター資料室——アーティストおよびカンパニーに関する資料，公演場所に関する資料，「ジャン＝マリー・グーロー・コレクション」，「クリスティーヌ・クワロ・コレクション」，「カトリーヌ・ディヴェレス・コレクション」，「シドニ・ロション・コレクション」，「エクス舞踊フェスティヴァル・コレクション」，「パトリック・ボサッティ・コレクション」，「マリオン＝バランティーヌ・コレクション」
マンダパ・センターのプログラム担当者エリアーヌ・ベランジェの個人アーカイヴ
筆者の個人所蔵資料——2000 ～ 2008 年に行われた舞踏公演および舞踏研修会のパンフレットや宣伝資料

一般参考文献

舞踊学

国際的な舞踊の往来，他性に関するもの

Adewole, Funmi, « La danse africaine en tant qu'art du spectacle », *in* Claire Rousier (dir.), *Être ensemble : figures de la communauté en danse au XXe siècle*, Pantin : Centre national de la danse, 2003, p. 297-312.

Burt, Ramsay, *Alien Bodies: Representations of Modernity, « Race » and Gender in Early Modern Dance*, New York : Routledge, 1998.

Chalaye, Sylvie, *Du Noir au Nègre : l'image du Noir au théâtre 1550-1960*, Paris : L'Harmattan, 1998.

Décoret, Anne, « Écrire la danse au jour le jour : enjeux et problématiques de la presse et de la critique de danse », *in* Alain Montandon (dir.), *Écrire la danse*, Clermont-Ferrand : Presses universitaires Blaise Pascal, 1999, p. 167-182.

Décoret-Ahiha, Anne, *Les Danses exotiques en France, 1900-1940*, Pantin : Centre national de la danse, 2004.

Décoret-Ahiha, Anne, « L'exotique, l'ethnique et l'authentique : regards et discours sur les danses d'ailleurs », *Civilisations*, vol. 53, 2005.

Huesca, Roland, *Triomphes et scandales : la Belle Époque des Ballets russes*, Paris : Hermann, coll. « Savoirs sur l'art », 2001.

Jacotot, Sophie, *Danser à Paris dans l'entre-deux-guerres : 1919-1939*, Paris : Nouveau Monde, 2013.

Lassibille, Mahalia, « "La danse africaine", une catégorie à déconstruire : une étude des danses des WoDaaBe du Niger », *Cahiers d'études africaines*, n° 175, 2004, p. 681-690.

—, « Les danses woDaaBe entre spectacles touristiques et scènes internationales : les coulisses d'une migration chorégraphique », *Autrepart*, n° 40, avril 2006, p. 113-130.

Mensah, Ayoko, « Corps noirs, regards blancs : retour sur la danse africaine contemporaine », *Africultures*, « Métissages : un alibi culturel ? », n° 62, janvier-mars 2005, www.africultures. com. Publié le 25 mars 2005.

Mortier, Daniel, *Celui qui dit oui, celui qui dit non ou la réception de Brecht en France*, Paris, Genève : Champion, Slatkine, 1986.

Pradier, Jean-Marie, *La Scène et la fabrique des corps : ethnoscénologie du spectacle vivant en Occident*, Talence : Presses universitaires de Bordeaux, coll. « Corps de l'esprit », 1997.

—, « Identités transverses », *Théâtre/Public*, n° 147, mai-juin 1999, p. 66-70.

—, « Performers et sociétés contemporaines : l'embrasement », *Théâtre/Public*, n° 157, janvier-février 2001, p. 47-62.

フランスにおける舞踊の歴史

Aslan, Odette, « Un nouveau corps sur la scène occidentale », in *Le Corps en jeu*, Paris : CNRS, 1993, p. 307-314.

Aubry, Chantal, *Yano : un artiste japonais à Paris*, Pantin : Centre national de la danse, 2008.

Béranger, Éliane, « Influents, méconnus, bourgeons nonéclos : un panorama sur la danse contemporaine France 1970-1985 », université Paris-8, 1997. 修士論文（舞踊学）

Brunel, Lise, *Nouvelle danse française*, Paris : Albin Michel, 1980.

Buirge, Susan, *Une vie dans l'espace de la danse*, L'Isle-sur-la-Sorgue : Le bois d'Orion, 2012.

Cottias, Jacques, « La venue de la *modern dance* américaine en France. 1960-70 », *La Recherche en danse*, n° 3, 1984, p. 55-69.

Dardy-Cretin, Michèle, *Michel Guy : secrétaire d'État à la Culture, 1974-1976 : un innovateur méconnu*, Paris : Comité d'histoire du ministère de la Culture, Travaux et documents, n° 22, 2007.

Delanoë, Nelcya, *Le Raspail Vert, l'American Center à Paris, 1934-1994 : une histoire des avant-gardes franco-américaines*, Paris : Seghers, 1994.

Diverrès, Catherine, « Un jour avec Kazuo Ohno », *Mouvement,* n° 26, janvier 2004, p. 31-32.

—, « Sur quelques invariants dans le parcours d'une chorégraphe (notes) », *Quant à la danse*, octobre 2006, p. 7-12.

Dupuy, Françoise et Dominique, *Une danse à l' œuvre*, Pantin : Centre national de la danse, 2002.

Faure, Sylvia, *Corps, savoir et pouvoir : sociologie historique du champ chorégraphique*, Lyon : Presses universitaires de Lyon, 2001.

Filloux-Vigreux, Marianne, *La Danse et l'institution : genèse et premiers pas d'une politique de la danse en France 1970-1990*, Paris : L'Harmattan, 2001.

Germain-Thomas, Patrick, « Politique et marché de la danse contemporaine en France (1975-2009) », EHESS, 2009. 博士論文（社会学）

Ginot, Isabelle, « Histoire et illusion : de l'influence du théâtre dansé allemand sur la danse en France », in *Le Théâtre dansé de notre temps : trente ans de l'histoire de la danse allemande*, Hanovre : Kallmeyersche, 1997, p. 73-77.

Ginot, Isabelle, *Dominique Bagouet : un labyrinthe dansé*, Pantin : Centre national de la danse, 1999.

Gore, Georgiana, Louppe, Laurence, Piollet, Wilfride, « Effervescence and Tradition in French Dance », *in* Andrée Grau, Stephanie Jordan (dir.), *Europe Dancing: Perspectives on Theatre Dance and Cultural Identity*, Londres : Routledge, 2000, p. 28-54.

Grand, Amélie, Verrièle, Philippe (dir.), *Où va la danse ? L'aventure de la danse par ceux qui l'ont vécue*, actes des rencontres du 24 au 27 février 2003, Hivernales d'Avignon, Paris : Seuil, Archimbaud, 2005.

Guerrier, Claudine, *Presse écrite et danse contemporaine*, Paris : Chiron, 1997.

Guigou, Muriel, *La Nouvelle Danse française*, Paris : L'Harmattan, 2004.

Larisse, Florence, « "Art Press" et l'avant-garde en danse », *La Recherche en danse*, n° 3, 1984, p. 75-80.

Mayen, Gérard, *Un pas de deux France-Amérique : 30 années d'invention du danseur contemporain au CNDC d'Angers*, Montpellier : L'Entretemps, 2012.

Pagès, Sylviane, « Le moment Cunningham. L'émergence d'une référence incontournable de la danse en France », *Repères, cahier de danse*, n° 23, avril 2009, p. 3-6.

Psomataki, Marianthi, « L'héritage de Mary Wigman en France : Karin Waehner et Jacqueline Robinson », université Paris-8, 1996. 修士論文（舞踊学）

Robinson, Jacqueline, *L'Aventure de la danse moderne en France : 1920-1970*, Paris : Bougé, 1990.

Roche, Marie, « La Ménagerie de verre », université Paris-8, 1997. 修士論文（舞踊学）

舞踊史，舞踊美学

Bernard, Michel, *De la création chorégraphique*, Pantin : Centre national de la danse, 2001.

—, « Généalogie et pouvoir d'un discours : de l'usage des catégories moderne, postmoderne, contemporain à propos de la danse », *Rue Descartes*, n° 44, juin 2004, p. 21-29.

Carter, Alexandra (dir.), *Rethinking Dance History: A Reader*, Londres, New York, NY : Routledge, 2004.

Casini Ropa, Eugenia, « Expression et expressionnisme dans la danse allemande », in *Pina Bausch : parlez-moi d'amour. Un colloque*, Paris : L'Arche, 1995, p. 25-32.

Fontaine, Geisha, *Les Danses du temps*, Pantin : Centre national de la danse, 2004.

Franko, Mark, *The Work of Dance: Labor, Movement and Identity in the 1930s*, Middletown, CT : Wesleyan University Press, 2002.

Ginot, Isabelle, Roquet, Christine, « Une structure opaque : les Accumulations de Trisha Brown », *in* Claire Rousier (dir.), *Être ensemble : figures de la communauté en danse depuis le XXe siècle*, Pantin : Centre national de la danse, 2003, p. 253-273.

Ginot, Isabelle, « La critique en danse contemporaine : théories et pratiques, pertinences et délires », université Paris-8, 2006. 教授資格論文（舞踊学）

Godard, Hubert, « Le geste inouï », *Dansons magazine*, n° 11, 1993, p. 48-49.

—, « C'est le mouvement qui donne corps au geste », *Marsyas*, n° 30, juin 1994, p. 72-76.

—, « Le geste et sa perception », *in* Isabelle Ginot, Marcelle Michel, *La Danse au XXe siècle*, Paris : Larousse, 2002 [1995], p. 236-241.

Guisgand, Philippe, « Pollock ou les états de corps du peintre », *Revue DEMéter*, juin 2004. http://demeter.revue.univ-lille3.fr/corps/guisgand.pdf

—, « Un regard sur la critique ou les promesses de la description », *Repères : cahier de danse*, n° 15, mars 2005, p. 10-13.

Guy, Jean-Michel, *Les Publics de la danse*, Paris : La Documentation française, 1991.

Launay, Isabelle, « Danseurs voyageurs : l'art des liaisons chorégraphiques », *Mouvement*, n° 9, janvier-mars 1995, p. 12-13.

—, *À la recherche d'une danse moderne : Rudolf Laban, Mary Wigman*, Paris : Chiron, 1997.

—, « Portrait d'une danseuse en sorcière : Hexentanz de Mary Wigman », *Théâtre/Public*, n° 154-155, octobre 2000, p. 85-90.

— (dir.), *Les Carnets Bagouet : la passe d'une œuvre*, Besançon : Les Solitaires intempestifs, 2007.

—, « Les danses d'après », université Paris-8, 2007. 教授資格論文（舞踊学）

—, Pagès, Sylviane (dir.), *Mémoires et histoire en danse*, Paris : L'Harmattan, coll. « Mobiles », 2010.

Lavocat, Françoise, Lecercle, François (dir.), *Dramaturgies de l'ombre*, Rennes : Presses universitaires de Rennes, 2005.

Lefevre, Betty, « L'expérience de la réception du spectacle en danse contemporaine », *in* Sylvia Girel (dir.), *Sociologie des arts et de la culture : un état de la recherche*, Paris : L'Harmattan, 2006, p. 279-294.

Louppe, Laurence, « États de corps perdus : le voyage historique », *iO : revue internationale de psychanalyse*, « États de corps », n° 54, 1994, p. 57-62.

—, *Poétique de la danse contemporaine*, Bruxelles : Contredanse, 2000 [1997].

—, « Qu'est-ce qui est politique en danse ? », *Nouvelles de danse*, n° 30, hiver 1997, p. 36-41.

—, « Brownian Motion and France », *in* Hendel Teicher, *Trisha Brown: Dance and Art in Dialogue 1961-2001*, Cambridge : MIT Press, 2002, p. 65-69.

—, *Poétique de la danse contemporaine : la suite*, Bruxelles : Contredanse, 2007.

Martin, John, *La Danse moderne* [1933], trad. Jacqueline Robinson, Sonia Schoonejans, Arles : Actes Sud, 1991.

Perrin, Julie, *Figures de l'attention : cinq essais sur la spatialité en danse*, Dijon : Les Presses du réel, 2012.

—, *Projet de la matière : Odile Duboc, mémoire(s) d'une œuvre chorégraphique*, Pantin : Centre national de la danse, Presses du réel, 2007.

Pontbriand, Chantal (dir.), *Danse : langage propre et métissage culturel*, Montréal : Parachute, 2001.

Pouillaude, Frédéric, *Le Désœuvrement chorégraphique : étude sur la notion d'œuvre en danse*, Paris : Vrin, coll. « Essais d'art et de philosophie », 2009.

Roquet, Christine, « La scène amoureuse en danse : codes, modes et normes de l'intercorporéité dans le duo

chorégraphique », Paris-8-Saint-Denis, 2002. 博士論文（芸術学）

日本の芸術および歴史

日本の芸術

Caldwell, Helen, *Michio Ito : The Dancer and his Dances*, Berkeley, CA : University of California Press, 1977.

Gutai, catalogue d'exposition, galerie nationale du Jeu de Paume, Paris : RMN, 1999.

Ichikawa, Miyabi, *Japon des avant-gardes 1910-1970 : exposition réalisée par le Centre Georges Pompidou et la Fondation du Japon*, Paris : Centre Pompidou, 1986.

Kuniyoshi, Kazuko, « Kreutzbergs Japan Tournee », *in* Frank-Manuel Peter, *Der Tänzer Harald Kreutzberg*, Berlin : Hentrich, 1997, p. 159-169.

Lacombe, Robert, « Japon : le spectacle vivant entre collectivités locales et marché », *La Scène*, n° 48, mars 2008, p. 98-99.

Lucken, Michael, *L'Art du Japon au XXᵉ siècle*, Paris : Hermann, 2001.〔『20 世紀の日本美術——同化と差異の軌跡』南明日香訳，三好企画，2007 年〕

—, *Grenades et amertume : les peintres japonais à l'épreuve de la guerre 1935-1952*, Paris : Les Belles Lettres, coll. « Japon », 2005.

—, Bayard-Sakai, Anne, Lozerand, Emmanuel (dir.), *Le Japon après la guerre*, Arles : Philippe Picquier, 2007.

Ma, espace-temps du Japon : musée des Arts décoratifs, 11 oct.-11 déc. 1978, Paris : Festival d'Automne à Paris, 1978.

栃木県立美術館，木村理恵子編『ダンス！ 20 世紀初頭の美術と舞踊展〔*Dance in Japanese Modern Art*〕』スタンリー・N・アンダスン訳，栃木県立美術館，2003 年

日欧交流史

Le Japonisme, catalogue d'exposition, galerie nationale du Grand Palais, Paris : RMN, 1988.

Barthes, Roland, *L'Empire des signes*, Paris : Seuil, 2007 [Skira, 1970].〔『表徴の帝国』宗左近訳，筑摩書房，1996 年〕

Brahimi, Denise, *Un aller-retour pour Cipango : essai sur les paradoxes du japonisme*, Paris : N. Blandin, 1992.

Détrié, Muriel, *France-Asie : un siècle d'échanges littéraires*, Paris : You-feng, 2001.

Honoré, Jean-Paul (dir.), « Parler du Japon », *Mots : les langages du politique*, Paris : Presses de Sciences Po, n° 41, décembre 1994.

Jacotot, Sophie, « Sada Yacco à l'Exposition universelle de 1900 : l'entrée en scène du corps japonais en Occident », *48/14 : la revue du musée d'Orsay*, n° 20, printemps 2005, p. 18-25.

Lambourne, Lionel, *Japonisme : échanges culturels entre le Japon et l'Occident*, Paris : Phaidon, 2006.

Scholz-Cionca, Stanca, Leiter, Samuel L. (dir.), *Japanese Theatre and the International Stage*, Leiden, Boston, Köln : Brill, 2000.

Shionoya, Kei, *Cyrano et les samuraï : le théâtre japonais en France dans la première moitié du XXᵉ siècle*, Paris : Publications orientalistes de France, 1986.

Wilkinson, Endymion, *Le Japon face à l'Occident : images et réalités*, trad. Éric Philippart, Bruxelles : Complexe, 1992.

ヒロシマの歴史と記憶

Anders, Günther, *Hiroshima est partout*, Paris : Seuil, 2008.

Brossat, Alain, « Si loin, si près : Hiroshima et Auschwitz », *La Paix barbare : essais sur la politique contemporaine*, Paris : L'Harmattan, 2001.

—, *Le Sacre de la démocratie : tableau clinique d'une pandémie*, Paris : Anabet, 2007.

Courmont, Barthélémy, *Pourquoi Hiroshima ? La décision d'utiliser la bombe atomique*, Paris : L'Harmattan, 2007.

Faillès, Béatrice, *Hiroshima oublié*, Paris : Édition n° 1, 1995.

Hiroshima 50 ans, Autrement, série « Mémoires », septembre 1995.

Hogan, Michael J., *Hiroshima in History and Memory*, Cambridge, New York : Cambridge University Press, 1996.

Leutrat, Jean-Louis, *Hiroshima mon amour*, Paris : Armand Colin, 2005 (2e éd.).

Lucken, Michael, *1945 : Hiroshima, les images sources*, Paris : Hermann, 2008.

Morioka Todeschini, Maya (dir.), *Hiroshima 50 ans : Japon-Amérique, mémoires au nucléaire*, Paris : Autrement, 1995.

Nanta, Arnaud, « Histoire et mémoire dans le Japon d'après-guerre », *Études*, t. 403/4, octobre 2005, p. 297-307.

—, « La mémoire de la guerre et de la colonisation au Japon », *Regards sur l'actualité*, novembre 2006, p. 47-54.

Revue *Lignes*, Hazan, n° 26, octobre 1995.

Roullière, Claire, *La Mémoire de la Seconde Guerre mondiale au Japon*, Paris : L'Harmattan, 2004.

Veyrat-Masson, Isabelle, « La Seconde Guerre mondiale à la télévision française », actes du colloque *Les Échos de la mémoire*, Paris, juin-juillet 1990, ronéotypé.

—, *Quand la télévision explore le temps : l'histoire au petit écran*, Paris : Fayard, 2000.

Yoneyama, Lisa, *Hiroshima Traces: Time, Space, and the Dialectics of Memory*, Berkeley, CA : University of California Press, 1999.

人文および社会科学

芸術をめぐる社会学，哲学，美学

Artaud, Antonin, *Le Théâtre et son double*, Paris : Gallimard, 1971. 〔『演劇とその分身』安堂信也訳，白水社，1996 年〕

Bataille, Georges, *Œuvres complètes*, t. 1, Paris : Gallimard, 1970.

Bloess, Georges (dir.), *Destruction, création, rythme : l'expressionnisme, une esthétique du conflit*, actes du colloque, 9-10 mars 2007 à l'INHA organisé par l'EDESTA, Paris : L'Harmattan, coll. « Arts 8 », 2009.

Bois, Yve-Alain, Krauss, Rosalind, *L'Informe : mode d'emploi*, Paris : Centre Georges Pompidou, 1996. 〔『アンフォルム——無形なものの事典』加治屋健司，近藤學，高桑和巳訳，月曜社，2011 年〕

Bourdieu, Pierre, « Quelques propriétés des champs », in *Questions de sociologie*, Paris : Minuit, coll. « Libre examen », 1984, p. 113-120.

—, « Les conditions sociales de la circulation internationale des idées », *Actes de la recherche en sciences sociales*, n° 1, vol. 145, 2002, p. 3-8.

Cauquelin, Anne, *L'Art du lieu commun : du bon usage de la doxa*, Paris : Seuil, 1999.

Charpentier, Isabelle (dir.), *Comment sont reçues les œuvres : actualités des recherches en sociologie de la réception et des publics*, Paris : Creaphis, 2006.

Didi-Huberman, Georges, *L'Image survivante : histoire de l'art et temps des fantômes selon Aby Warburg*, Paris : Minuit, 2002.〔『残存するイメージ：アビ・ヴァールブルクによる美術史と幽霊たちの時間』竹内孝宏，水野千依訳，人文書院，2005 年〕

Foucault, Michel, *Les Mots et les choses : une archéologie des sciences humaines*, Paris : Gallimard, 1996 [1966]. 〔『言葉と

物——人文科学の考古学』渡辺一民，佐々木明訳，新潮社，1974（2009）年〕
—, *Dits et écrits*, t. 1, Paris : Gallimard, coll. « Quarto », 2001.〔『ミシェル・フーコー思考集成 I　狂気／精神分析／精神医学』蓮實重彥，渡辺守章監修，小林康夫，石田英敬，松浦寿輝編，1998 年〕
Jauss, Hans Robert, *Pour une esthétique de la réception*, trad. Claude Maillard, Paris : Gallimard, 2002 [1978].
Kris, Ernst, Kurz, Otto, *L'Image de l'artiste : légende, mythe et magie*, trad. Michèle Hechter, Marseille : Rivages, 1987.
Michaud, Éric, *Histoire de l'art : une discipline à ses frontières*, Paris : Hazan, 2004.
Palmier, Jean-Michel, *L'Expressionnisme et les arts*, t. 1 et 2. Paris : Payot, 1979.
Perret, Catherine, *Les Porteurs d'ombre : mimésis et modernité*, Paris : Belin, 2004.
Shapiro, Roberta, « L'émergence d'une critique artistique : la danse hip-hop », *Sociologie de l'art*, « La question de la critique », opus 3, L'Harmattan, 2004, p. 15-48.
Vaisse, Pierre, « Du rôle de la réception dans l'histoire de l'art », *Histoire de l'art*, octobre 1996, n° 35-36, p. 3-14.
Verdrager, Pierre, *Le Sens critique : la réception de Nathalie Sarraute par la presse*, Paris : L'Harmattan, 2001.
Waschek, Matthias, « Le chef-d'œuvre : un fait culturel », in *Qu'est-ce qu'un chef-d'œuvre ?*, Paris : Gallimard, 2000.

エグゾティスム，他性に関するもの

Amselle, Jean-Loup, *L'Occident décroché : enquête sur les postcolonialismes*, Paris : Stock, coll. « Un ordre d'idées », 2008.
Bancel, Nicolas, Blanchard, Pascal, Boëtsch, Gilles, et al. (dir.), *Zoos humains : au temps des exhibitions humaines*, Paris : La Découverte, 2004 [2002].
Boëtsch, Gilles, Chevé, Dominique (dir.), *Le Corps dans tous ses états*, Paris : CNRS Éditions, 2000.
Bourde, André, « Histoire de l'exotisme », *in* Jean Poirier, *Histoire des mœurs*, Paris : Gallimard, t. 3, 1991, p. 598-701.
Freud, Sigmund, « L'inquiétante étrangeté », in *L'Inquiétante étrangeté et autres essais*, trad. B. Feron, Paris : Gallimard, 1985 [1919], p. 209-264.〔『ドストエフスキーと父親殺し／不気味なもの』中山元訳，光文社，2011 年〕
Kristeva, Julia, *Étrangers à nous-mêmes*, Paris : Fayard, 1988.〔『外国人——我らの内なるもの』池田和子訳，法政大学出版局，2014 年〕
Moura, Jean-Marc, *La Littérature des lointains : histoire de l'exotisme européen au XXe siècle*, Paris : Honoré Champion, 1998.
Said, Edward W., *L'Orientalisme : l'Orient créé par l'Occident*, trad. C. Malamoud, Paris : Seuil, 1997 [1978].〔『オリエンタリズム』今沢紀子訳，平凡社，1986 年〕
Segalen, Victor, *Essai sur l'exotisme : une esthétique du divers*, notes, Montpellier : Fata Morgana, 1978.〔『「エグゾティスム」に関する試論；羈旅』木下誠訳，現代企画室，1995 年〕

文化史

Blanchard, Pascal, Veyrat-Masson, Isabelle (dir.), *Les Guerres de mémoires : la France et son histoire*, Paris : La Découverte, 2008.
Frank, Robert (dir.), *Pour l'histoire des relations internationales*, Paris : PUF, 2012.
Goetschel, Pascale, Loyer, Emmanuelle, *Histoire culturelle et intellectuelle de la France au XXe siècle*, Paris : Armand Colin, 2001 [1995].
Institut d'histoire du temps présent, *Écrire l'histoire du temps présent : en hommage à François Bédarida*, actes de la journée d'étude de l'IHTP, Paris : CNRS, 14 mai 1992, Paris : CNRS, 1993.
Martin, Laurent, Venayre, Sylvain (dir.), *L'Histoire culturelle du contemporain, actes du colloque de Cerisy*, Paris : Nouveau monde, 2005.

Nora, Pierre, « Mémoire collective », *in* Jacques Le Goff, Roger Chartier, Jacques Revel (dir.), *La Nouvelle Histoire*, Paris : Retz-Cepl, 1978, p. 398-401.

Ory, Pascal, *La Culture comme aventure : treize exercices d'histoire culturelle*, Paris : Complexe, 2008.

Rioux, Jean-Pierre, Sirinelli, Jean-François (dir.), *Pour une histoire culturelle*, Paris : Seuil, 1997.

—, *Histoire culturelle de la France. 4 : Le temps des masses*, Paris : Seuil, coll. « Point Histoire », 2005 [1998].

Sirinelli, Jean-François, *Les Vingt Décisives 1965-1985*, Paris : Fayard/Pluriel, 2012.

Stora, Benjamin, *Imaginaires de guerre : Algérie-Viêt Nam en France et aux États-Unis*, Paris : La Découverte, 1997.

謝辞

本書は、イザベル・ロネ教授とジャン＝マリー・プラディエ教授の指導のもとパリ第8大学で執筆した博士論文として、2009年に完成した研究に由来する。論文の審査員であった、パトリック・ドゥヴォス教授、ロラン・ユエスカ教授、ミカエル・リュケン教授には、論文に丁寧に目を通して、有益なご指摘をくださり、感謝申し上げる。また、指導教授のお二人、とりわけイザベル・ロネ氏には、その初めから熱意と寛大さをもってこの研究に同伴してくださり、心より御礼申し上げる。

パリ第8大学舞踊学科の同僚たち、舞踊学科の生徒たち、アンヌ・カズマジュー氏、フェデリカ・ファタニョリ氏、メラニー・パパン氏、ヴィオレタ・サルヴァティエラ氏、ギヨーム・サンテス氏、エミール・パジェス氏、ミシェル・スクリーヴ氏、そして、校閲やコメントによってこの研究を豊かなものにしてくれたロランス・パジェス氏に厚く御礼を申し上げる。

最後に、多大なる尽力をいただいた、国立舞踊センター編集部と資料室のメンバーのみなさま、ありがとうございました。

図版クレジット

著者

シルヴィアーヌ・パジェス（Sylviane Pagès）

パリ第 8 大学舞踊学科准教授。パリ政治学院卒業後、パリ第 8 大学舞踊学科で博士号を取得。国立舞踊センターのデータベース「Artists and Works」管理担当。舞踊研究者協会（aCD）発行の Web 学術雑誌「Recherches en danse」の編集委員も務める。2009 年、慶應義塾大学アート・センター、国際舞踏連絡協議会主催「国際舞踏カンファレンス」にゲストスピーカーとして招聘される。共編著に、*Les Carnets Bagouet : La passe d'une œuvre*（Les Solitaires Intempestifs, 2007）, *Mémoires et histoire en danse, Histoires de gestes*（Actes Sud Edition, 2012）など。

監訳者

パトリック・ドゥヴォス（Patrick De Vos）

1955 年生まれ。東京大学大学院総合文化研究科・教養学部教授。専門は、日本の舞台芸術、フランス演劇。1991 年野間文学翻訳賞受賞。

訳者

北原 まり子（きたはら まりこ）

［日本語版によせて、第 1 章、第 2 章、第 6 章、第 7 章］

1983 年生まれ。早稲田大学大学院文学研究科修士課程（演劇映像コース）修了。現在、同大学院博士後期課程在籍中、パリ第 8 大学舞踊学科留学中。論文に、「《牧神の午後》（1912）以前のバレエ・リュスにおける絵画的舞台表象」（『舞踊學』2013 年）、「戦前日本における『春の祭典』を踊る三つの試み」（『早稲田大学文学研究科紀要』2015 年）など。

宮川 麻理子（みやがわ まりこ）

［序論、第 3 章、第 4 章、第 5 章、結論］

1985 年生まれ。東京大学大学院総合文化研究科修士課程（表象文化論コース）修了。同大学院博士課程単位取得満期退学。開智国際大学非常勤講師。論文に、「お膳の上で――大野一雄における胎児と母の表象に関する一考察」（『表象文化論研究』2013 年）、「動き／身体の哲学――大野一雄における技法の革新性」（『舞踊学』2016 年）など。

Cet ouvrage a bénéficié du soutien des Programmes d'aide à la publication de l'Institut français.
本書は、アンスティチュ・フランセ・パリ本部の出版助成プログラムの助成を受けています。

欲望と誤解の舞踏
——フランスが熱狂した日本のアヴァンギャルド

2017年7月25日　初版第1刷発行

著　者 ———— シルヴィアーヌ・パジェス
監訳者 ———— パトリック・ドゥヴォス
訳　者 ———— 北原まり子・宮川麻理子
発行者 ———— 古屋正博
発行所 ———— 慶應義塾大学出版会株式会社
〒108-8346　東京都港区三田2-19-30
TEL〔編集部〕03-3451-0931
〔営業部〕03-3451-3584〈ご注文〉
〃　03-3451-6926
FAX〔営業部〕03-3451-3122
振替　00190-8-155497
http://www.keio-up.co.jp/
装　丁 ———— 岡部正裕（voids）
印刷・製本 —— 萩原印刷株式会社
カバー印刷 —— 株式会社太平印刷社

Printed in Japan　ISBN 978-4-7664-2410-2

慶應義塾大学出版会

20世紀ダンス史

ナンシー・レイノルズ、マルコム・マコーミック著／松澤慶信監訳　バレエ・ダンス 100 年史の決定版！ バレエ・リュス、表現主義舞踊、ロシアのバレエ、新古典主義、ポストモダン、タンツテアター、ミュージカル・映画のダンス。ヨーロッパとアメリカのダンス・シーンを完全網羅する前代未聞の大著。　◎12,000円

ダンスは国家と踊る
――フランス コンテンポラリー・ダンスの系譜

アニエス・イズリーヌ著／岩下綾・松澤慶信訳
「調和」、「秩序」、「中央集権」を表象していたフランスのダンスは、20 世紀、多くの革新的試みの洗礼を受ける。今ふたたび国家と手を取り合い踊り始めるのか。身体を揺さぶるコンテンポラリー・ダンスの世界。　◎2,800円

表示価格は刊行時の本体価格（税別）です。

慶應義塾大学出版会

鎌鼬
田代の土方巽

細江英公 写真／鎌鼬美術館 編著

写真家・細江英公が、舞踏家・土方巽を撮影した『鎌鼬』を、秋田県田代の鎌鼬美術館の編集により再構成した「田代バージョン」。未発表の作品を含む写真17葉を収め、さらに東京、筑波の写真も掲載。瀧口修造の序文、横尾忠則のポスター、詳細な解説付。

B5判（ヨコ）／上製／64頁
ISBN 978-4-7664-2387-7
◎2,700円　2016年11月刊行

◆主要目次◆

表示価格は刊行時の本体価格（税別）です。